数字司法的中国模式

THE CHINA MODEL OF DIGITAL JUSTICE

姜 伟 李占国 主编

程建乐 高富平 副主编

北京大学出版社
PEKING UNIVERSITY PRESS

图书在版编目(CIP)数据

数字司法的中国模式 / 姜伟，李占国主编. -- 北京：北京大学出版社，2025.8. -- ISBN 978-7-301-36516-8

Ⅰ. D926.04-39

中国国家版本馆 CIP 数据核字第 2025EG6321 号

书　　　名	数字司法的中国模式 SHUZI SIFA DE ZHONGGUO MOSHI
著作责任者	姜　伟　李占国　主编
责任编辑	焦春玲
标准书号	ISBN 978-7-301-36516-8
出版发行	北京大学出版社
地　　　址	北京市海淀区成府路 205 号　100871
网　　　址	http://www.pup.cn　http://www.yandayuanzhao.com
电子邮箱	编辑部 yandayuanzhao@pup.cn　总编室 zpup@pup.cn
新浪微博	@北京大学出版社　@北大出版社燕大元照法律图书
电　　　话	邮购部 010-62752015　发行部 010-62750672 编辑部 010-62117788
印　刷　者	北京中科印刷有限公司
经　销　者	新华书店 720 毫米×1020 毫米　16 开本　28.25 印张　432 千字 2025 年 8 月第 1 版　2025 年 8 月第 1 次印刷
定　　　价	118.00 元

未经许可，不得以任何方式复制或抄袭本书之部分或全部内容。
版权所有，侵权必究
举报电话：010-62752024　电子邮箱：fd@pup.cn
图书如有印装质量问题，请与出版部联系，电话：010-62756370

撰稿人名单

撰稿统筹： 杨　治

撰　稿　人：（按姓氏笔画排序）

丁　凯　万　欢　万　越　万宏伟　王　镭
王延染　王燕玲　云晋升　牛　斐　方晓雨
孔晓婷　占龙云　冯喜恒　曲贵川　乔　娇
向　秦　庄慧妹　刘慕晗　汤仕琪　汤佳微
孙继超　李　波　李　涵　李文超　李金荣
李婉星　杨　治　肖　骏　吴海鉴　何　琼
邹林堃　沈　伟　张　琢　张名扬　张学炜
张玲娅　张晨田　陈　为　陈　典　陈伊文
陈禹竹　周　澎　周许阳　孟天一　赵　艳
倪佳丽　徐乐盛　高虹燕　唐国林　黄　钰
黄国栋　蒋莎莎　靳林东　赖粤旭　雍文渊
缪　丹　戴敏敏

重庆法院课题组

数字司法的时代之答
（代序）

当"0"和"1"第一次被作为机器语言篆刻于集成电路之中时，世界便开始沿着尼葛洛庞帝所预言的轨迹变化：在我们生活的物理世界之上形成一个数字网络世界，人类的很多活动直接发生在数字网络世界中。"数字化"已不再仅仅是一个概念，而是现实世界中的真实存在，这促使各国迅速将"数字治理"上升为国家乃至全球治理的发展战略。

习近平向2024年世界互联网大会乌镇峰会开幕视频致贺指出，我们应当把握数字化、网络化、智能化发展大势，把创新作为第一动力、把安全作为底线要求、把普惠作为价值追求，加快推动网络空间创新发展、安全发展、普惠发展，携手迈进更加美好的"数字未来"。2025年2月，《中共中央关于加强新时代审判工作的意见》正式下发。该意见明确指出，要加强数字法院建设，建设统一办案办公系统，实现全国法院在"一张网"、一个平台办案办公；要深入拓展数字化司法应用场景，推动智能化司法应用，以数字化、智能化推动审判流程、诉讼规则、司法模式变革。数字化变革，已经从"可选项"变为"必答题"。近年来，全国法院坚持高质量发展和高水平安全并重，以数字变革引领司法领域各项改革，星火升腾，江河汇聚，携风雷之势，逐步创建出具有中国特色的数字司法新模式，为数字时代的司法应对提供了中国方案。

2016年，中共中央办公厅、国务院办公厅联合印发《国家信息化发展战略纲要》，明确要求"建设'智慧法院'，提高案件受理、审判、执行、监督等各环节信息化水平，推动执法司法信息公开，促进司法公平正义"；国务院印发《"十三五"国家信息化规划》，明确要求"支持'智慧法院'建设，推行电子诉讼，建设完善公正司法信息化工程"。当年，全国3500多个法院及1万多个派出法庭全部接入法院专网。2017年8月，世界第一家互联网法院——杭州互联网法院诞生,开创"网上案件网上审理"之先河,随后北京、广州互联网法院亦相继成立。2022年,"中国移动微法院"升级为"人民法院在线服务"平台,为全国各地当事人、律师提供全天候诉讼服务。2023年,最高人民法院部署推进全国法院"一张网"建设,全面整合各地法院信息化系统,全方位提升审判执行、诉讼服务、司法管理等法院全环节工作的数字化、智能化水平,为建设与时代相适应的数字法院沉淀出扎实的架构、清晰的筋骨、厚重的质感,也为数字司法的制度性变革拓展出浩瀚空间。

制度与技术从来都是彼此塑造,互为因果,在各自的疆域伴生成长。随着数字法院建设的持续推进,一场以"数字赋能+制度重塑"为主要特征的系统性、整体性、协同性改革正在同步蓬勃发展。我们看到,互联网、区块链、大数据、人工智能、物联网、语音识别、AI大模型等信息科技创新成果与法院工作日益深度融合,在司法场域映射出丰富的应用场景,以明快的速度、火热的温度,促推审判执行提质增效、司法服务普惠便捷、司法管理科学精准;我们看到,在数字化的驱动下,人民法院的审判流程、诉讼规则和治理模式已向风而行,波澜壮阔间发生转换,初步搭建起司法全流程在线运转的程序规则,并在审理个人信息保护、网络消费者权益保护、算法治理、数据产权等新类型案件过程中,坚持以裁判"定标尺、明边界、促治理"的行动逻辑,持续进行高质量数字司法供给,完善相关领域的实体规则;我们也看到,人民法院积极运用数字化手段参与社会治理,构建纠纷在线处理机制、共享法庭机制、法护营商机制、法护知产机制、协同执行机制、司法建议机制等标志性数字司法协同治理机制,与公安、检察、司法行政、其他政府职能部门及金融保险机构、行业组织等进一步健全多跨协同机制,促进数字法院与数字政府、数字社会的良性互动,在现实和虚拟世界的错综复杂与变幻莫测之中掌控治理的方位与锚点。

锚定方向之后,在数字赋能法院转型过程中,如何驾驭桀骜不驯与野蛮生长的技术,也是终将面临和必过的险滩。如何防范"技术沙文主义",避免技术对人主体性的压制和贬损?辗转腾挪、曲折摸索之间,中国法院也逐步掌握节奏,明晰了数字技术介入司法活动的边界,规范区块链、人工智能等技术在司法应用中的深度,在治理中注重伦理先行,加强数据安全和隐私保护，一步一步拆除障碍、勘破屏障，确保技术服务于人类福祉，努力为惠及广大人民群众的数字时代司法新模式划定安全分野，在全球秩序与人类文明体系的一隅里确立中国标准。

在漫长而辽阔的司法文明发展进程中，横有千古，纵有八荒。我们联袂主持编写本书，勾勒出中国法院从信息时代开始躬身入局、在智能时代探索创新的实景，全面系统展示中国法院近年来的数字化改革创新成果，切割出关键节点的横截面片段，重点介绍浙江"全域数字法院"、上海法院206系统、北京互联网法院"e版权"纠纷多元化解机制、深圳法院人工智能辅助审判系统等各地数字法院建设样本，以总结经验、凝聚共识；再从实践需求出发，梳理互联网、大数据、人工智能等核心信息技术的原理、系统建设、应用场景与应用效果，探讨数字法院运行的程序、实体和技术规则，同步推进数字法院理论创新，努力构建具有世界眼光、中国特色的数字法院话语体系，为凝聚数字改革共识、锚定数字改革方向、深化数字改革实践提供更加清晰的理论支撑；最后连接当下与未来，将现有的一切融合揉捻后再次生发，以头脑风暴的形式，一笔一笔描摹出关于数字法院前行路途的展望。

回望人类社会的发展史，就是一部从弱连接状态逐步迈向强连接状态的进程史。随着未知新技术的诞生与迭代，未来将没有终点，但我们笃定坚持逐光前行的方向。数字变革是世界各国法院面向时代的共同课题，中国的也是世界的。相信在最高人民法院的带领下，中国法院将深刻把握信息革命发展的历史主动，进一步挖掘信息技术在司法工作中深度应用的潜力，为优化审判执行和司法管理提供更科学、更完善的方案，把数字化改革的先发优势转化成法院工作高质量发展的胜势，创造更高水平的中国特色社会主义法治文明，为各国法院的数字化转型提供有益经验，为构建网络空间命运共同体，让互联网更好地造福人民、造福世界提供中国答卷。

姜　伟　李占国
2025年7月

目 录
CONTENTS

第一章　数智赋能中国法院转型 ………………………………… 1

第一节　数字司法的建设缘起 ………………………………… 3
　　一、信息技术革命的时代变迁 ……………………………… 3
　　二、人民群众日益增长的司法需求 ………………………… 4
　　三、数字中国建设的总体布局 ……………………………… 5

第二节　数字法院建设的历程进展 …………………………… 7
　　一、夯实网络化发展基础 …………………………………… 7
　　二、凸显阳光化发展实效 …………………………………… 8
　　三、拓展智能化发展空间 …………………………………… 10
　　四、集成协同一体化发展 …………………………………… 11

第三节　数字法院的鲜明特征 ………………………………… 13
　　一、审判执行高效化 ………………………………………… 13
　　二、诉讼服务便捷化 ………………………………………… 15
　　三、司法公开常态化 ………………………………………… 16
　　四、监督管理精细化 ………………………………………… 17

第四节　数字法院的建设成效 ………………………………… 18
　　一、推动数字正义实现 ……………………………………… 18
　　二、提高司法效率 …………………………………………… 20
　　三、服务社会治理 …………………………………………… 21

第二章　数字法院的总体架构 …………………………………… 23

第一节　数字法院的理论基础 ………………………………… 25

第二节 典型应用系统 ... 27
一、智慧服务系统 ... 27
二、智慧审判系统 ... 28
三、智慧执行系统 ... 29
四、智慧管理系统 ... 30

第三节 数字法院的体系架构 ... 31
一、数字法院的整体架构 ... 31
二、数字法院的服务中台 ... 34
三、数字法院的业务场景和统一门户 ... 38

第四节 数字法院的实现路径 ... 39
一、平台化整合，实现"碎片化应用"到"一平台通办"转变 ... 39
二、无纸化改革，实现"传统线下办案"到"全流程网上办案"转变 ... 40
三、智能化赋能，实现"司法信息化"到"司法智能化"转变 ... 43

第三章 数字法院建设的技术原理 ... 47

第一节 互联网技术 ... 49
一、互联网技术原理 ... 49
二、互联网司法系统建设 ... 50
三、互联网司法应用场景 ... 52
四、互联网司法应用效果 ... 58

第二节 区块链技术 ... 59
一、区块链技术原理 ... 59
二、司法区块链平台建设 ... 59
三、司法区块链应用场景 ... 62
四、司法区块链应用效果 ... 71

第三节 大数据技术 ... 75
一、大数据技术原理 ... 75
二、司法大数据系统建设 ... 77
三、司法大数据应用场景 ... 79
四、司法大数据应用效果 ... 85

目 录

第四节 人工智能技术 ……………………………………… 86
一、人工智能技术原理 …………………………………… 87
二、司法人工智能系统建设 ……………………………… 88
三、司法人工智能应用场景 ……………………………… 89
四、司法人工智能应用效果 …………………………… 104

第五节 物联网技术 ……………………………………… 105
一、物联网技术原理 …………………………………… 105
二、物联网技术在数字司法中的应用场景 …………… 108
三、物联网技术在数字司法中的应用效果 …………… 114

第六节 语音识别技术 …………………………………… 115
一、语音识别技术原理 ………………………………… 115
二、语音识别技术在司法信息化中的建设 …………… 116
三、语音识别技术在司法行业的应用场景 …………… 116
四、语音识别技术在司法行业的应用效果 …………… 123

第七节 图文识别技术 …………………………………… 124
一、图文识别技术原理 ………………………………… 124
二、图文识别技术在司法信息化中的建设 …………… 126
三、图文识别技术在司法行业的应用场景 …………… 128
四、图文识别技术在司法行业的应用效果 …………… 135

第八节 自然语言处理技术 ……………………………… 135
一、自然语言处理技术原理 …………………………… 135
二、自然语言处理技术在司法信息化中的建设 ……… 136
三、自然语言处理技术在司法行业的应用场景 ……… 137
四、自然语言处理技术在司法行业的应用效果 ……… 150

第九节 大模型技术 ……………………………………… 153
一、大模型技术原理 …………………………………… 153
二、司法大模型平台建设 ……………………………… 153
三、司法大模型应用场景 ……………………………… 155
四、司法大模型应用效果 ……………………………… 159

第四章　数字法院建设具体应用场景 ……………… 163

第一节　审判领域应用场景 ………………………… 165
一、立案辅助 …………………………………… 165
二、类案精准推送 ……………………………… 169
三、异步审理 …………………………………… 173
四、案件裁判偏离预警 ………………………… 180
五、裁判文书自动纠错及生成 ………………… 185
六、区块链证据存证与校验 …………………… 189

第二节　执行领域应用场景 ………………………… 192
一、智慧执行与执行无纸化 …………………… 192
二、财产查控 …………………………………… 194
三、财产处置 …………………………………… 203

第三节　诉讼服务领域应用场景 …………………… 208
一、立案服务 …………………………………… 208
二、审判辅助 …………………………………… 214
三、综合服务 …………………………………… 224
四、审判辅助事务集约化 ……………………… 242

第四节　司法管理领域应用场景 …………………… 245
一、司法大数据管理 …………………………… 245
二、庭审自动巡查 ……………………………… 250
三、智能 3D 证据管理 ………………………… 252
四、一体化办案办公平台运维管理 …………… 257

第五章　数字法院建设下法律规则的探索 ………… 259

第一节　程序规则 …………………………………… 261
一、在线诉讼规则 ……………………………… 261
二、在线调解规则 ……………………………… 265
三、在线运行规则 ……………………………… 271

第二节　实体规则 …………………………………… 274

一、个人信息权益保护规则 274
　　二、网络消费者权益保护规则 285
　　三、新就业形态劳动者权益保护规则 291
　　四、算法治理规则 299
　　五、平台治理规则 309
　　六、数据产权保护规则 315
 第三节　技术规则 323
　　一、区块链司法应用规则 323
　　二、人工智能司法应用规则 326
　　三、数据安全与隐私保护规则 329

第六章　数字司法协同治理机制的构建 333

第一节　纠纷在线处理机制 335
　　一、纠纷在线处理机制的内涵 335
　　二、中国 ODR 数字化协同治理场景 340

第二节　共享法庭机制 346
　　一、共享法庭的内涵 346
　　二、共享法庭的五大功能 347
　　三、共享法庭的三种基本模式 348
　　四、共享法庭的协同应用场景 349

第三节　法护营商机制 355
　　一、法护营商的内涵 355
　　二、法护营商数字化协同治理应用 356

第四节　法护知产机制 366
　　一、"法护知产"在线协同保护应用 366
　　二、"版权 AI 智审"应用 371
　　三、ZHI 系统 380
　　四、e 版权诉源共治体系 381

第五节　政法跨部门办案机制 387
　　一、政法跨部门办案机制的内涵 387

二、政法跨部门办案机制的核心内容 …………………………… 387
　　三、政法跨部门办案机制的司法实践 …………………………… 389

第六节　协同执行机制 …………………………………………… 405
　　一、财产查控机制 ………………………………………………… 405
　　二、失信联合惩戒机制 …………………………………………… 406
　　三、司法网拍机制 ………………………………………………… 408
　　四、其他执行协同机制 …………………………………………… 409

第七节　司法建议机制 …………………………………………… 412
　　一、司法建议机制的内涵 ………………………………………… 412
　　二、司法建议"一件事"应用的功能 …………………………… 414
　　三、司法建议机制的成效 ………………………………………… 417

第七章　数字司法建设的未来展望 ……………………………… 419

第一节　人工智能与数字司法的融合趋势 ……………………… 421
　　一、生成式人工智能在司法领域的贯通 ………………………… 421
　　二、符号主义与联结主义法律人工智能的结合 ………………… 423
　　三、加强全球人工智能治理的国际合作 ………………………… 424

第二节　技术嵌入司法权力的边界 ……………………………… 425
　　一、司法裁判信息的准入与流出控制机制 ……………………… 425
　　二、技术权力与司法权力共建的谨慎应对 ……………………… 427
　　三、数字法院中人类与机器算法合理分工 ……………………… 430

第三节　数字法院的模式展望 …………………………………… 432
　　一、全生命周期的司法平台 ……………………………………… 432
　　二、全时空在线的司法服务 ……………………………………… 433
　　三、全流域智能的司法模式 ……………………………………… 434
　　四、全方位变革的司法制度 ……………………………………… 434

第一章

数智赋能中国法院转型

第一节 数字司法的建设缘起

一、信息技术革命的时代变迁

随着科技的快速发展,人类社会已经进入一个全新的时代——信息时代。信息技术革命是社会发展的必然结果,它通过数字化、网络化、智能化等技术手段,以前所未有的速度和规模改变着人类社会的各个方面,其中最为显著的就是社会治理体系的变革。在这个大背景下,信息技术革命深刻地影响着传统的司法模式,数字司法①应运而生,其发展离不开信息技术革命的推动,也反映了时代变迁的特征。

随着信息技术革命的深入发展,各种新技术相继涌现,为数字司法提供了更多的技术支持。首先,数字化技术改变了信息的存储和传播方式。在传统的司法模式中,大量的案件信息和证据是以纸质形式存储的,这种方式不仅占用空间,而且查询困难。数字化技术可以将这些信息转化为电子数据,方便存储和查询,大大提高了司法效率。同时,区块链等相关技术可以用于确保证据的真实性和可信度。其次,网络化技术使得信息的共享和交流变得更加便捷。在数字司法中,通过建立司法信息共享平台,可以实现各部门之间的信息共享和交流,避免信息孤岛现象,提高司法协同效率。最后,智能化技术为司法决策提供了新的支持手段。通过对大量数据的分析,可以发现隐藏在数据中的规律和趋势,为司法决策提供科学依据。例如,通过对历史判决书的深度学习,人工智能技术可以辅助法官进行案件审理,进而作出更加公正合理的判决;大数据技术可以用于分析社会矛盾和法律风险,为政府决策提供科学依据。

信息技术革命的时代变迁为数字司法建设带来了前所未有的机遇和

---

① 数字司法是指利用数字技术来推动司法公正和司法效率的提高,数字法院则是数字司法实践的具体体现和重要组成部分,两者是密切相连、相互促进的。因此,本书主要是从数字法院建设的角度来论述数字司法。

挑战。数字司法中国模式的构建需要深入理解和把握信息技术革命的特点和发展趋势,结合我国国情和实际情况,大力推动数字司法的发展以满足社会对公正、高效、便捷的司法服务的需求。同时,也要充分考虑信息安全与隐私保护的问题,从而确保数字司法的可持续发展。

二、人民群众日益增长的司法需求

人民群众的司法需求是司法事业发展的不竭动力,也是数字司法建设的风向标。随着社会的进步和人民群众法律意识的提高,新时代的司法需求日益增长,为数字司法的发展提供了广阔的空间和机遇。

(一)人民群众对高效司法的需求

当前市场经济条件下,时间与效率乃至经济利益密切相关,任何迟来的正义皆非正义。随着案件数量的不断攀升,公众对高效司法的需求日益增长。数字司法通过运用大数据、人工智能等技术手段,对审判流程进行优化,提高审判效率,缩短当事人的诉讼周期。例如,通过在线立案、电子送达等方式,可以减少当事人的诉讼成本和时间。同时,数字司法通过加强司法公开,让公众了解案件进展,增强公众对高效审理的感知和信任度。

(二)人民群众对公正司法的需求

公平正义是司法工作的核心,也是人民群众对司法最为基本的要求与期待。数字司法可以对司法数据进行实时监测和分析,提高司法决策的科学性。例如,通过大数据分析,可以对案件的质量和效率进行监测和评估,及时发现和纠正审判中的问题,保障当事人的合法权益。同时,利用先进的信息技术手段,可以实现审判过程的可视化和智能化,减少人为干预,确保案件审理结果的公平公正。

(三)人民群众对参与和监督司法的需求

随着人民群众法律意识的提高,公众对参与和监督司法的需求也日益增长。通过数字技术,可以加强公众参与司法的渠道和机制建设,提高公众的参与度和监督力度。例如,通过互联网平台、社交媒体等渠道公开案件信息,让公众了解案件情况;开展线上听证会、论证会等便于公众参与的活动,让公众了解案件背景和相关情况等。

（四）人民群众对便民司法的需求

人民群众希望其诉权表达能够获得及时、方便、快捷的受理,对降低诉讼成本的需求也日益增长。数字司法建设从多个维度消减了社会公众维护自身合法权益的难度,切实降低了当事人的诉讼成本。例如,通过优化诉讼程序、简化诉讼环节等方式减少当事人诉讼的时间和耗费的精力;通过推广网上立案、电子送达等便民措施,提高当事人的诉讼效率;通过强调以调解、仲裁等非诉讼方式解决纠纷,减少当事人的诉讼成本等。

综上所述,数字司法建设和人民日益增长的司法需求之间存在密切的关系。数字司法建设是满足公众对司法服务多元化需求的重要手段,而公众对司法服务的需求和期望的不断提高,又推动着数字司法建设的不断发展和完善。通过加强数字司法建设,可以提供更加优质、便捷的司法服务,提高司法工作的效率、透明度和公正性,从而更好地满足公众的司法需求。

三、数字中国建设的总体布局

党的十八大以来,以习近平同志为核心的党中央从进行具有许多新的历史特点的伟大斗争出发,重视互联网、发展互联网、治理互联网,统筹协调涉及政治、经济、文化、社会、军事等领域网络安全和信息化的重大问题,作出一系列重大决策、实施一系列重大举措,推动我国网信事业取得历史性成就,走出一条中国特色治网之道。在2015年第二届世界互联网大会开幕式上,习近平总书记首次提出"数字中国"这一概念——"中国正在实施'互联网+'行动计划,推进'数字中国'建设"。在中国搭建的互联网国际平台提出这一概念,成为面向全世界的一次重要宣示。2017年10月,习近平总书记在党的十九大报告中明确提出建设网络强国、数字中国、智慧社会,"数字中国"被首次写入党和国家纲领性文件。2017年12月,在十九届中央政治局第二次集体学习时,习近平总书记强调要加快建设数字中国,构建以数据为关键要素的数字经济,推动实体经济和数字经济融合发展。

2023年,中共中央、国务院印发《数字中国建设整体布局规划》,提出到2025年,基本形成横向打通、纵向贯通、协调有力的一体化推进格局,数字中国建设取得重要进展;到2035年,数字化发展水平进入世界前列,数字中国建设取得重大成就。在数字中国建设整体布局中,司法作为维护社会公平正义的最后一道防线,其作用不可忽视。数字司法是数字中国建设整体布局在司法领域的具体应用和实践。数字司法是推动司法公正高效权威的重要抓手,也是实现全面依法治国的必然要求。

2023年7月13日,最高人民法院党组书记、院长张军在全国大法官研讨班开幕式上强调,增强大数据战略思维,发挥大数据战略保障作用,以"数字革命"驱动新时代新发展阶段司法审判整体提质增效。2024年3月8日,在第十四届全国人民代表大会第二次会议上,张军院长在《最高人民法院工作报告》中提出,推进全国法院"一张网"建设,以数字法院助力提质增效。首先,数字司法建设有利于切实推进国家治理体系和治理能力现代化。通过数字司法建设,可以实现司法审判的信息化和智能化,提高司法效率和公正性,增强人民群众对司法的信任度和满意度,为建设社会主义法治国家提供更加坚实的保障。其次,数字司法建设可以推动互联网与实体经济的深度融合,促进经济社会的稳定发展。通过数字司法建设,可以实现数据的集中存储和处理,利用大数据的类案同判技术,提高司法审判的效率和公正性,同时也可以带动相关产业发展,为经济增长注入新的动力。最后,数字司法建设可以维护国家在网络空间的主权、安全和发展利益,同时促进社会的和谐稳定以及公平正义的实现。例如,通过建立健全的网络空间治理机制有效打击各类网络犯罪,从而维护国家安全和社会稳定。

总而言之,数字司法是信息技术发展的时代需要,其内蕴的智慧并非仅立足于当前形势,同样也赓续了中国特色社会主义法治的内在精神。数字司法不仅仅是一种技术变革,更是一种对理念、思维和机制的根本性改造,其核心在于运用互联网思维和大数据技术,推动司法领域的智能化、信息化、网络化发展。这一司法新模式可以优化司法资源配置,提高司法效率,减少司法成本,同时也可以促进社会治理的现代化。数字司法建设是数字中国建设的重要组成部分,实践中,需要坚持以习近平新时代中国特色社会主义思想为指导,不断提高数字司法建设水平,持续打造中国特色、世界领先的互联网司法新模式。

第二节　数字法院建设的历程进展

近年来,人民法院持续推进数字法院建设,致力于打造智能化、一体化、协同化、泛在化、自主化的智慧法院。通过不断夯实网络化发展基础、凸显阳光化发展实效、拓展智能化发展空间、集成协同一体化发展,目前数字法院体系主要包括以"五网三云"①为主体的信息基础设施,以"智审、智执、智服、智管"业务领域为体系分布的应用系统,以及以司法审判信息资源为核心的大数据管理和服务平台,分布于各关键环节的网络安全系统和连通各类系统的可视化质效型运维管理平台。②

一、夯实网络化发展基础

随着电子信息技术的迅猛发展,人民法院将网络化建设纳入司法改革中,逐渐搭建起覆盖全国的法院信息化网络系统。从早期的网络基础设施建设到近年的在线平台搭建,信息技术的初代应用为数字法院的构建奠定了坚实基础。

在网络基础设施建设方面,自20世纪90年代起,人民法院就已投身信息化建设。在法院信息化基础构建阶段,人民法院基本完成了数字法院基础设施的全面铺设。1996年是人民法院系统信息化建设元年,最高人民法院在组织召开的全国法院通信及计算机工作会议上,确定了北京市高级人民法院、上海市高级人民法院等八家高级人民法院作为计算机网络系统建设试点单位,同时对全国法院信息化建设进行总体部署,这标志着人民法院信息化工作的起步。同年,最高人民法院制定并发布首个关于信息化建设的文件——《全国法院计算机信息网络建设规划》(以下

---

① "五网"即法院专网、移动专网、涉密网、外部专网、互联网,"三云"即专有云、涉密云、开放云(又称公共云)。
② 参见许建峰、孙福辉、陈奇伟:《智慧法院体系工程概论》,人民法院出版社2021年版,第24页。

简称《1996年建设规划》),指出传统的手工办案手段和管理方法,已远不能适应审判工作需求,需建设以信息技术为基础的法院计算机信息网络系统,实现法院装备现代化,以提高办案效率和质量。随后,在《1996年建设规划》的引领下,法院信息化建设进入早期阶段,法院逐渐在信息收集、文件管理、文书生成、庭审记录等方面应用计算机办公系统,全国法院的信息通信硬件设施建设也逐渐铺陈开来。[①]

在在线办公平台的搭建方面,2016年11月西藏自治区林芝市察瓦龙乡人民法庭作为最后一个单元接入法院专网,至此全国3500多个法院及1万多个派出法庭全部接入法院专网,全国法院实现了在同一个法院专网(贯通全国法院并与互联网物理隔绝的专门网络)中办案办公。全国法院网络系统的搭建使司法全业务网上办理成为可能。当前,各地法院陆续建成专有云、开放云、移动专网,并初步建立以"云网一体"为基础的公共信息基础设施,为后续全国统一的大数据收集及系统化应用奠定了坚实的基础。

在数据管理平台搭建方面,2013年8月全国法院第四次司法统计工作会议提出"大数据、大格局、大服务"统计理念。同年,最高人民法院为实现法院审判信息资源的汇集管理,启动了数据集中管理平台的建设[②],并于2014年升级为"人民法院大数据管理和服务平台",实现全国法院案件数据的汇聚。自此,分散在全国四级法院的司法数据真正实现了海量存储与集中管理。2015年,最高人民法院信息中心建成,全国范围内司法数据的终端汇聚以及进一步的实时分析和管控成为现实。2016年,基于人民法院大数据管理和服务平台,全国法院实现了司法统计数据并轨,从此告别逐级手工上报统计数据的历史。2023年,基于该平台,实现了全国法院的数据会商、审判指标体系建设等。

二、凸显阳光化发展实效

随着人们法律意识的不断提高,对司法公正高效、公开便捷的需求愈

[①] 参见芦露:《中国的法院信息化:数据、技术与管理》,载苏力主编:《法律和社会科学》第15卷第2辑,法律出版社2017年版,第22页。

[②] 参见李鑫:《智慧法院建设的理论基础与中国实践》,载《政法论丛》2021年第5期。

发迫切。人民法院在进行网络信息化建设时,需要以信息化促进司法全面公开,让公平正义以人民群众看得见、感受得到的方式实现。① 长期以来,人民法院通过建立公开透明的司法信息平台、裁判文书网上公开、庭审直播、全程录音录像等措施,推进司法活动向阳光化、公开化的方向发展。

2013年7月至2016年9月,最高人民法院相继开通了中国庭审公开网、中国审判流程信息公开网、中国裁判文书网、中国执行信息公开网,司法公开实现了从审判到执行的全流程公开、从内容到形式的全方位公开。其一,在庭审公开平台方面,目前全国3500多家法院均已接入中国庭审公开网,截至2025年5月19日,各级法院通过中国庭审公开网直播庭审2300余万次。② 其二,在审判流程信息公开平台方面,全国31家高级人民法院和兵团分院均已建成审判流程信息公开平台,并链接最高人民法院建设的中国审判流程信息公开网,全国3500多家法院均能通过此平台向诉讼参与人发布审判流程信息。③ 其三,在裁判文书公开平台方面,中国裁判文书网公开的裁判文书已超过1亿篇,网站访问量突破1179亿次④,成为全球备受瞩目的裁判文书公开资源库。其四,在执行信息公开平台方面,最高人民法院已实现中国执行信息公开网和审判流程信息公开平台的数据对接,截至2025年5月18日,在2025年全国法院执行案件数量中,已结案数量达280万余件。⑤ 同时,法院在失信被执行人、执行案件信息公开的基础上,进一步扩大公开范围,强化信用体系建设,成功建设信用中国网站、全国企业破产重整案件信息网等线上平台,实现全国法院终本案件信息、全国法院司法拍卖信息、执行案款公告信息公开,成为

---

① 参见李鑫:《智慧法院建设的理论基础与中国实践》,载《政法论丛》2021年第5期。
② 数据来源于中国庭审公开网"数据公开",https://tingshen.court.gov.cn/dataOpen,访问日期:2025年5月19日。
③ 参见胡昌明:《建设"智慧法院"配套司法体制改革的实践与展望》,载《中国应用法学》2019年第1期。
④ 数据来源于中国裁判文书网,https://wenshu.court.gov.cn/,访问日期:2025年5月19日。
⑤ 数据来源于中国执行信息公开网,https://zxgk.court.gov.cn/,访问日期:2025年5月19日。

破解"执行难"的强有力支持。①

除裁判文书、审判流程、庭审直播、执行信息四大公开平台外,为了给公众提供便利的法律咨询、法律指引等服务,由司法部建设的中国法律服务网于 2017 年上线试运行。中国法律服务网不仅通过司法行政(法律服务)案例库分类公开了大量关于人民调解、法律援助、仲裁等的案例,也提供智能法律咨询服务,实现了司法效能的充分提升。更引人关注的是,2024 年 2 月 27 日人民法院案例库正式上线并向社会开放。作为最高人民法院推出的新的"公共法律服务产品"②,该案例库入库案例涵盖刑事、民事、行政、国家赔偿、执行五类案件。与此同时,该案例库实行动态调整机制,根据工作需要设置相关特色专栏,能够有效回应人民群众对更深层次司法公开的现实需求,进一步凸显了阳光化发展实效。

此外,地方各级法院打造地方司法公开统一平台的步伐也从未停止。例如,浙江省高级人民法院建设的"浙江法院网",集合了全省法院的审判流程、执行信息、网上开庭、工作报告、法院公告、诉讼服务、诉讼评估、网上缴费等大量信息,实现了司法信息的公开透明③,极大地便利了当事人获取司法信息,显著增强了司法公信力。与此同时,各级法院也在不断加强新媒体建设,以微博、微信、手机电视应用、新闻客户端等方式,向社会提供详尽权威的司法信息和方便快捷的司法服务。

三、拓展智能化发展空间

当前大数据、云计算、人工智能等技术迅速迭代,智能化技术在司法领域的应用也不断深化。人民法院围绕司法活动典型业务场景,以提升智能化水平为主线,运用智能化技术进行智慧审判、智慧管理、智慧服务、智慧执行等业务系统的开发与应用融合集成,为司法审判质效的提升提

---

① 参见胡昌明:《建设"智慧法院"配套司法体制改革的实践与展望》,载《中国应用法学》2019 年第 1 期。
② 参见最高人民法院研究室案例工作小组:《人民法院案例库若干重要问题解读》,载《中国应用法学》2024 年第 3 期。
③ 参见胡昌明:《建设"智慧法院"配套司法体制改革的实践与展望》,载《中国应用法学》2019 年第 1 期。

供强有力的保障。

例如在智慧审判方面,随着数字法院建设的不断推进,智慧庭审在各级法院逐渐普及。随着司法数据的不断积累、算法模型的持续优化,智审系统的功能也愈发全面,基本实现了审判流程的全覆盖,其中包括庭审语音文字智能转化,电子卷宗生成,智能推送法条、类案,裁判偏离度自动分析,电子送达,量刑辅助等。以类案推送为例,最高人民法院运用人工智能自主学习系统和司法大数据分析智能化技术,开发了"类案智能推送系统",可实现类案特征的分析对比。浙江省金华市中级人民法院和金华市金东区人民法院也开发了"类案大数据分析平台",将类案中各当事人的行为画像、纠纷焦点与处理、所使用的司法规则等进行类型化,建立类案裁判结果的规则库。①

再如在智慧管理方面,智能化技术为法院业务的全流程监管提供了可能。依托大数据等智能化技术,法院在司法事务管理上逐渐实现了对司法业务流程的实时、全留痕、可回溯、后台式与静默式监督管理。② 在司法数据统计方面,最高人民法院的人民法院大数据管理和服务平台可实时收集全国法院收结案数据,并实现每 5 分钟一次的自动更新,成为全世界最大的审判信息资源库。通过对数据的分类统计与查询,法院可实现案件趋势预测、同案不同判预警等,为法官审理案件提供充分参考,从而提升案件审判的准确率与智能化水平。③

四、集成协同一体化发展

在数字法院建设的历史进程中,法院不断强调集成协同一体化发展。通过推动跨部门、跨地区的信息共享和建立协同办案机制,来实现法院内外部信息的互联互通,有效提升司法资源的整合利用效率。

在多元化纠纷解决方面,人民法院持续贯彻数字法院在线服务的便

---

① 参见陈甦、田禾主编:《中国法院信息化发展报告 No.5(2021)》,社会科学文献出版社 2021 年版,第 34 页。
② 参见李鑫:《智慧法院建设的理论基础与中国实践》,载《政法论丛》2021 年第 5 期。
③ 参见龙飞:《智慧法院建设给司法带来的十大变化》,载《人民法院报》2018 年 10 月 31 日,第 8 版。

民性原则,实现非诉纠纷处理与诉讼制度的有效对接,广泛衔接人民调解、专业调解、社会网格等多种解纷途径,有机连接分流、调解、速裁、快审等内部工作环节,为社会各类矛盾纠纷提供全方位处理机制。早在2019年,中国长三角沪苏两地法院就合力通过"一网通办"和"移动微法院"双通道,实现跨域立案。2021年3月,最高人民法院宣布人民法院"一站式"多元解纷和诉讼服务体系基本建成,以诉讼服务中心、人民法院调解平台作为人民法院开展分类对接的总枢纽,以现有各类应用系统为基础,打通各类司法业务的数据接口和系统应用,构建融合审判、执行、司法管理等应用系统的内部平台,同时建立融合司法公开、诉讼服务等的外部服务平台,贯通内外服务,形成"一站式"综合服务平台。

在解决"执行难"问题方面,近年来人民法院加快完善"1+2+N"执行信息化系统,大力推进以执行指挥中心综合管理平台为核心("1"),以四级法院统一办案系统和执行信息公开系统为两翼("2"),以财产查控、评估拍卖、失信惩戒、执行委托等执行办案系统为辅助("N")的执行信息化系统建设,全面扫清执行工作面临的查人找物等困难,运用科技手段实现被执行人财产的"云端可见"与实际执行。与此同时,网络执行查控系统实现了与多个公、私营部门的联合工作,使得查控范围不断扩大,财产查控能力显著增强,执行速率大幅提升。[①]

在司法数据互联互通方面,为了解决司法大数据在应用层面存在的"数据孤岛"难题,数字法院建设一方面致力于实现系统内法院公共业务信息库建设,保障全国各级法院司法行政、案件研究、业务管理等公共信息数据的联通;另一方面,努力实现法院与其他行政部门相关业务数据系统的对接,从数据容量和类型上实现司法、行政、金融等数据资源的互联共享。[②] 当前,部分地方法院已进行有益尝试,例如,江西省南昌市中级人民法院、浙江省金华市中级人民法院以减刑假释案件线上办理为突破口,实现法院与监狱司法数据局部直通,推进减刑假释办案数据管理,实

---

① 参见刘艳红:《人工智能技术在智慧法院建设中实践运用与前景展望》,载《比较法研究》2022年第1期。

② 参见刘艳红:《人工智能技术在智慧法院建设中实践运用与前景展望》,载《比较法研究》2022年第1期。

现中级及以上法院减刑假释办案平台纵向和横向的互联互通。①

综上所述,在坚实的网络化发展基础上,中国数字法院建设向着阳光化、智能化、协同化的方向不断深化。

第三节 数字法院的鲜明特征

数字法院的鲜明特征主要包括四个方面,即审判执行高效化、诉讼服务便捷化、司法公开常态化和监督管理精细化。

一、审判执行高效化

2024年,最高人民法院新修订的《人民法院审判质量管理指标体系》紧扣"公正与效率"主题,突出优质高效价值导向,紧盯影响审判质效提升的环节和因素,坚持质量优先、兼顾审判效率、重视裁判效果,围绕诉前、审判与执行全过程,指标数量经过多次的迭代修改,具体细化为18项指标,分别进行数据展示或设定合理区间,充分体现尊重司法规律、凸显精准务实、坚持科学有效、坚持以人民为中心的鲜明特点。② 在寻求司法救济过程中,效率是人民的期盼。③

在审判与执行流程上,数字法院可以根据不同的应用场景实现"一网通办",缩短流程的同时还可以节省时间。当事人可以根据网上立案、案件查询、电子送达、网上阅卷、监督建议等场景,在线提交各种材料,并及时登录查询案件进展。例如,浙江省温岭市人民法院安装"智慧法院大脑"后,其执行指挥中心设立10个工作小组(2个简案组、3个繁案组、4个终本管理组和1个综合查控组),实行"分田到人"的模块化管理,中心

---

① 参见胡昌明:《建设"智慧法院"配套司法体制改革的实践与展望》,载《中国应用法学》2019年第1期。
② 参见杜前:《善用审判质量管理指标体系提升审执质效》,载浙江法院网,https://zjsf-gkw.gov.cn/art/2023/9/4/art_56_28403.html,访问日期:2025年5月26日。
③ 参见韩茂森:《抓实公正与效率 提升审判执行质效》,载中国法院网,https://www.chinacourt.org/article/detail/2023/05/id/7290030.shtml,访问日期:2025年5月26日。

"大脑"与实施"躯干"相协调,改变了"一人包案到底"的传统模式,促使项项有人管,事事有落实。① 比如,有人专门负责案件流程管理,提升案件办理的规范性;有人作为案件质检员对报结案件进行全面质检,对执行流程进行解构、压缩、重组,扎实推进执行指挥中心实质化运行,全面提升执行工作规范化、精细化、信息化水平。②

2018年1月,在中央社会管理综合治理委员会赋予浙江省创新项目试点的基础上,浙江在线矛盾纠纷多元化解平台推广运行。作为全国首个纠纷化解网络一体化平台,其整合了在线咨询、评估、调解、仲裁、诉讼五大功能,让不少矛盾纠纷可以通过"无创"或"微创"的方式在诉前和审前得到化解。③ 2022年,在保留浙江在线矛盾纠纷多元化解平台主体功能架构及完整且成熟的矛盾纠纷化解资源体系的基础上,该平台综合集成、迭代升级为"浙江解纷码",形成"一案一编码、一码管到底、全程可追溯"机制。④ 浙江解纷码根据线上解决纠纷系统化、协调化、一体化、智能化和规范化的要求,在受理、流转、处置、监督、研判等环节中新增业务功能,打造全省矛盾纠纷一网受理、一网归集、一网分流、一网反馈、实时跟踪的矛盾纠纷化解综合中心,充分发挥线上解决纠纷整合、集聚、协同的实际作用。

数字法院搭建起了人民法院与人民群众之间沟通的桥梁。数字法院通过信息化手段,辅助实现以"最少的流程、最短的用时、最公的办案、最优的服务",严格贯穿诉前、审判与执行全过程,促进审判体系的智能化和审判流程的高效化,最终实现"质量优先、兼顾效率、重视效果"的价值追求。

---

① 参见余建华、李洁、陈泳滨、崔琳琳:《浙江温岭:科技+实干 执行跑出"加速度"》,载中国法院网,https://www.chinacourt.org/article/detail/2022/06/id/6750693.shtml,访问日期:2025年5月26日。
② 参见余建华、李洁、陈泳滨、崔琳琳:《浙江温岭:科技+实干 执行跑出"加速度"》,载中国法院网,https://www.chinacourt.org/article/detail/2022/06/id/6750693.shtml,访问日期:2025年5月26日。
③ 参见孟焕良、李金铭:《诉讼不用跑法院,浙江的"智慧法院"很便民》,载中国网,http://zjnews.china.com.cn/jrzj/2018-04-20/140862.html,访问日期:2025年5月26日。
④ 参见李国毫:《"浙江全域数字法院"改革:以数字正义保障"公正与效率"》,载中国法院网,https://www.chinacourt.org/article/detail/2023/05/id/7315037.shtml,访问日期:2025年5月26日。

二、诉讼服务便捷化

数字法院全面推广的重要目的,还包括合理运用科技手段,打造"平台+大脑"的运行模式,在底层基础框架上延续互联网法院的框架结构理念,构建智能助手为庭审不同角色提供辅助,完善信息化体系,使司法流程运作更为便利。① 作为新时代司法审判的创新机制,数字法院必然具有便民属性。以浙江共享法庭为例,其聚焦群众司法需求,将镇、村作为基本布局点,践行"小事不出村、大事不出镇、矛盾不上交"理念,为行动不便、偏远地区、认知不足的群众提供便利,使在"家门口"享受司法服务成为现实。作为浙江"信访打头、调解为主、诉讼断后"工作格局的最小单元,共享法庭助力信访、调解、诉讼"三支队伍、三个环节"的打通,实现县、乡、村"三级联动"和线上线下"高效协同、整体智治"的一体化矛盾纠纷调解工作闭环,推动实现全省矛盾纠纷化解"136"工作格局(10%化解在县级、30%化解在镇街、60%化解在村社区和网格的矛盾纠纷化解格局)。事实证明,浙江共享法庭面向民众,最大程度利用非诉手段便利村民,解决基层矛盾纠纷,为创造和谐稳定的村社环境打下坚实基础。

即便是边远的新疆地区,也开始推动数字法院的建设,以解决地广人稀、语言不通等问题。新疆维吾尔自治区乌鲁木齐市以中级人民法院为中心集中部署,以两级法院统筹使用的方式,建成互联网庭审通道22条。以新疆维吾尔自治区乌鲁木齐市中级人民法院(以下简称"乌鲁木齐中院")为例,其利用远程提讯系统,实现了乌鲁木齐地区兵地法院技术融合第一步。乌鲁木齐中院认真学习贯彻全国两会精神,不断推动大数据、人工智能、区块链等新技术同审判执行工作的深度融合。② 2021年,乌鲁木齐中院联合国内人工智能头部企业,以乌鲁木齐县人民法院永丰渠人民法庭为试点,探索研发了多语种语音智能转写和翻译系统,运用信息技术

---

① 参见胡铭、宋灵珊:《"人工+智能":司法智能化改革的基本逻辑》,载《浙江学刊》2021年第2期。
② 参见《【人民法院报】新疆乌鲁木齐:智慧法院建设驶上"高速路"》,载乌鲁木齐市中级人民法院网站,http://wlmqzy.xjcourt.gov.cn/article/detail/2024/05/id/7927999.shtml,访问日期:2025年5月26日。

攻克庭审转写翻译难关,解决了双语、多语案件庭审和诉讼文书翻译问题。2023年,乌鲁木齐中院引入部署执行实体化、执行跨网谈话、执行智能辅助、标的物精细化管理和执行可视化系统等5项应用,这"五大利器"帮助全市两级法院通过互联网开庭审理案件。可见,数字法院与不同的科技平台贯通合作,针对不同类型的纠纷打造不同的应对模式,惠及全国诉讼主体,实现了诉讼服务的便捷化。

三、司法公开常态化

近年来,人民法院以数字法院建设为契机,大力推动司法公开常态化。通过与"互联网+"的跨界融合,建成审判流程、庭审直播、执行信息、裁判文书四大公开平台,支持案件信息依法公开,提升司法公信力。

一是通过审判流程、庭审直播公开,加快当事人熟悉诉讼流程的脚步。根据数字法院网络建设的客观需要,人民法院已经构建了五大网系——法院专网、移动专网、外部专网、互联网和涉密内网,其中最重要的就是法院专网。在立案诉讼服务公开阶段,通过法院专网,可以推动导诉服务的实现。例如,向当事人及咨询群众提供法律文书样式、诉讼服务指南,告知诉讼风险、解答诉讼疑问,告知立案工作流程、各类案件的立案条件、诉讼费用交纳标准、缓减免交诉讼费程序和条件、立案后当事人享有的权利义务、诉讼和执行风险提示、非诉讼纠纷解决方式及程序等。在审判过程中,坚持每庭必录,所有案件庭审都进行全程同步录音录像,实现庭审活动的公开透明;同时,实现庭审网上直播,选择一些社会关注度高、有法治宣传教育意义的案件,进行庭审网上直播。

二是通过执行信息公开,解决案件执行困难的问题。通过数字法院的建设,可以实现执行相关信息的公布,帮助社会了解执行案件的立案条件、执行风险、执行依据和执行程序等信息。执行信息公开不仅可以帮助当事人,还可以帮助法院进行执行调度,提高执行效率。以浙江为例,2021年9月,不动产司法处置"一件事"应用场景在全省法院上线运行,该应用场景不仅可以用以解决司法拍卖处置过程因涉及部门多、环节多、程序复杂,房产评估价和成交价往往低于市场价等现实难题,还可以"一网共享"连接19家司法拍卖事项执行协助单位,破除信息壁垒,"一门联审"消除司法拍卖标的物"带病"隐患,"一窗受理"简化司法拍卖买受人办理手续流程,一次办结全部司法拍卖相关事项。①

三是通过裁判文书公开,加快法院对外普法的脚步。全国法院依法、全面、规范地将已发生法律效力的裁判文书在中国裁判文书网上公布,并在政务网站设置中国裁判文书网的网页链接。同时,实行文书档案公开查询制度,为当事人和诉讼代理人查阅和复印相关档案提供服务。依据《人民法院电子诉讼档案管理暂行办法》的规定,对所有卷宗实行档案电子化。

四、监督管理精细化

在数字法院建设中,监督管理的精细化成为关键的一环,它直接关系到数字法院的运行效率和司法公正的实现,并具有多个维度的特征。

一是数据驱动的决策机制。数字法院监督管理的精细化体现在数据驱动的决策机制上。通过对司法数据的深度挖掘和分析,可以更加精准地把握司法活动的规律和特点,为司法决策提供科学依据。例如,通过对案件数据的统计分析,可以发现案件类型、地域分布、审理周期等方面的规律,从而指导法院优化资源配置,提高司法效率。

二是全流程的监控与管理。数字法院监督管理的精细化还体现在对司法活动全流程的监控与管理上。借助信息技术手段,可以对立案、审理、执行等各个环节进行实时监控,确保司法活动的合法性和规范性。同时,通过对司法活动的全面记录和分析,可以及时发现并纠正司法活动中的问题,保障司法公正的实现。

三是智能化的风险预警与应对。数字法院监督管理的精细化还体现在智能化的风险预警与应对上。借助大数据、人工智能等先进技术,可以构建风险预警模型,对司法活动中可能出现的风险进行预测和评估。一旦发现潜在风险,系统可以自动触发预警机制,及时提醒相关人员采取应对措施,有效防范和化解风险。

四是精细化的考核与评价体系。数字法院监督管理的精细化还离不

---

① 参见王贺:《谁也没想到的执行共赢》,载《人民法院报》2023年5月30日,第1版。

开精细化的考核与评价体系。通过设定科学合理的考核指标和评价标准,可以对法院和法官的司法活动进行客观公正的评价。同时,借助信息技术手段,可以实现对考核数据的自动采集和分析,提高考核的准确性和效率。这种精细化的考核与评价体系,有助于激励法官不断提升司法质量和效率。

五是持续的创新与优化。数字法院监督管理的精细化是一个持续的过程,需要不断创新和优化。随着信息技术的不断发展,新的技术手段和应用不断涌现,为数字法院建设提供了更多可能。因此,数字法院建设需要保持敏锐的洞察力和创新精神,不断探索新的技术手段和应用场景,以此推动其不断发展和完善。

综上所述,数字法院监督管理的精细化特征体现在数据驱动的决策机制、全流程的监控与管理、智能化的风险预警与应对、精细化的考核与评价体系、持续的创新与优化等多个方面。这些特征共同构成了数字法院监督管理的核心要素,为推动司法公正、提升司法效率提供了有力支撑。

第四节　数字法院的建设成效

目前,我国数字法院的建设成效主要体现在推动数字正义实现、提高司法效率和服务社会治理这三个层面。

一、推动数字正义实现

在数字法院的建设与发展过程中,生产方式变革导致司法供给和司法程序发生了变化,司法正义开始转向更为宏观的数字正义。

数字正义,即"数字"+"正义",但又并非两个词的简单组合。数字正义可以理解为依托一系列数字技术来提升司法的效率和公平,以数字化方式"接近"正义。① 数字法院建设以数字技术提高司法效率,以数字技

---

① 参见〔美〕伊森·凯什、〔以色列〕奥娜·拉比诺维奇·艾尼:《数字正义——当纠纷解决遇见互联网科技》,赵蕾、赵精武、曹建峰译,法律出版社2019年版,第74页。

术便利人民群众,以数字技术推动司法公正,从而推动分配正义、程序正义、互动正义以及信息正义的实现。

首先,数字法院建设提升了多元主体在司法需求上的满足程度,从而加深了司法分配正义的实现程度。数字法院改变了司法公共服务资源的供给方式,突破了司法资源供给的局限性。数字社会下的数据、算法和算力深度融合,使物理空间上的"接近正义"迈向跨越"物理—虚拟"双重空间的"可视正义",为实现数字正义奠定了现实基础。[1] 线上线下交融、集约高效且具有覆盖性的数字法院建设,实现了信息共享的"可视正义"。在可视网络庭审、可视纠纷在线处理模式、可视"移动微法院"等超时空场景可视软件系统,以及案件信息库、电子卷宗库等数据可视软件系统之下,数字正义正逐渐推动分配正义的实现。

其次,数字法院建设以数字技术的司法应用推动了程序正义的实现。数字法院下的程序正义具体指司法程序中透明度、准确性、参与度和可问责性等要素的实现程度。以数字技术为主导的线上诉讼不仅改变了司法场所,更重要的是改变了当事人参与司法程序和参与程序控制的方式。在线诉讼在遵循传统司法程序正义规范标准的基础上,还通过社会司法评价机制的主观程序正义,增进司法诉讼程序正义。例如,新冠疫情期间,法院如果停摆就会造成诉讼当事人不能及时甚或无法维护自身合法权益、寻求司法救济,但我国通过数字法院在线诉讼解决了这一程序问题,数字法院的运行有助于推动程序正义的实现。

再次,数字法院建设旨在通过协商和对话,以探索多元模式推动互动正义的实现。其一,以多主体业务协同构建高效、标准化流程。2018年以来,浙江省高级人民法院整合了原来的84个业务系统,建成统一的浙江法院"一体化办案办公平台"(2024年9月,该平台升级为全国法院办案办公平台),全省106家法院在同一平台上办案办公,为立案、缴费、举证质证、庭审、合议等150余个业务场景提供系统服务和强大支撑。浙江法院一体化办案办公平台6.0(智慧法院大脑)在绍兴法院上线试运行,坚持

---

[1] 参见周尚君、罗有成:《数字正义论:理论内涵与实践机制》,载《社会科学》2022年第6期。

"大脑+平台"一体融合,迭代融合干警自我管理、院庭长监管和院领导监督决策"三位一体",由以前的"服务办案办公为主"变为"办案办公"与"监督管理"并重,以内部重塑推动互动正义的实现。其二,以数字化形式为多元解纷方式助力,推动当事人与法官之间的沟通交流。"人民法院在线服务"小程序让公众实现了"打开微信打官司",整合了调解、立案、阅卷、送达、保全等诉讼服务功能,当事人可以在小程序中联系法官、提交证据。数字法院建设推动了互动正义的实现。

最后,数字法院建设推动了向诉讼主体提供信息与解释的信息正义的实现。信息正义主要体现在两个方面:一是内部优化,二是外部对公。在内部优化层面,数字法院着力构建覆盖全国的一体化信息网络执行查控系统,打破"信息孤岛",实现被执行人财产"一网打尽",有效破解查人找物难题。同时,法院还加强与公安、检察、不动产登记中心、人民银行等单位和部门的对接,建设应急指挥平台系统,并与面向当事人的"智慧执行"App全面对接,为解决"执行难"提供强大技术动能,让胜诉权益加速实现。而在外部对公层面,法院将案件信息、研究成果、司法解释、审判标准等公开发布,让公众更加了解司法实践和法律知识,这不仅有助于维持公众对司法的信任,促进司法公正和效率,还加强了公众对网络司法工作的监督管理。此外,以"法信"等法律数据库为例,其存储了海量司法大数据集,不只是法官,律师和当事人均可输入案件相关要素的事实信息,通过类案推送机制自动调取类似案件,从而获取相关类案信息,实现对案件相关审判的预判。①

二、提高司法效率

数字法院建设在提高司法效率层面的作用是显而易见的。司法效率提高的根本原因在于司法运作方式的变革。

多种数字技术的融合相应地简化了烦琐的司法审判过程,避免人必到庭的时空困境。1996年,法院局域网建设率先在多家高级人民法院展

---

① 参见周尚君、罗有成:《数字正义论:理论内涵与实践机制》,载《社会科学》2022年第6期。

开试点,基本实现在线审判流程管理;随后,全国各级法院致力于法院局域网建设,在线应用也从审判流程管理扩宽为案件具体审理、内部行政管理等多个方面。① 随着数字技术的不断成熟,数字法院建设更加展现出司法效率的提高,且这种提高是全链条、全过程和全场域的。

首先,全链条数字化。数字法院基本实现从立案、审判、执行到监督、评估等各个环节的数字化,将司法流程转化为数据流,大大提高司法效率。无论是庭审记录、证据交换,还是法律文书撰写、案件查询,都通过数字法院系统予以实现,极大地减少了人工干预,避免了人为错误。其次,全过程智能化。数字法院运用人工智能技术,对司法过程进行智能化改造。无论是案件分析、法律建议,还是法律文书的自动生成,都可由数字法院系统完成。这不仅大大减少了司法人员的工作负担,也使得司法过程更加公正、透明。最后,全场域高效化。数字法院建设覆盖整个司法领域,包括法院内部管理、案件处理、公众服务以及社会监督等各个方面。无论是当事人、律师,还是法官,都可以通过数字法院系统获取信息、提交申请、参与庭审等,大大提高了司法服务的效率和质量。同时,数字法院也加强了与社会各界的互动,实现信息共享,促进司法公开和透明。

总体来说,数字法院建设带来的是一场司法领域的革命,彻底改变了传统的司法模式,是思想观念上、审理方式上、服务方式上的深刻变革,使司法工作更加高效、更加便民。

三、服务社会治理

智治是社会治理现代化的重要方式,是新一轮科技革命的重要标志。数字法院建设融入市域社会智治的优势体现在,数字法院建设并不囿于完善诉讼服务体系、提升纠纷解决水平,同时也非常关注以科技创新和创新理论为支撑,服务于推进国家治理体系和治理能力现代化的总体目标。

数字法院建设对于社会治理具有重要的意义和作用。首先,数字法

---

① 参见孙航:《智慧法院:为公平正义助力加速》,载《人民法院报》2019年10月1日,第11版。

院可以支持政府部门实现对司法信息资源的共享和互通,加强对社会矛盾信息的整合和分析,为政府决策提供科学依据。其次,数字法院延伸了社会治理空间,为加强社会治理现代化建设提供了有效渠道。前文已经提及,数字法院具有审判执行高效化、诉讼服务便捷化、司法公开常态化和监督管理精细化四个典型特征。这些典型特征将社会治理推动到"精准型治理"的层面。最后,数字法院有利于社会治理专业化的实现。信息技术和科学水平的不断提升,必然会使社会分工日渐规范化、精准化、专业化,这就对社会治理走向精准化、专业化提出了更高的要求。现阶段,数字法院建设提供了多元解纷的专业平台和方案,以更专业的标准、态度和解纷路径,推动社会治理专业化目标逐渐实现。

当前,我国数字法院建设正在全面推进,各地法院结合自身实际,因地制宜、创新实践,取得了积极进展。例如,2020年11月,由浙江省湖州市中级人民法院牵头筹建,司法行政机关、生态环境等主管部门协同参与的全国首个生态环境司法保护一体化平台"绿源智治"协同系统在浙江省高级人民法院上线。[①] "绿源智治"协同系统作为现代环境治理智能平台,具有诉前调解、智库查询、智能咨询等功能,可实现多主体在线协作共享。在全流程线上执法办案过程中,该系统在收集重要信息时同步进行智能化数据分析,为生态环境决策提供智能支撑,融入生态环境科学治理。数字法院建设有序推进,在审判能力和审判体系现代化中大显身手。

数字法院建设是一项系统工程,需要持续完善顶层设计,加强人工智能、大数据、云计算、大语言模型等新技术在司法领域的深度融合应用,同时注重法治思维和技术理性的有机统一。只有不断总结经验、完善制度、加强治理,才能让数字法院真正成为公正高效、智慧精准的"数字大脑",为人民群众提供优质高效的司法服务,为社会治理现代化贡献更多司法智慧。

---

① 参见郭其钰:《中国首个环境保护智能治理系统上线 智慧守护绿水青山》,载中国新闻网,https://www.chinanews.com.cn/sh/2020/11-10/9335306.shtml,访问日期:2025年5月20日。

第二章

数字法院的总体架构

第一节　数字法院的理论基础

传统的法院信息化建设将审判工作由线下搬到线上,现代科技应用在点上取得很多突破;建设数字法院,是要变"盆景"为"风景",进一步提升人民法院数字变革的整体性、系统性、协同性,以数字化驱动审判工作全方位、全链条、各环节深度融合,促推审判工作现代化,打造顺应时代潮流、符合群众期盼的现代化法院新样态。数字法院建设不是简单的信息化工程,其欲实现的效果是充分利用数字化手段破解司法困局。因此,在高度信息化的基础上,更加注重诉讼流程的再造、诉讼制度的变革与法院组织架构的重塑。实践中,数字法院建设涉及所有法院和法院的所有事务,是一项极其复杂的系统工程,必须运用系统观念、系统方法做好顶层设计,统筹推进各项建设任务。

运用系统工程方法开发大规模系统的实践由来已久。进入新世纪以来,信息科学技术给系统工程带来巨大影响,系统工程概念不断经历深刻的变革和拓展。一系列类型复杂的系统组成规模更大的系统,被称为体系,正受到越来越多的关注。体系工程是汇合众多独立运行、独立管理、位置分散、具有涌现行为、渐进式发展的系统,既保持它们各自的独立性,又实现整个体系更多更强能力的工程化实施过程。体系工程无疑能够继承系统工程的很多成熟理念和方法,同时由于面临的问题更加困难和复杂,必然需要在理论和技术上进行充分的拓展和深化,才能有效解决各种各样的复杂系统汇合形成体系时所涉及的集成、共享、协同、涌现、开放、评估、管理和模式重塑等主要问题。在当今信息时代,汇合各类信息系统或主要利用信息系统集成构建大规模体系已成普遍趋势。所以着重研究解决信息系统体系工程面临的复杂问题,对于应用先进信息技术,推动各行各业现代化具有特别重要的意义。

数字法院建设的理论溯源还在于数字法院的功能目标。数字法院不是一家实体法院(不同于实体意义上的"互联网法院"),也不是法院的一个业务系统或平台(不同于技术概念上的"智慧法院"),而是"技术+制度"的现代化法院新样态。建设数字法院,主要聚焦三个功能目标。一是优化审判资源,为提高法院生产力提供源动力。数字法院通过对整个传统法院体系、组织架构、管理模式的彻底重塑,实现对所有司法资源与业务流程的优化,并对现有司法人员的职责与定位重新界定分配,全面推进审判体系和审判能力现代化。二是实现更高水平的正义,从"接近正义"迈向"可视正义"。20世纪中叶以来,诉讼费用高昂、诉讼过程烦琐漫长、"同案不同判"等导致影响正义实现的难题一直客观存在,"司法危机"在世界范围内大面积出现。为了摆脱这一困境,人们发起了旨在为当事人接近法院、实现诉权提供实质保障的"接近正义"运动。但"接近正义"运动需要付出较高成本和代价,面临诸多难题。[①] 数字革命的到来,通过数字化方式,促进诉讼全流程的公开,重塑司法运行模式,推动正义可视化。三是实现更高水平的智能化,推动司法深度融入社会治理大格局。随着平台化、无纸化的完成,依托平台实时汇聚沉淀的大数据,利用"算法+模型"进行综合分析运用,可以实现法院与其他政府机关、企事业单位之间信息的双向互通,构建起多维度当事人的画像体系,为事前精准治理提供数据支持。将诉讼中获取的民事刑事判决记录信息、个人未履行生效判决信息、失信被执行人信息等,通过公共数据平台共享给发改部门、民政部门、通信运营商、证券保险公司、银行等,可以构建覆盖全社会、全行业的个人信用体系。另外,法院的数字化改革实践还可以撬动、带动行政机关的数字化改革[②],协同推进社会治理水平的提升,真正发挥司法对提升治理体系和治理能力现代化水平的重要作用。

[①] 参见〔意〕莫诺·卡佩莱蒂编:《福利国家与接近正义》,刘俊祥等译,法律出版社2000年版,第5页。

[②] 例如上海市青浦区人民法院、江苏省苏州市吴江区人民法院、浙江省嘉善县人民法院共同研发上线"长三角示范区执行在线"平台,依托三地的"最多跑一次"机关内部协同办事平台,分别对接属地政府、公安、税务、住建等高频协作单位,推动不动产、公积金、车辆查控等16个事项线上跨域办理,办理事项最短仅需5分钟,该项目入选"2021全国社会治理创新案例"。

第二节 典型应用系统

应用系统是数字法院服务人民群众、服务审判执行、服务司法管理、服务廉洁司法的直接手段。按照不同视角,数字法院应用系统可以划分为内部业务和对外业务、涉密业务和非涉密业务、桌面业务和移动业务、数据业务和视频业务等类型,以诉讼服务、审判、执行为代表的二十八类应用系统涵盖了数字法院的主要业务应用。

为适应以数据为中心和以知识为中心的发展要求,在数字法院信息系统体系中,司法数据中台和智慧法院大脑是纵向贯通、横向集成的重要枢纽,其基础是包含审判执行、司法人事、司法政务、司法研究、信息化管理和外部数据等六大类数据资源的国家司法审判信息资源库,存储和管理结构化、半结构化和非结构化数据,通过关联全国四级法院的各类数据,实现案件、人员、财物和外部数据的一体化;通过共享交换系统,实现法院之间和法院内外的数据共享和交换,支持各级法院内部及其与外部应用系统之间的业务协同;基于海量司法大数据资源,构建人工智能引擎和知识服务平台,为智能化建设提供支持;充分运用区块链技术在防数据篡改、优化信息流程、确保操作可信、提高协同效率等方面的价值属性,构建司法区块链统一存验证平台,支持数字法院可信水平的提升。

一、智慧服务系统

智慧服务系统是现代科技与诉讼服务深度融合,支撑人民法院构建现代化诉讼服务体系的信息化、智能化系统,为广大人民群众提供网上诉讼、调解、咨询、信访和普法等服务。它以推动全国法院"一站式"多元解纷和诉讼服务体系建设为目标,支持把非诉讼纠纷解决机制挺在前面,通过贯通全国的人民法院调解平台,连通全社会各类专业化解纷渠道,实现调解资源与调解信息充分共享,为社会安定有序、人民安居乐业提供有力的司法服务和保障。其中道路交通事故损害赔偿纠纷"网上数据一体化处理"平台连通公安交警、医疗鉴定、保险理赔、人民调解等相关环节,实现人民调解前置、损害赔偿标准统一、道路交通事故全程在线处置,形成了"一站式"化解道路交通事故纠纷的新模式;金融纠纷解决平台对接金融管理部门、金融企业、行业协会和调解组织,支持借贷、保险纠纷诉调对接和证券期货纠纷多元化解,为广大人民群众提供多途径、多层次、多种类的金融纠纷解决渠道;社会基层矛盾纠纷化解平台连通社区居委会、基层工会、社会治安网格等基层组织机构,支持及时就近解决婚姻家庭、物业管理、劳动争议等常见纠纷,促进形成"和谐社区""无讼村庄"。推进智慧服务要求全国各级法院围绕建设"一站式"多元解纷机制和"一站式"诉讼服务中心,将信息化、智能化建设作为诉讼服务发展新动能,全面建设集约高效、多元解纷、便民利民、智慧精准、开放互动、交融共享的现代化诉讼服务体系。智慧服务系统还将继续打通社会各界的纠纷化解通道,并与法院内部"分调裁审"工作模块高效衔接,支持构建中国特色多元化纠纷解决的全新格局。

  全国法院充分践行以人民为中心的发展思想,大力发展"互联网+诉讼服务",建设"一站式"多元解纷和诉讼服务体系。电子诉讼占比被纳入《"十三五"国家信息化规划》,该规划提出到2020年,电子诉讼占比要达到15%以上。在全国法院的共同努力下,"一站式"多元解纷和诉讼服务体系基本形成。全国法院全面建成诉讼服务网、诉讼服务大厅,开通12368诉讼服务热线并上线"人民法院在线服务"小程序,实现跨域立案服务全覆盖。最高人民法院建成诉讼服务指导中心信息平台并形成面向全国的质效评估体系;人民法院调解平台、人民法院送达平台等覆盖全国四级法院。

二、智慧审判系统

  智慧审判系统是现代科技与审判工作深度融合,帮助法院干警更好地寻找事实、寻找法律,支持解决人民法院审判工作基本问题的应用系统,为法官审理案件提供网上阅卷、合议、庭审、裁判辅助等服务。利用智慧审判系统,全国法院每起案件从立案到分案、庭审、合议、决定、制作裁判文书等各个环节均在网上运行,全程留痕。智慧审判系统会自动对超审限案件进行预警,帮助法官、审判管理人员把握流程节点,这些环节信息均以数字方式记录,支持开展审判管理和监督。推进智慧审判要求全国各级法院要切实将电子卷宗随案同步生成和深度应用作为智慧法院建设的基础性工程,加强电子卷宗随案同步生成的技术保障和管理机制建设,实现同步上传、自动编目、远程调阅、文书辅助生成等智能化应用,实行以电子档案为主、纸质档案为辅的归档方式。要全面推广庭审语音识别、文书智能纠错、类案强制检索等应用,努力攻克以人工智能为核心的一批关键技术难题,实现全案信息自动回填、文书智能辅助生成、要素式智能审判等深度应用,提升审判智能化水平,确保审判质量、效率和效果。要推广互联网法院和移动微法院的成功经验,全面探索在线诉讼模式,努力为法官办案和当事人诉讼提供"全链条""一站式"移动电子诉讼服务,实现诉讼理念重塑、模式重构和流程再造。要推广应用刑事案件智能辅助办案系统,完善刑事案件证据指引,推进以审判为中心的刑事诉讼制度改革。要在党委及政法委的领导和推动下,加强与公安、检察、司法行政等部门的密切配合,搭建快速便捷、安全可靠的大数据办案平台,实现信息基础设施和数据资源的共建共享、互联互通、开放兼容。

三、智慧执行系统

执行工作是整个司法程序的关键一环,人民法院坚持走执行信息化之路,构建现代化执行工作体系,不断健全解决"执行难"的长效机制。在全国法院的共同努力下,法院系统基本建成了"1+2+N"的执行信息化体系。"1"即纵向贯通全国四级法院、支持四级法院联动指挥的执行指挥中心综合管理平台;"2"即服务全国执行法官执行案件办理的执行案件流程信息管理系统,以及服务社会公众和执行案件当事人的中国执行信息公开网;"N"即一系列服务执行法官智能化办案的辅助系统,尤其是协助财产执行类的辅助系统。目前,我国全面推行网络司法拍卖,拍卖全程公开透明,成交率、溢价率成倍增长,流拍率、拍卖成本明显下降,有效破解财产变现难题;建成失信联合惩戒体系,通过网络公开失信被执行人信息,让失信被执行人"一处失信、处处受限",促进了社会诚信体系建设。

　　智慧执行系统是现代科技与执行工作深度融合，支撑人民法院构建现代化执行工作体系的信息化、智能化系统，为执行干警提供网上办案、查人找物、财产处置、失信惩戒、信息公开和指挥协同等服务。智慧执行系统主要运行在法院专网、移动专网、外部专网和互联网上，向智慧服务系统和智慧管理系统提供案件执行过程信息，向司法公开系统提供依法应该公开的被执行人、失信被执行人信息以及终本案件信息。推进智慧执行要求全国各级法院要继续推进现代科技与执行工作深度融合，以信息化、智能化为杠杆，努力实现执行工作模式的迭代升级。要提升执行智能化水平，全方位升级执行办案平台，打通审判与执行办案平台的数据接口，实现案件信息自动校验回填、执行节点自动提醒、执行文书自动生成、违规行为自动冻结、关联案件自动推送、案件质量智能巡检等功能。要完善囊括被执行人一切财产形式的网络执行查控系统，利用人工智能等现代技术提高智能查控水平，实现对被执行人财产的自动查询、批量控制、智能筛选、深度发掘，为查控被执行人财产提供便捷高效的技术支持。要继续完善失信联合惩戒体系，实现与全国信用信息共享平台、国家政务服务平台"互联网+监管"系统的互联互通，推动将失信被执行人名单嵌入有关部门管理、审批系统，实现自动识别、自动拦截、自动惩戒。要进一步完善网络司法拍卖平台，尤其针对司法拍卖评估环节效率低的问题，提高当事人议价、定向询价、网络询价和委托评估的规范化、信息化水平，提高财产处置效率，减轻当事人负担。

四、智慧管理系统

　　为不断提升智慧管理的精细化和准确性，我国法院不断拓展覆盖人案事的行政综合管理应用，建成了涵盖文件办理、教育培训、业绩档案、编制管理、人才管理、离退休干部管理等业务的队伍管理平台；最高人民法院建设完善了中国法官培训网、最高人民法院云课堂、中国司法案例网等教学资源平台。

　　推进智慧管理要求要建设覆盖全国四级法院的人民法院审判管理工作平台，依托司法大数据提升审判管理精细化水平，进一步提升审判态势分析、案件状态分析的及时性、全面性和准确性,加强人案关联分析能力,提升绩效考核的科学性,强化审判流程节点管控,促进提升审判执行质效。要强化信息化监督管理,推进全业务网上办理,实现每个案件、每个环节全程留痕、全程监督,严格落实过问案件网上登记要求,同时依托违纪违法举报网站、人大代表政协委员网络沟通平台等载体,进一步拓宽群众监督渠道。要加强司法行政工作信息化建设,推进行政办公、纪检监察、财务装备、后勤服务等业务网上办理,畅通与审判执行、人事管理等系统的有机融合,实现以"案、人、事"为维度的司法政务精细化管理。

从复杂信息系统的角度来看,智慧管理系统是现代科技与管理决策深度融合,支撑人民法院构建现代化司法管理体系的信息化、智能化系统,为广大法院干警提供网上办公及人事、行政、事务和档案管理等服务。

第三节　数字法院的体系架构

聚焦数字法院建设目标,需要充分运用钱学森提出的综合集成方法,建立数字法院的体系架构,清晰呈现数字法院建设的重点、逻辑、路径、方法等,推动改革从定性到定量、从宏观到微观、从不确定到确定转变[①],从而实现预期目标任务。借鉴浙江省高级人民法院推进"全域数字法院"的建设经验,可以对数字法院的体系架构作如下描述。

一、数字法院的整体架构

数字法院整体架构可为"四横四纵":在横向建设方面,在统一门户、业务场景、服务平台以及基础设施四个层面实现"横向到边"的目标;在纵向体系方面,建设政策制度体系、标准规范体系、组织保障体系以及安全保障体系四个纵向体系,形成"小前台+大中台""技术+制度"的全面体系(图 2.3.1)。

---

① 参见袁家军编著:《数字化改革概论》,浙江人民出版社 2022 年版,第 21 页。

数字司法的中国模式

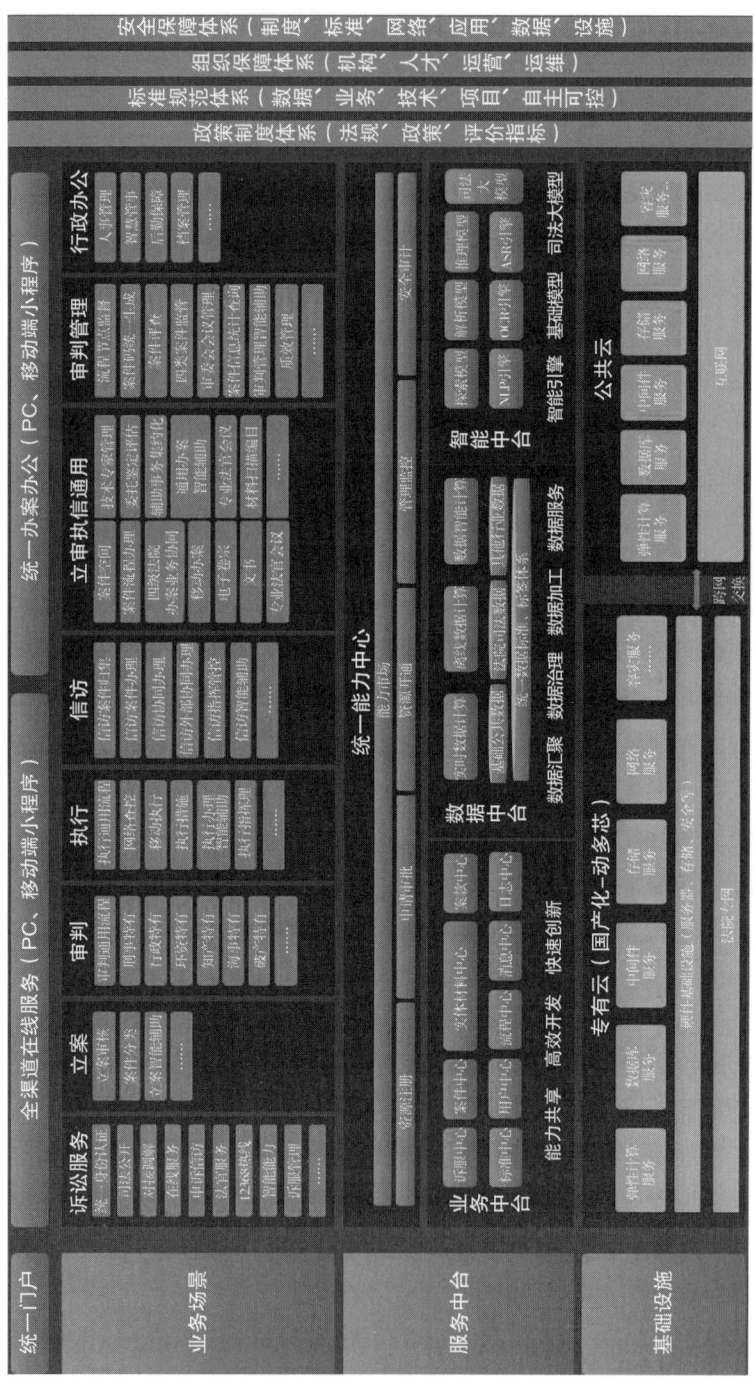

图2.3.1 数字法院整体架构构图

1. 四横维度:技术分层结构

最底层的基础能力层是系统建设的地基,主要是为整个内外网平台提供网络、计算、存储等基础能力,通过"一朵云"为法院全业务场景提供算力、网络、数据库、大数据及中间件等云环境支撑。

在基础能力层之上是服务中台层,它由业务中台、数据中台、智能中台组成。中台将通用的业务模块、数据模块、智能模块从原有系统中剥离出来,改造成可以通用的业务和数据服务,形成"业务服务+数据服务"的服务池,以服务化方式供各个系统以及新开发的系统调用。

在服务中台层之上是应用场景层,它根据中台能力支撑,围绕诉讼服务、立案、审判、执行、信访、立审执信通用、审判管理、行政办公八大核心业务场景,为法院工作人员提供"系统化整合、数字化应用、智能化赋能"的全场景应用,全方位感知宏观和微观业务的运行态势,并根据服务对象和业务场景的不同,通过"千人千面"实现不同的业务功能支撑。

最上面的用户交互层,就是展现在用户面前的操作界面,对外建设全渠道在线服务的服务端,面向社会公众提供全国统一的在线服务入口;对内建设统一办案办公的治理端,面向法院内部工作人员提供统一的办案办公工作入口。

2. 四纵维度:全面支撑体系

政策制度体系:建立健全数字法院建设相关政策制度及配套法规,围绕法规、政策及评价指标,编制数字法院建设指导性政策文件。

标准规范体系:在数据、业务、技术、项目及自主可控方面,形成数字法院标准规范体系及配套文件,强化数据标准化、业务规范化、技术统一化、项目集约化及全面自主可控的体系保障。

组织保障体系:围绕数字法院建设,在机构、人才、运营和运维方面,建立健全组织保障体系,确保数字法院高效、稳定运行,可持续发展。

安全保障体系:围绕数字法院建设全生命周期,建立健全安全保障体系,基于制度、标准、网络、应用、数据、设施全要素,提供全方位的安全防护和保障体系。

二、数字法院的服务中台

针对人民法院原有的烟囱式系统架构所带来的重复功能建设和维护所带来的重复投资,打通烟囱式系统间交互的集成和协作成本高昂,不利于业务沉淀和持续发展等弊端,数字法院建设要引入互联网分层架构技术思路,通过建设服务中台,为上层业务场景的快速构建和持续创新提供有力支撑。数字法院主要有"三大中台":

1. 业务中台:为全流程网上办案提供技术支撑

建设业务中台的首要目标是重新定义法院的业务块。当前,仅最高人民法院规定的案件类型就有130多类,原则上不同案件类型之间不存在业务交叉,但不同案件的同类型业务处理模式却大同小异。如何将法院中跨案件类型、多业务条线共用的通用业务模块从原有的业务条线中剥离出来,是搭建数字法院"大厦"必须思考和解决的问题。

构建业务中台主要包括提供基础型服务和业务型服务。基础型服务实现统一身份管理、配置、审计等功能,为业务系统提供基础服务支撑。业务型服务包括功能算法型服务、通用审判型服务和单一审判型服务,功能算法型服务实现案号生成、案件名称生成、分案等功能,为应用场景层提供业务服务支撑;通用审判型服务实现案件全景、审限变更、文书管理等功能,为应用场景层提供通用审判业务服务支撑;单一审判型服务实现有关当事人、其他诉讼参与人、审判组织成员、证据等的功能,为应用场景层提供单一审判业务服务支撑。

完成对上述业务型服务的分类后,各服务模块再根据业务所依赖的核心实体,分析是否可以抽象为能力中心。如案件中心,案件的立案业务、分案业务、办理业务、结案业务均依赖案件实体,则考虑将案件实体划分为案件中心,纳入中台进行管控;所有存在继承与聚合关系的实体均可纳入同一个中心。完成中心划分后,各中心根据管理的业务范围不同,再拆分为一个或多个业务型服务,通过一个或多个接口对外提供服务。

业务中台搭建形成统一业务框架,以法官为中心融合审判、执行、人事、司法管理等各类应用的内部融合场景,同时能够深入挖掘人员个性化需求,将现有系统功能改造为高易用性的组件,使法官可以定义自己的专属工作界面,让系统适应人,免去法官在系统间的奔波之苦。

业务中台形成规范服务接口,在统一业务整合框架的基础上,制定全国通用的开发与服务标准规范,统一应用数据规范,统一接口服务标准,统一微服务架构标准,统一通用能力接入标准。由此约束现有应用的改造及新应用的开发,以便全国法院共同遵守与维护;也能够形成统一业务框架蓝图,为上层应用赋能,完成后续迭代更新,在全国法院信息化的统一框架内进行探索创新,实现顶层设计和基层创新的有机结合。

业务中台累积"通用能力池"。将电子卷宗、文书、电子送达等跨案件类型、多业务条线共用的通用业务模块进行微服务化改造,结合案例检索、报表统计、态势分析等各部门通用的业务工具,形成一个微服务池,按需为各类上层应用提供业务支撑,从而大大减少上层应用重复开发与对接的工作量。在微服务池中已实现的微服务,现有的应用均可以直接进行取用,从而统一通用类业务的数据标准和业务规则,对诸如审判、执行等庞大臃肿的业务应用进行瘦身,简化应用复杂程度,降低应用故障率。

2. 数据中台:为审判管理现代化提供数据服务

数据中台的重要任务是对审判执行、司法人事、司法研究、司法政务、信息化管理、外部数据等六大类数据资源进行采集和集中汇集,将司法系统所有业务系统的底层数据打通,通过清洗和计算将各业务数据进行整合,形成统一的数据体系。在数据中台通过业务主键将案件在各个系统中的状态信息以及卷宗信息进行集成,形成案件全维度的统一视图;通过实时交互打通各个业务系统,从而将各个分散的业务系统进行整合。同时,将法院沉淀的海量历史案件数据利用起来,通过云计算和数据挖掘计算,挖掘出各类案件发生的内在规律,为法院和党委、政府作出科学决策提供参考。

数据中台具有以下功能:①提升数据汇聚能力,完善司法审判信息资源库,在案件信息集中的基础上,将数据范围扩展至司法人事、信息化管理、司法政务、司法研究,并按需引入司法审判信息库的外部数据,实现对司法信息资源的全覆盖。②提升数据质量管理能力,建立数据质量管理体系,根据数据的内在业务逻辑关系制定数据质量评价规则,实现各类数据的质量检查。③提升数据共享能力,实现法院内部、法院和联合惩戒单位等跨系统、跨部门、跨网系间的数据共享交换。④提升司法数据分析能力,加强数据的整合挖掘,提升大数据分析能力,支持从时间、空间等维度分析各类案件、罪名、案由的审判态势。

数据中台统一向上提供服务能力,基于数据仓库,数据集市为所有级别的决策制定过程,提供所有类型数据支持的结构化数据环境,向上支持所有智慧化决策;支持智能报表的生成,实现实时报表可视化展现:案件信息自动汇总,实时更新法院案件信息,反馈给管理决策层;支持态势感知、案件趋势预测、不同颗粒度的可视化数据展现等,充分发挥数据的潜在价值;实现业务指标自动下发:基于数据驱动作出的决策,可以通过灵活的配置功能,自动下发到对应的法院以及对应的法官,真正实现审判工作的全局统筹。

3. 智能中台:为全方位智能辅助提供能力支撑

智能审判现阶段的主要目的是研究智能辅助审判技术,通过审判若干环节的自动化、智能化改造,实现审判结果的精细化和科学化,同时为大数据、"互联网+"和人工智能等新技术同司法审判领域的全方位深度融合和广泛应用提供技术支撑和示范。智能审判基于法律知识图谱,辅助法官快速进行案件梳理、精准推送类案法条、自动生成裁判文书、智能辅助规范量刑,为法官办案提供全方位的智能化辅助。

智能中台包含了支撑整个平台智能化所需的 AI 应用及相关组件。该中台和上层应用基本解耦,通过通用便捷的 API 将不同的算法服务提供给上层的不同应用进行调用。其中部分算法和案由不直接相关,部分算法根据不同的案由在构建、训练及使用上会有不同的要求,为上层应用提供服务的时候也需要按照案由进行区分。如图 2.3.2 所示,智能中台包含两大部分:一是算法服务,二是智能中台构建组件。其中算法服务是最终供各个系统调用的接口实现算法,不同的算法服务根据不同的案由特点针对性优化适配后构建算法仓库。算法服务层包含多个本项目中要实现的算法,通过这些算法才能构成完整的智能司法平台链路。

第二章 数字法院的总体架构

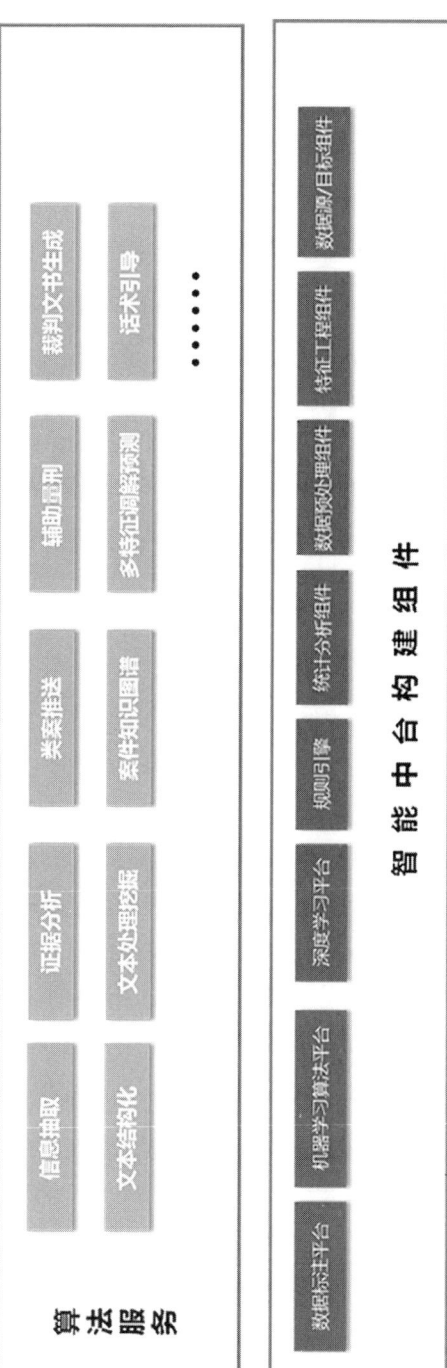

图2.3.2 智能中台

业务中台将电子卷宗、文书、电子送达等跨案件类型、多业务条线共用的通用业务模块从原有系统中剥离出来,改造成可以通用的业务服务,并对外提供标准的调用接口;数据中台将报表统计、态势分析、人员画像等各类通用的数据模块从原有系统中剥离出来,改造成可以通用的数据服务,也对外提供标准的调用接口。两大服务共同组成一个服务池,各类业务场景都可以按需从池子里获取所需服务。将来不断扩大的各种业务及数据,都将按照统一的方式接入中台,再通过统一化的数据技术服务反哺业务。数据来自业务,同时又滋养业务,循环往复,不断赋能,形成完整的数据生态。智能中台的构建符合人工智能算法训练、部署及调用的基础,通过包含多个计算平台和智能软件组件,不但支撑多个应用,将来也很容易在其上开发出其他智能司法应用。

三、数字法院的业务场景和统一门户

数字法院的业务场景是互联网、大数据等数字技术与法院业务深度融合的成果,而全部的业务场景又集成在统一门户中。数字法院的业务场景和统一门户建设需要满足三方面的基本要求。

(1)线上线下深度融合。除拥有互联网法院"网上案件网上审"功能外,囿于当事人意愿等客观情况,数字法院需要以一种"部分线上、部分线下""线上线下无缝衔接、自由切换"的方式提供诉讼服务,逐步实现线下诉讼活动的自动电子化、数字化。当所有普通法院实现数字化改革后,单从技术角度看,即意味着每家法院都是"互联网法院"。

(2)内网外网共享协同。目前我国法院的网络架构采取的是内网与外网物理隔离的模式,法院主要的业务系统、司法数据均部署、存储在内网。社会公众与当事人必须从与法院专网物理隔离的互联网端才能获得司法服务、参与诉讼活动;公安、检察、国土、税务、民政等其他机关及金融机构、行业组织、公司企业的数据、业务只能通过专线或互联网与法院进行共享、协同。数字法院需要在确保安全的前提下,实现法官在内网的办案活动与群众在外网的诉讼行为互联互通、高效协同,实现与公安、检察等单位的数据共享、业务协同。

(3)有线无线互联互通。随着移动互联网的普及,智能手机、平板电脑逐渐成为人民群众生产生活的重要工具,利用专业App、微信小程序等无线端的通道为社会提供在线司法服务也成为时代的刚需。但小程序的弊端也很明显,即功能相对简单、承载力弱,对于律师、银行等高频诉讼群体,则需要通过PC端来提供更加丰富、全面、专业的诉讼服务,以满足其多样化、差异化、精细化的业务需要。只有有线无线的相互配合,才能够较全面地覆盖数字办案的各类业务场景。

第四节 数字法院的实现路径

建设数字法院,需要一定的技术支撑并满足司法运行的特定要求,结合已有的探索经验与试错教训,可以大致总结出一条适合我国数字法院的改革路径,即"平台化+无纸化+智能化"三阶段方案。

一、平台化整合,实现"碎片化应用"到"一平台通办"转变

传统法院业务系统建设中的"碎片化"问题,已经严重制约法院信息化建设、影响群众司法获得感。平台化建设旨在接通不同业务、不同领域和不同层级之间存在的数字化"断点",从审判到执行,从一审到二审、再审,从调解、信访到审执业务,从司法行政到人事管理,全面加强系统集成与数据融合,打造上下贯穿、横向联通、前后衔接的一体化办案办公平台。从全国层面看,主要有以下任务:

第一,建成全国统一办案办公平台(即全国法院"一张网")。围绕诉讼服务、立案、审判、执行、信访、立审执信通用、审判管理、行政办公等八大核心业务场景,为全国各级法院工作人员提供"系统化整合、数字化应用、智能化赋能"的全场景应用,全方位感知宏观和微观业务运行态势。

第二,形成统一数据资源体系。主要包括数据统一融合加工、数据统一服务、数据统一管理等。按照统一的数据标准进行中心仓建设,包括基础库、主题库、专题库、分析库(含指标、标签)、运营库、数据协同库和知识

库等建设,提供相关数据研发、建模工具和标签、画像等支撑工具,用于支撑数据资源体系的构建和加工使用。通过统一的能力服务中心,对数据服务进行统一管理,向上层应用和外部单位提供统一的数据服务,包括数字资源目录组件、流程管理、监控及效能评价等。数据统一管理包括数据标准管理、数据标签管理、模型管理等欧空业务分窗,以及专题分析应用、智能决策应用等数据应用的统一管理,方便业务用户统一访问使用。

第三,打造云网端一体化的基础设施体系。完善内部局域网、法院专网、外部专网、互联网等基础网络设施,完善优化专有云、开放云建设,促进计算、存储、数据资源的集约化建设与管理,确保各项业务应用获得强大的信息处理能力支撑。深化诉讼服务中心、数字法庭、执行指挥中心、信息管理中心等执法办案场所智能化建设。建设完善可视化管理平台,集成包括数字法庭、执行指挥、接访提讯、视频会议、安保监控、综合共享视频等在内的管理。

二、无纸化改革,实现"传统线下办案"到"全流程网上办案"转变

依托一体化办案办公平台,在立案、审理、执行、归档等环节全面推行以全流程"电子卷宗单轨制"为核心的无纸化改革,不再保留纸质卷宗或纸质材料。① 这项改革是面向法院内部办案办公方式的彻底转型,而不是强制当事人必须进行线上诉讼,是向群众提供线下诉讼之外的"增量"服务。无纸化改革的关键与难点在于转变法官的办案方式,让法官习惯于全流程无纸化办案的前提是"法官作为平台设计师",让法官从用户角度参与平台的开发与建设、迭代与完善。具体任务是:

(一) 推动在线诉讼

(1)加强源头数字化。构建"有线""无线"相结合的电子诉讼服务窗口,引导当事人在线办理诉讼事务,尽可能减少进入法院的纸质材料数量;在诉讼服务大厅建立集中扫描中心,配备专人将当事人提交的纸质材

---

① "电子卷宗随案同步生成与深度应用"是数字法院的基础,也是最高人民法院智慧法院 3.0 发展规划的重要内容,经过近年来的探索,浙江法院在 2020 年年底实现"以电子卷宗为主、以纸质卷宗为辅"的单轨制无纸化办案,全省法院无纸化办案率达到 98%。

料(含起诉、自诉、各类申请及证据材料等)进行集中扫描,借助办案平台进行智能编目,实现源头数字化;加强电子卷宗图像识别工作,通过自然语言处理等技术,自动抓取案件信息回填至办案平台,尽可能减轻办案人员人工录入的负担。

(2)深化外部衔接。深入推进"法政""法银""律法""法邮""法鉴""法仲"等平台对接,构建"网上绿色通道"。加强与相关政府部门、仲裁委员会、律师事务所、银行等金融机构的网上协作,加快推进平台对接,引导高频诉讼群体在线诉讼,相关材料通过"网上绿色通道"流转,并尽可能引入结构化数据。推进诉讼费票据、邮递回单、鉴定意见、仲裁委员会案卷等材料实现电子化流转,努力消除无纸化办案的"死角"。

(3)推进政法一体化。推动公安卷宗、检察卷宗通过一体化平台进入法院,深化刑事案件电子卷宗单轨制,协同公安、检察机关提高刑事案件电子卷宗质量,依托一体化平台移送至法院。加强与司法行政、监狱、看守所等部门的协作,推进换押、刑罚交付执行、减刑假释等业务在线协同办理。

(二)深化单轨制办案

(1)网上立案和在线证据交换。引导当事人进行网上立案,上传符合电子档案要求的电子诉讼材料,不得要求当事人在网上提交电子诉讼材料的同时,再重复提交同样内容的纸质材料;在民事和行政案件办理过程中,积极引导双方当事人在线交换证据、质证,探索庭前错时证据交换。对无法进行电子化处理的证据原件,可引导当事人通过拍摄照片、视频等方式进行在线展示,一方当事人提出异议的,可将证据原件交承办人和该方当事人线下审核。

(2)推进程序性文书自动生成。进一步规范和统一法院程序性文书制作模板。对于起诉、自诉和申请,按照最高人民法院印发的《关于人民法院推行立案登记制改革的意见》的相关规定在线处理,自动生成程序性文书并在线签章。诉前保全、缴费等期限届满前3天向相关主体发送提醒短信,届满当日向承办人推送期满信息。

(3)实行全程电子阅卷,着力提升阅卷体验。对当事人提交的纸质材料,在进行电子化处理后,可引导其将材料取回;当事人不同意取回的,相关纸质材料随案流转。除证据原件等重要材料外,承办人不得主动要求当事人提交纸质材料。大力加强电子卷宗随案生成,确保电子卷宗清晰、完整、准确、及时,为法官全程电子阅卷提供便利。除证据原件外,承办人应当尽量避免使用当事人提交的纸质材料,杜绝电子卷宗与纸质卷宗"双轨并行"。

(4)推进在线庭审与合议。全面推进数字法庭改造升级,更新软硬件设施,实现多模式的证据展示,提高语音识别水平,打造线上线下、内网外网、有线无线协调一致、互联互通的在线庭审模式。探索开展在线错时庭审,对于调解、辩论、庭前调查、庭前会议等诉讼活动,可以组织当事人及其他诉讼参与人在不同地点错时在线进行,尽可能简化网上开庭的程序、时间和内容,最大程度地提高在线庭审的质量和效率。探索开展跨域庭审,方便当事人在就近的法院或人民法庭参与庭审。创新合议方式,依托办案平台实现无纸化合议,探索错时远程合议。探索推进在线宣判,在保障程序正义的同时,尽可能减少当事人诉累。

(5)在线上诉及申请再审。民事和行政案件办理过程中,引导当事人依托在线上诉功能,对已审结的案件在线提交上诉材料(再审申请材料)。完善平台功能,确保当事人不需要提供生效证明等法院可以自行提取的材料。当事人直接向原审法院提起上诉(申请再审)的,相关材料经电子化处理后在线推送至二审(再审)法院。抗诉再审案件办理过程中,通过政法一体化平台推送抗诉书等材料。改造上诉(再审)流程,分阶段、分业务逐步取消一审(原审)纸质材料移送,因鉴定等原因需使用纸质材料的,在线申请调取。支持向二审(再审)承办人开放原审卷宗全部功能。支持在二审(再审)案件电子卷宗栏目下引入一审(原审)档案卷宗信息,为法官办案提供更多便利。

(三)全面推进在线流转

(1)实行全程在线申请、在线审批。引导当事人在线提出保全、鉴定等各类申请,在线缴纳诉讼费。原则上,诉讼活动中的各类审批均在线完成,诉讼费减免缓退、案款发放等事项均在线办理,尽量减少法院内部生成的纸质材料。

（2）实行全程数字会议，倡导在线沟通。全面推广数字会议，优化软件功能，满足法官合议、专业法官会议、审判委员会会议的实际需求，实现会议申请、审批、通知、材料分发、记录、签字等在线完成。支持办案人员、律师和当事人通过视频、语音、文字等方式开展在线沟通，创新调解、调查、约谈、接访等工作模式。

（3）推进在线电子归档。依托在线归档功能，对电子诉讼文件和电子诉讼文件元数据进行归档，杜绝归档后二次扫描，努力实现"电子档案是唯一完整的诉讼档案"。视案情精简保管纸质材料，原则上取消纸质送达回证归档，网上提交的材料一律不重复打印归成纸质档案。

三、智能化赋能，实现"司法信息化"到"司法智能化"转变

数字法院的内在机理是信息技术对司法活动各组成部分的重组。在司法改革的宏大背景下，于司法领域引入新的技术，必然是以问题为导向的。司法的智能化改革无疑是为了减轻人工作业的负担，旨在进一步提高司法效能，统筹整合司法资源，让法官从事务性工作中抽离出来，继而将更多资源投入审判、执行阶段。运用人工智能技术，围绕刑事、民事、行政三大诉讼体系的立案、调解、送达、庭审、裁判、执行、归档、诉服等各个环节，打造以提升质效、便民利民和司法公开为核心的全流程智能辅助应用体系。

（一）基于效率的节点智能辅助

智能立案：基于图像及实体识别技术，对诉讼材料进行智能识别加工，形成结构化的案件信息基本要素，并对其进行核查，对错误及易混淆的数据信息进行提示、提醒，避免出现立案错误；基于大数据管理平台，将立案法官关注的人、案、风险统一输出，并提供身份认证、重复立案、信访风险、行为特征、信用评估、历史涉诉、敏感案件等维度的立案风险甄别。

智能调解：利用高效的多元解纷机制解决纠纷，缓解诉讼压力。针对案件中占比较大的案由提供类型化的智能调解问答（Q&A）系统，实现智能辅助完成调解。

智能送达:针对法院送达工作存在的送达难、送达乱、送达成本高、送达管理监督难等问题,通过智能送达,实现直接送达、留置送达、邮寄送达、公告送达、电话送达、电子送达、委托送达等覆盖线上线下的一体化智能送达。融合各类互联网平台、邮政等社会资源,打破网络壁垒,拓宽送达渠道,节约司法资源,降低司法成本。

庭审智能辅助及虚拟示证:基于语义分析、案由知识图谱等技术,将案件拆解为机器可以识别的案情要素,根据案情要素为法官自动生成庭审提纲、归纳争议焦点,结合法律知识和当前案件信息生成重要证据提示、庭审流程提示等辅助信息推送给法官。研发虚拟示证系统,支持证据画像自动生成与三维互动展示。

庭审语音分析挖掘:基于语音识别、自然语言分析、法言法语归纳,为书记员提供庭审笔录的自动生成,并从笔录中挖掘提取可用的案情要素,为后续的裁判文书生成准备素材。

(二) 基于公正的智能裁判辅助

随着经济社会环境的复杂化,案件事实梳理难度提升,提升案件审理质量,让司法审判更加公平、公正,是人民法院不懈努力的目标。智能裁判在深挖司法大数据的基础上,结合人工智能技术,基于法律知识图谱,辅助法官快速进行案情梳理、精准推送类案法条、自动生成裁判文书、智能辅助规范量刑,为法官办案提供全方位的智能化辅助。

智能化裁判辅助:基于案由知识图谱等技术,在案情研判过程中,为法官精准匹配并推荐指导案例、相似案例、法律条文,提供利息、人身损害赔偿、劳动争议等常用计算工具,辅助法官提高办案效率。

规范化量刑智能辅助:综合运用法律知识图谱建模技术、自然语言处理技术、大数据技术等,针对每一种罪名的量刑要素进行全量提取,最大限度地展示案件的本质,反馈最符合法学原理的分析结果。支持基于犯罪事实、酌定情节和历史案件给出量刑建议,实现相似案件裁判尺度的统一。

类案智能推送:通过深度语义匹配以及潜语义挖掘,推荐类案,同时寻找类案相似的原因,比如案件逻辑相似、案件风险点相似、案件证据链相似。

文书智能生成与校对:根据案件审理逻辑和大数据实证分析,基于知识图谱对历史裁判规律的分析预判,结合机器学习、自然语言处理等技术,自动调取案件信息,与法官对案件事实和证据认定的确认信息、法条等进行组装,自动生成包含文部、当事人基本信息、诉讼请求、事实与理由、尾部等内容的裁判文书。

智能执行:运用大数据、云计算、人工智能等信息技术,提供集约化智能辅助执行办案、执行卷宗深度应用、多渠道移动化执行办案、精细化执行指挥管理等服务。把互联网大数据技术更加充分地运用到执行的全过程,形成系统化的智能执行新模式,更加快捷、高效地保障人民群众的合法权益,同时提供阳光、便捷的执行信息公开和服务平台,不断增强人民群众的法治获得感。

(三)基于监督的管理智能辅助

智能审判管理:运用大数据和人工智能技术,为案件分析、趋势研判、庭审评查、风险评估、业绩评价提供全方位的科学智能依据,支持管理者确保审判权力正当有序运行,支持法院管理者提高司法决策科学性,实现审判管理从传统管理模式转向信息化、智能化管理。

司法数据资源智能分析决策:采用可视化技术和数据图谱,构建司法数据智能分析模型,科学研判审判运行态势,探寻新形势下的司法规律,为领导决策提供依据。

庭审智能巡查:支持面向开庭全过程的语音、视频、笔录等多模态记录与分析挖掘,支持面向庭审数据的多模态融合分析和相互印证,实现对法庭状态、当事人行为、法官行为等进行同步智能分析,并支持事后自动分析挖掘。

如上所述,"平台化"重在建设,主要是将原本"碎片化"的业务系统集成在一个大平台上,实现数据互通、业务协同;"无纸化"重在应用,主要是将平台的各项功能运用在日常办案、办公活动中,实现将办案办公从线下搬到线上。没有"平台化"的数据互通、业务协同,就很难实现全流程、全要素、全覆盖的"无纸化";没有"无纸化"的推广,"平台化"就是摆设,没有用武之地,不能发挥实效。从时间上看,"平台化"在前、"无纸化"在后,"平台化"发展到一定程度,就必须推进"无纸化"。如果没有应用意见的反馈,大平台就很难迭代升级,进而及时优化完善各项功能,满足司法实践的需求。而"智能化"的实现,既需要以"平台化"建设为基础,也需要以"无纸化"应用为前提;只有将法院办案、办公的各环节搬到平台上,实现无纸化运行,才能进一步对各环节进行智能化改造提升,进而提高司法效率、质量和公信力,切实减轻办案人员负担,增强广大人民群众的法治获得感。

第三章

数字法院建设的技术原理

第三章 数字法院建设的技术原理

第一节 互联网技术

一、互联网技术原理

1974年,美国科学家文顿·G.瑟夫(Vinton G. Cerf)和罗伯特·E.卡恩(Robert E. Kahn)共同开发了互联网标准通信协议——"传输控制协议和网间协议"(TCP/IP),将与美国国防部合作的研究机构的4台计算机连接起来传输数据,这被认为是互联网的雏形。[①] 互联网本质是无中心、分层组成的分布式系统,作用原理为将终端设备通过有线或无线方式连接,并使用路由器确保信息在端间传输,将网络连接到可以管理特殊路由器的互联网服务提供商,网络信息可以被捕获并发送到相应地点。[②] 现代互联网技术的发展历程逐步实现了人与人、人与物、物与物的交互和沟通,云计算和物联网是其中重要的技术节点。[③] 司法领域主要采用上述两项技术,故本书以此为主要内容进行论述。

云计算是基于网络技术、分布式计算演变而成的一种数据运算技术,有助于整合和计算资源信息,提高数据处理效率[④];物联网以感知技术、网络技术、应用技术为技术体系,以互联网、移动通信网为基础,利用感知设备,自动获取物理世界各种物体的属性及状态信息,将所有能够独立寻址的物理对象互联起来,实现全面感知、可靠传输、智能处理。互联网技术的发展同时推动了法院的信息化、数字化建设,多项技术的司法运

[①] 参见中国通信学会:《互联网的起源与发展》,载科普中国,https://www.kepuchina.cn/article/articleinfo?business_type=100&classify=0&ar_id=449287,访问日期:2025年5月27日。

[②] 参见《互联网是如何工作的?》,载 MDN Web Docs, https://developer.mozilla.org/zh-CN/docs/Learn/Common_questions/Web_mechanics/How_does_the_Internet_work,访问日期:2025年5月27日。

[③] 参见中国通信学会:《互联网的起源与发展》,载科普中国,https://www.kepuchina.cn/article/articleinfo?business_type=100&classify=0&ar_id=449287,访问日期:2025年5月27日。

[④] 参见刘宁:《计算机大数据分析中云计算技术的应用探讨》,载《数字通信世界》2023年第4期。

用通过接入互联网这一整体架构得以实现。①

二、互联网司法系统建设

目前,在最高人民法院和地方法院信息化发展规划和总体设计中,以"系统信息交互关系"为核心的法院信息化总体设计方法和工具得到充分应用。② 以全要素集约化信息网络体系为构建目标③,以互联网为核心系统建设作为业务应用的信息化基础支撑,主要依托云计算、物联网等互联网技术,构建人民法院"云、网、端"深度融合的弹性基础设施。

全国法院网络体系化建设主要围绕"五网三云"的整体架构推进,"五网"即"法院专网、移动专网、涉密网、外部专网、互联网","三云"即"专有云、涉密云、开放云"。④ 目前,各地法院已初步建立"云网一体"的公共信息基础设施,形成"五网三云"网络安全体系架构⑤,并对涉密网采取分级保护的涉密云架构,对 12368 诉讼服务热线、信息公开等部分互联网、物联网设置等级保护的开放云架构,对法院专网(如诉讼服务大厅、会议系统、安保监控、共享法庭等)、外部专网、移动专网(如巡回审判法庭、移动办公等)设置等级保护的专有云架构,从而实现云间涉密/非涉密隔离交换两端的数据共享。在这种系统建设下,"互联网+"的诉讼模式得以形成。

以专有云的多层次架构为例(图 3.1.1)⑥,具体建设涵盖了多层次、多模块、功能化的体系搭建:其一,构建融合控制层,通过多种虚拟化软件配置,实现计算、存储、网络等资源统一管理;其二,构建基础设施层,通过服务器打造基础设施,为功能实现提供支撑平台;其三,构建资源调度层,使中间件、数据库、司法业务运用等能够灵活调配底层资源池内的资源。

---

① 参见李晟:《从互联网法到互联网司法:技术与规范变迁中的多维互动》,载《法商研究》2022 年第 4 期。
② 参见《最高法工作报告解读:人民法院信息化 4.0 版》,载微信公众号"中国司法大数据研究院" 2022 年 3 月 17 日。
③ 参见《最高人民法院关于加快建设智慧法院的意见》(法发〔2017〕12 号)。
④ 参见《〈法治蓝皮书·中国法院信息化发展报告(2022)〉在京发布》,载中国法学网,http://iolaw.cssn.cn/xshy/202207/t20220701_5415154.shtml,访问日期:2025 年 5 月 20 日。
⑤ 参见黄国栋:《比较法视野下智慧法院建设的中国经验、实践困境与路径优化》,载《法律适用》2023 年第 3 期。
⑥ 参见《智慧法院篇 | 创新方案之"深信服智慧法院专有云解决方案"》,载微信公众号"政法智能化建设技术装备及成果展" 2021 年 12 月 8 日。

第三章 数字法院建设的技术原理

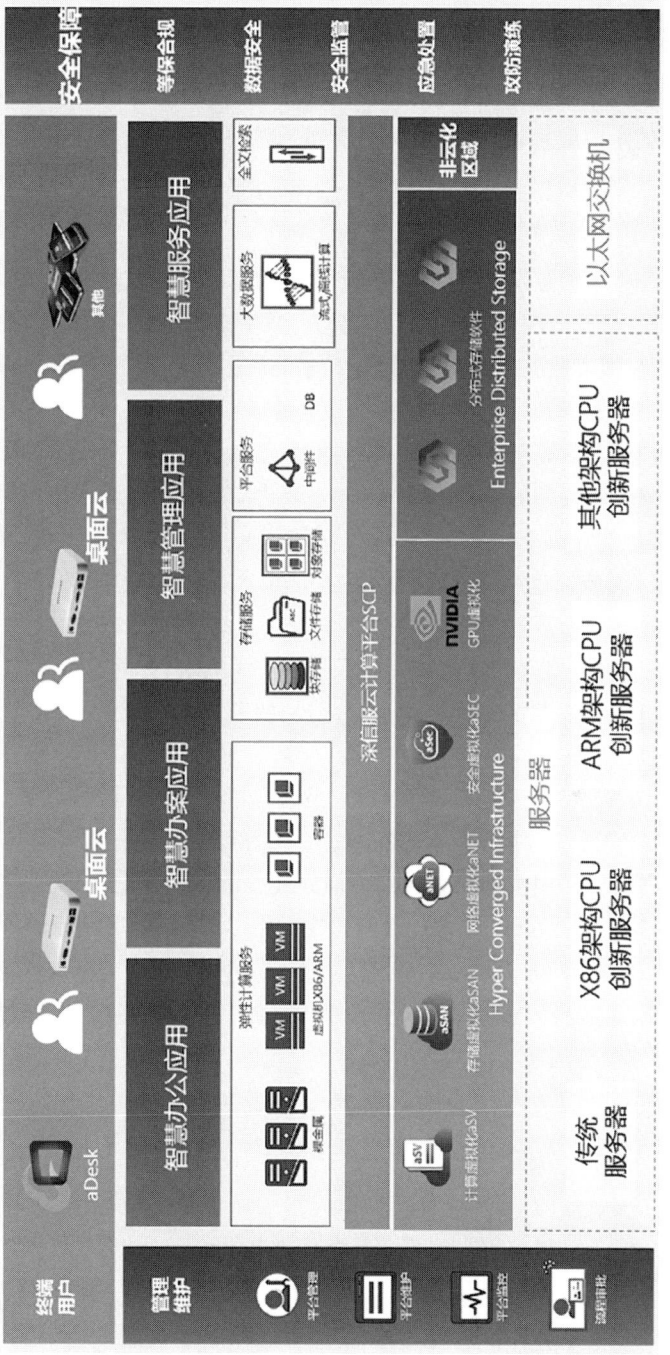

图3.1.1 专有云架构图

三、互联网司法应用场景

互联网技术在司法运作中的具体应用流程与业务场景相关,在数字法院中的主要应用表现为"系统集成+多域协同"模式[①],具有鲜明的中国特色。

(一)诉讼服务系统集成应用

我国数字法院以全域性数字服务网络为建设路径,主要依托互联网、移动互联网、法院专网,形成涵盖数字服务、数字审判、数字执行、数字管理等全方位、全流程的应用图景。互联网技术的应用服务呈现集约高效、便民利民、开放互联等特点,具有技术通用、业务特需两种方式。由此,在互联网技术集成应用的思路下,司法应用持续探索、创新,逐步从"一站式"电子诉讼平台建设向更便利的移动端、TV端等多元化应用方式探索延展。

1. 电子诉讼平台应用

数字法院通过系统集成的应用建设,以"一站式"电子诉讼平台内嵌各种功能模块,融合司法数据智能化获取、自助式应用服务、大数据多维度分析的功能,满足法官各种具体场景的应用需求,如北京市朝阳区人民法院搭建的审执事务集约办理平台(应用流程见下文应用实例)。

2. 智能移动端应用

浙江省高级人民法院研发的"人民法院在线服务"小程序,从2017年在宁波余姚试点,到2018年浙江全省上线"浙江移动微法院"4.0版,再到2019年升级为"中国移动微法院",最终在2022年转型升级为"人民法院在线服务"(图3.1.2)。[②] 该互联网司法应用以微信小程序作为载体,整合了调解、立案、阅卷、送达、保全、鉴定、开庭等多个诉讼服务应用场景,当事人可以通过微信小程序入口访问"人民法院在线服务",在线即时参与诉讼,实现"一网通办、一站全办"。

[①] 参见李占国主编:《共享法庭:基层治理法治化的浙江实践与探索》,人民法院出版社2023年版,第112页。

[②] 参见刘芳:《"中国移动微法院"转型升级为"人民法院在线服务"——以在线服务推动实现更高水平的数字正义》,载微信公众号"最高人民法院"2022年3月1日。

第三章 数字法院建设的技术原理

图 3.1.2 "人民法院在线服务"小程序界面

3. 多元化智能终端设备互联应用

浙江省高级人民法院搭建的"共享法庭",在嵌入浙江解纷码、庭审直播系统、裁判文书公开平台等软件模块后,应用场景十分多元,主要以普法宣讲、调解指导、在线诉讼、协同治理作为四个通用场景,添设金融、商事、家事、物业、知识产权、涉亚运六个类型化纠纷特设子场景(图3.1.3),实现基层社会有效治理。①

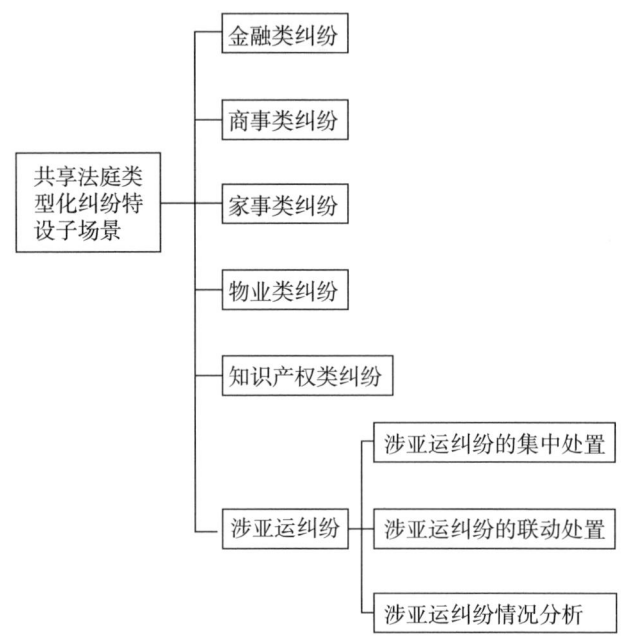

图 3.1.3　共享法庭类型化纠纷特设子场景

重庆市高级人民法院创新研发并在辖区法院推广应用的"全渝数智法院 TV 版"平台(2024 年 1 月上线运行,图 3.1.4),利用数字电视及数字机顶盒的音视频编解码技术,配置外置摄像机和麦克风,以数字电视为基础载体、以有线网络为关键支撑、以家庭居所为活动场景,集在线诉讼服务、司法公开、法治宣传等智慧司法便民服务于一体,搭载电视开庭、电子送达、案件信息查询、典型案例展播等众多功能,可便捷实现远程调解应诉、在线开庭、在线证据交互等功能,并可定向推送电视开庭直播,用户凭借验证信息可申请在线旁听,坐在家中即可享受沉浸式以案释法、以宣普法等司法服务,能够有效提高诉讼效率、降低诉讼参与成本。

---

① 参见李占国主编:《共享法庭:基层治理法治化的浙江实践与探索》,人民法院出版社 2023 年版,第 5—25 页。

第三章 数字法院建设的技术原理

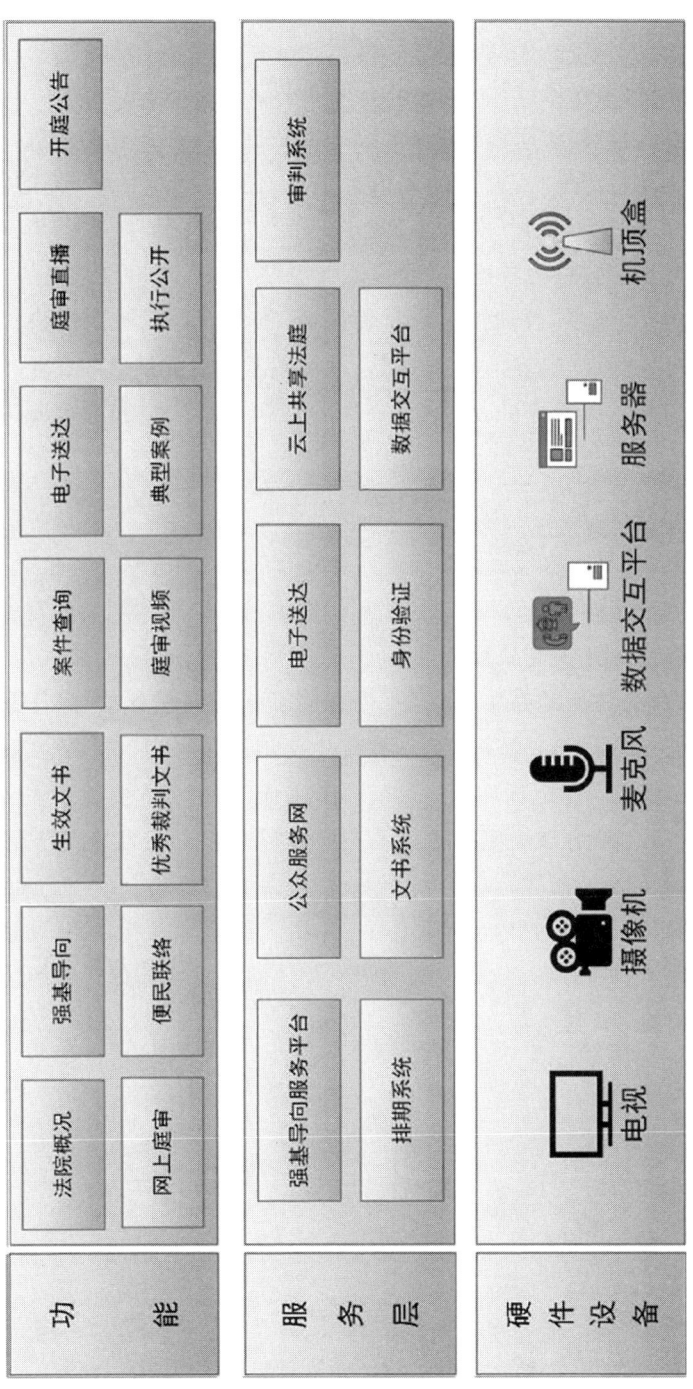

图3.1.4 "全渝数智法院TV版"平台架构示意图

(二)互联网技术在执行领域的应用

互联网技术在执行领域的应用打破了数据壁垒,促进数据共享、实现线上协同。例如浙江省平阳县人民法院从机动车司法查控处置和执行入手,创新打造集"云查控""云拍卖""云过户"等功能于一体的"云执车"数字场景化应用。依托办案办公平台,"云执车"实现了公安数据、司辅数据等数据的融通,覆盖一键查控、一网联动、一链服务、一窗过户多跨应用场景。同时,整合车辆托运、维修、检测、辅助过户等第三方司法服务,形成车辆从入库保管、网络拍卖到成交过户的全业务闭环,处置时间从原来的62天缩短至10天,处置成本从5500余元减少为2500余元。[①]

(三)典型场景应用流程举例

1. 浙江省高级人民法院共享法庭协同治理应用场景

(1)在办案办公平台设置"网格员协助执行一件事"模块,法官可通过该模块向村社和网格员发布任务(图3.1.5)。例如,法官在办案过程中发现被执行人住所地在本辖区的,可直接发起协同任务,选择任务类型,设定任务期限,选择被执行人所在村社或自定义输入被执行人实际居住地,系统将自动匹配相应网格员或庭务主任,并在引入生效法律文书后,实现任务自动抓取快速下发、全程引导视频辅助、执行预警流程监控、数据归集智能分析。

(2)网格员可通过"掌上基层"App接收任务,查看法律文书,处理任务,根据要求填写任务内容,一键回传结果。网格员在处理任务的过程中,可随时视频连线法官,处理现场突发情况。

(3)法官可以对网格员的任务结果进行评分,网格员据此获得相应奖励。

[①] 参见浙江平阳法院:《【建设实践】浙江平阳法院:云上协同 数字智治 "云执车"解锁执行"全景"新模式》,载微信公众号"司法科技前沿"2022年12月19日。

第三章 数字法院建设的技术原理

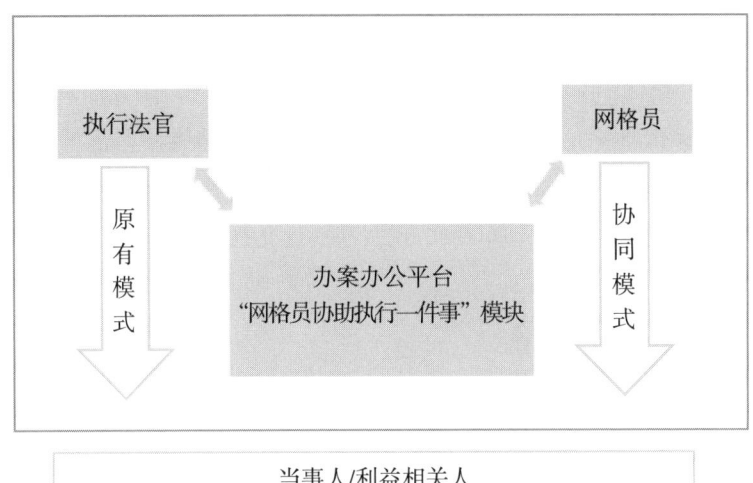

图 3.1.5 共享法庭协同治理流程图

2. 北京市朝阳区人民法院审执事务集约办理平台

(1)审执事务集约办理平台集审判辅助、记录、管理、分析等功能于一体,通过应用流程控制、大数据可视化、数据交互等技术,一方面协助法官集约办理审判案件的调解、送达、保全、排庭、移送等事务性工作;另一方面为执行案件启动、文书制作、文书送达、执行线索收集、在线财产查控、案款发还、终本约谈等事务性工作提供信息化支持,促进审判执行事务性工作的规范高效,将法官从事务性工作中解放出来,提升审执办案的整体工作质效。

(2)平台主要功能模块:

①任务集中分流。新收案件进入法院系统后,平台能够批量化操作收案工作。管理人员可对案件进行批量审核,并按工作类别和顺序批量化分配任务。

②批量文书制作。平台将常用的 96 种文书模板嵌入系统,自动提取案件基本信息,大批量自动制作案件相关文书,节省文书制作时间。

③集约化文书送达。平台与送达系统对接,可汇总法院批量化送达短信通知或者司法专邮的任务,便于集约化规划实地送达路线,同时支持送达结果反馈查询和记录,大幅提高送达效率。

④二维码识别。平台制作的执行文书如传票、执行通知书、财产报告令等右上角均带有二维码,扫描二维码即可获取案件基本信息。

⑤集约化执行。平台对房产、车辆等十类执行线索进行添加和维护,优化执行网络查控手段,除在线查控银行账户外,通过与朝阳区不动产登记事务中心、北京市公安局公安交通管理局车辆管理所建立数据交换机制,实现不动产、机动车在线查控,高度优化执行资源配置,大幅提高执行效率。

四、互联网司法应用效果

互联网技术的应用不仅促进了司法能力的现代化,还推动了数字正义的实现。其一,互联网技术的应用推进了司法能力的现代化发展。司法工作的现代化根本在于司法能力建设①,互联网技术在司法领域的应用生动体现了技术赋能审判的巨大优势。例如江苏省无锡市中级人民法院在执行环节运用互联网技术,充分保障申请执行人权益的同时,尽可能地减少对被执行企业生产经营活动的影响,体现司法机关善于利用互联网技术有效履职,有力贯彻保障经济社会的高质量发展、保障人民根本利益的宗旨。其二,互联网技术在司法领域的广泛应用是我国以人民为中心的数字正义观的体现。如"人民法院在线服务"小程序,旨在为老百姓提供高效、便利的司法服务。数字法院的建设实现了平台化的分享可视、超时空的场景可视以及全要素的数据可视,使当事人能够足不出户参与在线诉讼,司法运行呈现更为规范透明的样态,推动数字正义形态从"接近正义"迈向"可视正义"。② 通过互联网的互联互通,我国建成了资源联动、服务对象广泛的"一站式"多元解纷和诉讼服务体系③,集约、在线、普惠的中国特色"一站式"多元解纷和诉讼服务体

---

① 参见白龙飞:《抓落实:提升五项司法能力》,载微信公众号"湖南高院"2024年3月20日。
② 参见白龙飞:《抓落实:提升五项司法能力》,载微信公众号"湖南高院"2024年3月20日。
③ 参见周强:《最高人民法院工作报告——二〇二二年三月八日在第十三届全国人民代表大会第五次会议上》,载《光明日报》2022年3月16日,第3版。

系,践行了数字正义观①。

然而,互联网技术的司法应用仍面临多重挑战。其一,互联网技术的司法应用后续应当深度拓展应用场景,加强互联网基础能力建设。其二,互联网技术的司法应用中容易出现数据安全问题、个人信息保护问题等。数字法院建设应当提升网络安全防护能力,完善互联网技术应用的监管体系。

第二节 区块链技术

一、区块链技术原理

区块链由中本聪(Satoshi Nakamoto)提出,最早被应用于点对点的电子货币支付,旨在解决数字货币双重支付等问题。② 区块链由"区块"和"链"两方面构成。其中"区块"包括含有元数据的区块头和多条交易信息,以数据的形式记录某一段时间内的交易情况,可以理解为账本中的一页;"链"由多个"区块"组合而成,可以理解为一个完整的账本。由此,区块链的初步形态形成(图3.2.1)。区块链通过分布式账本实现数据的共享,同时通过非对称加密技术确保数据的安全,具有去中心化、不可更改、透明性、匿名性、共识性等特征,在金融、司法等多个领域被广泛应用。

二、司法区块链平台建设

目前我国大多数的司法区块链平台均由第三方技术公司与司法机关共同建设开发,由第三方技术公司提供技术支持与技术维护。在具体的

---

① 参见杨力:《数字法治的中国探索与世界影响》,载《上海交通大学学报(哲学社会科学版)》2022年第4期。

② See Satoshi Nakamoto, Bitcoin: A Peer-to-Peer Electronic Cash System, https://bitcoin.org/bitcoin.pdf, visited on 20 Feb. 2025.

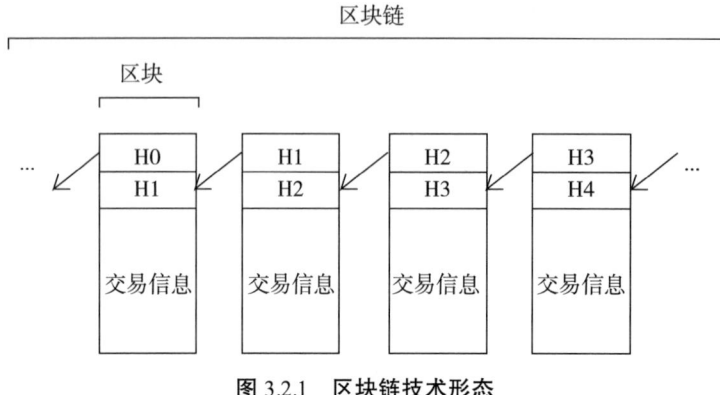

图 3.2.1　区块链技术形态

平台建设上,司法区块链平台一般分为四个层面或五个层面。

以江苏省高级人民法院搭建的司法链可信业务中台为例,其分为基础平台、可信计算中台、可信业务中台、可信链上服务四个层面(图 3.2.2)。① 其中,基础平台由区块链底层技术构成,包括分布式账本、共识机制、隐私保护等,由此保障可信计算中台层面身份、数据及计算的真实性。通过联动包括法院、公证处、调解协会等多方主体,在可信业务中台层面进行固证取证、智能合约等业务操作,最终在可信链上服务层面实现证据保全、自动执行、协同治理等多重应用。

杭州互联网法院的司法区块链平台则由五个层级构成:第一层为司法区块链基础节点层,构建以法院、公证处等多方主体为基础的底层节点;第二层为司法区块链可信执行环境层,提供具备智能合约、跨链、隐私安全保护、实人认证等安全稳定的可信执行环境;第三层是司法区块链接入层,提供开放平台的应用程序接口(API)及页面接口(Web UI),便于行业接入;第四层为司法区块链行业层,提供版权链、金融链、合同链等行业联盟或平台的接入;第五层为司法区块链应用层,供用户使用。②

---

① 参见江苏高院:《【成果评选】区块链技术助力江苏数字法院建设提质增效》,载微信公众号"司法科技前沿"2024 年 2 月 26 日。
② 参见杜前主编:《互联网司法实践与探索:杭州互联网法院》,人民法院出版社 2021 年版,第 64 页。

第三章 数字法院建设的技术原理

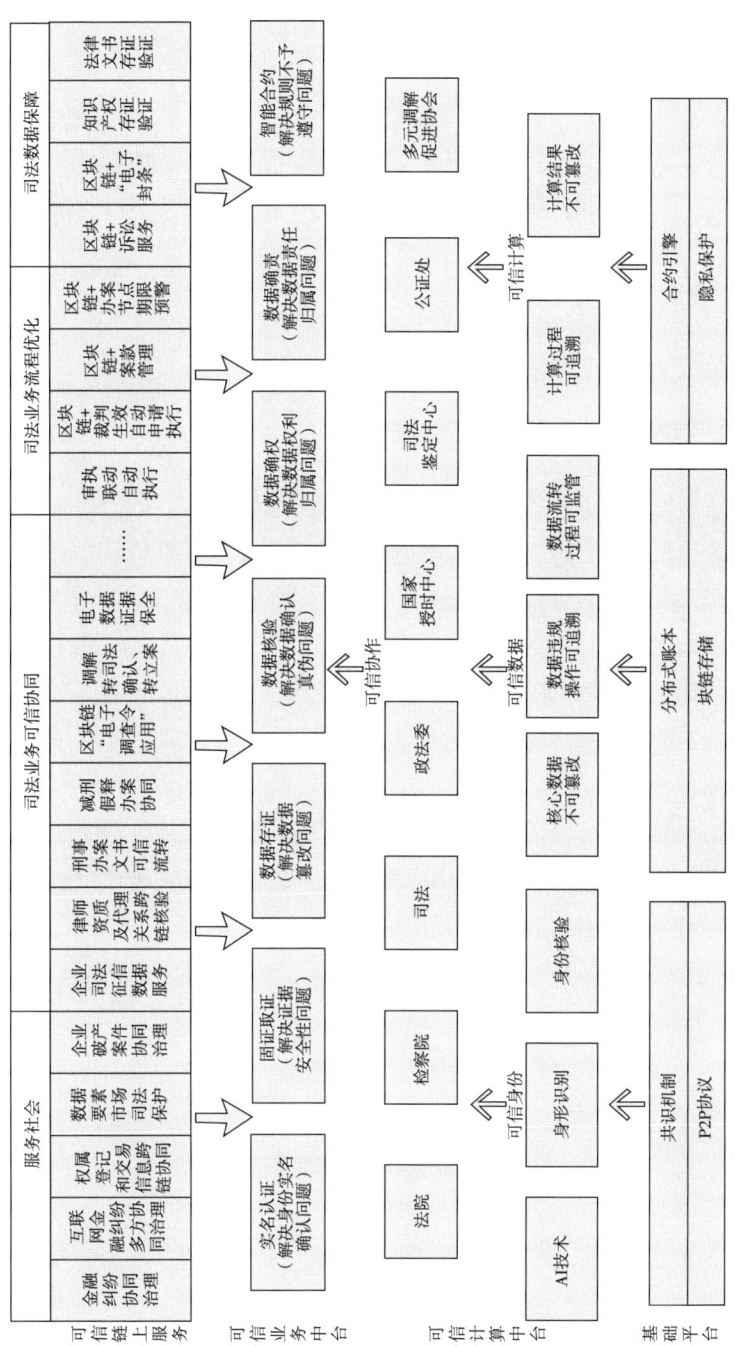

图3.2.2 江苏省高级人民法院司法链可信业务中台

目前,全国各地法院的司法区块链大多为联盟链,连接包括法院、公证处等多个主体。联盟链中的每个机构负责管理其中的一个节点,并且由该机构负责读写数据和发送交易。① 法院节点一般为管理共识节点,例如在北京互联网法院建设的天平链中,北京互联网法院即为管理节点,同时一级节点由其他法院、司法鉴定中心、公证处、行业协会等权威机构组成,二级节点由大型互联网企业、国有企业、金融机构组成。截至2025年5月21日10时40分,北京互联网法院网站显示,天平链在线采集数据361974237条,在线证据验证32950条。

三、司法区块链应用场景

在区块链技术的司法应用方面,我国司法区块链作为"公共/正式"的纠纷解决技术,与"私人/非正式"的域外区块链纠纷解决机制有着本质区别。② 2022年出台的《最高人民法院关于加强区块链司法应用的意见》旨在推进人民法院运用以区块链为代表的关键技术加速人民法院数字化变革,促进法治与科技深度融合发展,推动智慧法治建设迈向更高层次。区块链的技术特征与我国司法的价值追求内在契合,包括数据可信与司法便民相契合、智能合约与司法高效相契合、数据真实与司法公信相契合等。③ 因此,区块链技术在我国司法中的应用逐渐深化,从典型的区块链存证向自动立案、智慧执行等多维应用全面推进,已涵盖司法运作的全流程,实现全流程的司法信息管理(图3.2.3)。

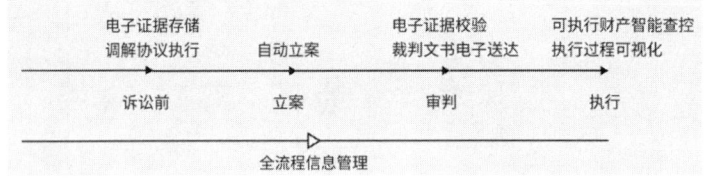

图3.2.3　区块链技术的全流程司法应用

---

① 参见胡铭:《区块链司法存证的应用及其规制》,载《现代法学》2022年第4期。
② 参见韩旭至:《司法区块链的价值目标及其实现路径》,载《上海大学学报(社会科学版)》2022年第2期。
③ 参见彭巍:《区块链与司法的价值共通与融合发展》,载《科技管理研究》2021年第6期。

(一)区块链技术在诉讼前的应用

区块链技术在诉讼前的应用之一为创新电子证据的存储方式。权利人将电子数据上传至司法区块链,能够及时保存将来诉讼中需要举证的电子证据。区块链不可伪造、不可篡改的技术特性解决了电子证据易被篡改、难以保存的缺陷,同时从源头构建"上网就留痕,留痕即可溯"的强大治理体系。例如,杭州互联网法院针对网络文学侵权行为高发易发态势,通过中国网络作家村上链,向权利人出具司法区块链存证证书,帮助网络作家实现确权存证,明确著作权的归属,为网络维权奠定基础。[①] 目前,最高人民法院已搭建"人民法院司法区块链统一平台",全国各地法院如杭州、北京、广州三家互联网法院及福建省泉州市中级人民法院、内蒙古自治区乌兰察布市集宁区人民法院等均已搭建相应的司法区块链平台,完成超过1亿条数据上链存证固证,有效保障了电子证据的真实性,极大地方便了当事人存证。

"抓前端、治未病"是我国新时代司法理念最根本、最核心的要求之一。做好多元化纠纷解决需要把诉调对接的"调"再向前延伸。区块链为多元化纠纷解决提供了有力的技术支撑,区块链技术的应用助力双方当事人在诉讼前化解纠纷。例如,在北京互联网法院的"北京版权调解云平台",双方通过区块链智能合约模板签署调解协议,在一方未履约时,平台将自动触发履约,即自动进行代扣并将约定款项直接支付到权利方的支付宝账户。[②] 浙江省杭州市西湖区人民法院则将区块链技术运用于金融借贷类的纠纷化解,双方当事人通过签订司法链智能合约,在债务人未及时还款时,司法链智能合约会自动触发,划扣债务人在某金融机构账户中的款项,使得纠纷不进入法院审判和执行环节就得以化解,搭建起诉前调解的"准执行机制"。[③]

---

① 参见杜前主编:《互联网司法实践与探索:杭州互联网法院》,人民法院出版社2021年版,第65页。
② 参见徐冲、李钰:《法治实践丨区块链应用于智慧法院建设的路径探索》,载微信公众号"法治时代杂志"2023年8月7日。
③ 参见《西湖法院又get一个全国首创!金融借贷纠纷用上司法链智能合约》,载微信公众号"杭州市西湖区人民法院"2021年4月20日。

(二) 区块链技术在立案中的应用

智能合约是由事件驱动的、具有状态的、获得多方承认的、运行在区块链之上且能够根据预设条件自动处理资产的程序。① 区块链与智能合约的结合使其除存储之外还具有自动运行的功能。区块链智能合约技术在司法中的应用推动了案件的自动立案,优化了司法流程,提高了司法效率。

北京互联网法院也将区块链智能合约技术应用于执行立案,在当事人的调解协议中约定"如被告在履行期内未履行义务,将通过区块链智能合约技术实行自动执行",当被告未履行义务时,原告只需在系统中点击"未履行完毕",案件即可直接进入立案庭进行立案。② 其他法院如吉林省珲春市人民法院也已在区块链智能合约技术的支持下实现"一键立案"。③ 区块链智能合约技术实现了司法流程运转的自动衔接,为法官办案减负增效的同时促进了司法便民。

(三) 区块链技术在审判中的应用

区块链技术在审判中的应用主要分为三方面:

第一,区块链技术可用于电子证据核验。诉讼时,当事人提交已在司法区块链上保全的证据,法官通过区块链验证即可查明数据是否被篡改。《人民法院在线诉讼规则》第16条规定:"当事人作为证据提交的电子数据系通过区块链技术存储,并经技术核验一致的,人民法院可以认定该电子数据上链后未经篡改,但有相反证据足以推翻的除外。"《人民法院在线诉讼规则》明确了司法区块链存证的推定有效规则,区块链技术的应用减轻了法官认定电子证据的难度。北京互联网法院天平链作为全国首个以法院为主导建设的区块链电子证据平台,实现了与北京市版权局可信版权链及北京国际大数据交易所北数链的跨链对接。其中,天平链与可信版权链的对接实现了著作权登记与司法审判的"双标统一、双链协同",大

---

① 参见工业和信息化部信息中心:《2018年中国区块链产业白皮书》,第99页。
② 参见熊志钢、汪倩、颜君:《全国首例!北京互联网法院采用区块链智能合约技术实现执行"一键立案"》,载微信公众号"最高人民法院"2019年10月28日。
③ 参见《区块链+智能合约 珲春法院首次实现审执衔接一键自动转执行立案》,载微信公众号"吉林省高级人民法院"2020年2月22日。

大提升了权利人作品登记实际效能,降低了维权风险①;天平链与北数链的贯通,助力数据知识产权资产登记链条的存证追溯,为数据合规流通打造安全稳定可追溯的基础设施,有助于数据权益的保护与数据高效利用。

第二,区块链技术可用于裁判文书的电子送达。区块链技术在电子送达中的应用能够保证敏感个人信息的不可泄露与裁判文书内容的不可篡改。目前我国3500多家法院的电子送达文书均支持当事人在互联网司法区块链平台或"人民法院在线服务"小程序进行在线核验,确保每一份电子送达文书的真实性、权威性,从根本上解决电子送达文书易篡改、难验证等问题,更好地维护当事人诉讼权益。②

第三,区块链技术可推动司法业务协同。一方面,区块链技术的应用可以跨地域联动各地法院,实现司法协作。杭州互联网法院联合上海市第一中级人民法院、江苏省苏州市中级人民法院、安徽省合肥市中级人民法院,以司法区块链为依托建立长三角司法链,推进长三角区域司法一体化发展。③ 另一方面,区块链技术的应用可以联动法院、公证处、司法鉴定机构、调解机构、监狱管理局、大型互联网企业等社会各方,着力打通数据壁垒,实现不同部门的司法业务协同。④ 例如江苏省高级人民法院司法链与江苏监狱管理局区块链执法管理监控平台贯通、互认,构建安全可信的链上减刑假释业务流转机制,实现法院与监狱的业务协同。⑤北京互联网法院天平链与北京市版权局可信版权链完成跨链对接,进一步完善天平链、可信版权链在确权、授权、维权等环节存证的标准和规则,提高电子证据认定的效率和质量。在诉讼时,当事

---

① 参见《北京文化产业闪耀服贸会》,载《人民日报》2020年9月10日,第4版。
② 参见《即日起,全国法院电子送达文书均可支持司法区块链在线核验》,载微信公众号"最高人民法院"2023年3月7日。
③ 参见杜前主编:《互联网司法实践与探索:杭州互联网法院》,人民法院出版社2021年版,第67页。
④ 参见陈蓦、张名扬:《【网聚法言】第十七期:司法链智能合约的应用与发展》,载微信公众号"杭州互联网法院"2022年10月29日。
⑤ 参见江苏高院:《【成果评选】区块链技术助力江苏数字法院建设提质增效》,载微信公众号"司法科技前沿"2024年2月26日。

人可在北京互联网法院电子诉讼平台一键获取可信版权链已登记的作品相关材料。依托天平链—可信版权链协同治理平台,相关电子证据可完成自动验证,极大地方便了当事人举证,提高了法院对电子证据的认证效率。

(四)区块链技术在执行中的应用

区块链技术能够赋能司法执行的各个阶段。其一,在执行前,区块链技术能够自动采集案件信息,自动反馈财产信息,对可执行财产进行智能查控。例如杭州互联网法院开发的"终本案件智能合约系统"对"终本案件库"进行动态管理,全天候查找财产线索,避免人工复查的疏漏。[①] 当系统自动核查发现可执行财产时,信息自动在系统中反馈,终本案件得以恢复执行。其二,在执行中,区块链技术与执法记录仪的结合能够记录执行的过程,确保执行过程记录的不可篡改,让执行活动在阳光下进行。例如杭州互联网法院利用5G区块链执法记录仪记录执行过程,通过可信时间、可信位置、可信算法、可信硬件、可信人员、可信节点解决源头数据失真问题,保证真实数据上链。[②]

(五)区块链技术协助司法全流程信息管理

在区块链加密技术的底层支持下,区块链技术同时被应用于司法运作全流程的信息管理,确保司法数据的安全可信。一方面,将司法运作流程节点中产生的格式化文书如裁判文书、卷宗材料、签发流程节点信息等均上区块链保存,能够有效保障上述材料信息的真实性。另一方面,针对部分风险易发多发的信息管理,法院可以使用区块链技术实现全程留痕、可追溯,保障信息的完整与安全。例如,江苏省无锡市中级人民法院研发的区块链案款管理系统,通过对接最高人民法院司法链平台,结合审批短信签名系统的应用,将案款从银行入账到审批发放的全流程节点信息进行存证校验,确保案款信息安全可靠,发放流程

---

① 参见《杭州互联网法院开发运用终本案件智能合约系统"唤醒沉睡的执行案件"》,载微信公众号"杭州互联网法院"2022年7月14日。

② 参见《首创!"5G+区块链"互联网执行新模式今日正式运行!》,载微信公众号"杭州互联网法院"2019年6月20日。

规范可控。① 北京互联网法院区块链技术在档案管理中实现电子文件从生成到归档全业务流程覆盖:结合区块链技术防篡改、留痕可追溯等特点,针对各业务场景构建电子诉讼档案数据存证体系,通过基于哈希(Hash)值的电子诉讼档案上链存证关键技术和法院内网电子档案区块链与天平链的跨链互认技术,形成基于电子档案链的电子诉讼档案上链设计方案和天平链与电子档案链的跨链互认、跨链验证实现方案,从而确保电子档案数据的真实性、完整性、有序性、可追溯。当事人在线上即可实现对电子诉讼档案的利用。

(六)典型场景应用流程举例

区块链技术在司法运作中的具体应用流程与应用场景相关。以下对司法区块链应用流程的介绍以杭州互联网法院的具体应用为例。

1. 电子证据保全及核验的应用流程

在司法存证中,流程包括以下四步:

(1)当事人在司法区块链平台上打开"证据保全"(图3.2.4)。

(2)点击"上传证据",上传证据后点击"提交保全"(图3.2.5)。

(3)提交后,平台在"验证信息"部分出现一串哈希值,同时当事人可以查看保全证书(图3.2.6)。

(4)诉讼时,法官通过诉讼平台将当事人提交的证据与司法区块链哈希值进行核验,系统会出现核验成功或核验失败的提示(图3.2.7、图3.2.8)。

2. 终本案件的复查与执行

区块链智能合约技术应用于终本案件复查与执行的流程主要包括以下四步:

(1)终本案件筛查。系统根据预设的终本筛查合约规则自动采集案号、承办人、结案日期、执行标的、到位金额等数据并上传到司法区块链平台,并对上链数据进行智能校验审核,符合终本查控合约的终本案件进入自动查控程序(图3.2.9)。

---

① 参见江苏高院:《【成果评选】区块链技术助力江苏数字法院建设提质增效》,载微信公众号"司法科技前沿"2024年2月26日。

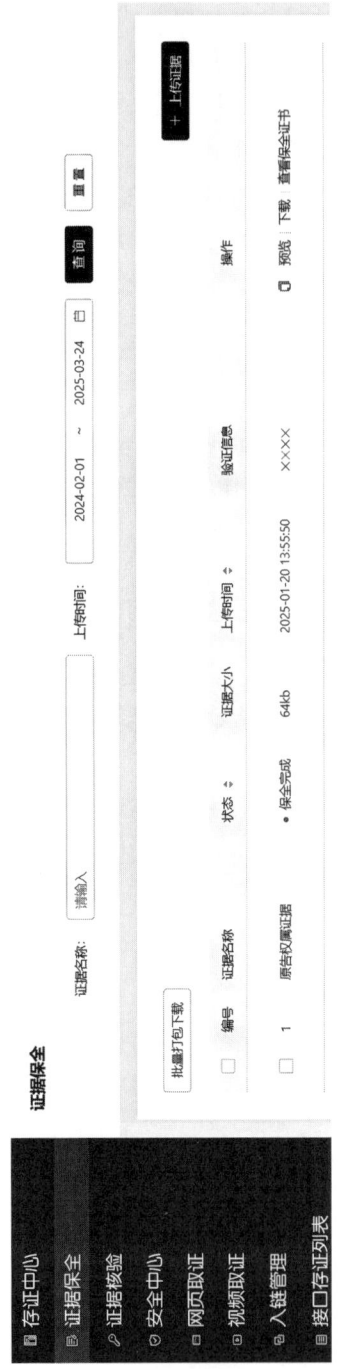

图3.2.4 司法区块链证据保全页面

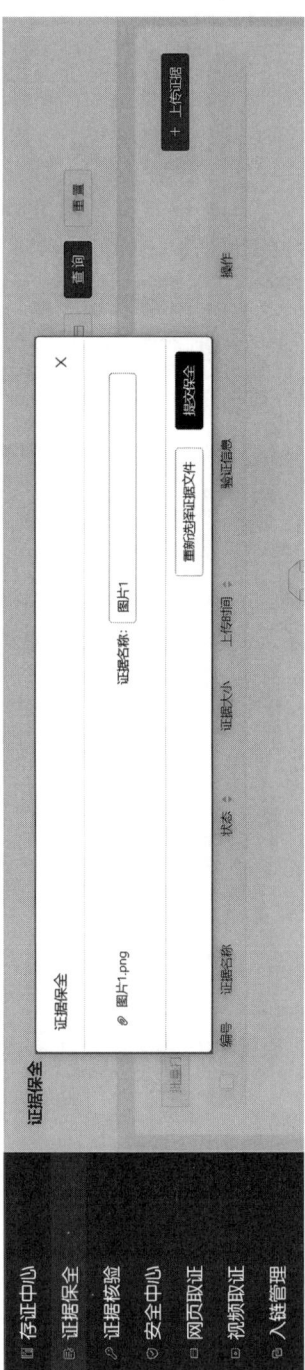

图3.2.5 司法区块链证据上传页面

第三章 数字法院建设的技术原理

图3.2.6 司法区块链证据上传成功页面

图3.2.7 证据核验成功页面

图3.2.8 证据核验失败页面

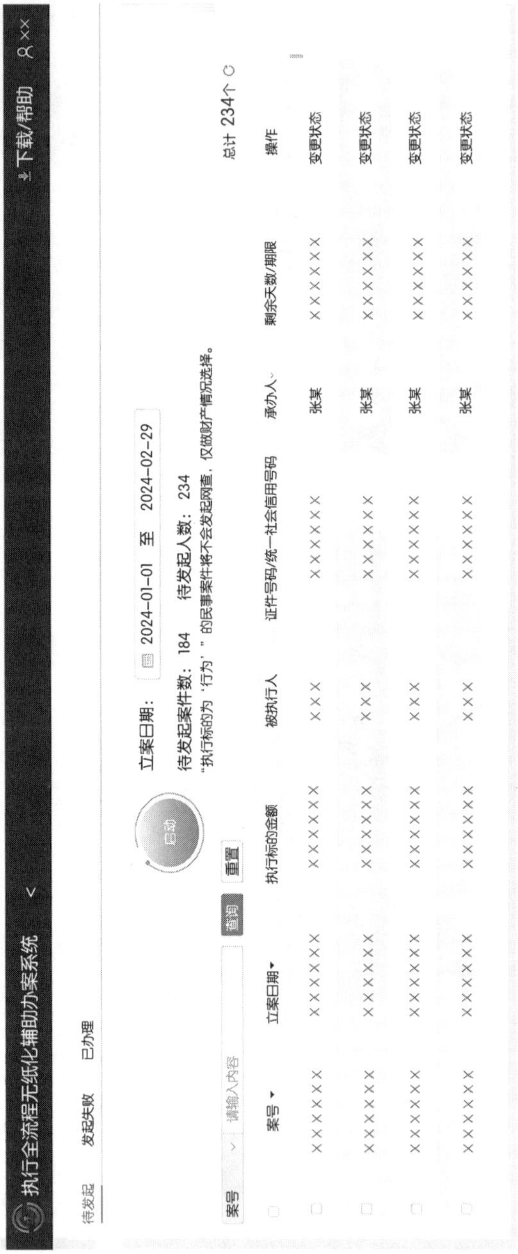

图3.2.9 终本案件数据筛查页面

（2）终本案件查控。系统根据结案日期和预设的间隔天数确定查询日期,将符合终本查控合约的案件流转到浙江法院"点对点"网络执行查控系统(图3.2.10)。

（3）终本案件恢复。系统根据反馈的银行账户、房产、车辆、有价证券等查询结果对被执行人的财产进行智能化评估,根据可供执行金额与尚未执行金额的比值决定是否触发终本恢复合约。通过周期性的自动核查—反馈—恢复,确保终本案件能恢复执行(图3.2.11)。

（4）终本案件执行。系统对恢复执行的案件自动完成批量查询、财产线索甄别及资金续冻、续封提醒等工作,并根据系统反馈结果一键生成冻结裁定等执行文书(图3.2.12)。

四、司法区块链应用效果

区块链技术在数字法院中的应用通过数据可信、流程推进与数据真实促进了司法便民、司法高效与司法公信。

第一,司法区块链促进司法便民。坚持以人民为中心是中国特色社会主义司法的基本特征,要求司法机关努力满足人民群众的司法需求。[①] 在互联网时代,电子证据存在易被篡改、难以保存等弊端,给当事人带来难以存证举证的困境,法官对电子证据的采信度也不高。将区块链技术运用于司法存证,极大地降低了当事人就电子证据存证举证的成本。同时,司法区块链"一键"等功能帮助当事人有序推进诉讼进程,践行了司法便民的宗旨。

第二,司法区块链实现司法高效。司法业务流程的快速流转是减少案件积压、提高司法效率、保障司法正义的关键。智能合约在数字法院的应用降低了不同部门之间业务信息流转所耗费的人力和时间,实现了部分司法流程环节的自行推进,助力各部门积极发挥主动性,提升司法效率。

---

① 参见彭巍:《区块链与司法的价值共通与融合发展》,载《科技管理研究》2021年第6期。

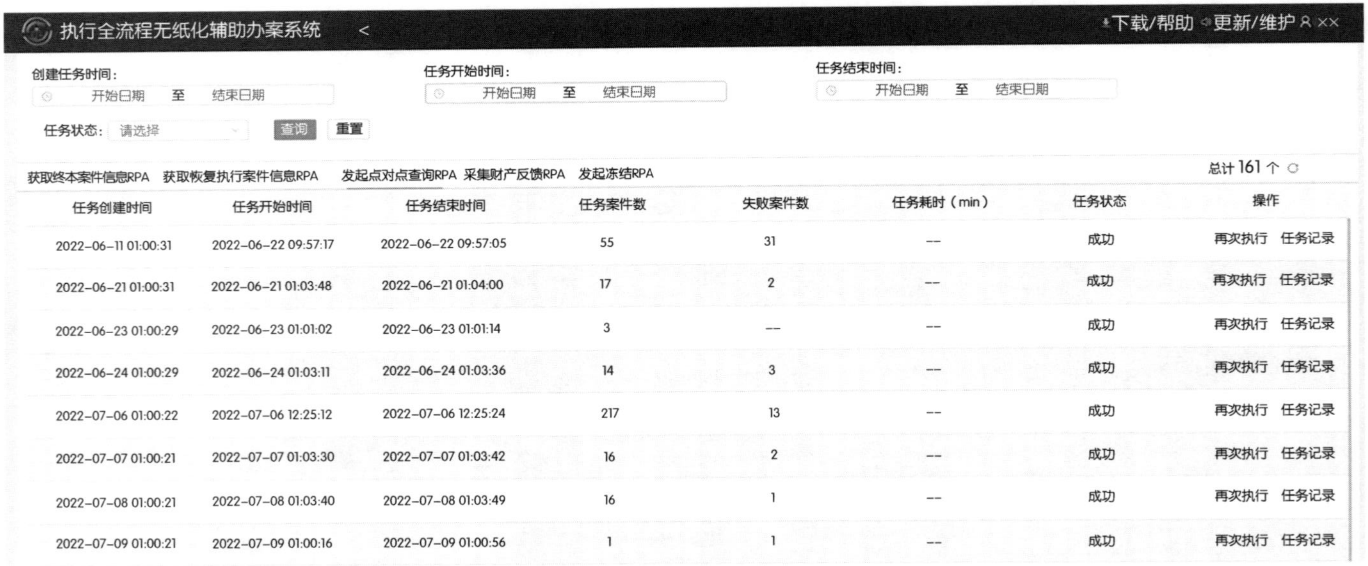
执行全流程无纸化辅助办案系统
下载/帮助 更新/维护 XX
创建任务时间：开始日期 至 结束日期
任务开始时间：开始日期 至 结束日期
任务结束时间：开始日期 至 结束日期
任务状态：请选择
查询
重置
获取终本案件信息RPA 获取恢复执行案件信息RPA 发起点对点查询RPA 采集财产反馈RPA 发起冻结RPA
总计 161 个
任务创建时间 任务开始时间 任务结束时间 任务案件数 失败案件数 任务耗时（min） 任务状态 操作
2022-06-11 01:00:31 2022-06-22 09:57:17 2022-06-22 09:57:05 55 31 -- 成功 再次执行 任务记录
2022-06-21 01:00:31 2022-06-21 01:03:48 2022-06-21 01:04:00 17 2 -- 成功 再次执行 任务记录
2022-06-23 01:00:29 2022-06-23 01:01:02 2022-06-23 01:01:14 3 -- -- 成功 再次执行 任务记录
2022-06-24 01:00:29 2022-06-24 01:03:11 2022-06-24 01:03:36 14 3 -- 成功 再次执行 任务记录
2022-07-06 01:00:22 2022-07-06 12:25:12 2022-07-06 12:25:24 217 13 -- 成功 再次执行 任务记录
2022-07-07 01:00:21 2022-07-07 01:03:30 2022-07-07 01:03:42 16 2 -- 成功 再次执行 任务记录
2022-07-08 01:00:21 2022-07-08 01:03:40 2022-07-08 01:03:49 16 1 -- 成功 再次执行 任务记录
2022-07-09 01:00:21 2022-07-09 01:00:16 2022-07-09 01:00:56 1 1 -- 成功 再次执行 任务记录

图3.2.10　终本案件“点对点”网络执行查控页面

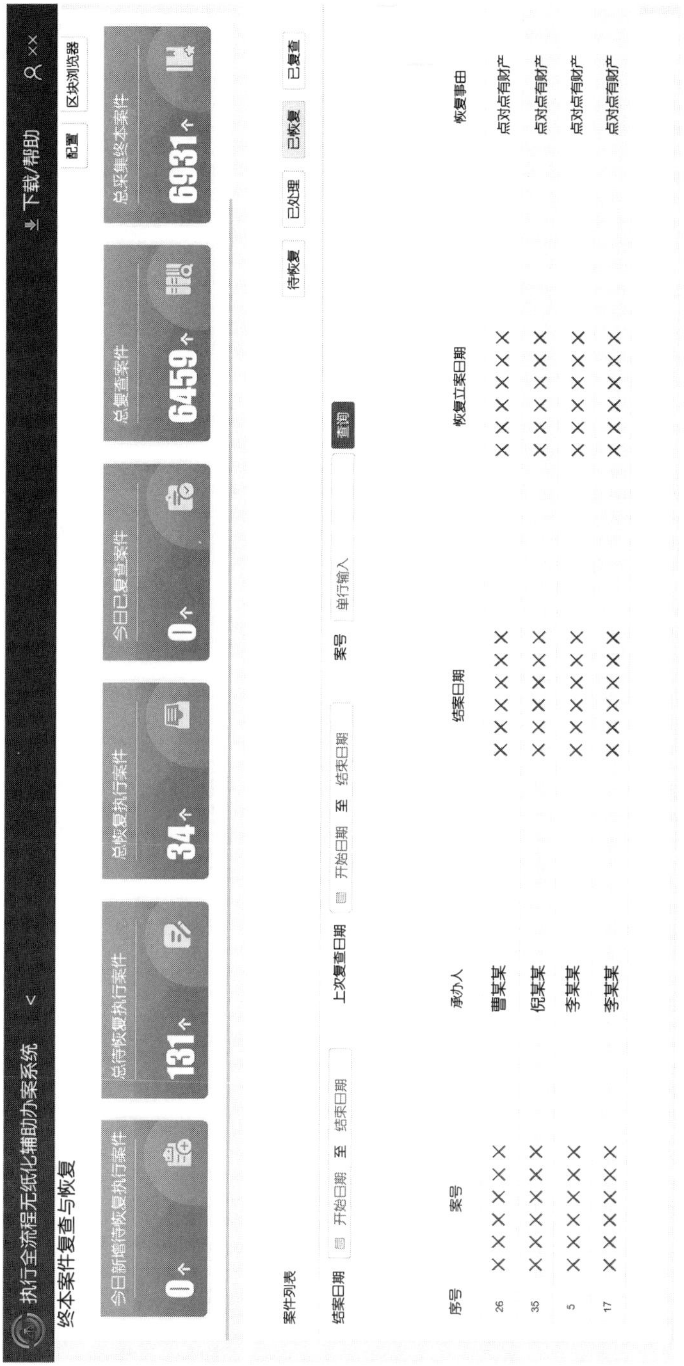

第三章 数字法院建设的技术原理

图3.2.11 终本案件恢复执行页面

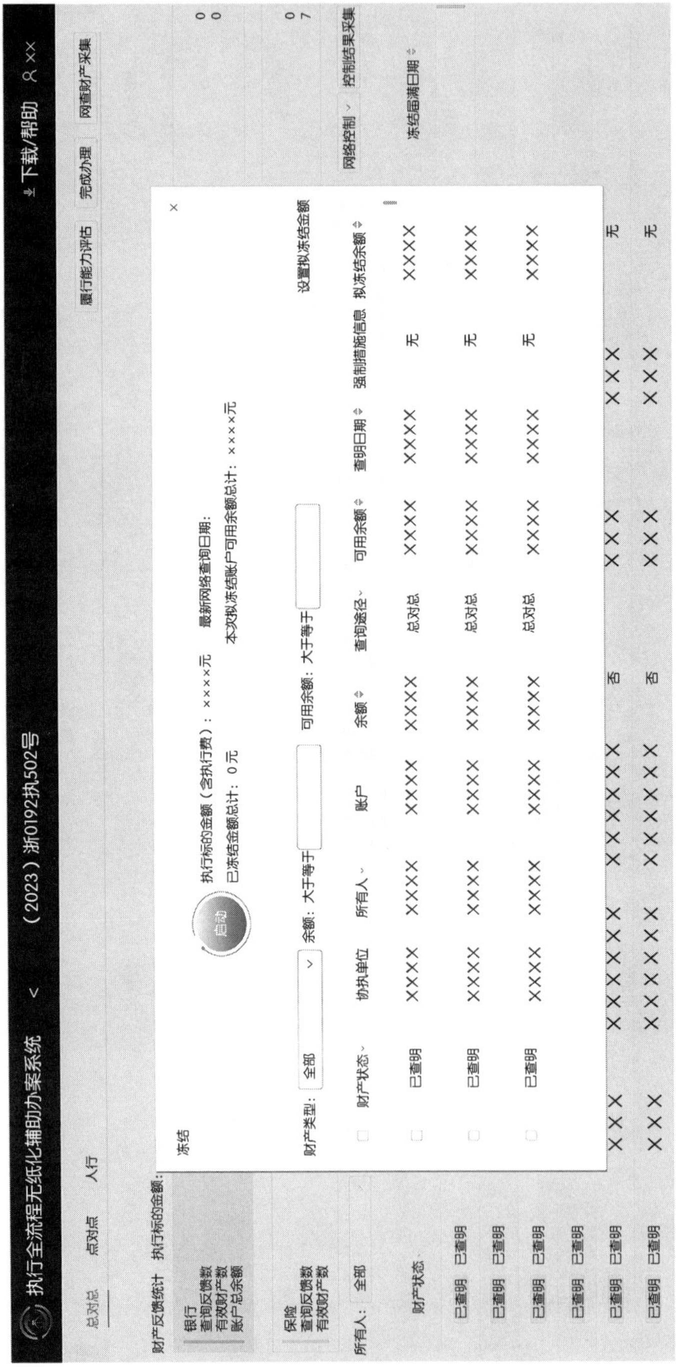

图3.2.12 终本案件执行页面

第三,司法区块链保障司法公信。司法公信力是体现公众司法信任度的标尺,提高司法公信力是司法体制改革的根本尺度。区块链本质上是一个创造信任的机器①,通过融合加密算法等技术保障链上数据的不可篡改以提升数据的可信度,已经成为数字法院中公众信任的来源。由此,制度信任与技术信任相互增进,司法公信在区块链的司法应用中得以增强。

然而,区块链技术在司法中的应用仍然面临诸多挑战。其一,数据"上链"需要成本。一方面,区块链能否顺畅运行取决于其性能的强弱,如单链的容量、可扩展性、安全性等。若"上链"的数据庞大,可能面临硬件资源开支过大、运行性能无法满足业务需求等问题。② 另一方面,"上链"需要技术人员的准确操作,目前司法人员还不具备相关的专业能力,无疑增加了相关人力成本。其二,数据"跨链"存在障碍。目前,数字法院建设呈现各地"百花齐放"的局面,各地法院更多依赖技术公司对司法区块链进行开发与日常维护。这便导致各司法区块链系统标准不一,链与链之间缺少互联互通渠道,无法保证数据在不同区块链之间流转后的同一性。

第三节 大数据技术

我国大数据技术在司法领域的应用主要集中在审判管理、诉讼服务以及执行等方面,给法院审判工作带来了新的机遇和挑战。近年来,我国司法大数据研究与应用取得了长足进步。

一、大数据技术原理

大数据技术是一种将规模巨大、来源分散、格式多样的数据转变为有业务价值的信息的技术。随着大数据技术在司法领域的深入应用,法院在审判管理、诉讼服务、司法公开、司法改革等方面都会产生海量数据,这些数据具有种类繁多、数量庞大的特点,蕴含巨大的价值。善用这些数据

---

① 参见郑戈:《区块链与未来法治》,载《东方法学》2018年第3期。
② 参见沈威、陈凯明:《区块链司法应用热的冷思考》,载《新兴权利》集刊2023年第1卷。

开展相关司法研究及应用,可使司法大数据形成规模效应,提升司法大数据对审判执行工作的有效供给能力。

大数据技术原理主要包括数据获取与整合、分布式存储、分布式并行计算、数据挖掘与机器学习和实时流处理等方面,通过司法数据资源的有效获取与整合、分布式存储与智能化分析,共同构建起司法大数据理论体系,为司法审判工作提供更加高效、便捷的分析决策。

(一)数据获取与整合

司法大数据的起点在于广泛而深入地搜集各类司法信息,如案件信息、裁判文书、证据材料、法庭记录、执行情况以及与案件相关的其他数据等。数据获取技术涉及自动化采集工具、应用程序编程接口(API)集成、数据交换协议等,以确保数据来源的广泛性和时效性。数据整合则通过数据抽取、转换和加载(ETL)过程,清洗、转换并导入统一的数据平台,实现数据格式的标准化和一致性。

(二)分布式存储

鉴于司法大数据的海量特性,传统集中式存储难以满足需求。采用分布式存储技术,如 Hadoop[①] 的分布式文件系统(HDFS),通过将数据分散在多台服务器上,实现数据的高可用性、高扩展性和低成本性存储。这种存储方式还能有效应对数据丢失和故障恢复,确保数据安全。近年来,对象存储技术的发展及更高效的纠删码技术的应用,正在逐步优化存储效率与成本之间的平衡。此外,边缘计算的兴起也为分布式存储提供了新的思路,通过在数据产生的源头附近进行初步处理和存储,进一步降低数据传输延迟,提高处理效率。

(三)分布式并行计算

分布式并行计算框架,如 Apache Hadoop[②] 和 Apache Spark[③],在处理大规模数据集方面具有良好的表现。这些框架通过将计算任务分割成多个子任务,分布到各个计算节点上并行执行,大大提高了数据处理速度和

---

① Hadoop 是一个由 Apache 软件基金会开发的分布式系统基础架构。
② Apache Hadoop 是一个框架,用于在使用通用硬件构建的大型集群上运行应用程序。
③ Apache Spark 是专为大规模数据处理而设计的快速通用的计算引擎。

效率,对于快速检索、统计分析等司法大数据应用至关重要。

(四)数据挖掘与机器学习

数据挖掘技术与机器学习算法的结合,是大数据价值提炼的关键。司法大数据的真正价值在于从海量数据中发现隐藏的模式、趋势和关联。数据挖掘技术,如聚类分析、关联规则挖掘、时间序列分析等,以及机器学习算法,如决策树、随机森林、神经网络等,能够帮助识别司法活动的规律,预测案件走向,甚至发挥辅助判决的作用。通过训练模型对历史案件数据的学习,系统能够提供智能辅助决策支持,如量刑建议、案例推荐等,大幅提升司法工作的智能化水平。

(五)实时流处理

法院案件审理工作往往伴随着大量实时数据的产生,如电子卷宗、网上立案等。实时流处理技术,如 Apache Kafka[①] 和 Apache Flink[②],通过低延迟的数据处理,能够实现对实时性较高的业务办理进行响应,结合事件驱动架构,可以更加灵活高效地应对各种情况,提升公共服务水平。

二、司法大数据系统建设

最高人民法院和地方各级法院高度重视司法大数据的建设、管理和应用工作。自 2014 年 7 月 1 日起,人民法院大数据管理和服务平台正式上线,经过 10 余年的建设,该平台汇聚的案件信息涵盖案件、文书和卷宗等审判执行信息,为实现数字法院建设提供了坚实的数据基础。当前,司法大数据的系统构建主要聚焦以下环节:

(一)多元化与合规性并重的数据采集系统

司法大数据主要来源于法院内网和外部电子政务系统,数据采集范围包括两大类:一是来自法院内部的数据,主要包括案件信息、审判执行流程信息、卷宗信息、人事档案信息等;二是来自外部的数据,主要包括法院外网

---

① Apache Kafka 是由 Apache 软件基金会开发的一个开源消息系统项目,目标是为处理实时数据提供一个统一、高通量、低等待的平台。

② Apache Flink 是由 Apache 软件基金会开发的开源流处理框架,其核心是用 Java 和 Scala 编写的分布式流数据流引擎。

的业务协同数据、互联网数据等。在采集过程中,既要注重数据的全面性,也要确保数据获取的合法合规性,遵循《网络安全法》《个人信息保护法》等相关法律法规,采取必要的脱敏处理和匿名化技术,保护个人隐私。

(二)弹性扩展与高效管理的数据存储系统

司法大数据存储系统设计综合考虑数据的快速增长和访问模式的多样性。除了基础的 Hadoop 生态,还探索云存储解决方案,如混合云、多云策略,以实现数据的弹性存储和按需扩展。采用数据湖架构,整合结构化、半结构化和非结构化数据,通过元数据管理和数据治理工具,提高数据的查找效率和使用价值。

(三)合规化与标准化处理的数据清洗系统

数据清洗是将不符合规范的数据进行重新标注和整理,使其满足数据标准的过程,可以有效避免因系统错误或操作失误导致的司法数据质量问题。对不同来源的司法数据进行清洗,主要包括两个方面:一是从卷宗系统中提取的电子卷宗数据,包括诉讼参与人、案情信息、事实认定、裁判结果等;二是从办案系统中提取的案件流程信息,如案件基本信息、审判流程信息、执行信息等。在对数据进行清洗时,需要充分考虑数据之间的关联性,并根据数据特点选择不同的清洗方法。对于关联性较强的数据,如案件基本信息、裁判文书等,可以直接提取;对于关联性较弱的数据,如当事人、诉讼代理人等信息,则需要进行数据转换。

(四)数据引导业务优化的数据分析机制

司法大数据对法院的案件数量、类型、走势等进行分析,并提供法院的案件情况分析。司法大数据可以分析各法院的审判工作情况,如各法院的收案数量、结案数量、结案率、结收比等。同时,还可以通过司法大数据分析提供案件的分类统计,从而帮助法院更好地开展审判管理工作。人民法院大数据管理和服务平台在运行过程中,不断完善数据分析机制,为审判执行工作持续提供智能支撑。从全国范围看,数据分析机制已初步形成。

(五)多场景智能化的数据应用系统

基于人民法院大数据管理和服务平台建立的司法大数据应用系

统,可以为法院内部、社会公众、律师等人员提供智能化、个性化的服务,如为法官提供审判态势分析和办案辅助服务,为当事人提供智能案件查询服务,为律师提供业务指导功能。

三、司法大数据应用场景

司法大数据通过对同一类案件进行归类、比对,运用不同的分析方法,发现并总结具有共性的审判规律和管理规律,以实现优化审判资源,科学配置执行力量,提升诉讼服务能力之效果。主要应用场景有以下几个方面:

(一)大数据技术在审判管理中的应用

大数据技术可以用作法院科学决策和管理的重要依据。例如,法院借助大数据分析能够对地区整体立案趋势进行预测,进而优化司法资源配置,为加强内部管理提供参考;利用大数据分析结果可以准确判断案件审理期限是否过长、是否存在超审限现象;根据大数据分析进行案件评估,并采取有效措施提高办案质量等。例如上海市高级人民法院以"数助办案、数助监督、数助决策、数助政务"四大板块的体系架构,积极打造"上海数字法院监督管理平台"。此外,通过对法院历史案件海量数据的整合、分析和挖掘,构建预测模型,从而辅助预测个案判决结果,促进公正司法的实现。

(二)大数据技术在审判辅助中的应用

基于司法大数据建设的智能辅助办案系统,能够快速检索相关法律条文和判例,为法官提供类案展示。智能辅助办案系统通过对海量裁判文书进行情节特征的自动提取和判决结果的智能学习,建立案件裁判模型。案件对接导入后,系统会自动统计、实时展示同类案件的裁判情况。最高人民法院牵头建设的法信智推系统(图3.3.1),以海量司法大数据资源为基础,结合搜索引擎、知识图谱、深度学习等技术,依据案情进行类案智能推送,不仅能帮助法官在裁判中快速匹配类案判决,还能提供相对应的审理建议,以供参考。此外,借助大数据分析还能为法官提供更准确的法律风险评估,促进公正司法的实现。这种案件评估也有助于在源头预防和解决社会矛盾,减少不必要的纠纷和诉讼。

图3.3.1 法信智推系统页面

(三) 大数据技术在司法执行中的应用

通过大数据深入分析被执行人的信用信息,构建详细的信用画像,帮助法院更准确地了解被执行人的财产状况和履行能力,极大地提高执行到位率,有助于保障当事人的合法权益和司法公正。此外,通过与税务、金融机构、房产、车辆管理等部门进行数据共享,形成联动协作机制,从而有效维护法律的权威和执行的严肃性。山东省青岛市中级人民法院的全流程法税联动协作系统,集青岛两级法院法拍信息优势和税务机关税费测算专业优势于一体,使拍前评估、估税和拍后核税、缴税形成"四出四进"的线上闭环工作流程。

(四) 大数据技术在全流程法律服务中的应用

司法大数据和智能法律咨询机器人与在线法律服务平台的深度融合能够为公众带来全天候的法律咨询服务,在合同纠纷、房屋租赁纠纷等常见纠纷领域,智能法律服务为公众提供精准、便捷的法律咨询解答,大大降低了寻求法律帮助的门槛,让更多人能够及时获得专业建议。除此之外,智能法律服务平台还可通过大数据分析公众需求,为用户推荐个性化的法律服务,不仅提升公众司法获得感,也使得法律服务更加贴近公众的实际需求,为公众提供更加便捷、高效的法律服务。

(五) 典型场景应用流程举例

大数据技术在审判工作中的应用,以法信智推系统为例。法信智推系统依托法律法规库、案例文书库、司法观点库、审判信息库、民法典等的数据,搭建以法律系统知识为重点的维度体系,实现法律关系、法律事实、法律争议、法条依据和通用法律属性多维度的融合,完成案由维度体系表的搭建。

1. 架构设计

法信智推系统整体建设由电子卷宗接入系统、基础数据平台、应用支撑平台、智能应用平台组成(图 3.3.2),整体架构以海量司法数据为依托,以应用平台为核心,通过应用接入为审判流程系统、电子卷宗系统、庭审信息系统等提供电子卷宗深度应用智能匹配服务。

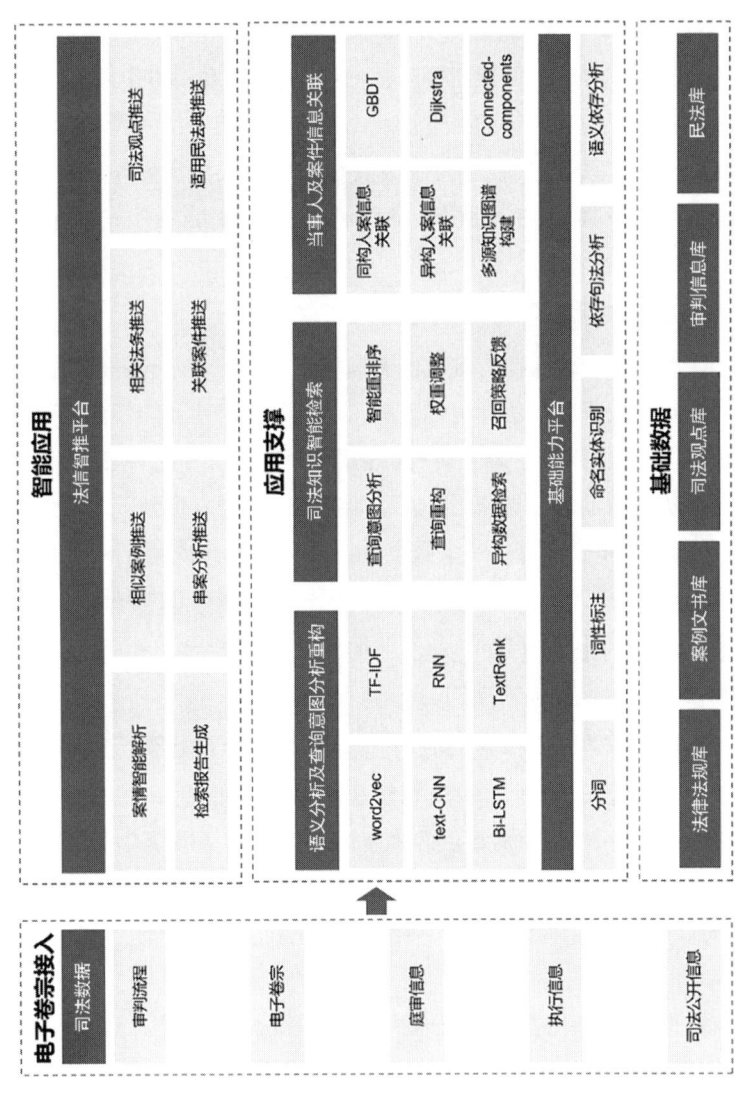

图3.3.2 法信智推系统架构

在电子卷宗接入系统方面,法信智推系统与电子卷宗接入系统深度融合、无缝对接,以电子卷宗接入系统为统一入口,实现卷宗数据的接入,从卷宗各类结构化和半结构化的法律文本中,自动提取识别案情特征,进而实现一案一画像、一案一推送。

在基础数据平台方面,法信智推系统提供数据采集与处理,实现系统的数据智能化分析与挖掘,涵盖数据采集、数据处理、数据存储、数据分析、数据服务等功能。基础数据种类主要包括法律法规、案例文书、司法观点、审判信息、民法典等。

在应用支撑平台方面,法信智推系统整合语义分析及查询意图分析重构、司法知识智能检索、当事人及案件信息关联,打造案由识别、文书检索、文书分段、文书关联、相似度计算、特征提取、案件画像等核心能力。

在智能应用平台方面,法信智推系统依托案件信息数据、卷宗文书数据、庭审信息数据、执行信息数据、司法公开信息等,围绕法官办案场景,集成八大核心应用功能,包括案情智能解析、相似案例推送、相关法条推送、司法观点推送、检索报告生成、串案分析推送、关联案件推送、适用民法典推送,实现电子卷宗深度应用智能匹配业务功能。

2. 功能设计

在功能设计方面,法信智推系统以海量裁判案例数据为基础,以法律系统知识为重点,以司法实务问题解决为核心要素,构建维度体系(图3.3.3),实现法律关系、法律事实、法律争议、法条依据和通用法律属性多维度的融合,为法官提供分级智推类案裁判、法条依据全维超链、权威观点智能匹配、关联串案分析提示等功能。通过电子卷宗深度应用,实现法官办案的高频知识服务精准自动推送,提升法官办案质效。

(1)分级智推类案裁判。法信智推系统在资源整合方面,根据最高人民法院发布的类案检索文件要求,按照特定范围规定向法官推送类案。系统严格按照最高人民法院的要求,对人民法院案例库案例、典型案例和裁判文书进行精准的分类标注和分类推送。其中,人民法院案例库案例属于必须参考的情形,系统将法信类案基础数据与人民法院案例库数据进行融合,确保及时并优先推送人民法院案例库案例。裁判推送按照最高人民法院、本省高院、上级法院、本级法院进行四级分类。系统通过建

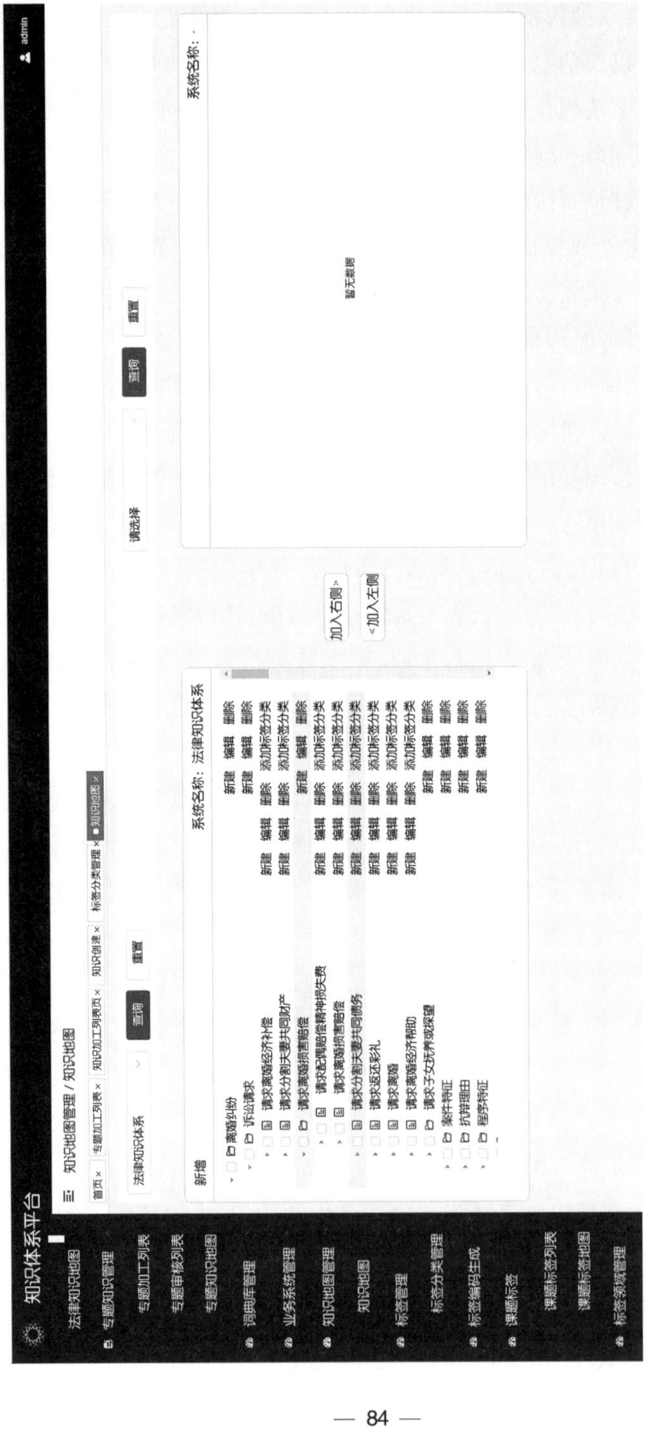
知识体系平台
admin
法律知识地图
专题知识管理
专题加工列表
专题审核列表
专题知识地图
词典库管理
业务系统管理
知识地图管理
知识地图
标签管理
标签分类管理
标签编码生成
课题标签
课题标签列表
课题标签地图
标签领域管理
知识地图管理 / 知识地图
系统名称：法律知识体系
系统名称：
查询
重置
新增
暂无数据
加入右侧>
<加入左侧

图3.3.3 维度体系管理

立合理可行的类案检索机制,借助人工智能等科学检索技术,为法官审理疑难复杂案件提供新的解决通道,从而实现统一司法裁判尺度,避免司法裁判不公之目的。

(2)法条依据全维超链。法信智推系统依据当前卷宗信息,由法律专业知识图谱作为支撑,通过法律知识图谱和智能语义分析,进行法条智能、精准匹配,提升法律数据推荐与检索的精准性。向法官推送的法律依据遵循"先做减法,再做加法"的原则。"先做减法"是指基于案情识别,系统给法官推送的都是具体的法条,而不是整篇的法律。"再做加法"是指针对已经确定引用的法律条文,系统会把该条文的效力等级、修订沿革、条文主旨、上下位法条、关联法条、影响法条进行全维度推送,真正帮助法官把要正式引用的条文吃透,帮助法官实现法条的准确适用。

(3)权威观点智能匹配。法信智推系统基于案情识别向法官推送司法观点,为法官撰写裁判文书提供直接参考,这种观点的权威性、主流性就非常重要。系统重点推送的都是能够代表全国人大立法机关、最高人民法院司法机关的权威观点和倾向性意见,并以专家学者的主流观点作为补充。特别是系统对所推送观点的作者、出处来源进行了详细标注,法官在引用的时候就能够做到知其然也知其所以然,心中有数。

(4)关联串案分析提示。法信智推系统基于人民法院大数据管理和服务平台的全量案件信息,对同一当事人跨域跨省的多地诉讼案件进行自动认定,从而规避当事人恶意诉讼风险,辅助法官进行累犯认定。系统还能从法院类案大数据信息中快速识别出民事案件中一方当事人相同、案由相同、案情相似的串案和刑事案件中犯罪嫌疑人存在尚未了解的犯罪行为或案件信息,从而快速识别串案和系列案件,提高系列案件批量受理的效率,节约审判资源。

四、司法大数据应用效果

人民法院积极推动司法大数据与人工智能技术深度融合,推进司法大数据研究和标准化建设工作,有利于司法治理能力的全面提升。

第一,有助于提升司法质效,打造质量与速度并进的数字司法新模式。一方面,人民法院通过大数据技术与司法工作的深度融合,在提升案件办理质量上有着显著效果。另一方面,利用大数据技术建立新的诉讼服务机制,优化自身运作流程,也可以缩短案件审理周期,为当事人提供更加便捷、高效的诉讼服务,实现"少跑腿、少等待、少费心"的目标。

第二,有助于加强司法公正,实现数据驱动公平正义的重要意义。将大数据技术用于类案检索,可以更好地应用法律,确保裁判尺度的统一。如此,可有效促进法律的公平性和裁判的正当性,有效提高公众对司法系统的满意度和信任度。

第三,有助于合理配置司法资源,以数据赋能全面提升综合治理效能。司法大数据的分析应用不仅能平衡司法资源的合理配置,还能够优化社会治理模式。如预测某类纠纷的高发区域及热点问题,进而帮助司法机关采取前瞻性措施,有效预防社会问题的发生。通过精准统计和科学运用,大数据技术可以辅助解决社会纠纷,服务于社会管理。

然而,由于数据获取难度大、数据结构复杂、数据处理技术参差不齐等原因,司法大数据的应用仍存在一些问题,如数据安全保护措施、数据算法自身带有的程序设计偏向性等方面的问题。此外,大数据技术与司法业务的深度融合也尚有较大空间。下一步,我国司法大数据应用的主要目标是在进一步加强顶层设计的基础上,结合各地实际情况开展深度应用研究和探索,加强融合建设,推动大数据技术在司法领域的多维深度应用和智能服务,为新时代人民法院工作提供更有力的技术支撑。

第四节 人工智能技术

人工智能(Artificial Intelligence),简称 AI,是研究、开发用于模拟、延伸和扩展人的智能的理论、方法、技术及应用系统的一门新的技术科学,致力于开发能够感知、理解、学习、推理、决策和与人类进行交互的智能系统。随着计算机技术和算法的进步发展,人工智能的定义和目标也在不断演进,人工智能通过计算机、软件和算法等方式实现模拟人类智能的技术和应用,让计算机具备像人类一样的感知、思考、判断、学习和解决问题等能力,从而达到智能化目标。

一、人工智能技术原理

人工智能技术原理涵盖数据驱动与算法模型、机器学习、自然语言处理等多方面,这些共同构成人工智能技术的核心,推动人工智能技术的不断发展应用。以下选取具有代表性的技术原理进行阐述。

(一)数据驱动与算法模型

在人工智能技术中,数据是构建模型和进行分析的前提和基础,人工智能系统需要获取大量来源于传感器、数据库、互联网和外部数据源的数据,经过数据预处理、清洗和整理,进行后续分析应用。数据获取和处理是人工智能技术的重要环节,正确获取和处理数据是人工智能系统能够提供准确有效全面信息的前提,同时也为后续分析研判学习提供坚实基础。数据处理具体包含数据清洗、数据转换、数据集划分、数据集成、数据融合、数据存储、数据管理等。

(二)机器学习

机器学习(Machine Learning)是人工智能技术的核心,使计算机系统能够通过对数据的分析识别出数据中的模式,并基于这些模式进行预测和决策。机器学习分为监督学习、无监督学习、强化学习和深度学习等不同类型,其中监督学习通过输入样本和对应的标签来训练模型,无监督学习根据数据的内在结构进行模式发现,强化学习通过与环境的交互来学习最优的行为策略,深度学习则是一种基于神经网络的机器学习方法。

(三)自然语言处理

自然语言处理(NLP)是人工智能技术领域的一个重要分支,主要研究人与计算机之间用自然语言进行有效通信的各种方式。自然语言处理包含自然语言理解和生成两个核心任务,自然语言理解使机器能够识别和解析人类语言,包括文本分析、命名实体识别等。自然语言生成将非语言格式的数据转换成人类语言,如智能客服的自动回答、文本摘要等。自然语言处理通过接收自然语言输入,对输入进行预处理,使用机器学习或深度学习算法对处理后的输入进行分析推理并输出结果。

二、司法人工智能系统建设

在数字法院建设中,司法人工智能系统建设能够全面提升司法服务的能力和水平,为司法工作提供更加智能化、高效化和精准化的支持。司法人工智能系统建设主要包括基础设施系统、技术应用系统、数据共享与协同系统、安全保障系统的建设。

(一)基础设施系统建设

大数据、区块链等互联网技术为司法人工智能提供了系统建设的基础。司法人工智能的基础设施系统建设包括司法数据库中台、数据服务平台、司法知识库等。司法数据库中台为人工智能提供丰富准确的司法数据支撑;数据服务平台主要实现数据的快速处理分析与共享;司法知识库整合法律法规、司法案例、专家意见,为司法人工智能决策提供支持。例如河北省保定市中级人民法院建设的司法数据中台与深度应用平台,实现了数据管理与共享可视化、体系化,大数据分析智能化、深度化,检索与推荐实时化、便捷化,大数据预警与监督全面化、一体化,有效解决了数据管理、共享互通、应用服务等数字法院建设痛点问题。[①]

(二)技术应用系统建设

技术应用系统包括智慧法院大脑、智慧服务系统、智慧审判系统、智慧执行系统等。智慧法院大脑通过集成人工智能引擎、知识服务平台等系统,实现智能化管理和决策;智慧服务系统利用人工智能技术,提供智能咨询、智能导诉、智能阅卷等智慧服务,提高司法服务效率;智慧审判系统利用人工智能技术对案件进行自动化分类、预判和推荐审判方案,提高审判质量;智慧执行系统通过大数据分析,对执行过程中的风险进行预警,提高执行效率,同时利用智能分析技术自动查控被执行人财产,并对财产进行快速评估。

---

① 参见《2023·智慧法院篇丨创新案例之"司法数据中台及深度应用"》,载微信公众号"政法智能化建设技术装备及成果展"2023年10月12日。

(三) 数据共享与协同系统建设

数据共享与协同系统包括数据共享系统与跨部门协同系统。数据共享系统通过建立司法数据共享机制，促进不同司法行政机构之间的数据互通共享，强化与其他行政机关、企业、社会组织的协同合作，推进司法人工智能在司法数据共享协同方面的应用。例如，由浙江省高级人民法院牵头，湖州市中级人民法院联合湖州市市场监督管理局开发打造的"法护知产"在线协同保护应用，具备"一网查询""一案关联""一体监管"等功能，聚焦知识产权纠纷风险预警、多元解纷、案件智审、判后监管等案件全生命周期，实现案件办理与协同保护双闭环。[①]

(四) 安全保障系统建设

在数字法院建设推进过程中，需要注意保护数据安全，为人工智能技术的司法应用提供安全可靠的技术保护屏障。通过完善技术标准和安全保障系统体系，确保司法人工智能系统的稳定性、可靠性和安全性；通过加强网络安全和数据保护，建立安全防范体系，防止数据泄露与滥用。

三、司法人工智能应用场景

从技术原理看，人工智能技术在司法领域拥有广阔的运用空间。2022年出台的《最高人民法院关于规范和加强人工智能司法应用的意见》旨在加快人工智能技术与司法工作深度融合，规范司法人工智能技术应用，提升人工智能司法应用实效，努力创造更高水平的数字正义。司法人工智能的应用主要体现在诉讼服务、审判执行、司法管理及社会治理等具体场景中。

(一) 人工智能技术在诉讼服务中的应用

人工智能技术在诉讼服务中的应用主要体现在满足人民群众多元化的司法服务需求上。通过对与诉讼服务相关的智能化应用进行迭代升级，丰富诉讼服务具体形式，提高人民群众对司法服务满意度。例如，浙

[①] 参见陈贞妃：《一地侵权，全省预警》，载微信公众号"浙江法治报"2023年4月24日。

江省高级人民法院研发并向全国推广的"人民法院在线服务"小程序,涵盖在线调解、跨域立案、在线庭审、在线阅卷、在线缴费、远程信访等各项司法活动,覆盖诉前、诉中、诉后以及具有地方特色的各类诉讼服务,极大地便利当事人参与诉讼,增强当事人在诉讼服务过程中的获得感与体验感。再如,黑龙江省高级人民法院的"智能立案平台",为全省法院立案庭提供统一、规范、高效、集约化的立案服务,有效整合多个立案渠道,节约当事人、法官在立案环节的时间成本和经济成本,推动信息技术与审判执行业务深度融合。

(二)人工智能技术在审判执行中的应用

人工智能技术在审判执行中的应用主要体现在辅助法院更好、更高效地完成审判执行工作,不断形成数字司法新模式。例如,杭州互联网法院积极探索元宇宙技术的司法应用,构建"元宇宙法庭"虚拟场景提升当事人线上庭审参与感。该院同时积极探索大语言模型技术背景下的法律 AI 智能机器人应用,打造办案办公、智能审查、类案推送、文书生产等智能化辅助应用,切实提升司法效能。[①] 除了各法院自主研发的 AI 智能辅助应用,浙江法院一体化办案办公平台 6.0,即"智慧法院大脑"人工智能集成应用,体现了浙江省全域数字法院建设的成就。此外,2024 年 6 月,广东省深圳市中级人民法院自主研发的"鹏法 AI"人工智能辅助审判系统,是全国首个司法审判垂直领域大模型,标志着深圳司法系统"人工智能+审判"的深度融合进入实践阶段。[②] 该系统融合以下亮点功能:①采用智能文档结构化技术,研发要素提取验证平台,四十八类常见诉讼材料识别提取准确率超过 95%,辅以法官审核确认,堵住错漏风险;②首创大模型树状提示词工程,构建裁判标准管理体系,确保裁判规则统一,避免"类案不同判";③系统嵌入最高人民法院权威知识体系,为法官提供智能匹配类案、法条和观点综述功能,为法官提供精准的裁判指引。

---

① 参见《学习强国:杭州互联网法院发布行动计划 高标准打造新时代互联网法院》,载微信公众号"杭州互联网法院"2023 年 9 月 14 日。

② 参见李倩:《鹏法 AI,上线!》,载微信公众号"深圳市中级人民法院"2024 年 6 月 28 日。

在执行方面,浙江省温州市中级人民法院自主研发、迭代升级的"智慧执行2.0"系统,全面升级信息化、智能化应用,通过数据赋能、系统集成技术,自动抓取流程节点和关联案件信息,自动生成分析报告、完成当事人信用画像、生成程序性裁判文书、进入财产查控、嵌入行政管理、高效进行网络询价及文书送达、电子卷宗随案生成,大幅提升执行效率,在浙江全省法院得到推广应用。

(三)人工智能技术在司法管理中的应用

人工智能技术在司法管理中的应用主要侧重利用人工智能技术优化司法组织和司法活动管理,体现在支持案件裁判偏离度预警、终本案件核查、不规范司法行为自动巡查、链接司法风险防控等智能化应用上,以便于司法机关合理分配和协调司法资源,确保司法活动顺利进行,提升司法管理质效,保障廉洁司法。例如,江苏省高级人民法院研发的司法大数据智能分析平台运用大数据分析、自然语言处理等技术,建立裁判文书全网分段检索、态势分析生成器、数据多维比对等功能,提升司法调研和管理决策能力。[1] 浙江省绍兴市中级人民法院承建的"虚假诉讼协同智治"应用,着力破解虚假诉讼"发现难""监管难"的问题[2],通过智能识别、关联案件等技术手段对虚假诉讼风险进行全面评估、分级评定、分类处置,辅助识别虚假诉讼,从而实现精密防控虚假诉讼的目标效果。

(四)人工智能技术在社会治理中的应用

人工智能技术在社会治理中的应用,主要体现在司法资源推荐、诉讼和调解咨询问答、诉讼预期辅助评估、社会治理风险预警与辅助决策等智能化应用上。例如,浙江省杭州市中级人民法院开发建设的凤凰证券虚假陈述责任纠纷智审系统,在诉调阶段即进行智能化辅助核算,通过示范性判决和智能化算法模型给出投资者投资损失核算结果

---

[1] 参见《江苏省高级人民法院课题组:数字经济背景下人工智能的司法应用》,载微信公众号"法律适用"2023年5月18日。
[2] 参见《人民法院报丨浙江:上线"虚假诉讼协同智治"应用》,载微信公众号"绍兴市中级人民法院"2022年12月13日。

和建议风险扣除比例,打通示范判决和调解方案之间的信息壁垒,实现"判决一个、解决一片"的社会治理效果。杭州知识产权法庭开发的杭州知识产权法庭智管中心,展示杭州知识产权案件审判动态,同时具有数据分析、诉讼预警、成果展示等功能,为加强审判质效管控、分析研判审判趋势及领导科学决策提供信息化支撑。以诉讼预警功能为例,在一定期限内,同一权利人维权超过10件或同一被告被诉侵权超过10次的,会进入诉讼预警清单。该系统能够积极推动纠纷"预防在前、发现在早、化解在小"。

(五) 典型应用场景举例

人工智能技术在司法运作中按照应用场景进行区分,具体应用实例如下:

1. 人工智能技术在诉讼服务中的应用

以深圳市中级人民法院"鹏法 AI"人工智能辅助审判系统为例,系统全面覆盖包括立案、阅卷、庭审、文书制作等85项审判业务流程,实现 AI 全链条赋能。系统设计兼容现有业务系统,支持跨部门数据交换,具备捕获学习和反馈改进的自我成长特性。系统在设计之初便锚定辅助工具的功能定位,充分尊重裁判者的自主决策权,确保技术进步不越俎代庖,让司法裁判始终由审判人员作出。系统聚合了符号智能、专用智能、通用智能技术,解决 AI 在司法领域的应用难题,打造全球首个司法审判垂直领域大模型,技术指标行业领先。[①]

在立案阶段,系统根据预先设定的规则,利用智能文档结构化等各类 AI 技术,实现材料入口要素化处理,完成材料结构化处理,率先破解"入口关"材料要素化难题。具体流程包括立案风险审查、法律审查、材料审查、完成审查以及生成审查建议,能够准确识别起诉材料中各类风险点,辨析管辖权、滥用诉权、虚假诉讼等法律审查事项,确保立案信息审查的完整无误(图3.4.1—3.4.4)。

---

① 参见李倩:《鹏法 AI,上线!》,载微信公众号"深圳市中级人民法院"2024 年 6 月 28 日。

第三章 数字法院建设的技术原理

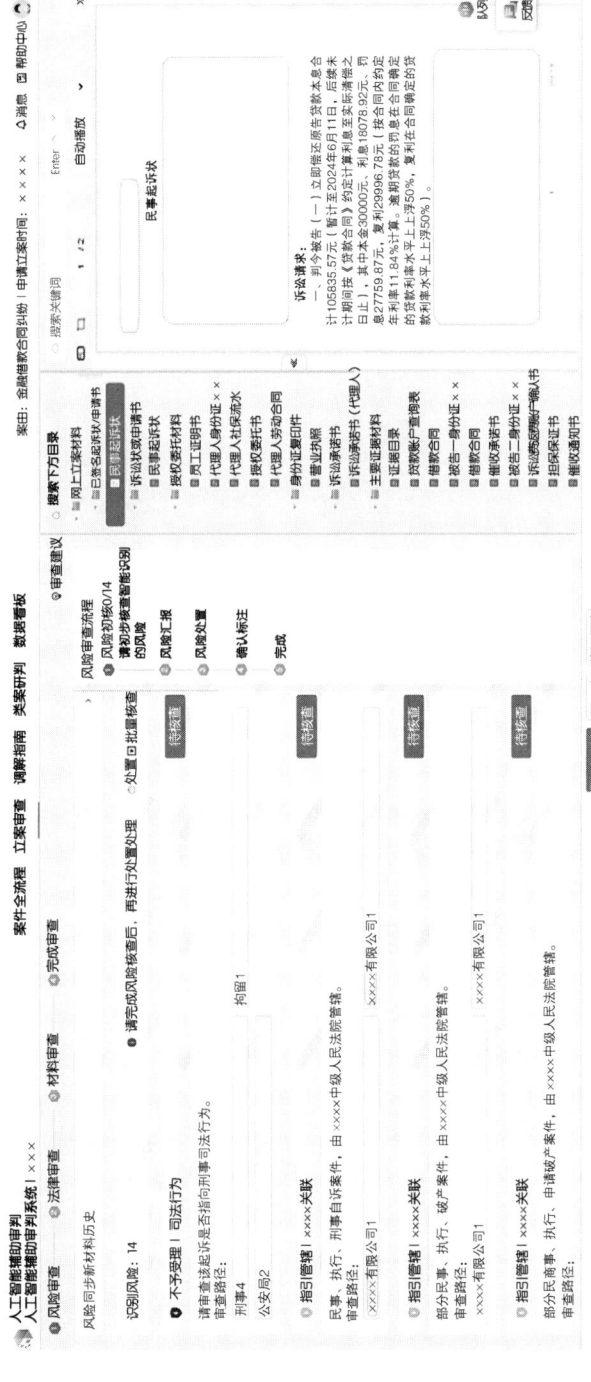

图3.4.1 立案风险审查页面

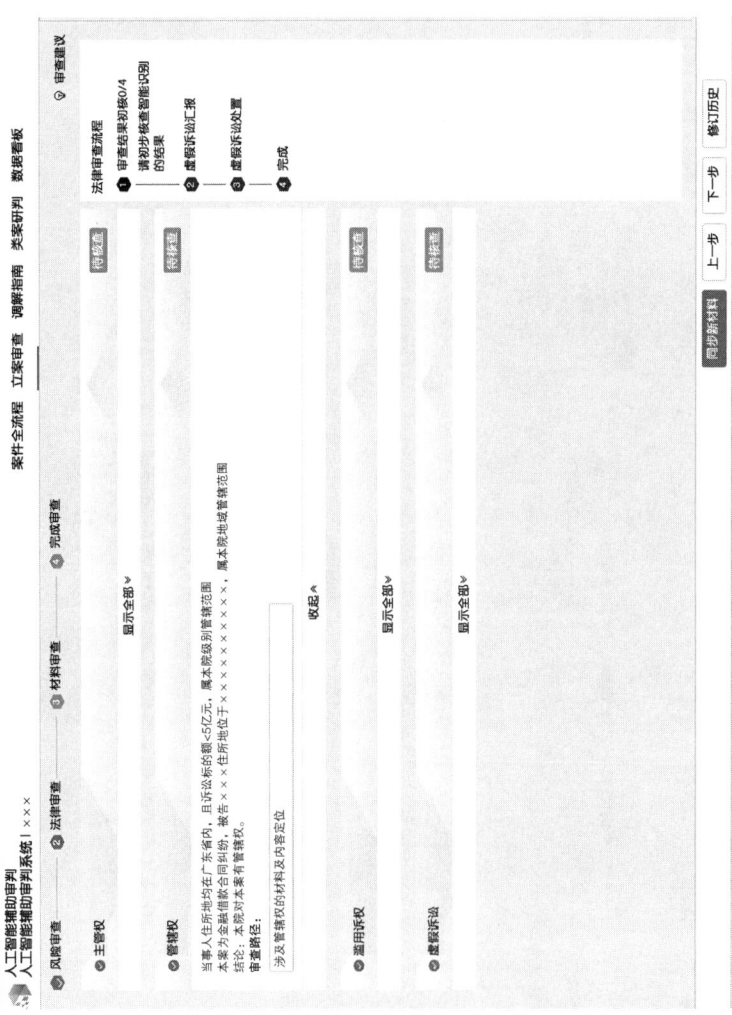

图3.4.2 法律审查页面

第三章 数字法院建设的技术原理

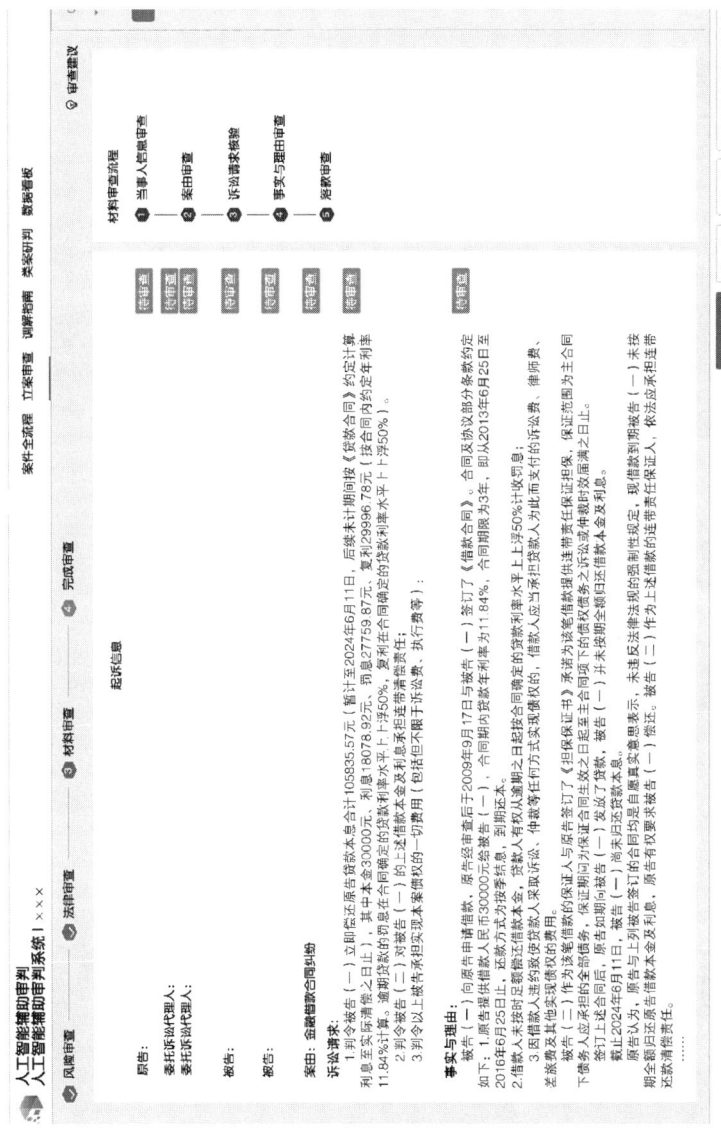

图3.4.3 材料审查页面

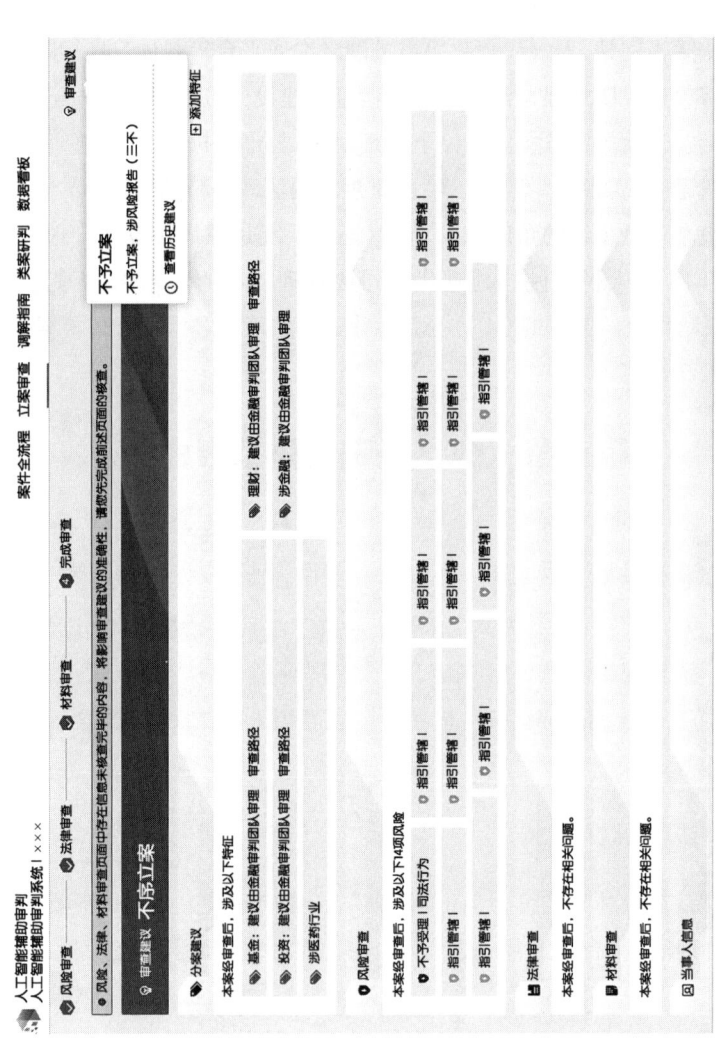

图3.4.4 完成审查及生成审查建议页面

2. 人工智能技术在审判执行阶段的应用

(1)深圳市中级人民法院"鹏法 AI"人工智能辅助审判系统。该系统除了在诉讼服务中能满足多元化司法服务需求,在审判阶段智能辅助上也极具特色(图 3.4.5—3.4.9)。该系统会自动同步业务审判系统信息,清晰直观展示案件材料基本信息。具体应用包括智能展示庭审提纲页面、智能归纳核心审理要点、知识服务体系赋能(为法官提供法律综述、法条适用规范、类案库和法答网关联案例)以及预设问题清单并梳理无争议事实,将案件的关键信息以结构化、层次化的方式呈现给法官。

(2)江苏省苏州市中级人民法院的"生成式人工智能辅助办案系统"(图 3.4.10)。该系统结合"大数据"与"人工智能通用大模型"技术,构建具备多模态文件理解能力、法律语义认知能力、自然语言交互能力的法院专用大语言模型。依托法院专用大语言模型的辅助办案系统可以在电子卷宗中较准确地识别、输出法官所需要的事实要素,并提供原始出处;系统自带的标注和要素回填功能方便法官回看卷宗、调取证据、梳理事实,对于优化无纸化办案具有积极作用。[1]

(3)智能文书生成系统。随着技术智能化、拟人化程度越来越高,通过人工智能的推理分析,智能文书生成系统已经在不少法院系统中上线运行。该系统主要通过基础信息对接、卷宗材料导入、事实要素抽取及文书生成等流程,从而实现材料事实要素的提取、事实要素与诉请的可印证性判断、争议焦点归纳、说理逻辑判断。该系统从大量法律法规、司法解释以及裁判案例中归纳类案裁判规则,以案由为单位,总结不同争议焦点,分析不同说理及结论的必要条件、充分必要条件、充分不必要条件等,尽可能穷尽某一案由下所有的裁判规则。当案件触发某种条件时,该系统能给出适用最合理的裁判规则,也能形成充分准确的说理,最终智能生成判决书、裁定书等司法文书。

---

[1] 参见胡艳:《"生成式人工智能辅助办案系统"获批江苏省法院试点》,载荔枝新闻,https://news.jstv.com/a/20231122/67e74f4a82ac4438baf3cb2cb18b453e.shtml,访问日期:2025 年 5 月 22 日。

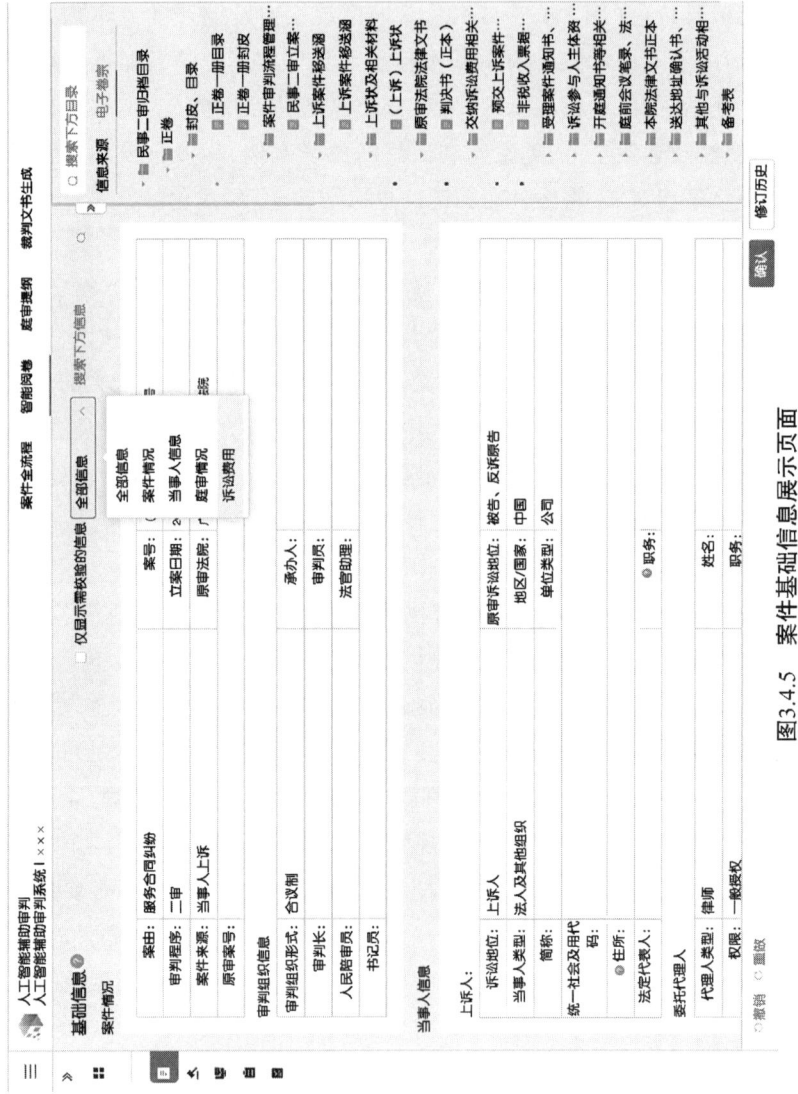

图3.4.5 案件基础信息展示页面

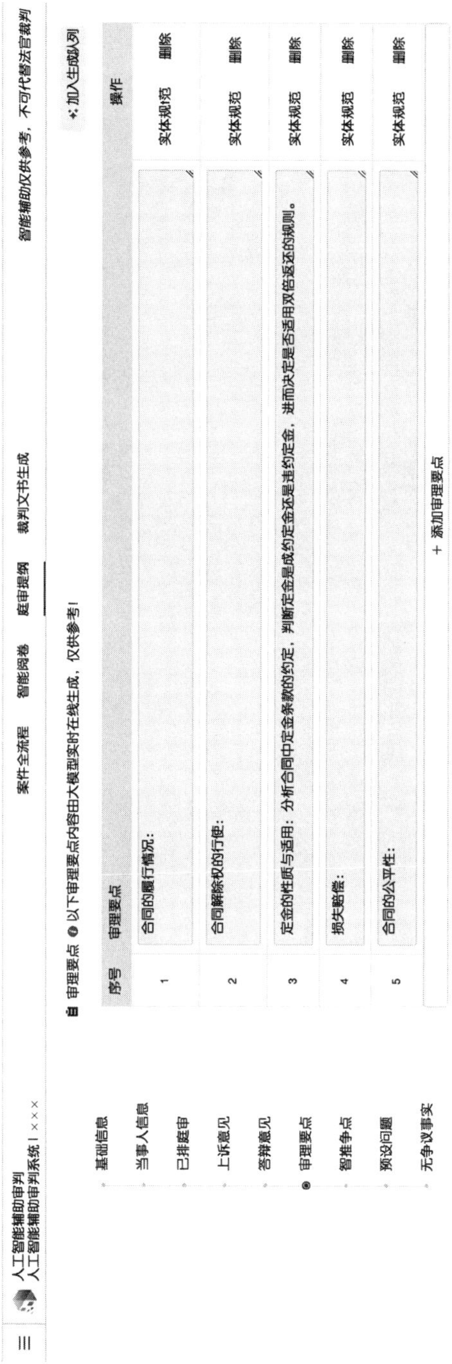

人工智能辅助审判
人工智能辅助审判系统 | ×××
案件全流程
智能阅卷
庭审提纲
裁判文书生成
智能辅助仅供参考，不可代替法官裁判
基础信息
当事人信息
已排庭审
上诉意见
答辩意见
审理要点
智推争点
预设问题
无争议事实
审理要点 以下审理要点内容由大模型实时在线生成，仅供参考！
加入生成队列
序号
审理要点
操作
1
合同的履行情况：
实体规范
删除
2
合同解除权的行使：
实体规范
删除
3
定金的性质与适用：分析合同中定金条款的约定，判断定金是成约定金还是违约定金，进而决定是否适用双倍返还的规则。
实体规范
删除
4
损失赔偿：
实体规范
删除
5
合同的公平性：
实体规范
删除
+ 添加审理要点

图3.4.6　庭审提纲页面

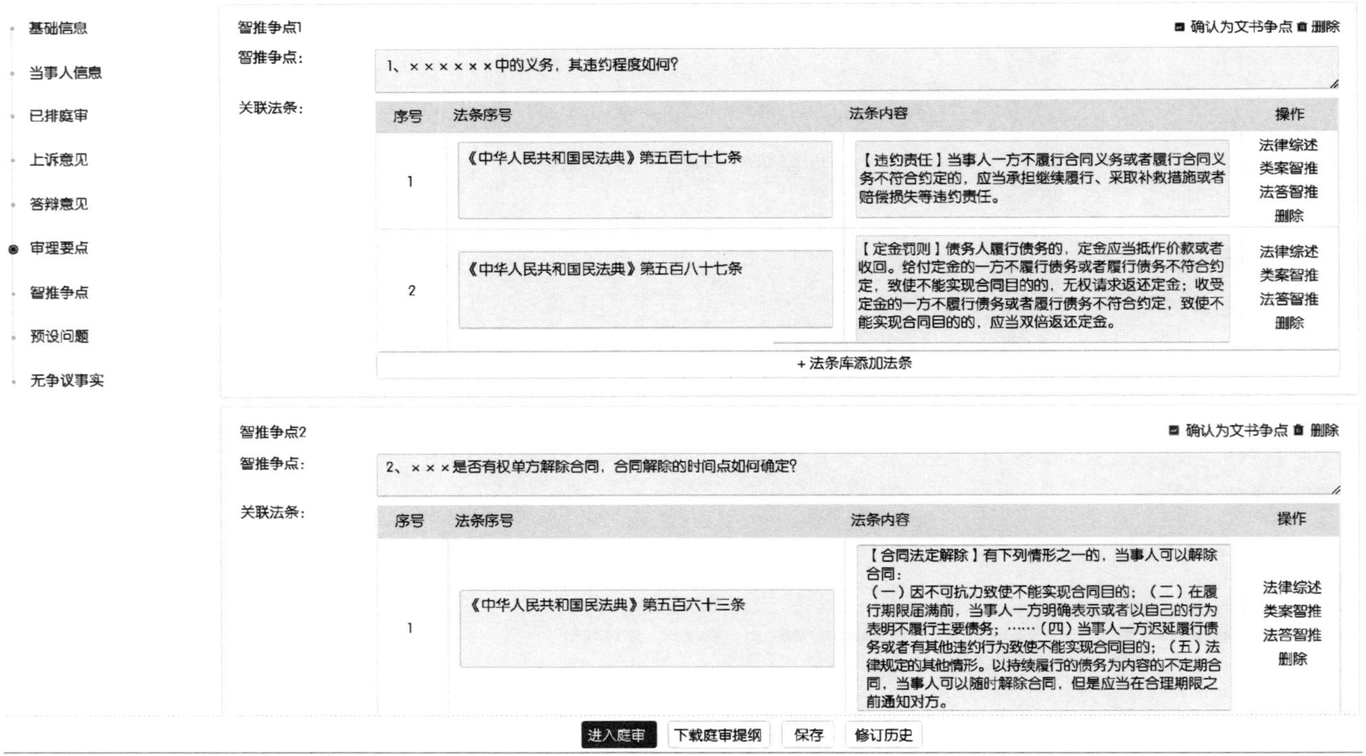
基础信息
当事人信息
已排庭审
上诉意见
答辩意见
审理要点
智推争点
预设问题
无争议事实
智推争点1
确认为文书争点 删除
智推争点：
1、××××××中的义务，其违约程度如何？
关联法条：
序号
法条序号
法条内容
操作
1
《中华人民共和国民法典》第五百七十七条
【违约责任】当事人一方不履行合同义务或者履行合同义务不符合约定的，应当承担继续履行、采取补救措施或者赔偿损失等违约责任。
法律综述
类案智推
法答智推
删除
2
《中华人民共和国民法典》第五百八十七条
【定金罚则】债务人履行债务的，定金应当抵作价款或者收回。给付定金的一方不履行债务或者履行债务不符合约定，致使不能实现合同目的的，无权请求返还定金；收受定金的一方不履行债务或者履行债务不符合约定，致使不能实现合同目的的，应当双倍返还定金。
法律综述
类案智推
法答智推
删除
+法条库添加法条
智推争点2
确认为文书争点 删除
智推争点：
2、×××是否有权单方解除合同，合同解除的时间点如何确定？
关联法条：
序号
法条序号
法条内容
操作
1
《中华人民共和国民法典》第五百六十三条
【合同法定解除】有下列情形之一的，当事人可以解除合同：
（一）因不可抗力致使不能实现合同目的；（二）在履行期限届满前，当事人一方明确表示或者以自己的行为表明不履行主要债务；……（四）当事人一方迟延履行债务或者有其他违约行为致使不能实现合同目的；（五）法律规定的其他情形。以持续履行的债务为内容的不定期合同，当事人可以随时解除合同，但是应当在合理期限之前通知对方。
法律综述
类案智推
法答智推
删除
进入庭审
下载庭审提纲
保存
修订历史

图3.4.7　智推争点页面

第三章 数字法院建设的技术原理

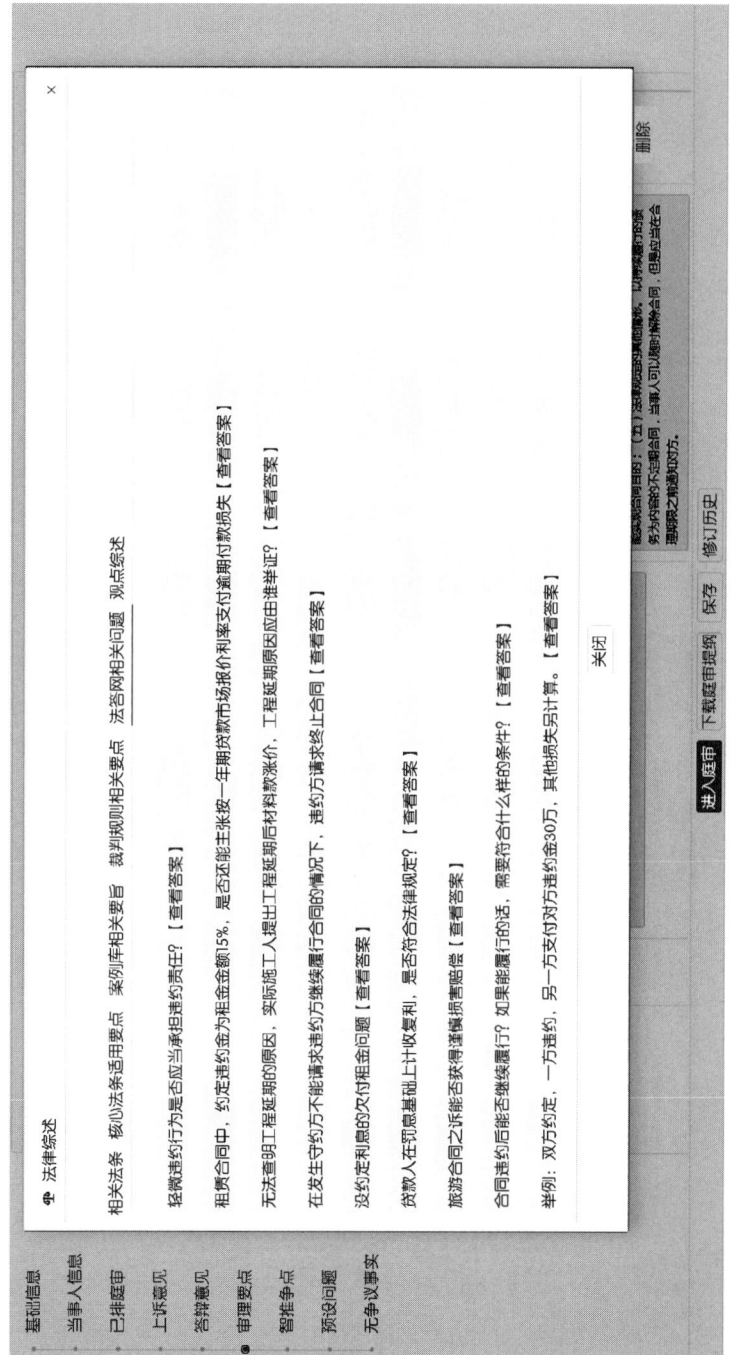

图3.4.8 法答网相关问答页面

数字司法的中国模式

图3.4.9 无争议事实页面

第三章 数字法院建设的技术原理

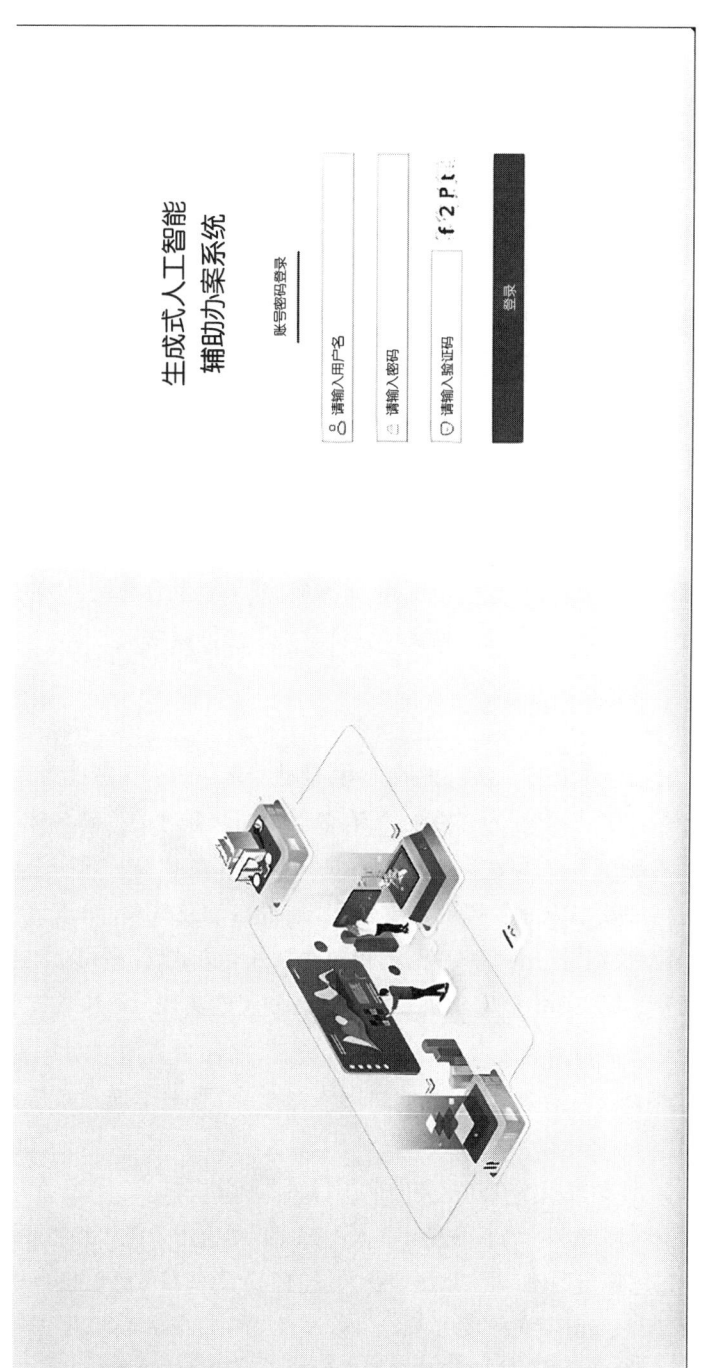

图3.4.10 生成式人工智能辅助办案系统展示界面

3. 人工智能技术在司法管理中的协同应用

以浙江法院"虚假诉讼协同智治"应用为例。该应用主要包括实时数据分析、风险人员群体画像分析、质效分析三个板块,实时数据分析包括疑似虚假诉讼预警信息实时分析(含高风险人员、高风险案件量、风险修改案件量等)、预警案件风险等级分布、预警高风险案件量趋势分布、预警高风险案件量案由分布、预警高风险人员量趋势分布、预警高风险案件审理法院分布TOP10、高风险无诉权案件拦截登记量法院分布TOP10、风险修改案件量等智能化数据显示栏目。通过"虚假诉讼协同智治"应用的实时、综合、质效分析,全景展现法院虚假诉讼监管情况,对法官履行打击虚假诉讼职责情况进行监管。

4. 人工智能技术在社会治理中的应用

以杭州知识产权法庭智管中心为例。该中心可以即时展示杭州知识产权审判动态,同时具有数据分析、诉讼预警、成果展示等功能,为加强审判质效管控、分析研判审判趋势及领导科学决策提供信息化支撑。

四、司法人工智能应用效果

人工智能技术在数字法院中的应用,推动实现司法人工智能客观性、全面性、即时性与科学性的有机统一,有效促进司法效率的提高与推动司法公正的实现。第一,司法人工智能促进司法效率的提高。司法人工智能在促进司法效率方面发挥着重要作用,通过自动化处理、快速信息检索、智能辅助决策、优化案件分配、远程司法服务等方式,提高司法工作的效率和质量。第二,司法人工智能推动司法公正的实现。司法人工智能在司法公正方面扮演着重要角色,提供审判辅助,降低人为因素影响,能够促进类案类判和同案同判,有效缓解人案矛盾,有利于提升司法公正性、公开性、一致性、合理性和透明度。

然而,人工智能技术在司法中的应用仍然面临诸多挑战。其一,司法数据的隐私安全保护水平仍有待提升。人工智能技术应用于司法必然涉及对司法数据的采集与处理,司法数据涉及大量的个人隐私和敏感信息,如何确保数据存储和处理过程中的数据安全和隐私性,防止数据泄露滥用,需要严格的数据分类分级管理、安全评估和相应的技术保障措施。其二,司法人工智能应用决策的透明度问题。人工智能技术的复杂性导致其在司法应用决策过程中可能产生黑箱效应,从而难以使人准确了解其决策过程和原理,使得人工智能技术在司法应用领域存在一定不透明性,缺乏可靠性。其三,人机协作的高度协调性。司法人工智能应用虽然能够提供智能辅助,但司法领域仍需要人类专业理论知识和判断的介入。如何实现高效的人机协作,使人工智能真正成为司法工作的有益补充,同时培训具备跨学科领域知识和技能的司法人工智能应用人才,是目前亟待解决的问题。

第五节 物联网技术

一、物联网技术原理

(一)定义

物联网(Internet of Things,IoT)是指通过各种信息传感设备(如传感器、GPS、摄像头等),实时采集任何需要监控、连接、互动的物体或过程,与互联网结合形成的一个巨大网络。其目的是实现物与物、物与人及所有的物品与网络的连接,方便识别、管理和控制。[1] 这一概念起源于传媒领域,国内外普遍认为最早是在 1999 年由美国麻省理工学院自动识别中心(MIT Auto-ID)凯文·阿什顿(Kevin Ashton)教授在研究射频识别(RFID)时提出来的。[2] 2005 年

---

[1] 参见《物联网 Internet of Things》,载中国日报网,http://language.chinadaily.com.cn/news/2011-01/06/content_11803996.htm,访问日期:2025 年 5 月 27 日。

[2] 凯文·阿什顿教授指出:"在计算机、互联网几乎完全依赖人类获取信息的时代,互联网上的所有数据都是人们通过打字、按下录制按钮、拍摄数字照片或扫描条形码等方式首次捕获和创建的。然而人类的时间、注意力和准确性都是有限的。所有这些都意味着人类并不擅长收集现实世界中事物的数据。如果我们有能够了解事物一切信息的计算机,它们无须我们的帮助就能收集数据,那么我们就能跟踪和统计一切事物,大大减少浪费、损失和成本。我们就能知道何时需要更换、修理或召回物品,以及它们是否新鲜,或者是否过了最佳使用期。" See Keith D. Foote, A Brief History of the Internet of Things, https://www.dataversity.net/brief-history-internet-things/, visited on 27 May. 2025.

11月17日,在突尼斯举行的信息社会世界峰会(WSIS)上,国际电信联盟(ITU)发布的《ITU互联网报告2005:物联网》正式提出了"物联网"这一概念。报告指出,物联网通信时代即将来临,从任何时间、任何地点的人与人之间的沟通连接扩展到人与物、物与物之间的沟通连接。① 物联网技术的应用能够帮助人类实现物理世界与数字世界的深度融合,提高设备的智能化水平,进而优化资源配置,提升生产效率和生活质量。② 也正因此,物联网技术被广泛应用于实时监控与风险预警、根据用户偏好提供个性化服务、实现跨领域资源共享与创新等各个方面。

(二)范围

一般认为,被接入"物联网"的"物"需要符合以下条件:

①有信息接收器:能够接收外部信息,如传感器、RFID等;

②有数据传输通路:能够将收集到的数据传输至网络,如通过有线或无线网络;

③具备一定的存储功能:能够存储数据,以便后续处理和分析;

④有中央处理器(CPU):具备一定的计算能力,能够处理数据;

⑤有操作系统:能够管理和协调设备的硬件资源和软件应用;

⑥有专门的应用程序:用于实现特定功能、完成特定任务;

⑦有数据发送器:能够将数据发送至网络或其他设备;

⑧遵循物联网通信协议:确保设备之间能够互相通信和交互数据;

⑨有可被识别的唯一网络编号:每个设备都需要有一个唯一的标识符,以便在网络中被识别和管理。

具备上述条件的"物"能够有效地接入物联网,进而在物联网场景中实现智能化的识别、定位、跟踪、监控和管理。

(三)结构与特征

物联网技术的运用实现了数字世界和现实世界的实时交互。作为

---

① 参见森博工业互联网:《科普|一文读懂物联网发展史》,载微信公众号"森博工业互联网综合服务平台"2024年3月7日。

② 例如1995年,凯文·阿什顿教授为实时跟踪商店商品的销售情况和存货的动态情况,设想了一种将无线电芯片嵌入商品,并将天线安装于货架,从而提醒商店管理人员哪些货品已不在货架上的方案。阿什顿将该方案命名为"存储系统"。参见云雾:《一篇文章带你了解,什么是物联网技术?》,载微信公众号"程序员小灰"2023年3月7日。

一种"物物相连"的网络,该技术拓展了传统互联网的边界,为"人—物""物—物"之间实时互动的追踪与监测提供了重要工具,已经被广泛应用于金融、司法、医疗、交通、安保等多个领域。

物联网技术涵盖四个层级(图 3.5.1):第一,感知层由基础芯片、传感器、执行器、RFID、二维码等组成,用于采集数据;第二,传输层由通信技术、网络设备等组成,用于传输数据;第三,平台层包括连接管理平台、设备管理平台、应用使能平台、业务分析平台等,负责设备管理、数据存储和分析;第四,应用层与终端用户进行直接交互,包括智能家居、工业监控、智慧城市等应用场景,进而实现物联网技术在各行各业的应用。由此,四个层级协同运作,能够高效完成从数据采集到传输、管理、分析,再到最终应用的复杂流程,进而为各行各业提供强大的智能化解决方案,推动社会经济的数字化转型。

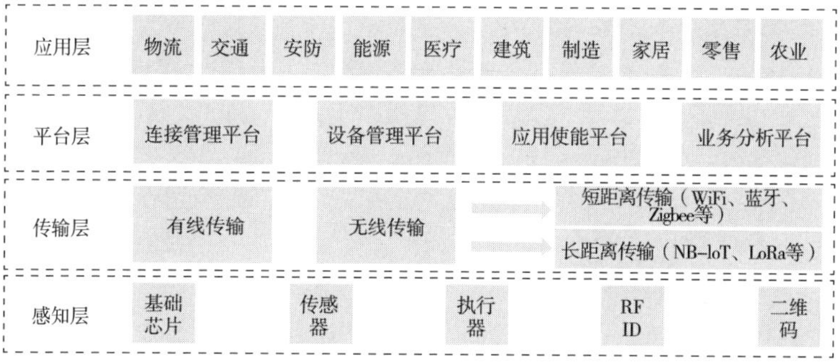

应用层	物流	交通	安防	能源	医疗	建筑	制造	家居	零售	农业
平台层	连接管理平台		设备管理平台		应用使能平台			业务分析平台		
传输层	有线传输		无线传输		短距离传输(WiFi、蓝牙、Zigbee等)					
					长距离传输(NB-IoT、LoRa等)					
感知层	基础芯片		传感器		执行器		RFID		二维码	

图 3.5.1 物联网技术的四个层级

物联网技术的主要特征包括三个方面:一是全面感知,物联网技术利用传感设备随时随地获取物的信息,使人们能够直接获取物的信息;二是可靠传输,即利用互联网、无线网络等通信技术,将感知到的物的信息进行实时、准确的传送;三是智能处理,即利用云计算、大数据分析、人工智能等技术,对收集到的海量数据和信息进行分析和处理,包括智能化识别、定位、跟踪、监控和管理等各种功能,进而实现对物的智能化决策与控制。[①] 实践中,物联网技术已经展现出强大的应用潜力,为各领域的智能化管理和决

---

① 参见云雾:《一篇文章带你了解,什么是物联网技术?》,载微信公众号"程序员小灰"2023 年 3 月 7 日。

策提供了有力的辅助和支持。

二、物联网技术在数字司法中的应用场景

随着物联网技术在数字法院建设工作中的普及和推广,该技术的典型应用场景也不断丰富,涵盖了司法工作中的多个重要环节,包括财产查封动态监管、文书智能送达、智慧社区矫正等。在利用物联网技术实现法院工作的精细化管理、司法效率提高的同时,"物联网+司法"的模式也能够让司法更好地服务于数字经济健康发展。

(一)电子封条

凭借物联网对"物"的实时追踪和管理功能,物联网技术在法院的执行工作中得到了广泛运用,在提高执行效率、保障当事人权益、优化财产监管等方面发挥了重要作用。

2020年,江苏省无锡市中级人民法院率先运用物联网技术研发了"电子封条"(图3.5.2),有效提升了法院财产查封的效率和权威性。2020年10月20日,无锡市梁溪区人民法院在查封一栋别墅的过程中,使用了无锡市中级人民法院与物联网设计研究院联合开发的物联网"电子封条",这也是该技术在全国法院的首次运用。[①]"电子封条"沿用原有封条的样式,并在封条的中间使用了长方形的感知设备,进而实现对拆除、搬移等外来事件的全面感知,并通过现场语音警示、自动拍照、摄像取证,自动传送到监管平台和执行法官的手机终端,实现实时监控被查封财产状况。"电子封条"成本低廉,且能够适用于动产、不动产的查封以及企业的整体监管,具有很强的可复制性。[②] 由此可见,以物联网技术为内核的"电子封条"在执行工作中有效捍卫了司法权威,具有极高的推广价值。

[①] 参见陈坚:《无锡法院全国首用"物联网电子封条"》,载中国江苏网,https://jsnews.jschina.com.cn/shms/202010/t20201021_2649495.shtml,访问日期:2025年5月27日。

[②] 参见江苏无锡中院:《地方执行丨物联网技术的司法应用来了~~~无锡法院全国领跑!》,载微信公众号"中国执行"2020年10月22日。

第三章　数字法院建设的技术原理

图 3.5.2　江苏省无锡市中级人民法院"电子封条"

"电子封条"已经被河南省洛阳市孟津区人民法院、四川省珙县人民法院等运用于执行工作,对执行现场实行 24 小时不间断监控和取证,有效预防被执行人恶意损毁封条、擅自进出被封地等情形。与此同时,"电子封条"上印有二维码,被执行人通过手机扫码即可阅读相关法律文书,进而了解财产被查封的原因以及解封方法,畅通了相关人员和人民法院之间的沟通,体现了善意执行和文明执行的理念。① 由此,"电子封条"的广泛应用不仅实现了司法执行的智能化、规范化和人性化,也为推动数字法院建设和践行司法为民理念提供了技术支持。

(二)财产查封智能监管平台

江苏省无锡市中级人民法院于 2020 年开发了财产查封智能监管平台(图 3.5.3)。依托物联网技术,无锡法院将对"特定财产"的监管发展转换为对"特定价值财产"的监管,监管系统实时采集被执行企业生产经营中的用电、用气、原料投入、成品产出等信息,通过终端协同和边缘计

---

① 参见洛阳中院:《硬核治"老赖"!电子封条来了!》,载"澎湃新闻"App 2020 年 12 月 18 日;《先睹为快丨见过自带警报功能的"电子封条"吗?》,载微信公众号"宜宾中院"2020 年 6 月 19 日。

算,建模还原企业日常生产运营的真实状况,帮助法院和申请执行人判断企业经营是否正常以及生产经营能力,确保生产可延续、货值可稳控,在充分保障申请执行人权益的同时,尽可能减少对被执行企业生产经营活动的影响。① 由此,该平台的使用能够实时保障查封财产安全,法院可根据平台提供的信息准确把握企业偿债能力;与此同时也能帮助企业提升资产价值,增强偿债能力。②

图 3.5.3　无锡法院财产查封智能监管平台

例如在执行无锡市凌峰铜业公司担保纠纷一案的过程中,因企业整体第一次拍卖未能成交,无锡市中级人民法院使用财产查封智能监管平台对被执行企业进行全面监管,既让企业正常运营以增强企业偿还债务的能力,同时也确保企业价值不因债务人转移财产、股东不配合等原因而减少。在第二次网络司法拍卖企业整体资产的过程中,该企业被顺利拍卖,溢价 4000 万元,远超第一次拍卖的流拍价(图 3.5.4)。由此,财产查封智能监管平台的运用能够提升执行过程的效率和顺畅度,使得个案正义在纠纷解决的"最后一公里"处得到真正落实。

---

① 参见《喜报!"物联网+执行无锡模式"获评智慧法院创新案例》,载微信公众号"无锡市中级人民法院"2021 年 7 月 29 日。
② 参见江苏无锡中院:《【成果评选】江苏无锡中院:以"物联网+执行"促"智能化+善治"探索善意文明执行新路径》,载微信公众号"司法科技前沿"2023 年 2 月 1 日。

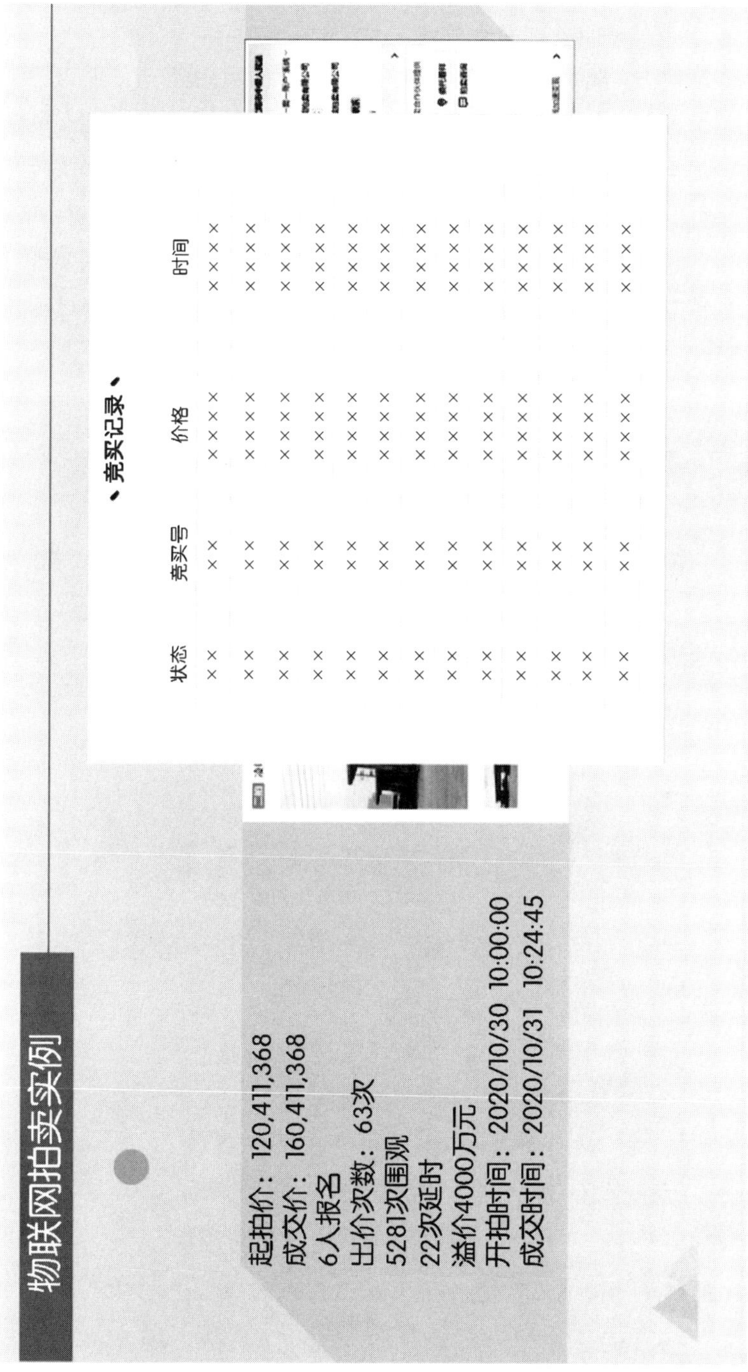

图3.5.4 物联网司法拍卖实例

(三) 智能终端与文书送达

为破解司法实践中长期存在的"文书送达难"问题,福建省三明市中级人民法院于2016年利用物联网技术针对送达工作研发了"人民法院文书送达平台"和"人民法院智能送达终端"(图3.5.5、图3.5.6)。其中,人民法院文书送达平台依托整个辖区内人员信息库大数据,汇集司法信息管理系统、三明市数字办等数十家单位的近200万条人员地址、电话信息,进而实现对当事人的精准定位。与此同时,该平台能够在1秒钟内实现线上跨域委托送达,结合线下实现网格化送达,助力文书送达更加便捷高效。

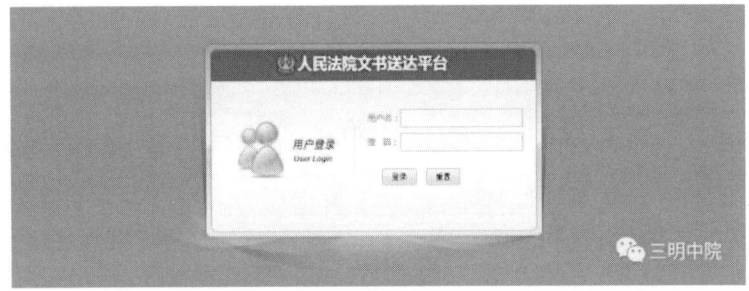

图3.5.5　福建省三明市中级人民法院"人民法院文书送达平台"

图3.5.6　福建省三明市中级人民法院"人民法院智能送达终端"

人民法院智能送达终端主要解决短途送达,以及纠纷较小但文书数量繁多的送达,如对原告的送达和对律师的送达等,主要作用是解决审判人员、辅助人员因开庭、外出、公务等不在岗情况下有关文书送达的问题。在传统的文书送达方式下,每个基层人民法院每年的寄送成本可达10万元至30万元,派送过程和本人签收确认过程的时间成本较高。而人民法院智能送达终端的运用能够大大降低送达文书的费用和时间成本,同时能够减少文书经过多人产生的额外风险,助力实现全天候无障碍送达,逐步实现"24小时法院"的愿景。① 由此,"人民法院文书送达平台"和"人民法院智能送达终端"的运用优化了司法文书送达的流程,同时也强化了数字司法的透明度和当事人参与度,是司法信息化建设的重要成果。

(四)服刑人员智慧社区矫正

广东省司法厅建设了"智慧社区矫正"信息化体系,通过使用智能感知、识别技术与普适计算等通信感知技术,将社区矫正所涉及的生物特征识别设备、移动执法终端、智能穿戴设备、音视频设备等进行"物物相连",以发挥设备及其所采集信息的整体效应,实现对社区服刑人员全方位、多维度监管矫治。②

以广东省清远市清城区社区矫正中心(图3.5.7)为例,矫正对象首先通过自助矫正终端设备办理报到登记手续,随后通过VR影像等技术身临其境地体验监狱服刑人员的日常生活,在一系列普法教育与反思的过程中潜移默化地完成心理矫正。社区矫正中心配备自助矫正终端设备、教育学习设备、心理矫正设备等信息化设施设备,让社区矫正工作更加规范化、精细化和智能化,并频繁开展线上线下教育学习活动,让社区矫正有"力度"也有"温度"。③ 智慧社区矫正是数字司法建设的重要成果,通

---

① 参见俞杰、吴星:《【地方新闻】三明法院:"物联网"破解"送达难"》,载微信公众号"最高人民法院"2017年6月11日;吴星、黄森:《三明中院送达工作跨入"物联网时代"》,载微信公众号"三明中院"2017年5月21日。
② 参见《2024·智慧法院篇丨创新经验之"数字经济背景下物联网技术的司法应用研究"》,载微信公众号"政法智能化建设技术装备及成果展"2024年12月16日。
③ 参见《清城这个省级"智慧矫正中心",让社区矫正有"力度"也有"温度"》,载微信公众号"清城发布"2024年7月15日。

过智能化手段提升了监管效率与精准度,有效促进了社区矫正工作的规范化、精细化与人性化,为维护社会稳定和推动社会治理现代化作出了突出的贡献。

图 3.5.7　广东省清远市清城区社区矫正中心

三、物联网技术在数字司法中的应用效果

实践中,"物联网+司法"在全国各地的应用效果显著,为司法数字化的布局和推进带来了诸多积极影响。法院、司法局等司法机关通过在数字信息系统中嵌入物联网技术,实现了对案件执行、财产管理、文书送达、社区矫正等多个领域的动态监控和智能化管理,对实现司法公正、提高司法效率颇有助益。在实现司法公正层面,物联网技术的运用能够有效阻止被执行人非法处置查封财产,进而保障债权人的合法权益。在提高司法效率层面,物联网技术的运用能够解决法律文书送达等重要程序环节当事人不配合、信息更新不及时等问题,确保司法程序顺利进行。由此,司法的权威和公信力得到了维护,公平正义理念在物联网技术赋能数字司法的过程中得到了愈加深刻的彰显。

第六节 语音识别技术

一、语音识别技术原理

语音识别,通常称为自动语音识别(Automatic Speech Recognition, ASR),它所解决的问题是让计算机"听懂"人类语音,提取语音中包含的文字信息,实现人机通信和交互。语音识别技术的起源可以追溯到20世纪50年代,当时主要研究语音识别和合成技术,但一直没有在实际应用过程中得到普遍认可。直到深度学习技术兴起,通过大型神经网络,语音识别系统能够学习复杂的语音模式和特征。再结合自然语言处理技术理解语言的含义和上下文,语音识别系统能够更加智能地响应用户需求。

语音识别的实现涉及多个关键环节。在实际应用中,通过麦克风、声卡等设备接收语音信号,然后对语音信号进行去噪、回声消除等预处理,从处理后的语音信号中找到基音频率、共振峰频率等特征;根据特征计算出声学模型分数与语言模型分数,得分越高相似度越高,可能性也越大;将总体得分最高的词序列当作识别结果,结合发音字典输出(图3.6.1)语音识别准确率的显著提高,为各行各业提供了一种便利高效的沟通方式。

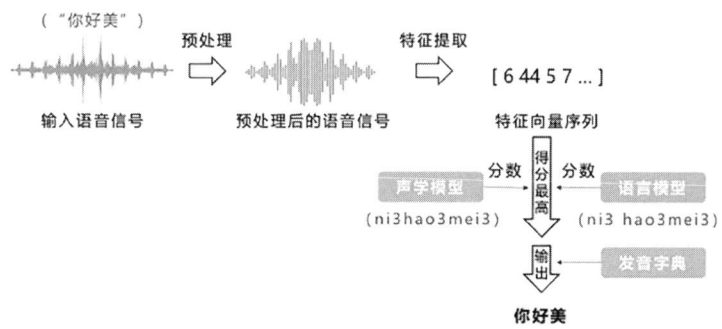

图3.6.1 语音识别技术框架

二、语音识别技术在司法信息化中的建设

最高人民法院统一规划、统一管理,建成全国人民法院智能语音云平台。到 2023 年 3 月,该平台已有效支撑全国 2300 多家法院、13000 多个法庭的庭审活动。① 人民法院智能语音云平台采用语音识别、语音合成、机器翻译、自然语言处理等人工智能技术,可为法院庭审、召开会议、指挥调度、文书撰写等场景提供全面的智能辅助。在平台建设上,一是采用"专有云+开放云"的内外网一体化,持续保证最新建设成果的内外网同步,有效支撑各级法院的"专有云+开放云"语音应用。二是四级法院模型共享管理的一体化,打通模型资源在各级平台调度的通道,使模型共享效率等问题得到有效解决。三是丰富多种语料,涉及普通话、28 种口音、7 种方言、15 种专业领域模型的效果优化。到 2022 年 11 月,人民法院智能语音云平台已支撑开庭 600 万余次,庭审效率平均提高 20%。②

三、语音识别技术在司法行业的应用场景

2017 年《最高人民法院关于人民法院庭审录音录像的若干规定》规定,有条件的法院可以在法庭安装使用智能语音识别同步转换文字系统。庭审语音识别系统运用于庭审记录是当前数字法院建设的重要工作之一,对降低司法辅助人员事务性工作量、完善人岗职责配置具有积极意义。③ 到 2020 年,全国有 3258 家法院配备了庭审语音识别系统,支持庭审过程中自动识别和切换语言模型,浙江、安徽、北京等地法院广泛进行应用。④ 除庭审场景外,语音识别技术还可覆盖调解、执行谈话、会议、办公等多种场景,极大提升工作效率和沟通体验。

---

① 参见李光明:《深度应用现代科技加快智慧法院建设》,载《法治日报》2023 年 3 月 10 日,第 5 版。
② 参见《以智能化服务共建共享 促智慧法院建设转型升级》载最高人民法院官网,https://ipc.court.gov.cn/zh-cn/news/view-2118.html,访问日期:2025 年 5 月 20 日。
③ 参见张末然:《庭审语音智能记录系统使用情况分析及完善路径——基于 S 市某法院民事案件使用情况的分析》,载《科学与信息化》2021 年第 19 期。
④ 参见陈甦、田禾主编:《中国法院信息化发展报告 No.5(2021)》,社会科学文献出版社 2021 年版,第 37 页。

(一)语音识别技术在庭审场景中的应用

通过语音识别技术实现庭审全流程语音智能辅助,即"语音落、文字出",无须因庭审笔录记录问题影响庭审节奏,改变了以往书记员跟庭服务的模式,提高开庭效率的同时降低了案多人少的工作负担。

一是庭前阶段,应用语音合成能力,庭审语音识别系统会自动播报庭审纪律、当事人权利义务等内容。

二是庭中阶段,通过麦克风和声卡实现座席角色绑定或者通过声纹识别技术自动区分说话人角色,在笔录转写过程中可按照说话人角色清晰区分段落。通过语音识别技术还可进行随讲随查、随讲随翻等智能交互。随讲随查可以根据转写的笔录内容自动为法官推送有用的法律法规和相关案例作为参考;随讲随翻是根据法官的语音指令实现证据材料的主动调取,并按座席分屏呈现,将当事人深度拉入庭审当中,提升其诉讼参与感,促进其充分行使诉讼权利。特别是对卷宗材料数量繁多的案件,庭审语音识别系统的应用效果尤为显著。例如,上海市第二中级人民法院(以下简称"上海二中院")在审理某明星因护肤品代言广告引发的合同纠纷时,涉及十几种护肤品包装、成分、功效等方面内容的示证、质证,通过事前建立关键字连接,法官只需说出证据名称,庭审语音识别系统便可以在9本卷宗材料中快速搜索切换,并可以进行多屏比对展示,极大缩短了庭审时间,将原本需要一天半的庭审时长缩短为3个小时。[1]

三是庭审结束后,语音识别技术可以帮助书记员将多语种的语音翻译成普通话,将庭审笔录快速整理出来,除将录音内容完整转写外,对转写的内容可进行标准自动格式规整、冗长语句删除、多轮总结精简,最终生成完整的庭审笔录供当庭确认或写文书、上诉等环节进行回顾。例如,新疆维吾尔自治区高级人民法院建设并应用"多语种智能互译语音云平台",能够实现汉、维、哈多语种文书之间的文本快速互译,正常情况下翻译成汉语版需要1~2天,现在只需要6~10秒即可完成,有效缓解了少数民族案件审理

---

[1] 参见《打造"智能交互庭审"新模式 推动庭审实质化落地见效》,载微信公众号"上海二中院"2022年1月6日。

中语言翻译工作的压力,释放出数字法院建设的高效司法能量。①

语音识别技术不仅在庭审过程中提供辅助,在庭审结束后,法官还可以通过文字与音频点对点定位功能,实现庭审过程可定格、可复制、可再现,更好地贯彻直接言词原则。② 法官在撰写文书时如需回溯庭审情况,可以选中庭审笔录任意文本内容并点击回听,对应音频内容就可以做到同步播放。

得益于该种庭审模式的产生,上海二中院设立了"书记员管理办公室",将传统的书记员"跟人"模式转变为"驻庭"模式,原来有118名书记员承担全院庭审记录工作,现在只需要35人即可完成,科技赋能的伟力和成效得以充分体现。释放出的83名书记员,该院根据个体情况,将大部分书记员转为法官助理,实现法官与法官助理1∶1的配比,极大缓解了法官办案压力,减轻了法官工作负担。③

(二)语音识别技术在接待谈话场景中的应用

语音识别作为一种通用且强大的技术,其应用远不止于庭审场景,还可以广泛覆盖诉讼接待、诉讼调解、执行谈话、会议沟通、日常办公等多个领域,极大地提高了工作效率、加强了沟通体验。

一是在12368诉讼服务热线接待群众来电时,通过语音识别技术与来电用户进行沟通,智能回复常见问题或可查询的案件进展,并记录双方的通话内容,减轻人工客服的负担。

二是在诉讼调解过程中,语音识别技术可以实时将双方的对话内容转录成文字,便于调解员准确理解双方诉求,快速整理调解要点,提高调解效率。结合自然语言处理技术,语音识别技术还能分析对话中的情绪变化,帮助调解员更好地把握调解氛围,采取更加有效的调解策略。

---

① 参见《建设"多语种智能互译语音云平台"》,载《人民法院报》2022年2月8日,第7版。
② 参见李少平:《改革庭审录音录像制度 增强"看得见的正义"》,载《人民法院报》2017年5月17日,第5版。
③ 参见《打造"智能交互庭审"新模式 推动庭审实质化落地见效》,载微信公众号"上海二中院"2022年1月6日。

三是在执行谈话中,语音识别技术可以详细记录谈话内容,以作为后续执行的依据,减少人为记录的错误和遗漏。结合案件信息库,语音识别技术可以在谈话过程中提供相关法律条款、先例判决等智能提示,辅助执行人员作出更准确的判断。

四是在合议、审委会及会议沟通中,可通过语音识别技术自动生成会议纪要,减少人工整理的时间,确保会议内容的准确性和完整性。在对外会议中,语音识别技术可实现多语种会议的实时翻译,促进国际交流与合作。

另外,在日常办公中,可使用语音输入撰写文档、报告等。以语音输入代替键盘输入,可减少手部疲劳,提高输入速度。

(三)典型场景应用流程举例

基于语音识别技术的庭审应用场景:

(1)质证过程支持语音指令识别,电子证据随讲随翻,相关法条自动推送:

质证时,可语音识别卷宗目录,自动定位电子证据,随讲随翻(图3.6.2)。

质证时,可语音识别法条名称,关联法条匹配呈现,提供各方相关法条进行参阅(图3.6.3)。

(2)庭审后,法官无论是在办公室还是在法庭内,均可以智能回溯庭审情况(图3.6.4):

可根据数据特征检索数据,如数字、日期、时间、人名等;

可快速定位位置,如庭审中手动增加的位置、笔录/视频双向定位位置、庭审中举证/辩证等阶段的位置;

可筛选角色数据,如原告、原告代理人、被告、被告代理人。

(3)庭审结束后,自动对庭审笔录文本内容进行精简和规整(图3.6.5)。

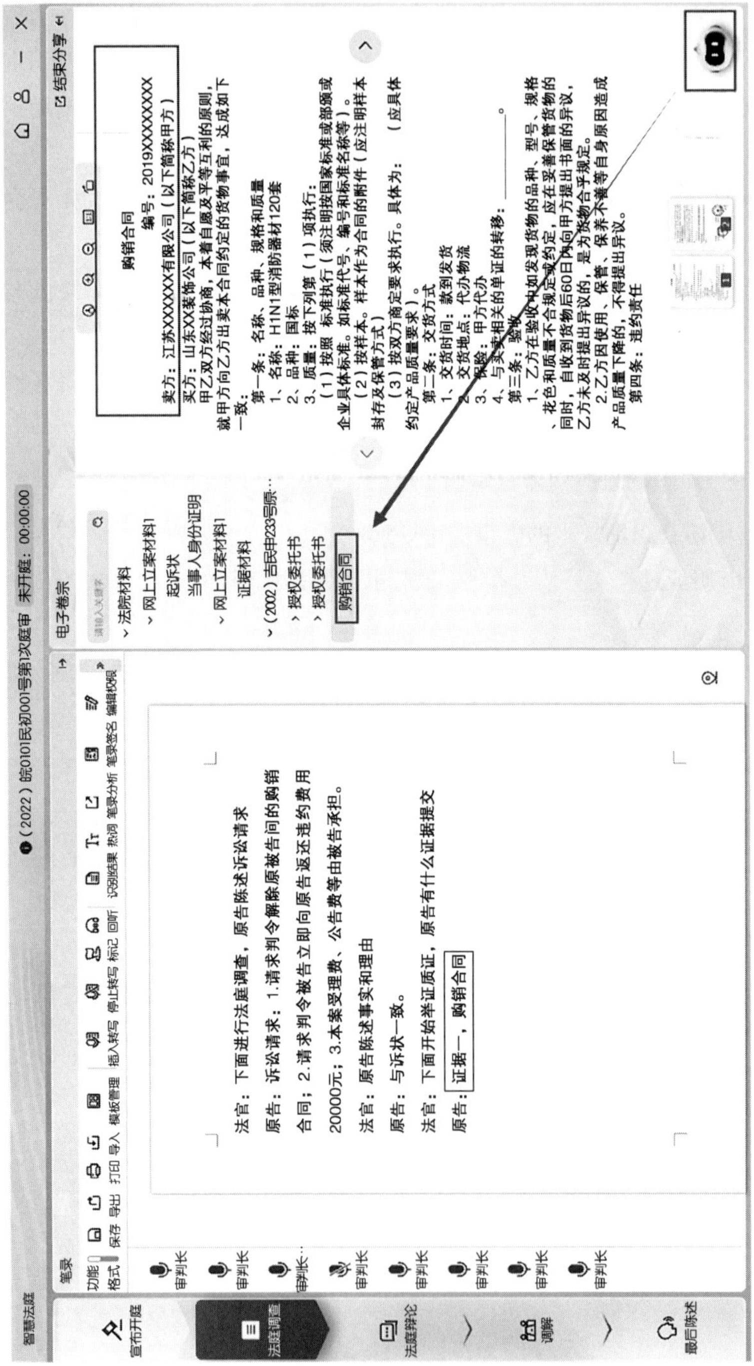

图 3.6.2 证据随讲随翻页面

第三章 数字法院建设的技术原理

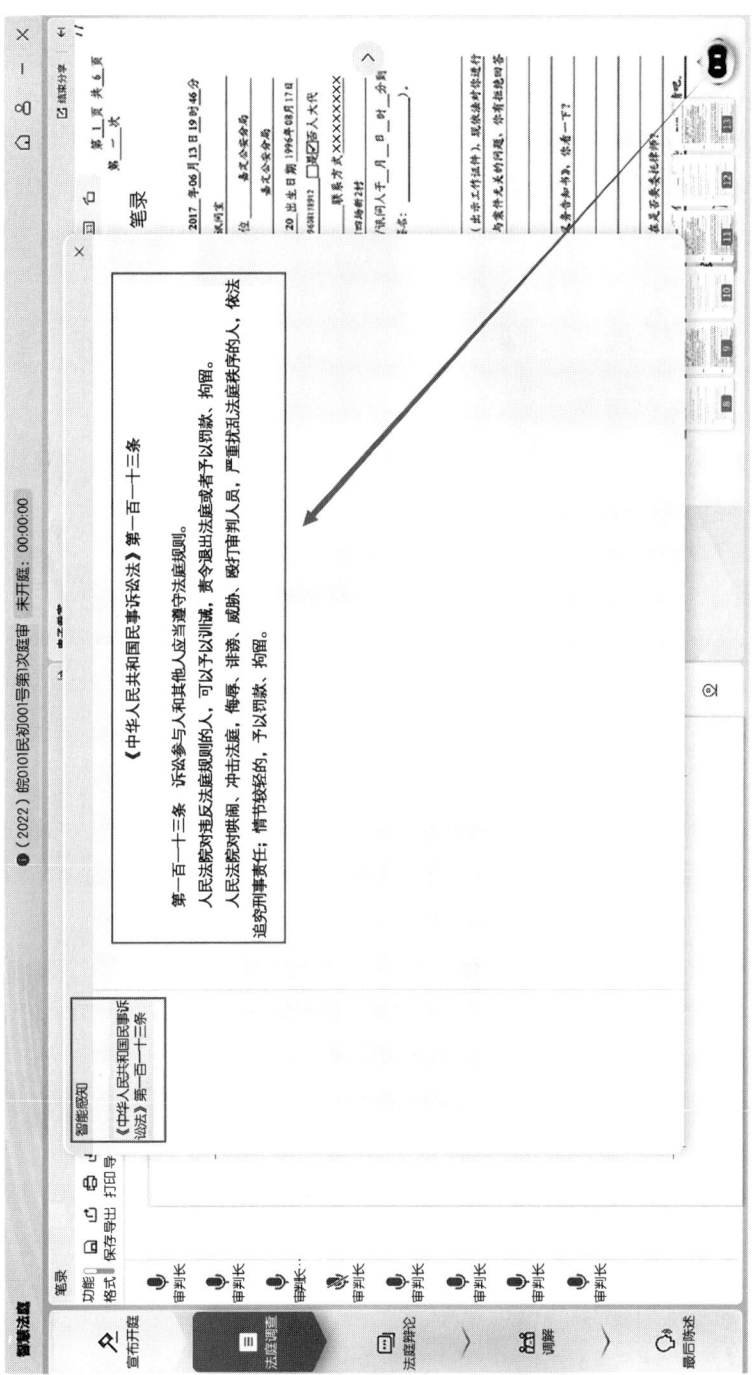

图3.6.3 法条匹配页面

数字司法的中国模式

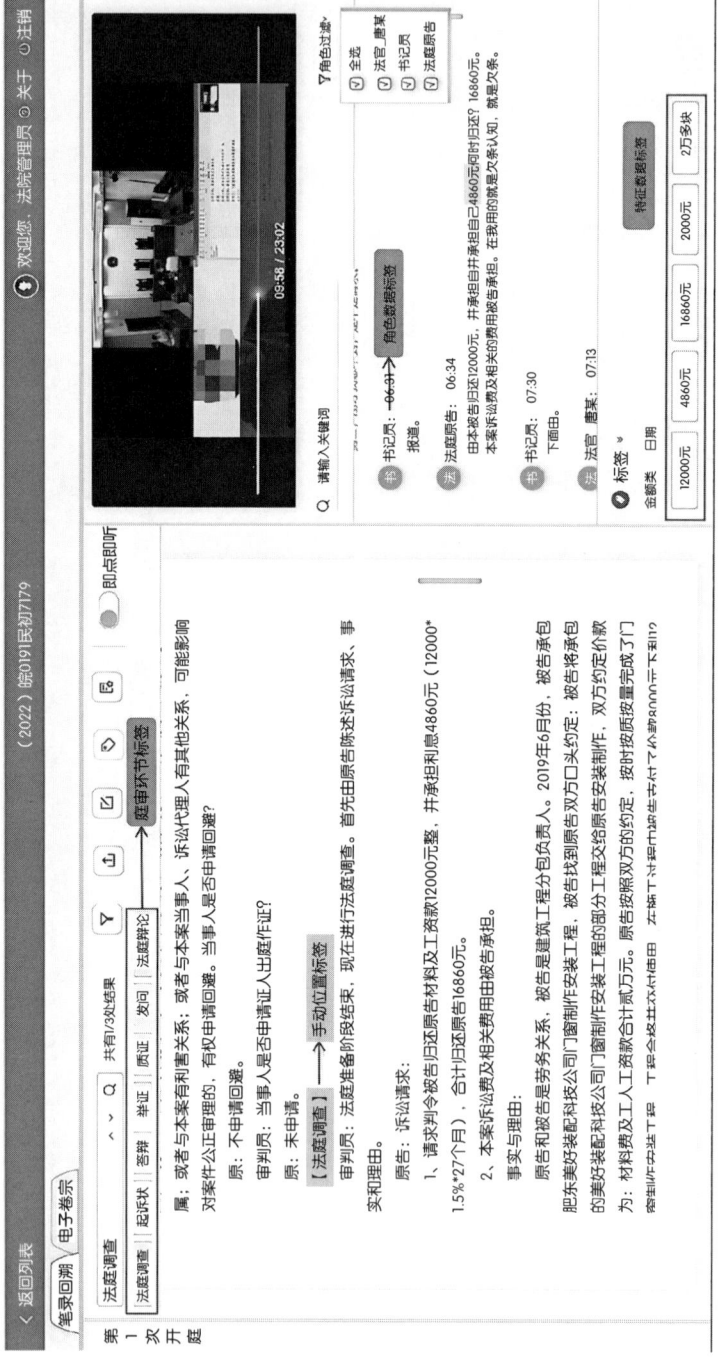

图3.6.4 庭审记录回溯页面

第三章　数字法院建设的技术原理

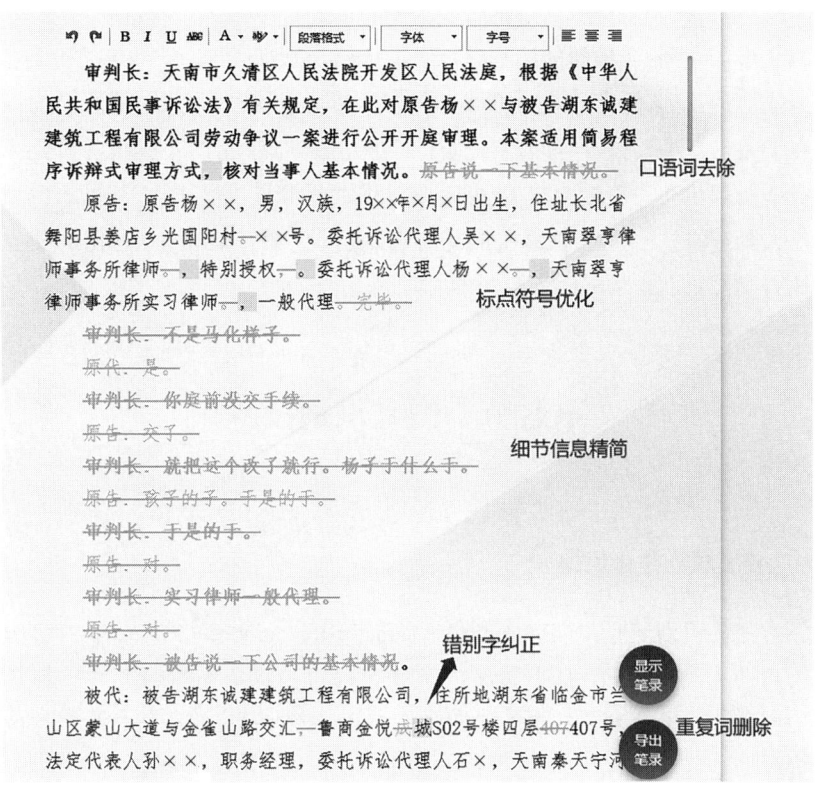

图 3.6.5　庭审笔录精简页面

四、语音识别技术在司法行业的应用效果

随着人工智能技术的不断发展和司法业务的不断推进,两者之间形成良好的正向迭代效应。一是构建全面覆盖的法院语音标准规范及应用体系,实现庭审改革、语音输入、智能会议、智能办公等多场景下的智能语音应用。二是最大化挖掘语音数据信息价值,提升实战化应用水平。通过运用云计算、大数据、自然语言理解、人工智能等新技术,实现庭审法条推荐、笔录精简、语种翻译,为法官分析决策、文书制作、会议记录等工作提供智能语音协助,进一步提升司法行业信息化和现代科技应用水平,为跨文化交流和多元化发展带来更多可能性。

然而,尽管语音识别技术在各个领域都有广泛应用,但仍面临一些挑战和难点。例如,激烈的法庭争辩下的语音识别准确率,不同方言和语速的兼容性,庭审语言表达习惯和方式与笔录表达意思不一致,笔录精简存在误差仍需手动修改等问题。为了解决这些难点,业务人员联合研究人员不断创新和完善相关技术,推动语音识别技术与自然语言理解、大模型等人工智能技术进行更紧密的结合,以实现更加智能化、人性化的交互体验。

第七节 图文识别技术

一、图文识别技术原理

图文识别泛指 OCR(Optical Character Recognition),1929 年由德国人陶舍克(Tausheck)最先提出。OCR 是通过扫描等光学输入方式将各种票据、报刊、书籍、文稿及其他印刷品的图像信息转化成文本字符的过程。

近年来,随着深度学习技术的发展,通过卷积神经网络(Convolutional Neural Network, CNN),OCR 能够有效解决图像背景复杂、分辨率低下、字体多样等复杂场景下的图像识别问题。在 OCR 技术框架(图 3.7.1)中,神经网络主要充当特征提取器和分类器,输入是字符图像,输出是识别结果。例如,卷积神经网络能够输入原始像素而不损失信息,提取的特征具有平移不变性,特别适用于手写体识别;循环神经网络(Recurrent Neural Network, RNN)具有准确描述文字片段前后变化记忆能力,提高左右结构汉字识别准确率;深度神经网络(Deep Neural Network, DNN)对提取的特征作进一步非线性变换,提升模型表达能力;隐马尔可夫模型(Hidden Markov Model, HMM)能够分析和预测数据序列,有效融合神经网络的识别结果,从而实现文字的转换。

第三章 数字法院建设的技术原理

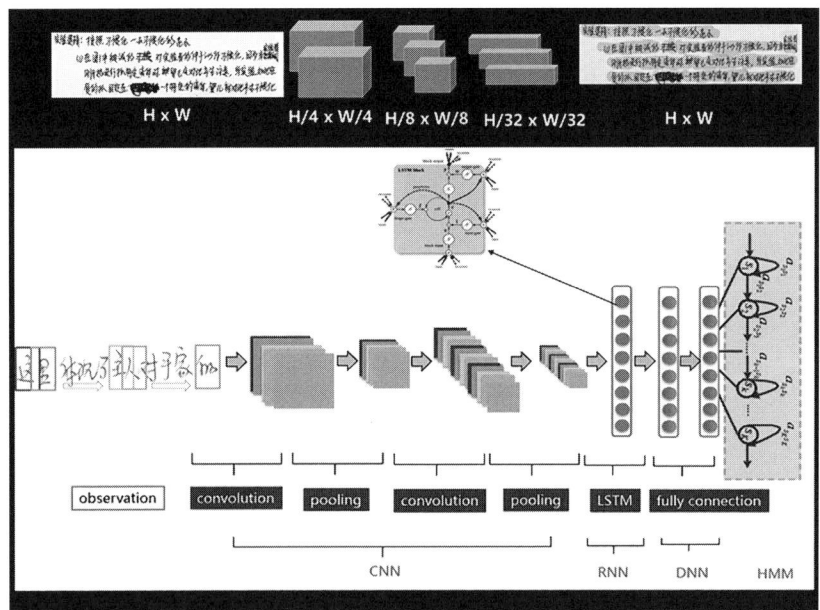

图 3.7.1 基于深度学习技术的 OCR 技术框架

《数字中国发展报告(2023年)》指出:数字技术深度融入经济、政治、文化、社会、生态文明建设的各领域和全过程,数字中国建设持续赋能经济社会高质量发展,加快构建中国式现代化的强劲引擎。① 信息数字化、业务无纸化是数字中国建设的强力基础,由于 OCR 技术的运用能够提高资料存储、检索、加工的效率,其在数字司法中的广泛应用已成必然趋势。目前市场上适合司法、工商、海关、机场及其他行业应用的 OCR 产品已经相对成熟,它们已经通过市场检验并被广大用户大规模使用。

---

① 参见《数字中国发展报告(2023年)》,载 https://www.szzg.gov.cn/2024/xwzx/szkx/202406/P020240630600725771219.pdf,访问日期:2025年5月20日。

二、图文识别技术在司法信息化中的建设

随着无纸化、单轨制的兴起,全国各级法院均已建设完成本地的OCR引擎,运用OCR技术提取卷宗中的文字内容,基于该内容进行要素抽取、语义理解的智能化辅助应用。但是随着业务的快速发展以及司法体系的安全保密要求,OCR技术的准确率无法实时迭代升级,出现识别速度慢、精度差等问题。因此,基于法院内网建设可持续迭代的人工智能引擎平台至关重要。

为深入贯彻习近平法治思想和习近平总书记关于"推动大数据、人工智能等科技创新成果同司法工作深度融合"的重要指示精神,最高人民法院信息中心搭建了人工智能引擎平台(图3.7.2),完成11项人工智能基础能力集成管理,在办案系统、统一工作桌面集成上线图文识别、语音识别、离线转写、文本翻译等工具能力。[①]

OCR作为核心引擎之一,依托人工智能引擎平台框架统一接入、统一训练、统一管理、统一发布、统一对接。统一接入:通过数据管理模块统一接入卷宗数据,按训练格式清洗、转换,为学习训练平台提供数据支撑;统一训练:学习训练平台针对不同的应用定制不同的标注方式,在可视化界面建立数据训练任务流程;统一管理:模型管理平台对训练后的模型进行测试验证;统一发布:将验证完成的模型发布到AI能力平台,为引擎迭代最新的算法模型;统一对接:根据应用的调用需求申请OCR引擎支撑,或自定义编排多引擎间的联合支撑。

---

① 参见《中国社会科学院法学研究所发布2024年〈法治蓝皮书·中国法院信息化发展报告〉》,载微信公众号"最高人民法院"2024年5月16日。

第三章 数字法院建设的技术原理

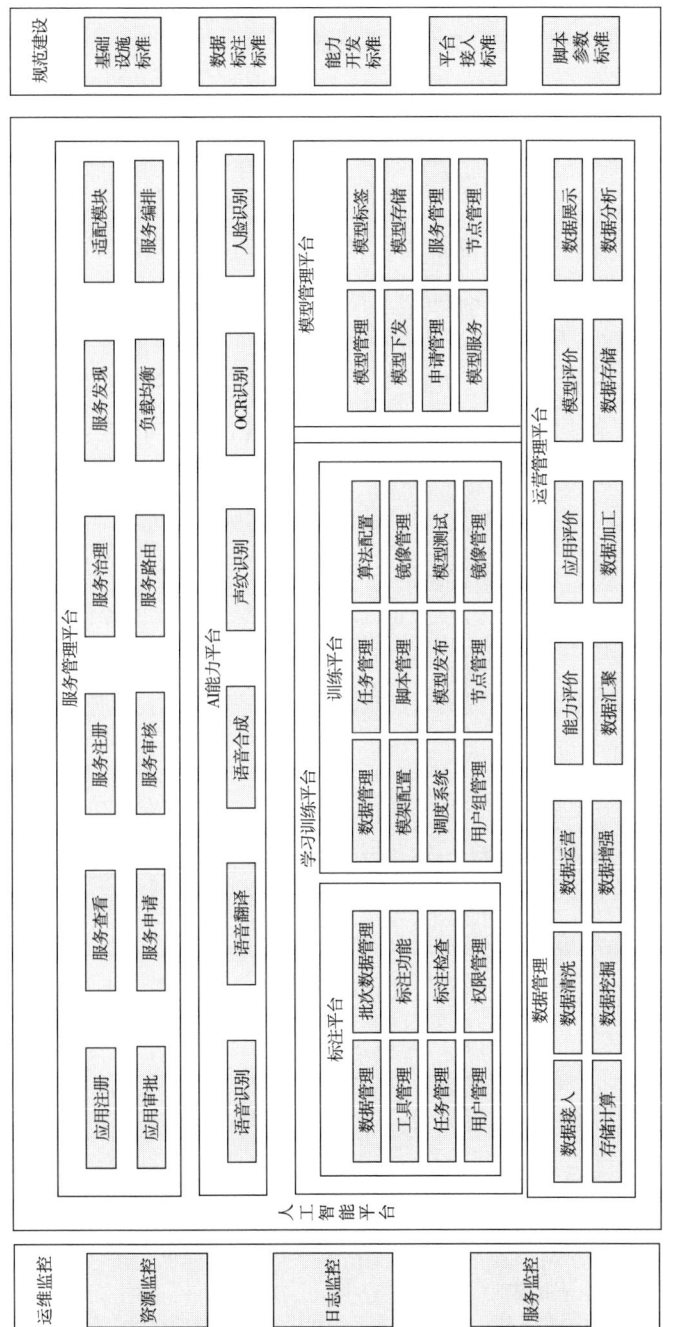

图3.7.2 最高人民法院人工智能引擎平台架构

三、图文识别技术在司法行业的应用场景

2017年至2018年,最高人民法院相继下发有关电子卷宗随案同步生成和深度应用的通知;2020年至"十四五"时期,最高人民法院多次强调电子卷宗深度应用在智慧审判中的重要地位,继续推进电子卷宗随案同步生成。① 2021年全国法院推进无纸化办案办公,节约纸张约8.6亿张,约3779吨。② 2022年4月国家档案局发布《电子档案单套管理一般要求》(DA/T 92—2022),旨在推动规范开展电子档案单套管理工作。在无纸化办案办公需求日益迫切的当下,OCR技术快速渗透到司法机关与"纸"相关的各个业务环节,从卷宗数据中获取相应的文本内容,通过版面分析优化图片质量。OCR技术的应用不仅为数字法院带来了新的思路,同时还提高了工作效率,助力环境保护、节能减排。

因此,依托司法行业完善的人工智能引擎平台架构,图文识别技术不仅能帮助司法工作人员进行立案信息回填、卷宗分类编目等任务以提高司法工作的效率,还可在类案推送、证据审查、文书自动生成等方面展现出巨大的潜力。逐渐深化图文识别技术在司法中的应用,应贯穿立案、办案、审判管理等全流程。

(一)图文识别技术在立案中的应用

为落实国务院"最多跑一次"部署,减轻群众诉累,提高司法效率,法院运用图文识别技术可以为当事人、法官提供立案信息回填、立案材料质量优化、信息比对等服务,缩短立案周期,提高立案效率。当事人通过线上渠道立案时,身份证、起诉状等图片格式的材料可以转换为可编辑的电子文档,对应的个人信息自动回填到立案系统,节省当事人手动输入及核对信息的时间。此外,针对歪斜、黑边、曝光等影响法官审核的材料,图文识别技术能够检测材料质量并提示当事人是否需要自动优化,减少卷宗瑕疵,提高立案材料质量。案件进入审核阶段,图文识别技术可以辅助法

---

① 参见徐斌、许方舳、连晓燕:《智慧法院中电子卷宗随案同步生成与深度应用的研究》,载《中国电子科学研究院学报》2022年第8期。

② 参见《智慧法院促进提质增效,助力节能减排》,载微信公众号"最高人民法院"2022年6月18日。

官进行多维度信息交叉比对,提高案件的信息录入质量,提高司法统计准确率。例如,江苏省苏州市中级人民法院在立案阶段实现智能卷宗随案生成,对集中扫描的电子卷宗进行数字化处理,将其转变为可复制、可检索的电子数据,实现立案、结案信息自动回填,程序性格式化文书自动生成,2017年立案时间已平均减少50%。①

顺应无纸化改革,实现全流程、全要素、全覆盖的无纸化办案模式,在立案阶段要为办案法官提供基于阅卷标准、档案编制规范的智能编目服务。该服务可以将所有电子材料自动区分为一份份的独立文件,根据图像判断文本类型及标题,为每一份文件精细化命名,如起诉状、授权委托书、身份证—姓名等,也支持面向不同地方法院差异化编目需求的个性化配置,编目校准无误后按照目录规则自动归类,形成一套清晰、整齐的电子卷宗。在应用形式上,编目可分为分散编目和集约编目,以适配不同法院的业务需要。例如,吉林全省法院以电子卷宗集中编目流程梳理和再造为重点,将两级法院电子材料质量核查职责统一归至中级人民法院,电子编目平均耗时缩短至4.5分钟。②

(二)图文识别技术在办案中的应用

在案件审理过程中,图文识别技术可以依托电子卷宗提取案件要素、甄别图像内容,提高卷宗线上流转价值。在庭审、合议、审委会讨论场景中,根据卷宗,可自动生成质证清单、提取案件争议焦点,辅助法官线上阅卷。当法官向其他人员共享卷宗时,其他人员可进行内容批注、目录跳转、关键字检索、版面还原、文字复制等,给法官办公带来很大的便利。

在案件事实调查中,通过跨层次多模态版面理解方法,实现"基础元素—局部区域—全局结构"的层次化版面理解,从而检测出签章、指印、插图等元素,帮助法官快速识别证据是否存在合规性瑕疵或前后证据中案情事实不一致等情况。例如上海市高级人民法院建设"上海刑事案件智

---

① 参见《苏州中院电子卷宗随案同步生成综合应用系统》,载电子政务理事会编:《中国电子政务年鉴(2017)》,社会科学文献出版社2018年版,第365页。
② 参见林南南、陶星宇:《【建设实践】专事有专人 专人有专责 吉林法院审判辅助事务集约化改革"开花结果"》,载微信公众号"司法科技前沿"2024年7月8日。

能辅助办案系统",依据证据标准、规则,对证据进行校验、把关、提示、监督,减少司法任意性,防范冤假错案;以盗窃案件为例,法官梳理证据的时间平均减少30%～50%。①

(三)图文识别技术在审判管理中的应用

图文识别技术结合语义理解等人工智能技术,为审判管理人员提供案件评查、卷宗质检等监管功能,通过解析卷宗内容与所记录案件信息的差异化比对,全面提高案件质量,赋能法院审判、执行业务。例如,上海市高级人民法院以单套管理为核心,打造全流程、立体化的电子文件归档和流转模式,实现了电子卷宗全生命周期质量监管应用;通过加强卷宗完整性校验、合规性校验、图像质量校验、编目归目校验等,实现对电子卷宗全方位、多层次的质量控制和智能化辅助;对卷宗中涉及的图片、音视频等媒体数据,以档案校验归档为最终目标,进行统一的智能化规整处理,从而促进审判质量、效率和司法公信力的提升。②

(四)典型场景应用流程举例

基于图文识别技术的智能编目应用场景:

(1)上传或扫描的材料同步后,可手动、自动分配给编目人员处理(图3.7.3)。

(2)点击"审核"后进入材料质检页面,选中材料点击"图像增强"及"空白页过滤"按钮可进行处理(图3.7.4)。

(3)质检完成后,选中相关材料点击"一键归目"按钮可进行归目处理,未选中材料不会被归目处理(图3.7.5)。

(4)"热词"功能为编目人员/标注人员快速修改名称提供便利(图3.7.6)。

---

① 参见王心馨:《AI+司法:代号"206",AI法官助理已在上海全面应用》,载"澎湃新闻"App 2019年8月27日。

② 参见上海高院:《【成果评选】创新引领 科技赋能 上海法院积极打造电子卷宗"单套制"归档 助推法院工作高质量发展》,载微信公众号"司法科技前沿"2024年3月22日。

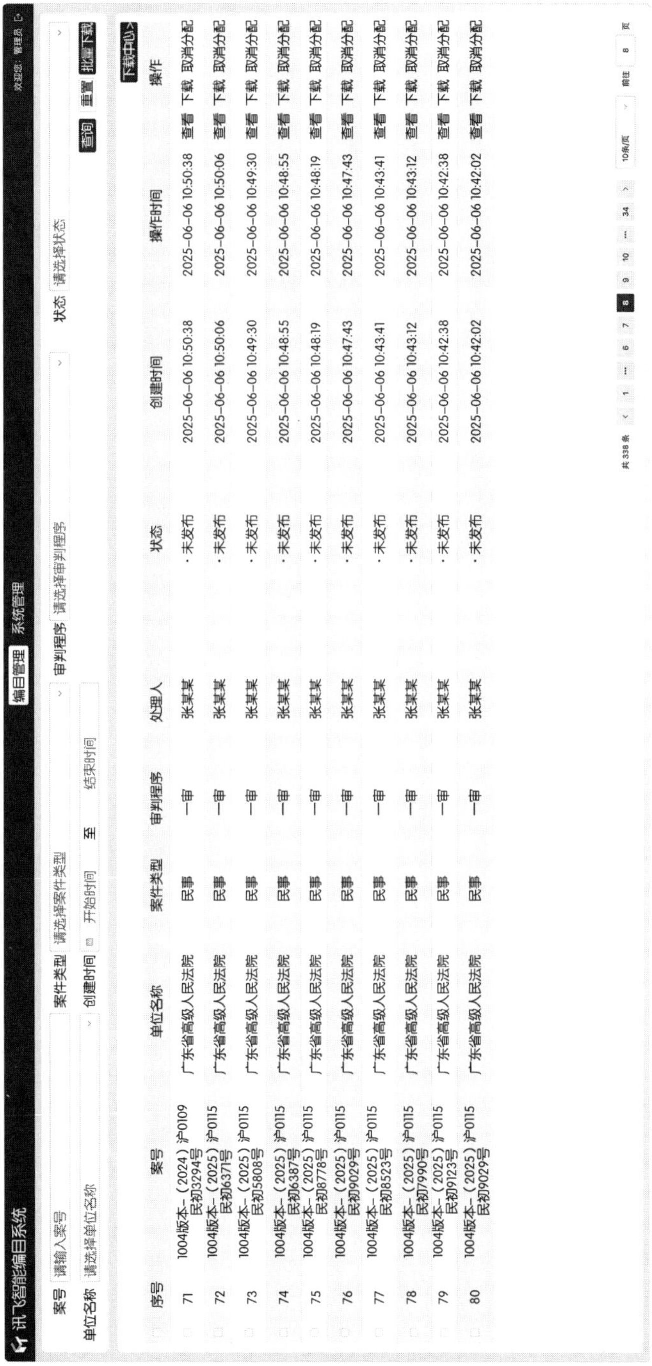

第三章 数字法院建设的技术原理

图3.7.3 智能编目材料质检任务分配页面

数字司法的中国模式

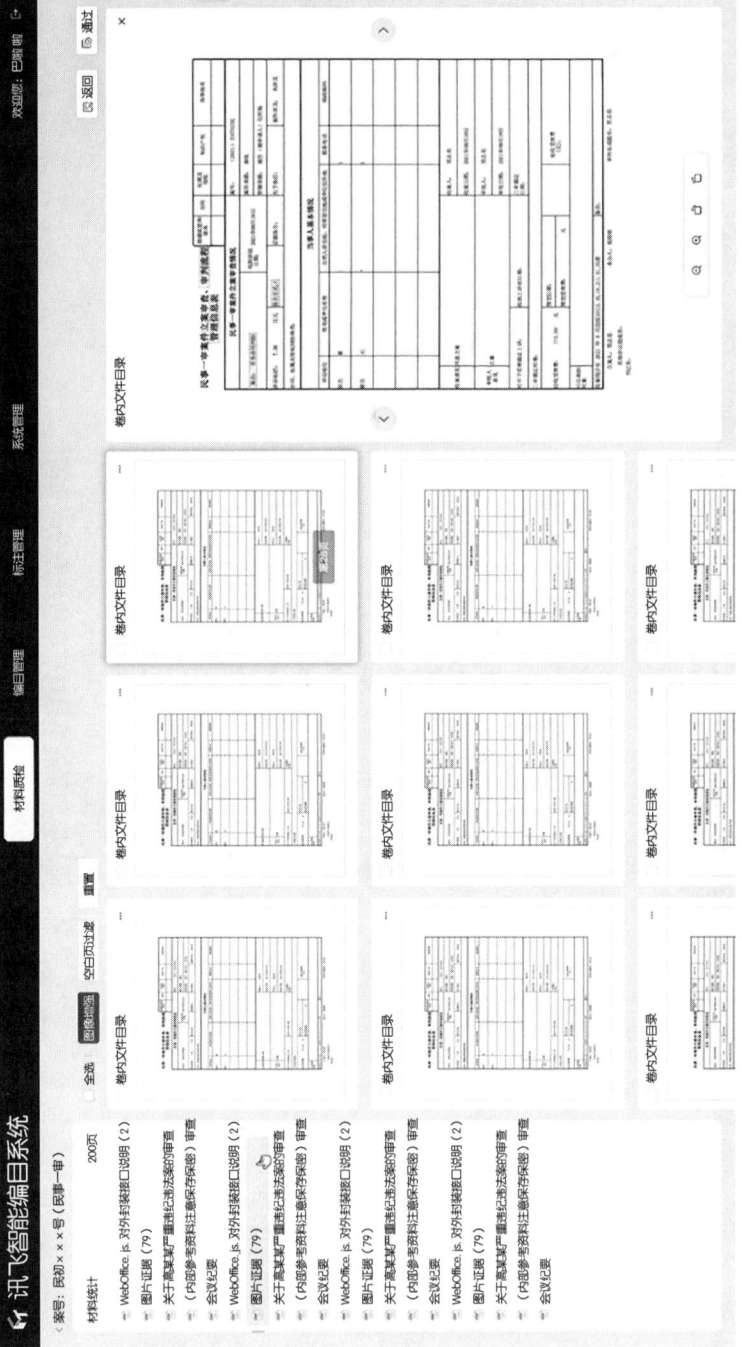

图3.7.4 智能编目材料质检页面

第三章 数字法院建设的技术原理

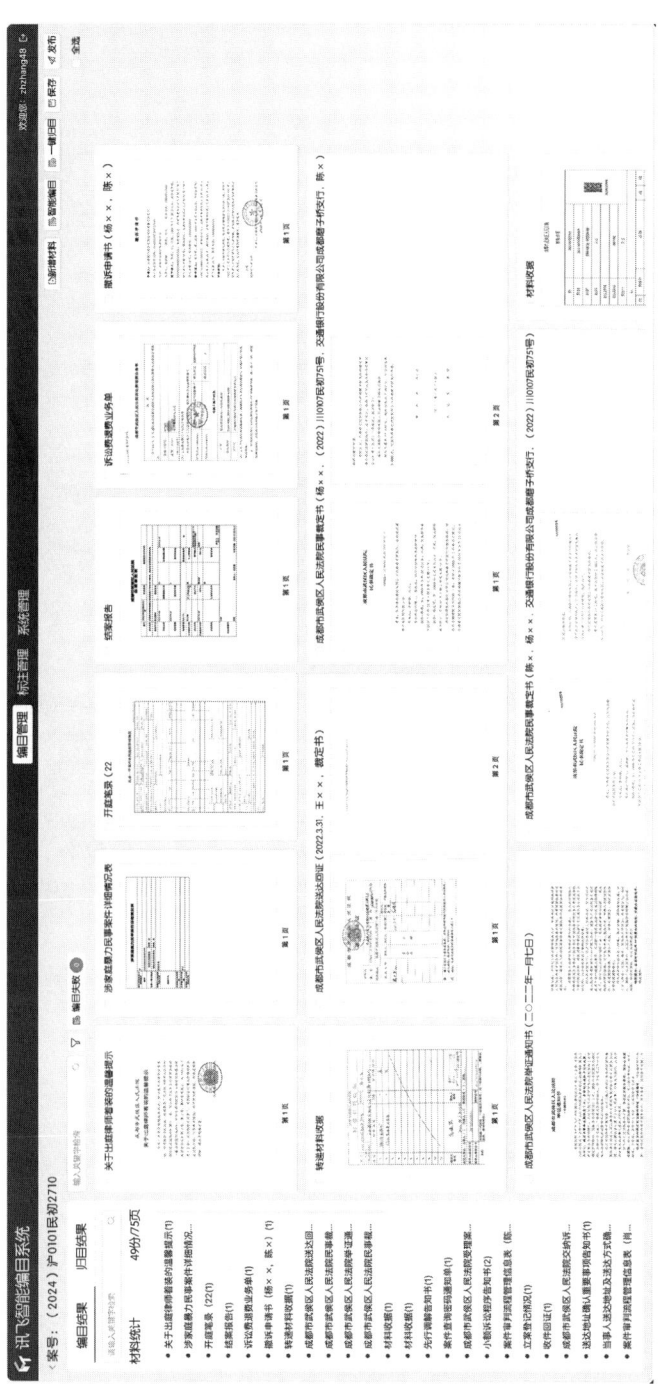

图3.7.5 智能编目材料归目页面

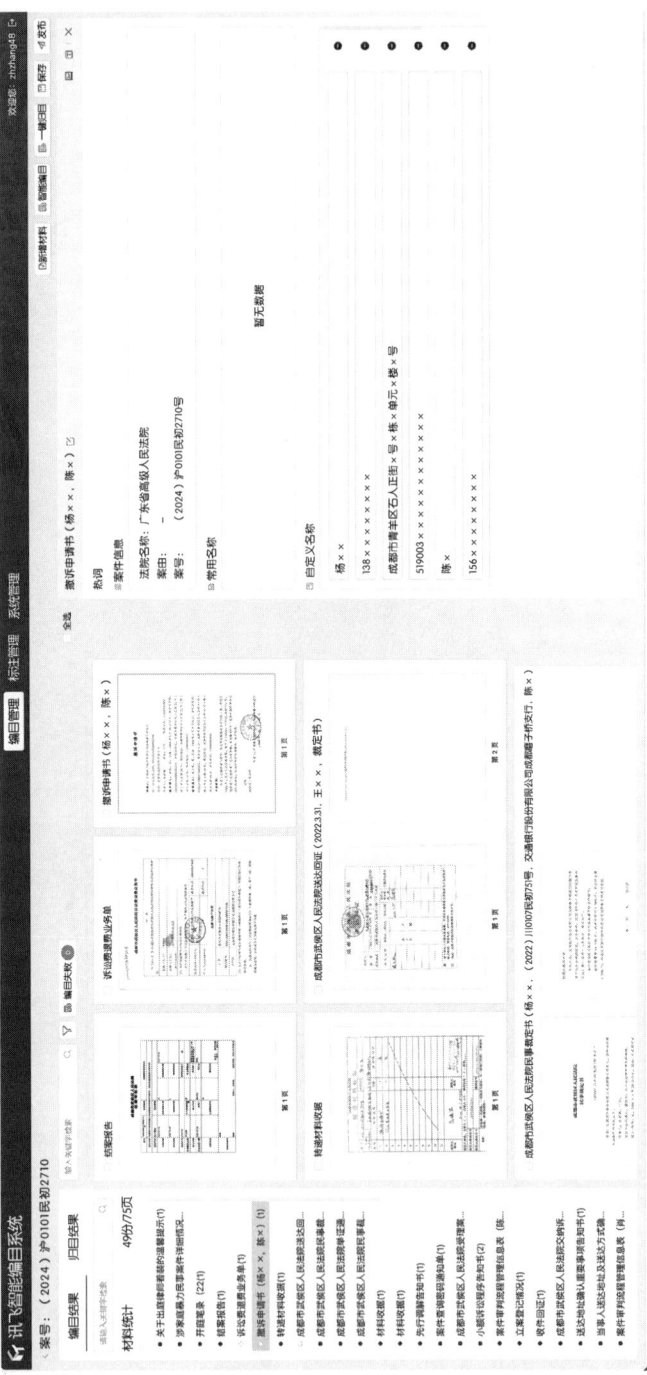

图3.7.6 智能编目热词页面

四、图文识别技术在司法行业的应用效果

图文识别技术结合电子卷宗、电子档案系统提供了丰富的应用场景,不仅节省了不必要的人力成本,还能促进无纸化办公,促进实现司法为民、司法高效。

第一,聚焦司法为民,让诉讼更便捷。图文识别技术的应用使得司法智能化服务从诉中、诉后向诉前延伸,卡证信息回填、材料优化等服务为当事人提供诉讼辅助,缩短当事人立案周期,"让群众少跑腿",提高了立案效率。

第二,聚焦司法质效,让办案更高效。图文识别技术为法律要件提取、案情智能比对提供技术保障,可以将图片数据转化为机器可认知学习的卷宗知识库,按需输出法官所需要的事实要素,减少法官事务性工作,使法官更注重决策,专司审理。

当然,图文识别技术在推动数字法院建设中依然要不断创新解决复杂情况下的难点,如手写体识别准确率不高、复杂版面分析精度差、证据材料编目不准等问题,需要在司法应用过程中不断探索。此外,司法数据包含大量敏感信息,如个人身份、健康记录、商业秘密等,因此,图文识别技术在司法行业的应用更需要采取有效的数据加密、访问控制、隐私保护和安全存储等措施,确保个体信息权利和国家信息安全不被侵害。[①]

第八节 自然语言处理技术

一、自然语言处理技术原理

使用自然语言与计算机进行通信,这是人类所追求的目标。实现人机间自然语言通信就意味着要使计算机既能理解自然语言文本的意

[①] 参见田禾主编:《中国法院信息化发展报告 No.8(2024)》,社会科学文献出版社2024年版,第20页。

义,也能以自然语言文本来表达给定的意图、思想等。

自然语言处理是人工智能的重要应用领域,也是新一代计算机科学必须研究的课题。其主要目的是克服人机对话中的各种限制,使用户能用自己的语言与计算机对话,因而需要研制表示语言能力和语言应用的模型,通过建立计算框架来实现,并提出相应的方法不断进行完善;根据语言模型设计各种实用系统,并探讨这些实用系统的评测技术。通常而言,自然语言处理技术包括图3.8.1中的集合:

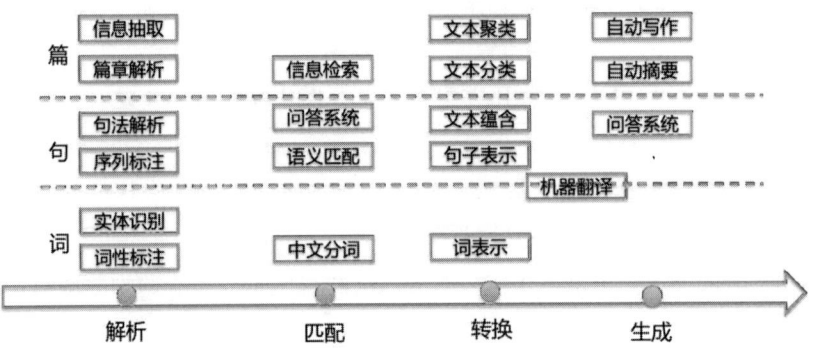

图3.8.1　自然语言处理技术示意图

二、自然语言处理技术在司法信息化中的建设

司法行业涉及大量的非结构化文本数据,需要通过自然语言处理技术解析并转变为结构化数据,才可以被计算机高效处理,在此基础上构建的司法行业专业知识图谱是行业落地应用的关键,可以使这些非结构化文本数据得以被司法人员处理和应用。

利用自然语言处理技术对文书进行标注,将司法知识投喂给机器,使其进行自主学习,从而提升自然语言处理模型的准确性;通过海量裁判文书、卷宗笔录的特征标注实现证据要素、案情要素的自动提取;通过语义分析实现证据要素、案情要素的准确抽取。在此基础上,通过自然语言处理技术和以知识图谱为依托的法律认知引擎技术识别待检索词语的含义,归入构建完成的特定知识图谱,畅通信息输入与输出机制,从而提升机器自主学习能力,实现机器的语义分析等功能。

三、自然语言处理技术在司法行业的应用场景

自然语言处理技术致力于使计算机能够识别、解析和生成人类语言。自然语言处理架构图(图3.8.2)涵盖自然语言处理的核心技术、应用层面以及支撑的数据层。

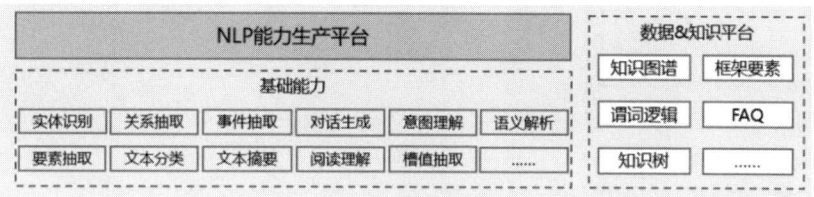

图 3.8.2　自然语言处理架构图

根据《刑事诉讼法》第 200 条"案件事实清楚,证据确实、充分"的规定,按照《中共中央关于全面推进依法治国若干重大问题的决定》推进以审判为中心的诉讼制度改革的要求,运用大数据、云计算、人工智能等现代科技手段,制定统一适用的证据标准、证据规则并嵌入公检法司各机关的刑事办案系统。上海市高级人民法院于 2019 年率先开发对刑事案件证据标准进行统一指引和对证据进行校验、提示、把关、监督的上海刑事案件智能辅助办案系统(以下简称"206 系统",2023 年以后,该系统因为国产化替代就不再使用了),帮助政法干警提升办案质效。该系统发挥"智能侦查员助理、智能检察官助理、智能法官助理"的作用,确保侦查、审查起诉的案件事实证据经得起法律检验;确保刑事办案过程全程可视、全程留痕、全程监督,以减少司法任意性,有效防范冤假错案产生。该系统主要由上海刑事案件大数据资源库、办案应用软件、办案网络平台三部分组成(图 3.8.3)。

根据司法规律及其特点、刑事诉讼有关法律规定和人工智能现阶段发展的特征设计的 206 系统,覆盖立案侦查、审查起诉、审判、刑罚执行四大业务场景,提供 30+智辅工具,解决政法干警办案过程中的"案多人少"问题,为案件办理提质增效。该系统贯穿刑事案件"侦查、起诉、审判、执行",闭环业务流程办理,实现全业务环节智能辅助(图 3.8.4)。其核心应用功能如下:

数字司法的中国模式

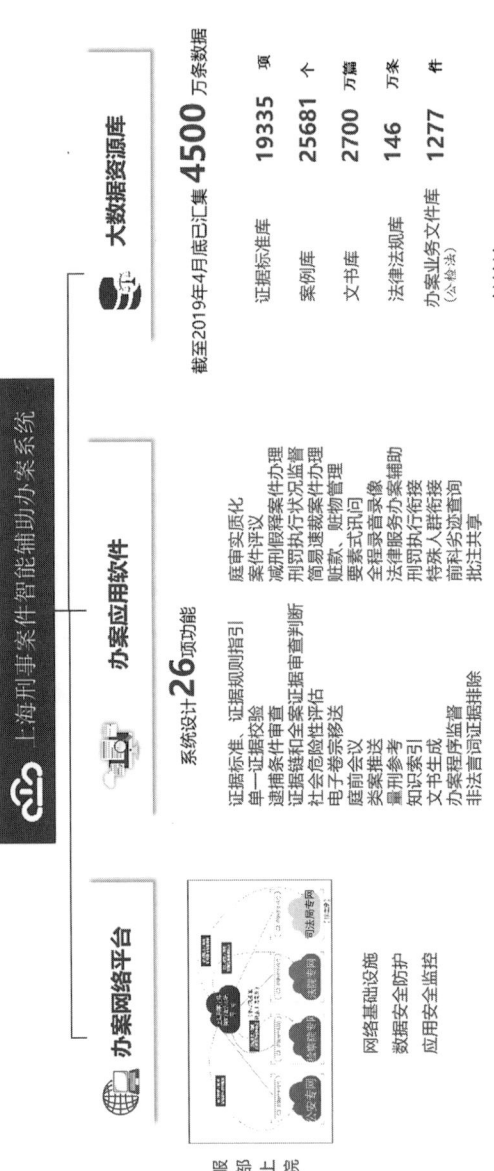

图3.8.3　206系统架构图

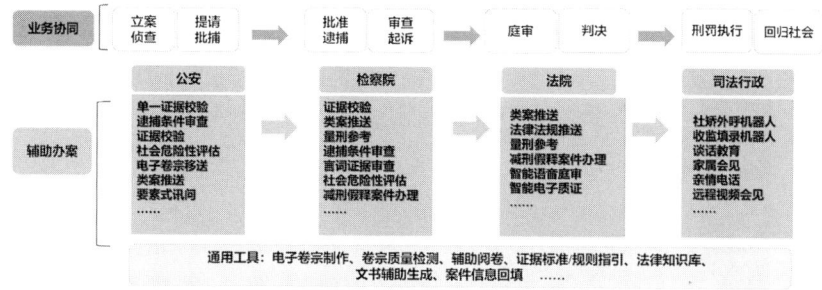

图 3.8.4 全流程业务辅助结构图

(一)自然语言处理技术在单一证据校验中的应用

自然语言处理技术广泛应用在 206 系统中。办案人员上传证据至 206 系统后,该系统可通过自然语言理解和要素抽取技术对上传的证据进行自动校验,并提示证据中存在的瑕疵,辅助办案人员完善证据材料及补充相关证据,提升证据材料的完整性和真实有效性,具体如图 3.8.5 所示:

以 206 系统(公安)为例,界面左侧为卷宗目录,根据刑事侦查卷正卷和副卷进行证据分类,卷宗目录下方显示证据搜索栏和全部证据数量及瑕疵证据数量。

界面右侧显示具体证据的瑕疵提示列表和批注列表,瑕疵提示列表下方为瑕疵点和审查结论,审查结论包括合法、瑕疵、非法三种情况,以及对于结论的具体说明(图 3.8.6)。批注列表中显示的证据内容批注,包括公安、检察院、法院办案人员针对证据的全部批注内容。

(二)自然语言处理技术在证据链审查判断中的应用

运用自然语言处理技术中的语义分析、要素抽取等技术,定位证据中出现的人物、地点、时间、物品等,然后运用实体关系分析技术深入挖掘它们之间的关系,包括人物关系、时间关系、地点行踪、物品来源与去向,以及它们之间的逻辑关系等,以"机器抽取+人工标注"方式获得各证据中的待证事项,206 系统按证据链模型进行分类排列,供办案人员判断各待证事项下证据是否印证、不同证据间的逻辑符合性、证据间是否存在矛盾等(图 3.8.7)。

数字司法的中国模式

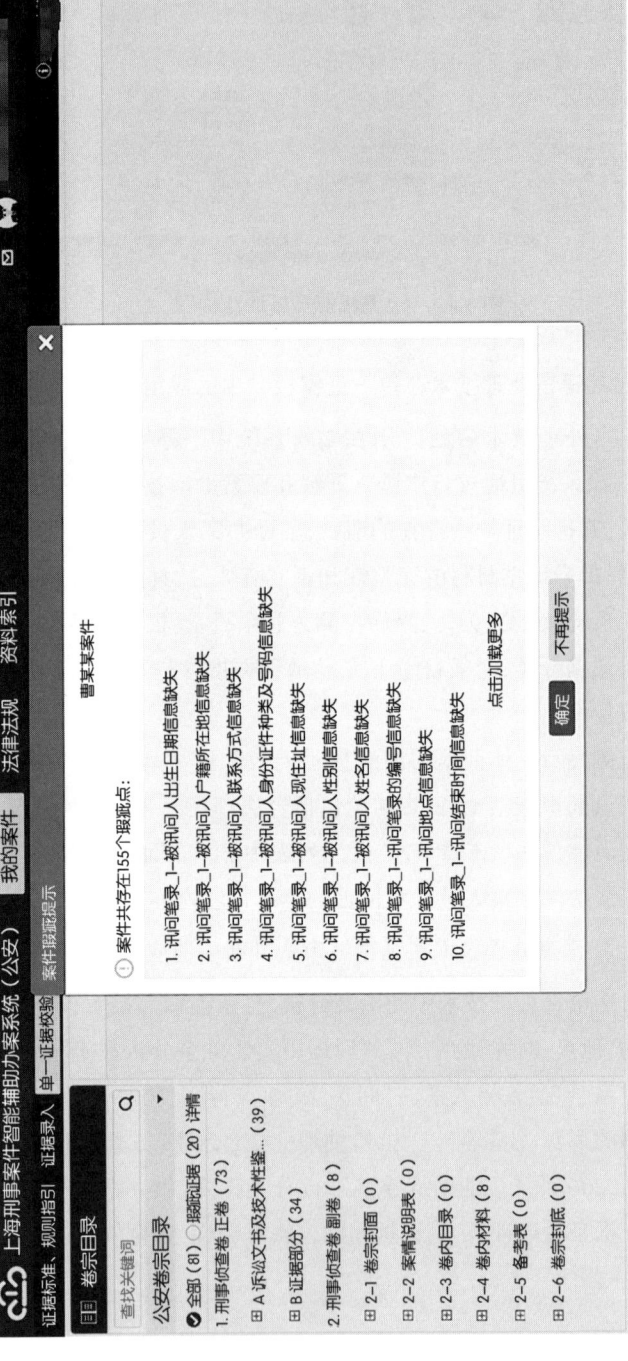

图3.8.5 案例瑕疵提示

第三章 数字法院建设的技术原理

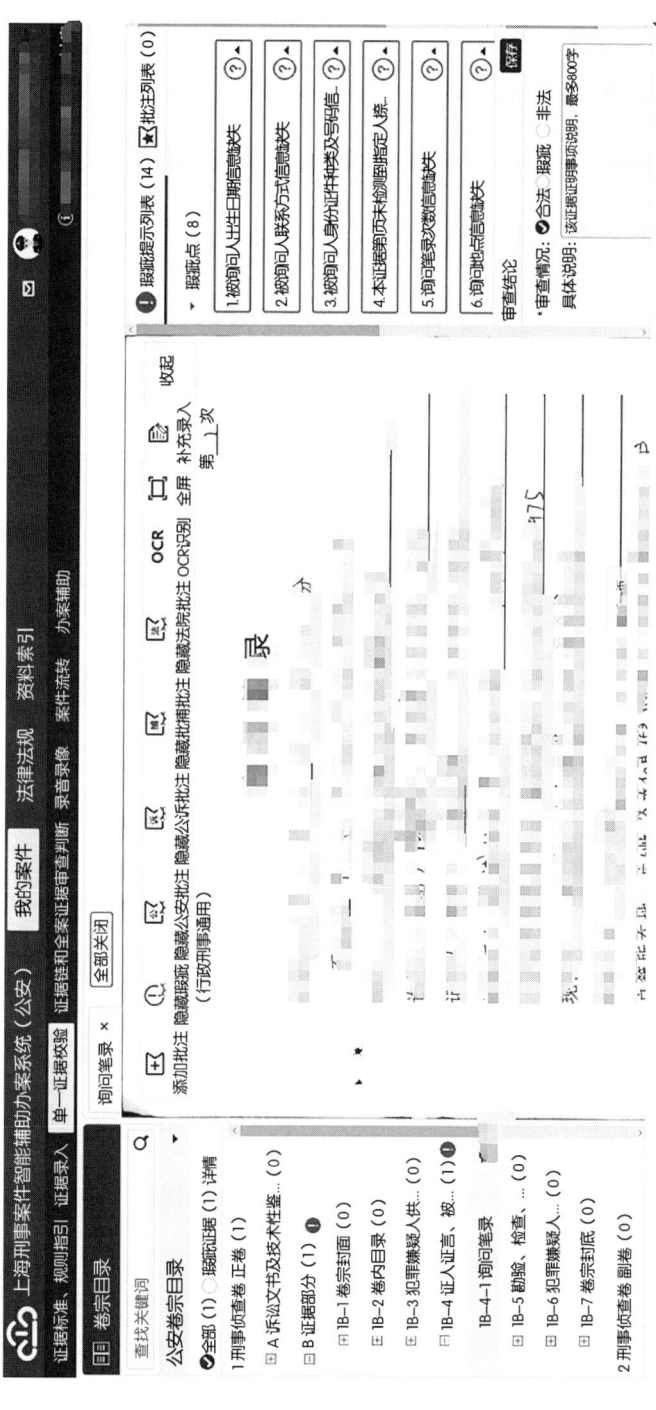

图3.8.6 单一证据校验页面

— 141 —

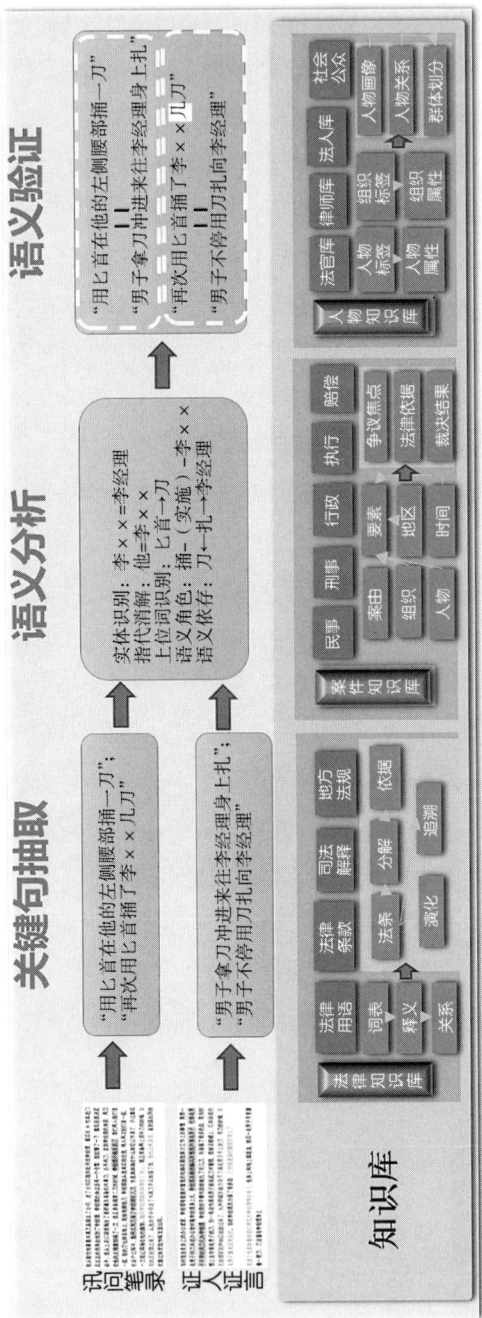

图3.8.7 证据逻辑分析的技术路线图

206系统通过自然语言处理技术可为办案人员提示证据链中存在瑕疵的证据以及证据的瑕疵明细,包括各查证事项下证据印证关系的审查判断结论,以及是否符合逮捕条件审查结论(图3.8.8)。

选择各类查证事项下证据印证关系的审查判断,在证据列表中选择需要印证关系的证据,可对证据合法性进行审查判断,并显示审查结论(图3.8.9)。

(三)自然语言处理技术在社会危险性评估中的应用

通过对大量历史案件、证据材料、嫌疑人相关信息的机器学习,运用自然语言处理技术和聚类技术,分析常见社会危害性因素影响程度,辅助人工修正后,构建社会危害性深度神经网络模型,为检察院批捕提供参考依据(图3.8.10)。

206系统运用自然语言处理技术,可对刑事案件中嫌疑人的社会危险性进行自动评估审查,例如对可能实施新的犯罪;有危害国家安全、公共安全或者社会秩序的现实危险;可能毁灭、伪造证据,干扰证人作证或者串供;可能对被害人、举报人、控告人实施打击报复;企图自杀或者逃跑五项标签中的具体事项进行判断审查,最终得出是否具有社会危险性的结论,并给出犯罪行为、个人情况、风险评估结论(图3.8.11)。

(四)自然语言处理技术在类案推送中的应用

206系统运用自然语言处理技术,可自动分析当前案件相关要素,并和案例库中的案件进行比对分析,从而向办案人员推送相似度最高的案件。类案推送包括按证据推送类案和按案情推送类案两大类。

1. 按证据推送类案

根据案件已有的证据名称与206系统中其他案件的证据进行比对,将证据类型、证据名称相似的案件按照相似度由高到低的顺序进行筛选显示,形成案件推送列表。

案件可按本市、全国进行筛查。选中推送的案件可单击查看该案件的裁判文书、电子卷宗、审理报告等内容(图3.8.12)。

2. 按案情推送类案

案情可通过206系统获取,同时支持对案情进行修改编辑。案情描述完成后,单击【查看类案】按钮,右侧显示推送案件列表(图3.8.13)。

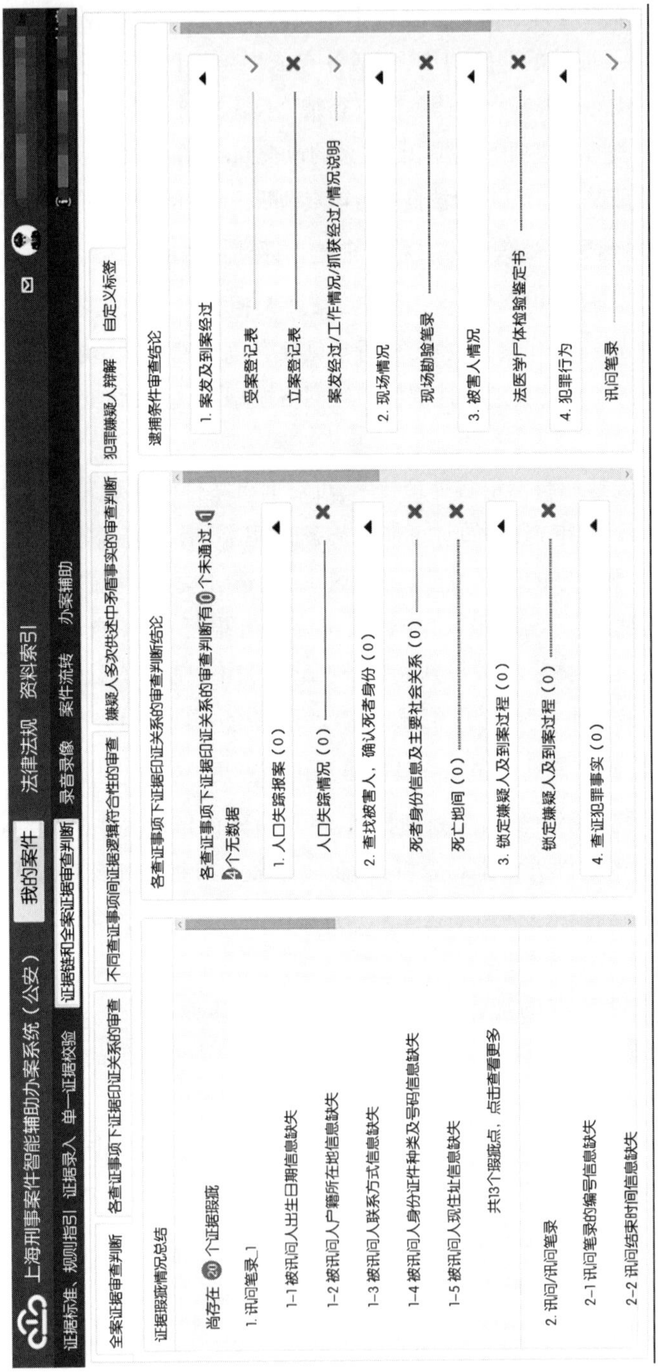

数字司法的中国模式

图3.8.8 全案证据审查判断页面

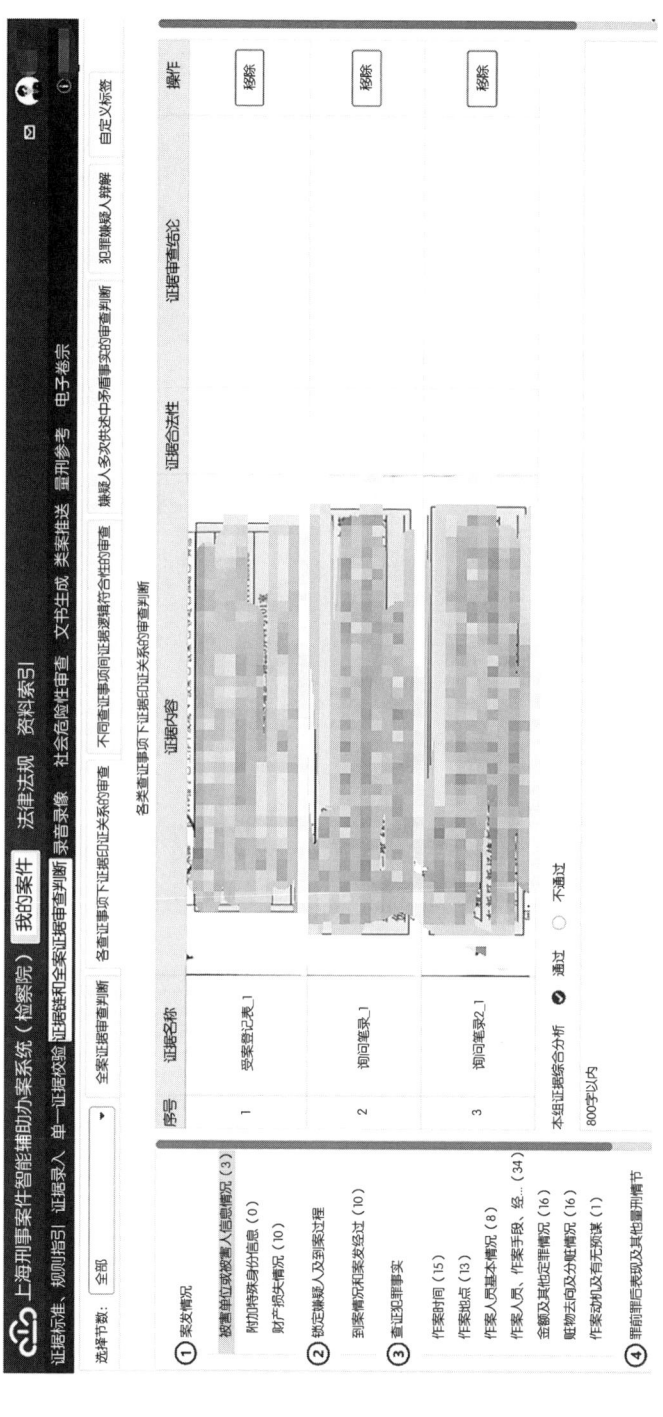

图3.8.9 各类查证事项下证据印证关系的审查判断页面

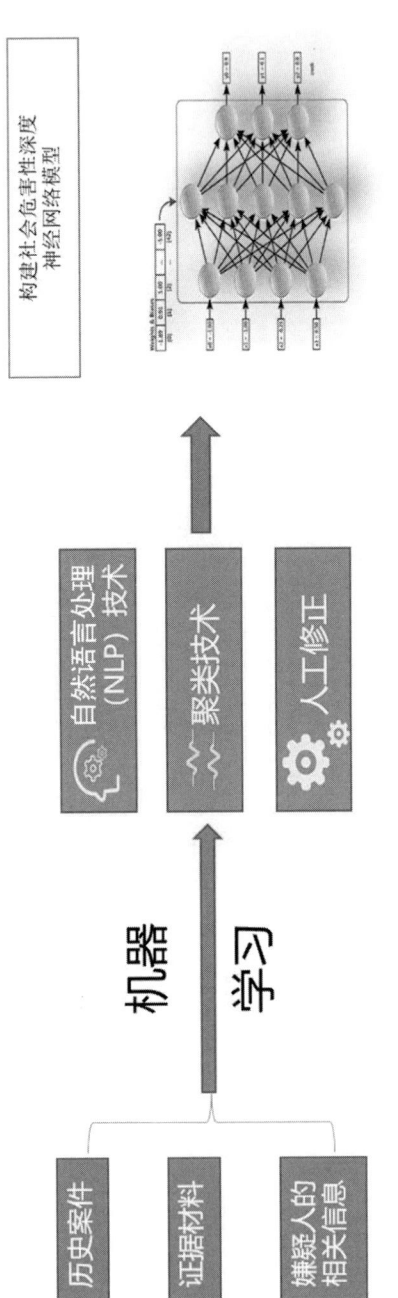

图3.8.10 社会危险性评估技术实现路径图

第三章 数字法院建设的技术原理

图3.8.11 社会危险性审查页面

数字司法的中国模式

上海刑事案件智能辅助办案系统（公安）

我的案件　法律法规　资料索引

证据标准、规则指引　类案推送　量刑参考

社会危险性审查　证据录入　证据校验　证据链和全案证据审查判断　录音录像　电子卷宗　办案辅助

按案情推送类案　按证据推送类案

推送案件列表 ○本市（0）●全国（48）选择证据相似度：10% ▼

序号	案件名称	判决情况	审判时间	查看		
1	××路8号二楼盗窃金额棋牌室被入室盗窃案		2017-02-02	裁判文书	电子卷宗	审理报告
2	吴某被盗电动自行车案		2017-02-19	裁判文书	电子卷宗	审理报告
3	董某电动自行车电瓶被盗窃案		2017-03-07	裁判文书	电子卷宗	审理报告
4	王某盗切案		2017-03-17	裁判文书	电子卷宗	审理报告
5	张某某被盗切案【王某某盗切案】		2016-09-19	裁判文书	电子卷宗	审理报告
6	王某被盗窃案		2017-03-02	裁判文书	电子卷宗	审理报告
7	蔡某某被盗窃案		2016-12-06	裁判文书	电子卷宗	审理报告
8	李某被盗窃案		2017-02-18	裁判文书	电子卷宗	审理报告
9	赵某被盗自行车案		2016-06-02	裁判文书	电子卷宗	审理报告
10	曹某手机被盗		2017-02-25	裁判文书	电子卷宗	审理报告

< **1** 2 3 4 5 > 第 1 页 确定 共48条

图3.8.12　按证据推送类案页面

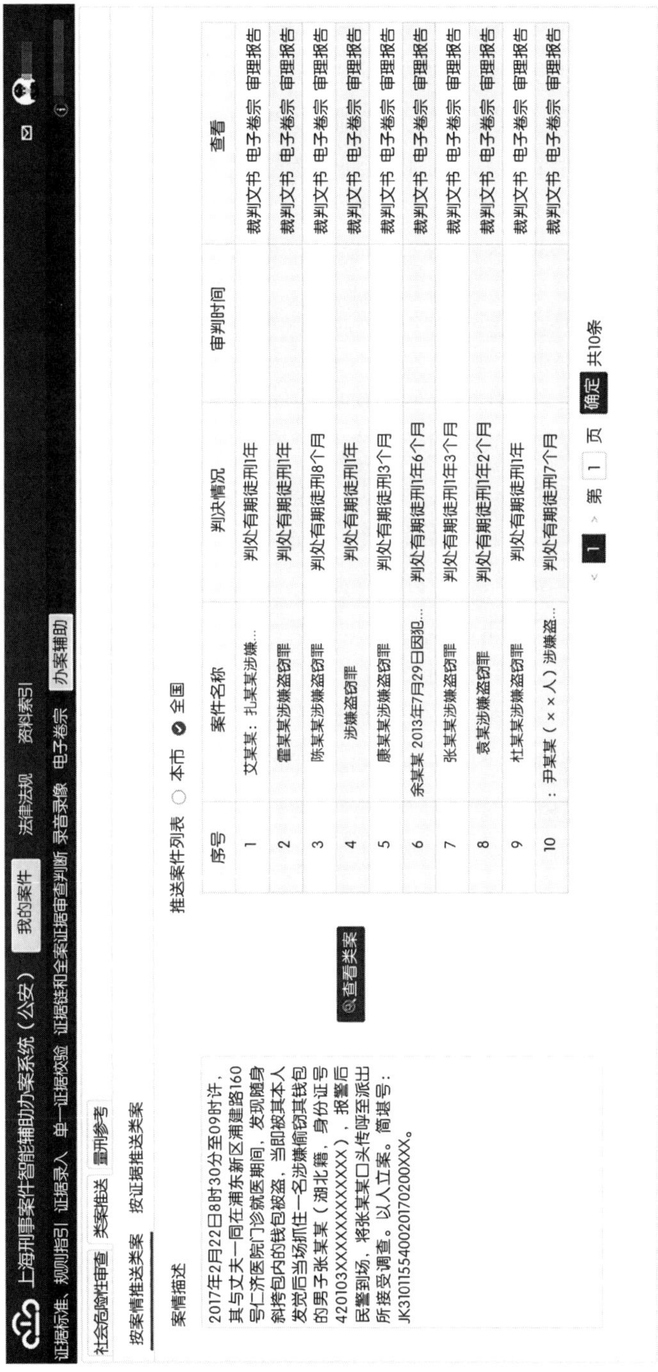

第三章 数字法院建设的技术原理

序号	案件名称	判决情况	审判时间	查看
1	艾某某:扎某某涉嫌…	判处有期徒刑1年		裁判文书 电子卷宗 审理报告
2	霍某某涉嫌盗窃罪	判处有期徒刑1年		裁判文书 电子卷宗 审理报告
3	陈某某涉嫌盗窃罪	判处有期徒刑8个月		裁判文书 电子卷宗 审理报告
4	涉嫌盗窃罪	判处有期徒刑3个月		裁判文书 电子卷宗 审理报告
5	唐某某涉嫌盗窃罪	判处有期徒刑1年6个月		裁判文书 电子卷宗 审理报告
6	余某某 2013年7月29日因盗…	判处有期徒刑1年3个月		裁判文书 电子卷宗 审理报告
7	张某某涉嫌盗窃罪	判处有期徒刑1年2个月		裁判文书 电子卷宗 审理报告
8	袁某某涉嫌盗窃罪	判处有期徒刑1年		裁判文书 电子卷宗 审理报告
9	杜某某涉嫌盗窃罪	判处有期徒刑7个月		裁判文书 电子卷宗 审理报告
10	:尹某某(××人)涉嫌盗…			裁判文书 电子卷宗 审理报告

图3.8.13 按案情推送类案页面

(五)自然语言处理技术在量刑参考中的应用

根据在办案件的事实、情节等,通过语义识别、人工标注等方式的机器学习,以刑事案件大数据分析为基础,构建量刑深度神经网络模型,为检察官提供量刑建议,为法官提供量刑参考(图 3.8.14)。

同样,在 206 系统中,可分析当前案件的基本情况和关键要素,匹配系统中的量刑计算器,向办案人员提示量刑范围参考(图 3.8.15)。

四、自然语言处理技术在司法行业的应用效果

自然语言处理技术在单一证据校验和证据链审查判断中的应用,能及时发现证据中存在的瑕疵和证据之间的矛盾并提示办案人员,发挥了对案件证据的校验、把关、监督等作用,倒逼办案人员一接手案件,就按照法律规定的证据标准和证据规则收集、固定证据。特别是在侦查阶段,有些证据一旦灭失,之后就再也补不回来了。这克服了办案人员个人判断的差异性、局限性、主观性,提高了证据审查判断的科学性、精准性、全面性,防止"一步错、步步错、错到底"。

自然语言处理技术在社会危险性评估中的应用,可以辅助检察官迅速判断嫌疑人是否符合逮捕条件,为检察官作出是否逮捕决定提供参考依据,提升了逮捕条件审查的科学性和一致性。

自然语言处理技术在类案推送及量刑参考中的应用,突出的优势在于人工智能和机器学习的深度运用,依靠类案推送及量刑参考功能,在刑事诉讼程序的每个阶段,根据案件具体情况推送最相似的案件,为办案人员提供参考,最大限度解决了因个体因素造成同案不同判的负面影响,保证了适法统一、量刑均衡、公正司法。

此外,206 系统在广泛的应用中,提高了公安机关的办案质量和水平,有效减少了"退侦、退查"现象的发生,确保了刑事诉讼活动依法顺利推进。206 系统将刑事案件证据进行了具体化、类型化的构建,减少了检察官、法官梳理审查证据的工作量,减轻了阅卷负担,在提高司法效率的同时,使办案人员能够更专注于审判的核心价值——证据是否达到确实充分的判断上。实践表明,证据越复杂、卷宗越多的案件,206 系统的优势越明显。

第三章 数字法院建设的技术原理

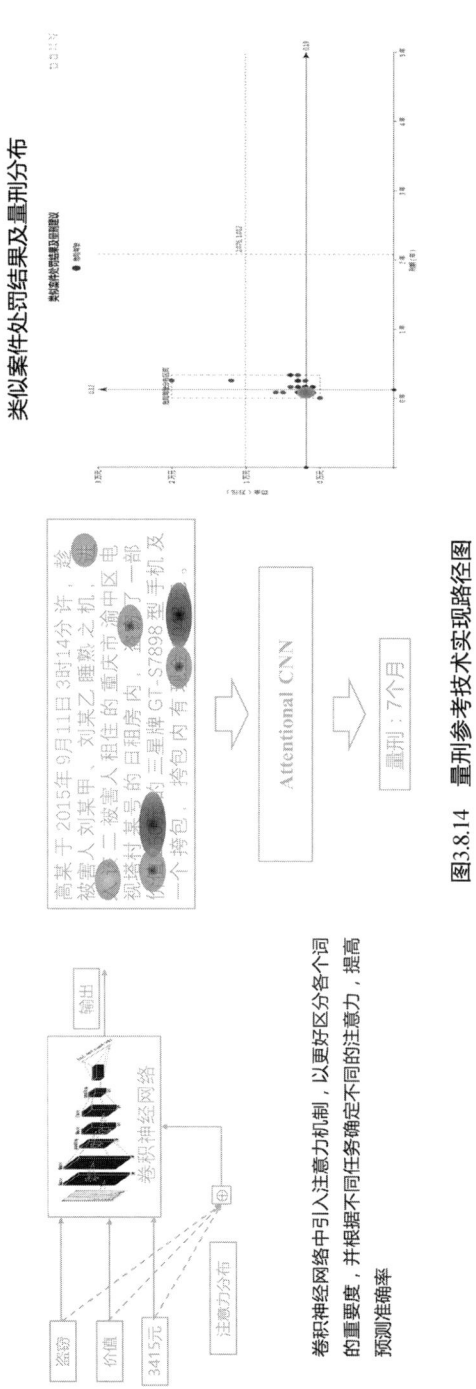

图3.8.14 量刑参考技术实现路径图

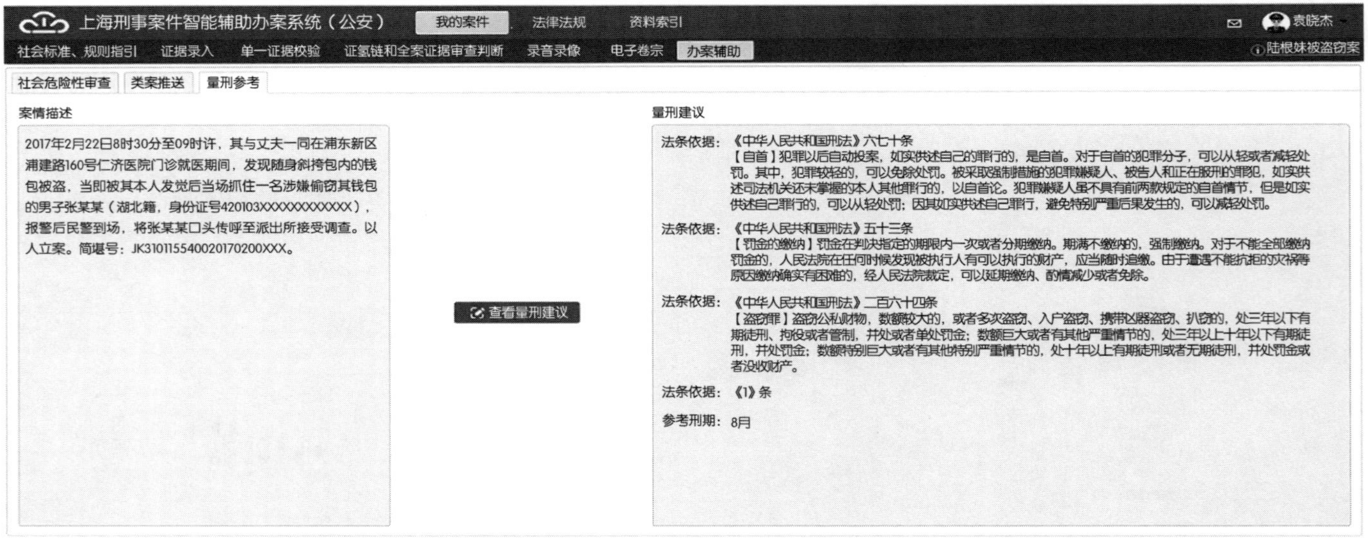

数字司法的中国模式

图3.8.15 量刑参考页面

第九节　大模型技术

一、大模型技术原理

自 2022 年 11 月 30 日 ChatGPT 发布以来,大模型技术成为当前人工智能领域最炙手可热的研究方向,也被认为是实现通用人工智能(AGI)最可行的路径。大语言模型(Large Language Model, LLM),指使用大量文本数据训练的深度学习模型,可以生成自然语言文本或理解语言文本的含义。① 大语言模型可以处理多种自然语言任务,如文本分类、问答、对话等,是通向人工智能的重要途径。目前大模型采用 Transformer 模型架构(图 3.9.1)和预训练目标[如语言模型(Language Model)],当大模型参数量达到一定的规模和复杂度时,语言模型就开始表现出一些预先没有被明确编程的能力或行为,这被称为"涌现能力",展现出极强的自适应性、创新性和复杂性的智能特性。通过不断调整模型参数,模型能够在各种任务中取得最佳表现。大模型通过这种先进的技术架构,展现出了强大的自然语言处理能力,包括语言理解、文本生成、情感分析等。② 同时,大模型也具备持续学习的能力,能够根据新的数据不断优化和进化,保持技术的领先性和实用性,具有高度智能化、适应性强、应用广泛等特征。大模型技术在信息检索、自动文摘、智能对话等多个领域展现了巨大的应用潜力。

二、司法大模型平台建设

目前我国大多数司法大模型由第三方技术公司与司法机关共同开发建设,由第三方技术公司提供技术支持与技术维护。在具体的平台建设

---

① 大语言模型是大模型的一种。在本节语境下,大模型特指大语言模型。
② 参见《大语言模型综述》,载中国人民大学高领人工智能学院,http://ai.ruc.edu.cn/research/science/20230605100.html,访问日期:2025 年 5 月 20 日。

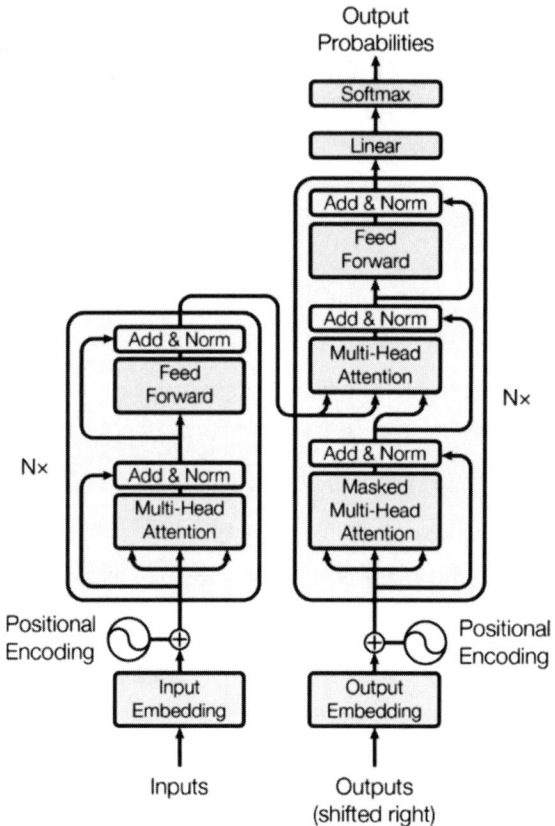

图 3.9.1　Transformer 模型架构

上,司法大模型一般分为四个层面(图 3.9.2)。第一层为托管和资源层,包含运营监控、模型仓库、模型测试、资源仓库、服务管理、节点管理,负责对大模型智能体的资源和功能进行管理。第二层为通用能力层,包含文本生成、语言理解、知识问答、逻辑推理、数学能力、代码能力、多模态能力、即时知识学习能力、上下文记忆能力、决策规划能力、个性化推荐能力、多任务处理能力,为上层业务应用提供大模型的通用能力。第三层为行业能力层,结合法院实际业务应用场景,为上层业务应用提供法律法规问答能力、案件咨询问答能力、司法程序问答能力、法律文书检查能力、案件要素抽取能力、法律文书摘要能力、证据链分析能力、案情分析能力、司法决策推理能力、法律文书生成能力、办案报告生成能力、结构化文本生成能力,将大模型能力应用到实际业务场景中。第四层为业务应用层,利用大模型的通用能力和行业能力,结合实际业务流程和场景,打造大模型智能辅助应用,提高法官办案效率和质量,减轻工作压力,提升司法服务水平。

图 3.9.2 司法大模型架构

三、司法大模型应用场景

(一)大模型技术在诉讼服务中的应用

大模型技术在诉讼服务中的应用是创新法律服务方式,使当事人遇到法律问题、矛盾纠纷时,能够即时获取法律意见、纠纷问题处理的行动建议。大模型技术已融合海量的法律法规、司法案例、法律文书等司法行业数据并持续进化,其理解、分析、推理、文本生成、即时响应等技术特性解决了诉讼服务中工作人员掌握法律知识不全面、回复不及时的问题。例如上海二中院智能交互法律服务站,当事人可针对办案环节中的各种疑问,通过"智能法律咨询"进行多轮人机智能对话来获取个性化服务,并通过追问获得更加全面的信息。四川省成都市武侯区人民法院诉讼服务大厅的"智能法律咨询"系统,当用户咨询一起交通事故案件时,系统不仅能提供事故责任判定的法律依据,还会展示类似案件的裁判结果和法院处理流程,同时会告知当事人应上传相关医疗记录和费用清单作为证据等。① 目前,最高人民法院已搭建统一的12368诉讼服务热线,全国各地法院均完成接入。为进一步扩大服务时间,北京法院探索在12368诉讼服务热线服务过程中应用大模型为群众提供7×24小时的智能问答应用,在接通群众来电后,利用大模型理解群众来电意图,分配相应的智能座席。群众提供案件信息、身份信息后,智能座席根据案件情况及相关的诉讼程序知识,提供拟人化的智能应答,使群众可以随时随地了解案件情况、咨询法律问题,有效提升人民群众对司法服务的满意度。

(二)大模型技术在法官阅卷场景中的应用

当前司法实践中普遍面临"案多人少"的挑战,提高法官办案效率已成为法院提高审判质量与效率的关键目标之一。通过将大模型技术融入办案流程,利用其强大的分析、检索、生成、预测等能力,结合多模态数据解析技术,将案件信息及电子卷宗数据要素化,构建专业知识库以增强智能水平。通过机器学习,构建针对特定业务场景的模型,实现案件摘要自动辅助功能,帮助法官提高办案效率,减轻工作负担,为法院审判质量的提高提供坚实支撑。上海市高级人民法院已成功将大模型技术应用于审判业务,围绕案件核心要件,自动生成包含诉辩主张等案件摘要的报告,有效辅助法官在庭前理清案情。此外,植入大模型技术的案件管理系统还能对案件卷宗进行深度实体分析,精准提示法官审查要点,并基于这些要点自动执行AI校验,提供校验结果,极大地辅助法官的要点审查工作。以"数据多跑路,法官协同智能办案"为核心理念,上海二中院打造的"小至数字助手",提供法律知识问答、案件深度分析归纳,为上海法院工作人员提供全方位、智能化的工作助手服务,进一步优化了司法资源配置,推动了司法工作的现代化进程。

(三)大模型技术在庭审中的应用

语音识别技术已经广泛应用于庭审中,在将发言人的内容一字不

---

① 参见《讯飞星火法律大模型:推动多元解纷,让智慧法律服务触手可及》,载中国日报网,https://caijing.chinadaily.com.cn/a/202405/31/WS66596e27a3109f7860de04b4.html,访问日期:2025年5月20日。

落地进行转写方面表现良好,在庭审记录方面起到了不小的作用,但也衍生了新的问题,即语音转写的全文笔录不太适合法官庭后进行笔录参阅,内容过多,重点不突出,书记员虽然摆脱了传统庭审模式中通篇编辑笔录的工作,但又陷入了语音转写全文笔录删减总结的工作中;结合无书记员庭审模式时,该问题更加突出。大模型技术应用在庭审中可以较好地解决该问题。大模型可以基于语音转写的全文笔录,理解上下文逻辑,针对全文笔录,删除无效信息、顺滑文本语句、归纳总结内容形成摘要,自动形成一份可读性较强的精简版笔录,有效地解决了法官庭后笔录参阅需求,书记员基本可以从庭审记录工作中解放出来,把更多宝贵的精力投放到庭审记录以外的工作中去,从而综合提升书记员的工作质效。广东省深圳市龙华区人民法院已经将大模型笔录精简融入法院的日常庭审活动中,主要与无书记员庭审模式相结合,基本实现简易案件无书记员开庭,其中30%案件完全不需要书记员到场,其他案件仅需书记员在场辅助记录以外的事务性工作,书记员基本上从庭审记录工作中释放出来。河南省郑州市金水区人民法院为了便于审判人员尽快上手新科技法庭,要求技术人员扩展智能交互点,建设AI法官助理,为法官及书记员提供贴心的流程引导、操作提醒和一键操作链接。AI法官助理能够全程感知使用者意图,进而与法官等司法人员友好交互,其应用深度贴合了庭审场景的需求。[1]

(四)大模型技术在文书制作中的应用

文书制作是确保法律程序正当性和记录审判过程的重要环节。面对日益增长的案件数量和复杂的法律环境,传统的文书制作方式已难以满足高效、准确的要求,将大模型技术应用于文书制作过程,是提高法院工作效率和审判质量的关键措施之一。利用大模型的文书生成能力,结合实际的业务场景,实现法官办案常用文书的自动编写,提高法官文书制作效率,减轻法官工作负担,并且通过精确的数据支撑,提高了文书的准确性和专业性。安徽省淮南市中级人民法院已成功将大模型技术应用于文

---

[1] 参见《无书记员模式庭审+AI法官助理,打造数字审判"金水模式"》,载微信公众号"豫法阳光"2024年6月17日。

书制作的全过程。针对裁判文书编写耗时长且缺乏校对机制的问题,法官可以利用大模型智能文书生成功能,实现通用案由调解书和裁定书的全文生成,裁判文书中基本案情、审理经过、诉辩情况、审理查明内容的自动生成。与此同时,大模型技术提供了溯源模式,支持文书段落溯源证据,解决法官证据采信问题,有效减轻了法官的工作压力,提高了法官办案效率。

(五)典型场景应用流程举例

司法大模型提供法律咨询、诉讼咨询服务的应用流程:

在诉讼服务场景中,使用步骤如下:登录诉讼服务应用,进入智能问答类咨询页面(图3.9.3)。

在智能问答界面输入需要咨询的问题,系统会根据问题进行针对性回答(图3.9.4)。

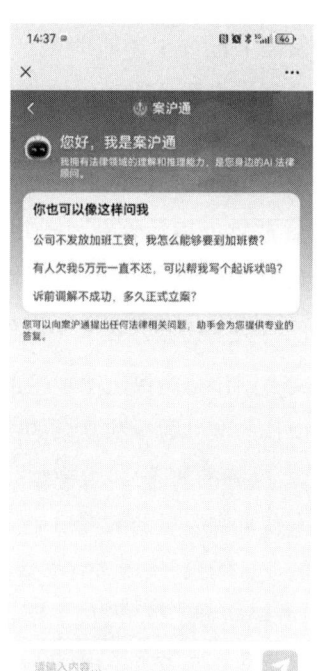

图 3.9.3　法律咨询、诉讼咨询服务页面

第三章　数字法院建设的技术原理

图 3.9.4　法律咨询、诉讼咨询问答页面

四、司法大模型应用效果

大模型作为人工智能领域的重要突破之一,正在司法行业展现出广泛的应用潜力和显著的效果。从诉讼前到庭审中再到文书制作阶段,大模型技术以其强大的语义理解、信息处理和自动化生成能力,极大地优化了司法工作流程,提高了法院的办案效率和服务水平。具体应用效果如下：

(一) 显著提升司法服务质量

大模型技术的应用能够极大改善诉讼服务的质量。通过构建知识库和智能问答系统,人民群众能够随时获取准确、全面的法律信息,这不仅减轻了法院工作人员的压力,还确保了服务的及时性和准确性。智能问答系统的普及使得法律咨询服务变得更加便捷高效,尤其是对于那些居住地偏远或行动不便的民众来说,他们可以通过12368诉讼服务热线或

— 159 —

在线诉讼服务平台获得所需的法律指导,这种模式大大扩展了司法服务的覆盖范围。

(二)提高庭审效率与质量

在庭审过程中,大模型技术通过对语音转写的全文笔录进行处理,能够自动生成高质量的精简笔录,这一改进不仅提高了庭审记录的效率,而且减轻了书记员的工作负担。这种自动化处理的方式有助于法官更快速地回顾庭审要点,确保判决依据充分且准确,进而提高整个司法过程的专业性和公正性。

(三)提高案件办理速度

大模型技术在案件处理方面的应用,显著缩短了案件从立案到结案的时间周期。通过对案件材料进行自动化摘要、要件信息审核以及法律文书的智能生成,大模型能够帮助法官更有效地了解当前案件信息,减轻他们的工作压力。

(四)促进法律资源合理分配

通过引入大模型技术,法院可以更好地评估案件复杂度和所需资源,从而合理分配人力资源和技术支持。例如,简单案件可以更多地依赖自动化处理手段,复杂案件则可以获得法官更多的关注和深入分析。这样安排有助于平衡案件负荷,确保每个案件都能得到适当的关注,同时也为法官创造了更多参与复杂案件的机会,提高了司法资源的使用效率。

然而,大模型技术在司法中的应用仍面临诸多挑战。一是技术可靠性的验证。尽管大模型技术在理论上有很高的潜力,但在实际应用中还需要经过严格的测试和验证,以确保其输出结果的准确性。尤其是在法律领域,任何错误都可能导致严重的后果。因此,如何建立一套有效的验证机制来确保大模型输出的可靠性是一大挑战。二是数据隐私与安全。随着大模型技术在司法领域的广泛应用,大量敏感的个人和案件信息被收集和处理。如何保护这些数据的安全,防止未经授权的访问或泄露,成为一个亟待解决的问题。特别是在当前数据安全法规日益严格的情况下,确保对数据的收集和处理符合相关法律法规的要求变得更加重要。

三是技术与法律实践的融合。虽然大模型技术可以提供强大的辅助工具,但如何将其与现有的法律实践无缝整合仍是一个难题。这涉及技术的适用性、与现有法律框架的兼容性以及用户接受度等多个方面。此外,由于法律实践本身在不断发展和变化,如何保持技术更新以适应这些变化也是一个重要的考虑因素。

第四章

数字法院建设具体应用场景

第四章 数字法院建设具体应用场景

第一节 审判领域应用场景

一、立案辅助

立案辅助是指在立案阶段,运用大数据、人工智能等技术,通过全面筛查、自动关联、精准识别、提前预测、及时提醒等功能,自动对案件涉及滥用诉权(虚假诉讼)、不符合起诉条件、不符合管辖范围等情形进行分析及预警,自动检索并推送关联案件,生成综合分析报告,辅助法官完成管辖权检索分析、管辖异议会商移送等立案工作,在维护当事人合理诉权的同时,为法官提供全方位、全流程的立案辅助分析服务。

（一）背景

中国数字法院建设之所以引入立案辅助系统,主要是基于改革背景、技术驱动和实际需求。中国司法系统进行立案登记制改革,旨在简化立案流程,保障公民的诉讼权利。立案辅助系统的引入是为了更好地落实这一改革措施,确保立案工作的规范性和透明度。在司法领域,立案辅助系统能够利用人工智能与大数据技术进行案件信息的快速处理和分析,自动化处理大量重复性、机械性的工作,同时减少人为因素的干扰。更重要的是,随着案件数量的增长,法院面临巨大的工作压力,通过智能化手段优化立案程序符合实际需求。

1."立案难"问题突出

首先,立案阶段风险信息的人工甄别难度高。立案阶段的风险主要包含"人""事"两个层面,即"起诉条件""特殊案件""特殊人员"三个方面,而这三个方面又可以细分为受案范围、主体资格、集中管辖、涉及虚假诉讼、职业放贷人、失信人员等几十项风险点。传统人工甄别主要依赖两种路径:一是立案窗口人员经过长期工作积累所形成的经验和记忆;二是立案部门根据摸排情况自行建立风险登记台账。两种路径的共同弊端在于需要人工介入,耗时费力且信息甄别不准确、不完整。其次,某些案件可能因为人为因素未能正式立案。例如,法院面临大量案件时,由于人手不足或受其他资源限制,一些案件可能无法及时立案。再如,基于某种偏见或利益考量,法院只受理特定类型的案件,而拒绝受理其他案件。立案辅助系统能够避免这些情况的发生,减少人为干预的可能性,确保所有符合条件的案件都能够得到及时且公正的处理。

2. 滥用诉权与虚假诉讼现象存在

滥用诉权是指当事人在民事诉讼过程中,出于不正当目的,故意提起或维持诉讼的行为,如重复诉讼、拖延诉讼、恶意诉讼、虚假诉讼等。虚假诉讼是指当事人故意制造虚假事实或者虚构证据,向法院提起诉讼,企图通过司法程序获得非法利益的行为。在传统司法实践中,立案部门与审判部门之间因为风险因素不同,往往根据自身部门存在的风险点各自排查、甄别,部门之间各自甄别出的诉讼风险点没有合适的载体进行实时、有效交互,导致风险因素排查不全面,遗漏诉讼风险。通过智能化审查手段,立案辅助系统可以帮助法官识别可能存在的滥用诉权或虚假诉讼情况,从而维护正常的司法秩序。

3. 管辖异议协商效率不高

由于法院案件受理体量普遍较大,各法院对于管辖权的重视程度也日益提升。而传统管辖异议协商主要以函件、电话等线下方式为主,管辖异议的法院之间根据当事人提供的诉讼材料进行反复沟通的情况较为普遍,在双方协商不成的情况下,还需要将请示材料层报共同上级法院指定管辖,导致沟通成本和效率低下,当事人等待确定管辖法院的时间较长,容易引发当事人对法院公信力的怀疑。

(二)功能

当事人提交诉讼材料后,法官将其提交的诉讼材料和案件信息上传到立案辅助系统进行检索分析,立案辅助系统实时向业务系统反馈检索分析结果,并对可能存在异常的起诉案件进行提示。法官登录业务系统后,可从业务系统查看立案辅助系统的检索分析结果报告。

立案辅助系统在实际应用中不仅能够针对滥用诉权(虚假诉讼)、涉众案件进行有效提示,还可以辅助法官对案件的受诉范围、主体资格、级别管辖、地域管辖等进行检索分析和异常情况提示,实现了"一站式"综合风险检索分析,为立案审查工作提供智能辅助。

1. 风险预警功能

立案风险预警主要是指在立案阶段,通过对诉状文本进行OCR识别解析,对案情进行要素解析提取,并将识别和提取的案件关键信息、要素与风险因素数据库进行匹配,进而对不符合起诉条件、不符合管辖范围及重复诉讼、虚假诉讼等滥用诉权、损害正常司法诉讼秩序的行为进行风险预警提示。

第一,根据各立案要素对案件的影响程度形成的诉讼风险的大小,构建"起诉条件""特殊案件""特殊人员"三大类风险因素数据库,立案辅助系统将案情要素与前述数据库进行匹配分析,形成预警信息。其中,起诉条件风险库主要涉及受案范围、主体资格、集中管辖、诉讼期限等因素,立案辅助系统对案件是否涉及集中管辖、是否应由人民法院受理进行预警提示。特殊案件风险预警是指对案件是否涉及虚假诉讼、重复起诉、涉众等情况进行分析预警,在案件异常情形概率大于一定数值的情况下,立案辅助系统将进行预警提示。特殊人员风险预警是指对案件当事人是否涉及法官亲属、职业放贷人、失信人员、强制医疗人员等较为特殊或敏感的身份进行分析预警,当事人的身份信息与特殊人员风险库匹配一致时,立案辅助系统将进行预警提示。

第二,通过整合诉讼参与人历史行为数据、当前案件信息、全国关联案件及公开裁判文书、法官审判经验等数据,立案辅助系统构建起人、案、物、证多维度风险计算指标和风险识别模型,针对多种风险"一站式"综合审查,对风险案件进行分析及提示,自动检索并推送当事人全国关联案件及裁判文书,生成综合分析报告,辅助审判人员开展案件风险防控工作。由此形成"风险识别—风险提示—风险反馈"的运行流程。

风险因素数据库是实现风险预警的基础,数据越丰富,风险预测越精准。风险因素数据库内数据的形成源于多种路径,包括立案辅助系统初建时构建的底层逻辑,与办案系统数据中台之间的数据交互,以及法院工作人员的人工录入与修正。风险因素数据库通过进行多维度数据深度挖掘,为案件的检索分析提供全面的数据保障。

2. 推荐管辖法院功能

管辖权是法院审判权的合法性基础，是法院可以对某一案件行使审判权的资格或权能。立案辅助系统通过管辖要素数据库对案件是否满足起诉条件、是否符合级别管辖和地域管辖的相关规定进行审查。

第一，管辖要素数据库包括专属管辖要素库、级别管辖要素库、地域管辖要素库。涉及案件管辖权识别的核心要素包括案由、专属管辖、被告住所地、协议管辖地、案件标的额、合同履行地等纵向、横向多层次优先级，将管辖权判断标准转化为立案辅助系统关于管辖权的算法规则，通过对诉状文本进行 OCR 识别解析或当事人填写的立案信息，与管辖要素数据库进行匹配，推荐适当的管辖法院。

第二，管辖权协商。管辖权异议本为法律赋予当事人的重要诉讼权利，但在司法实践中经常被滥用，影响权利人的保护、司法资源的配置、社会法治环境的维护，以及法律定分止争功能的发挥。在现有法律框架下，管辖权协商前置程序对滥用管辖权异议制度或能起到相应遏制作用。

立案辅助系统中设有"管辖权协商"功能，立案登记法院经初步审核认为存在管辖权异议的案件，在当事人提交立案材料后 7 日内确认本院是否具有管辖权，认为依法不具有管辖权的，在"管辖权移送"页面进行登记，载明移送理由后将案件材料推送至管辖权协商法院，协商法院立案庭在 5 日内审核材料并作出决定，认为依法具有管辖权的，接收立案材料后予以立案受理；认为依法不具有管辖权的，载明异议理由将案件材料移送至上级法院，由上级法院在 3 日内指定管辖法院，并将案件推送至管辖法院，由管辖法院立案受理。

管辖权协商过程从立案登记法院发起开始，对管辖权移送理由、会商意见、审核意见等内容进行全过程、规范化记录，最终形成管辖权协商流程表，该表格可一键推送至审理案件空间，作为案卷材料进行保存，确保全过程留痕和可回溯管理。

(三) 成效

一方面，立案辅助系统有利于提升工作质效。立案阶段，立案辅助系统自动对案件涉及滥用诉权、不符合起诉条件、不符合管辖范围等情形进行分析和预警，自动检索并推送关联案件，减少立案人员审核案件的时间,降低立案出错率,提高立案的效率和质量。广东省东莞市第一人民法院打造的"金融智能审判系统"运用类案建模功能,推进同类案件的文书标准化、一体化,可实现立案约 2 分钟/件,切实提高案件办理效率。律师只需要在立案前做好案件要素表,一键导入系统,即可在线立案、查看案件流程、获取法律文书等。江西省抚州市中级人民法院推出"抚州法院法润园区、法惠千企工作服务平台",企业能够在该平台上完成自助立案;对于已完成立案登记的企业,则直接转入快审、快调、快执等程序,真正做到"用户预约、立等可办、一网通办",切实减轻企业诉累。2023 年,全国 3400 多家法院应用立案辅助系统对 1600 多万件案件进行智能关联比对,该系统提示疑似虚假诉讼案件超 8 万件,提示疑似滥用诉权案件超 31 万件,经审核确认 1626 件案件为虚假诉讼,3200 件为滥用诉权。[①]

另一方面,立案辅助系统有助于更精准地把控案件风险。该系统可实现数据实时更新,积累检索基数,畅通风险信息共享渠道,并通过自动获取"虚假诉讼协同智治"应用数据与立案要素进行匹配甄别,实现案件风险的自动排查和风险预警的智能推送。与此同时,立案辅助系统与审判系统深度融合,根据案件风险信息自动生成综合分析报告,直观显示案件审判执行风险信息,做到"一案一查",有利于突发情况的及时发现、识别、上报及处置,为防范化解风险提供有力保障。黑龙江省高级人民法院推出"智能立案平台",向全省法院立案庭提供统一、规范、高效、集约化的立案功能,有效整合多个立案渠道,节约当事人、法官在立案环节的时间成本和经济成本,推动信息技术与审判执行业务深度融合。江苏省高级人民法院将"特殊代理人风险预警系统"嵌入江苏法院案件系统,通过敏感人员管理、风险自动预警、数据统计等功能,能够在立案环节实现自动检测并实时提示、自动拦截违规代理案件。

二、类案精准推送

类案精准推送系统通过标签化案件特征并构建案情画像,利用语义

[①] 参见田禾主编:《中国法院信息化发展报告 No.8(2024)》,社会科学文献出版社 2024 年版,第 57 页。

匹配技术实现智能检索与主动推送。其核心是建立分类与回归预测模型,将裁判文书的关键要素实例化、结构化,通过专家标注和规则推导创建基础数据模型,利用裁判文书中的关键信息,形成结构化的数据片段。这些片段被嵌入目标结构中,并通过分析前案要素与结果之间的关联,发现裁判逻辑和依据,最终构建一个基于类案知识库的预测模型,该模型能够对新案件的事实、适用法律和裁判结果进行多维度匹配,并根据用户的偏好进行智能推送。此外,类案精准推送系统还能自动分析并预警裁判结果相对于历史案例均值的偏离度。

(一)背景

我国是成文法国家,现行法律法规不可能穷尽个案的所有要素,有必要赋予法官一定的自由裁量权,但裁量权的行使必然伴随裁判尺度不统一的问题。尤其是司法体制改革后,法官有了更大的自主判断权和自由裁量权,类案不同判、量刑不规范等问题不时出现。在此背景下,"类案不同判"问题备受社会关注,司法事业经受了前所未有的严峻考验。

为解决"类案不同判"问题,2017年8月1日《最高人民法院司法责任制实施意见(试行)》施行,该意见明确要求法官审理案件应全面检索类案和关联案件并制作检索报告。2020年发布的《最高人民法院关于统一法律适用加强类案检索的指导意见(试行)》将类案检索提升至统一法律适用的高度,强调"类案同判"的目标。近年来,人民法院受理案件的数量不断攀升。2013年以来,全国法院案件总量年均以13%的增幅快速增长,10年间增加了2.4倍。2023年,全国法官年人均办案量已高达357件。① 由此,法院需要通过构建与运用类案精准推送系统努力实现"办好案"与"办快案"的平衡。类案精准推送系统以海量卷宗信息、裁判文书、法律法规等数据为基础,通过大数据、人工智能、自然语言处理等技术,寻求最佳的匹配数据,筛选无效信息,缩短法官搜索相关法律文本的时间,有效减轻查找类案负担。

---

① 参见《全国法院去年收案4557.37万件,危险驾驶罪上升15%》,载京报网,https://news.bjd.com.cn/2024/03/09/10716876.shtml,访问日期:2025年5月20日。

(二)功能

类案精准推送系统的建设以"自动化、一体化、智能化、数据化"为设计目标,聚焦法官办案的高频知识需求,依托中国裁判文书网、人民法院大数据管理和服务平台以及法信三大数据平台的资源,打通知识服务类的数据中台与办案卷宗系统之间的壁垒,对接电子卷宗,智能解析卷宗案情,"一站式"提供个案相似案例、相关法条、司法观点、当事人在全国的涉案信息、适用民法典等,结合一键生成检索报告功能,帮助法官快速识别定位裁判依据及裁判参考,促进裁判尺度的统一。

第一,海量、准确、一致、规范的司法数据集是类案检索的基础,也是实现类案精准推送的先决条件。类案精准推送系统对法院现有的数据资源按照需求进行整合,融合人民法院大数据管理和服务平台、电子卷宗以及中国裁判文书网案件和法信、最高人民法院数字图书馆等平台中的图书、期刊文献等。实践中,法官可以对全量案件信息[①]进行检索,对同一当事人跨域跨省的多地诉讼案件自动进行认定,快速识别串案和系列案件。值得指出的是,类案精准推送系统所推送的法律观点都是能够代表立法机关全国人大、司法机关最高人民法院的权威观点和倾向性意见,并以专家学者的主流观点作为补充。

第二,类案精准推送系统实现了检索规则的统一。该系统在规则构建中,按照效力层级,对推送的类案进行层级分明的分类推送。在法官检索案例的过程中,该系统首推的是最高人民法院指导性案例、公报案例、参考案例等,其次是上级法院发布的参考性案例、典型案例,再次是本院裁判案例,最后是其他案例。在法条推送中,该系统基于案情识别,推送案件涉及的具体法条,而非全篇法律法规。针对已经确定引用的法律条文,该系统将法律条文按照效力等级、修订沿革、条文主旨、上下位法条、关联法条、影响法条进行全维度推送。

第三,类案精准推送系统最终需要实现推送上的智能化。该系统以中国法律应用数字网络服务平台(法信)为载体,搭建了一套以"法信大

---

① "全量案件信息"包括已公开及未公开、已审结及未审结的案件信息以及破产、执行类案件信息。

纲"为架构,以法律系统知识为重点的多维度体系,实现了法律关系、法律事实、法律争议、法条依据和通用法律属性多维度的融合。通过这套多维度体系,类案精准推送系统可以从电子卷宗各类结构化和半结构化的法律文本里,自动提取识别案情特征,进而实现"一案一画像""一案一推送"。除在筛选案情特征环节需要法官手动调整之外,其他的所有环节均无须人工操作,真正将法官从重复的机械性劳动中解放出来。

(三)成效

类案精准推送系统通过智能化手段实现了对相关案例的快速匹配与推送,可以帮助法官更好地理解案件处理的先例和逻辑,从而提升了判决的公正性,同时还能够提高法院工作效率,减少决策偏差,确保司法实践更加透明和可预测,进而增强公众对司法系统的信心。

第一,类案精准推送系统能够有效整合司法资源,提升审判质效。类案精准推送系统集合了外部法律资源和内部电子卷宗的优势,以海量卷宗信息、裁判文书、法律法规等数据为基础,实现对起诉书、庭审笔录、裁判文书等材料进行智能解析,在数秒之内检索出与待决案件特征点相似的已决案件。以前述法信为例,该系统支持高级检索、案由维度、引用法条、法信大纲等四类检索方式,通过多元的接入口,包容更多的需求特征,更为贴近法官的真实需求。

第二,类案精准推送系统的运用有利于打破信息壁垒,防范虚假诉讼,提高类案矛盾纠纷化解效率。类案精准推送系统解决了跨省法院之间的信息壁垒问题,关联案件和串案分析等区别于其他检索平台的特有功能,可以帮助法官在办案过程中及时发现已经存在的同类型案件,防范累犯、案情相似的串案和刑事案件中犯罪嫌疑人存在未被发现的犯罪行为或案件信息,防止恶意诉讼、虚假诉讼,也便于总结调研分析,为社会综合治理预警提供新的路径和方向。青岛海事法院运用"融合式智慧庭审系统"整理船员劳务合同纠纷、货代合同纠纷等常见案由,设置类案审理模块,助力类案矛盾高效化解。

第三,类案精准推送系统的运用有利于统一法律适用,提升司法公信力。类案精准推送系统的功能场景将符合同一特征的类案、法条、司法观点等推送至法官,从技术上构建司法的平等秩序,尽可能实现同案同判的法律效果,使民众在个案中感受到公平正义,不断提升人民群众的司法获得感。上海市高级人民法院206系统采用"一中心、一网络、四平台"的运行方式,其中的类案推送功能为法院量刑提供了颇具价值的参考。

三、异步审理

涉网案件异步审理简称异步审理,是与在线同步审理相对的概念,具体指将涉网案件各诉讼环节分布在互联网法院网上诉讼平台上,法院与原告、被告等诉讼参与人在规定期限内按照各自选择的时间登录平台,以非同步的方式完成诉讼的审理模式。[①] 与在线同步审理相比,异步审理的法官和当事人不处于同一物理空间,各方通过网上诉讼平台以传输文字、图片和视频的方式完成诉讼信息的交互。该模式具有可留痕、可查询、可追溯的特点,实现了互联网时代异时异地参与诉讼,打破了诉讼程序的时空限制[②],增加了涉网诉讼的便利性。

(一)背景

在互联网时代,社会矛盾纠纷的性质和法律需求发生了深刻变化[③],传统审理模式面临诸多问题:其一,涉网诉讼当事人所在地全球化、时区分布跨度大以及生活节奏碎片化,异地应诉成为难题;其二,对抗式诉讼模式对当事人的诉讼技巧要求极高;其三,受理案件涉及互联网,案件类型繁多、复杂。因此,杭州互联网法院率先注意到互联网时代的诉讼需求,探索互联网司法实体规则与诉讼程序创新相融合的审判机制,异步审理应运而生。2018年3月,杭州互联网法院发布《涉网案件异步审理规程(试行)》,是全球首个规范互联网异步审理流程的规定,使得该模式有

---

① 参见张卫平:《民事诉讼智能化:挑战与法律应对》,载《法商研究》2021年第4期。该概念来自全球首个异步审理规程——杭州互联网法院《涉网案件异步审理规程(试行)》第1条。
② 参见刘铮、何帆、李承运:《〈人民法院在线诉讼规则〉的理解与适用》,载《人民司法》2021年第19期。
③ 参见李占国:《网络社会司法治理的实践探索与前景展望》,载《中国法学》2020年第6期。

规可依。同年4月2日,全球首个"异步审理模式"在杭州互联网法院网上诉讼平台上线。

2021年3月8日,《最高人民法院工作报告》明确提出,要"健全网上庭审、电子证据、异步审理等规则,保障在线诉讼依法规范进行"。同年5月,最高人民法院审判委员会通过的《人民法院在线诉讼规则》第20条确认了"非同步完成庭审活动"的效力。这意味着,历经数年司法实践,异步审理在司法审理体系中有了初步规定,并作为有效的审理方式得到正式确认,杭州互联网法院探索涉网司法新模式的实践得到了认可。2022年3月出台的《上海市高级人民法院关于在线异步诉讼的若干规定(试行)》对上海法院系统异步诉讼适用规则进行了细化。

(二)运行

异步审理的运行操作完全依托电子诉讼平台,该模式实际上是嵌入各法院在线诉讼平台的一个诉讼模块,针对关键事实及当事人诉辩意见等审理要素,以案件类型为标准,对简单案件批量进行模块化管理,达到提升类案审理效能。

异步审理通常适用于事实简单清楚、法律关系明确的案件,同时,可运用于各诉讼环节。以杭州互联网法院异步审理适用方式为例,其通过信息化手段,采用"48+48+24"模式对庭审环节进行拆分:前48小时为庭审询问阶段,后48小时为庭审辩论阶段,最后24小时内,当事人可以进行最后陈述。通过这种庭审程序,灵活利用碎片化时间,让各方诉讼参与人实现"异时异地"参与诉讼。

在程序落实上,全国各地异步审理的应用在机制定位、规范名称以及适用范围上存在差异。杭州、北京、广州三家互联网法院基于受案范围的特殊性积极开展异步审理先期试点工作,如广州互联网法院探索出在线交互式审理方式,并于2021年推出"5G智审卡片"系统,直接通过手机短信完成案件的非同步审理[①];北京互联网法院建立非同时庭审模式。各地法院对异步审理模式的探索紧随其后,如重庆部分法院、江

---

① 参见《"在线诉讼"向"指尖诉讼"升级,当事人通过短信就能参与诉讼》,载腾讯网,https://news.qq.com/rain/a/20220504A04TRC00,访问日期:2025年5月22日。

苏省苏州市虎丘区人民法院采用部分异步审判模式①,仅在举证质证环节采用异步审理;山东省青岛市中级人民法院在实践探索基础上,自主研发了"青岛知识产权法庭跨网域异步质证系统",通过异步形式提高质证效率;上海法院则采用在线异步诉讼作为在线同步庭审的有益补充,明确除不公开审理、重大敏感、涉及身份确认需当事人本人到庭等几类特殊案件外均可适用,并建立了异步审理应用平台及手机端应用程序,应用功能包括非同步进行的调解、证据交换、询问、庭审、评议等各种审理活动。

综合全国异步审理的应用情况来看,杭州互联网法院作为先发地,是该模式运行得最好的法院。杭州互联网法院选取应用的几类案件事实相对清晰,案件特征明显,庭审具有固定模式和审查焦点,便于运用大数据及算法将案件分类,审理结果具有较高稳定性,互联网智能审判效果较好。此外,上海法院在线异步诉讼和异步调解模式因具有较高的程序适用灵活性,在实践中也取得了较好的应用成效。在具体应用方面,杭州、上海两地的异步审理(图4.1.1、图4.1.2)应用场景基本涵盖以下几类:

一是异步证据交换场景。异步证据交换,即在审理过程中,当事人可以使用异步审理方式进行证据交换。当前,杭州互联网法院网上诉讼平台支持电子证据"一键送达"、在线异步举证以及在线异步质证等庭前准备工作。异步证据交换将证据交换的场所转移到了线上虚拟空间,当事人双方分别登录网上诉讼平台,在审判人员确定的时间期限内导入相关证据材料或质证意见即可。

二是异步庭审应用场景。异步庭审,是指法官与原告、被告等诉讼参与人在规定期限内按照各自选择的时间登录平台,以非同步方式完成庭审活动。相较于其他民事异步程序,近年相关规范关于异步庭审适用的规定较为严苛,目前各地对异步庭审的适用仍持谨慎态度。

---

① 参见吴辉:《重庆法院网上智能法院"易诉"平台开通运行》,载中国法院网,https://www.chinacourt.org/article/detail/2018/01/id/3182829.shtml,访问日期:2025年5月22日;《强化技术支撑规则制约 创新构建异步审判模式》,载中国法院网,https://www.chinacourt.org/article/detail/2021/07/id/6146690.shtml,访问日期:2025年5月22日。

数字司法的中国模式

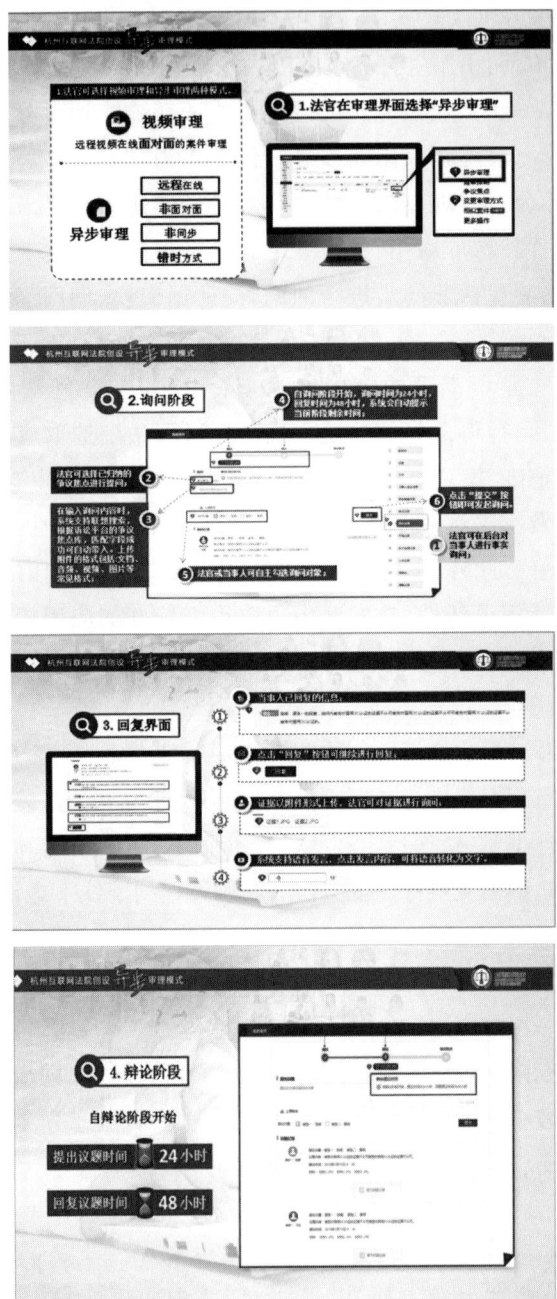

图 4.1.1　杭州互联网法院异步审理流程示意图

第四章 数字法院建设具体应用场景

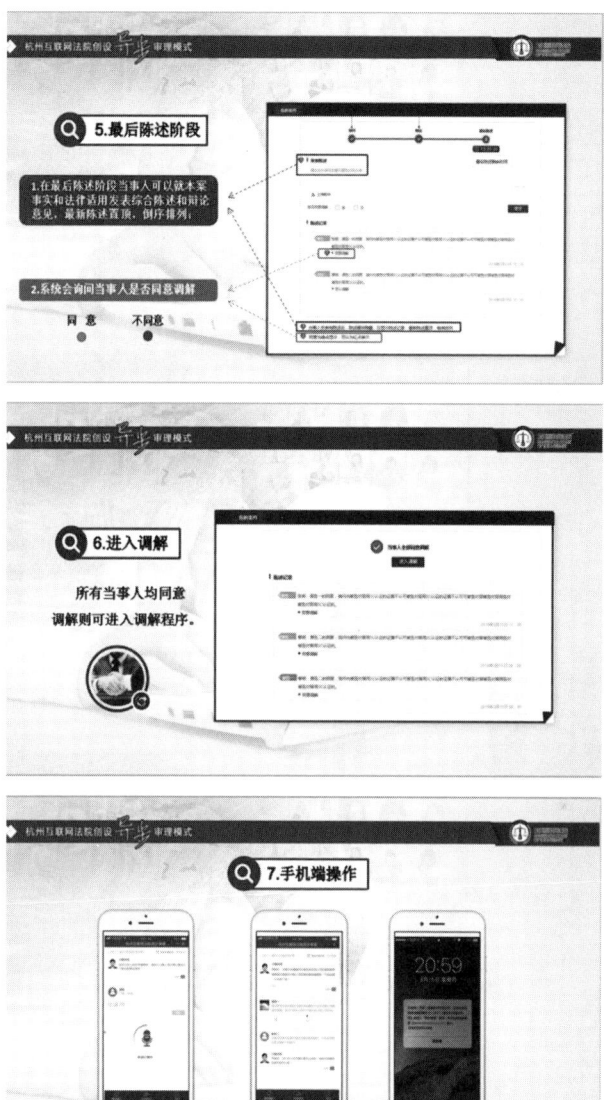

图 4.1.1 杭州互联网法院异步审理流程示意图(续)

数字司法的中国模式

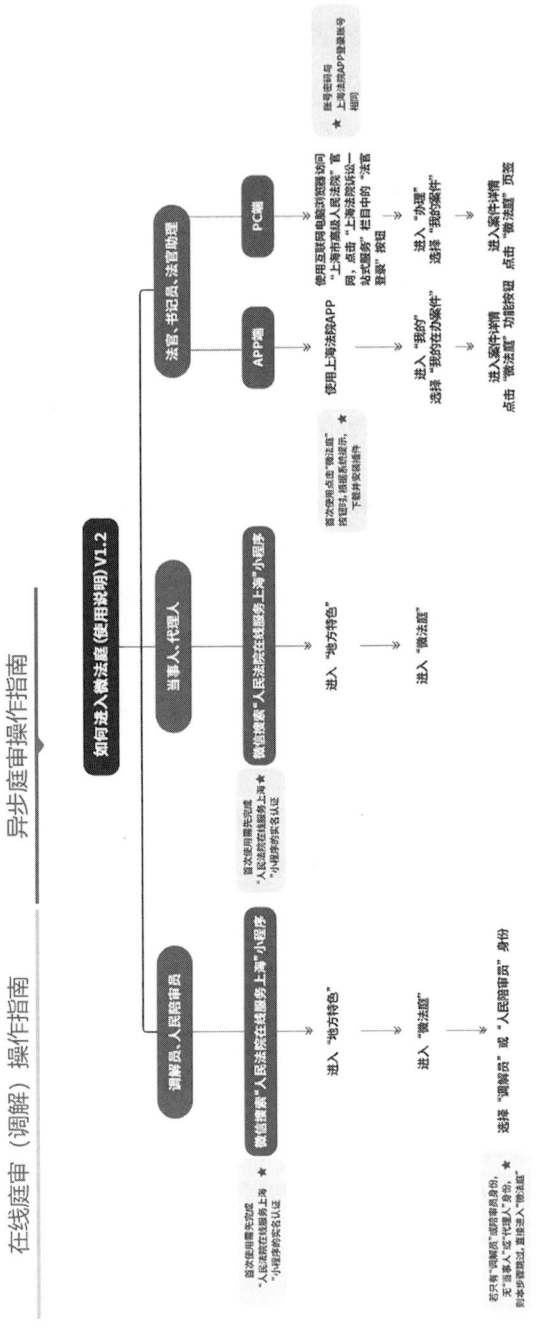

图4.1.2 上海法院异步庭审操作指南界面

三是异步调解应用场景。异步调解,是指法院可以组织当事人异步进行调解,既可在立案前也可在审理过程中予以适用。当事人只需通过在线调解平台或者诉讼服务平台,就可在调解员或审判人员引导下随时随地进行调解活动,避免线下"面对面"激化矛盾的可能性。

(三) 成效

异步审理,并不是简单的审判方式转换,而是探索新型互联网司法审判方式,实现互联网思维与司法审判有效契合的创新之举。

第一,异步审理提升互联网审判质效。以杭州互联网法院为例,自2018年异步审理机制设立以来,适用异步审理的案件每年平均约占全院涉网案件的两到三成,相较传统审理模式,异步审理的案件平均审理时限大约为29天,审理期限有效缩短。2019年杭州互联网法院采用异步审理结案的案件有2495件,平均每案节约当事人在途时间约6小时[1],且异步审理案件的服判息诉率较高,目前已经达99%以上。现在杭州互联网法院异步审理的适用率逐年增高,案件服判息诉率也平稳地维持在高位水平。

第二,异步审理助力互联网司法高效、便民。异步审理出现的根源在于互联网时代的司法变革,是社会发展所带来的必要的审理方式转变,该模式重塑了诉讼方式。这种审理模式落实司法创新服务于民的理念,合理配置司法资源,符合高效、便民的司法改革目标。同时,异步审理变革了涉网案件审判方式,推动了互联网司法由在线化向智能化转型升级[2],推动了网络空间治理的专业化与法治化,提高了诉讼效率,缓解了"案多人少"的司法矛盾。同时,异步审理作为高效、便民的参诉方式,增强了司法公开性,提升了人民群众的司法参与感,充分保障了民众对互联网司法的程序选择权、参与权、表达权以及监督权。

异步审理创新和延展了中国互联网司法审判方式,展现了中国数字

---

[1] 参见罗沙、吴帅帅:《我国三家互联网法院案件审理周期相比传统模式节约一半》,载中国网,http://news.china.com.cn/2019-12/04/content_75477891.htm,访问日期:2025年5月20日。

[2] 参见陈增宝:《强化数据资源保护 推动互联网司法治理高质量发展》,载人民网,http://society.people.com.cn/n1/2024/0524/c1008-40242463.html,访问日期:2025年5月20日。

法院创新诉讼模式的不懈努力,借科技之力提升批量处理纠纷的能力,为数字社会下契约精神赋能、补强,发挥了司法的"悬剑效应"。①

四、案件裁判偏离预警

(一) 背景

案件裁判偏离预警是对案件裁判尺度在定性、定量层面的技术介入,通俗来讲,就是对案件裁判结果的质检,是数字法院建设在审判领域应用的重要组成部分。案件裁判偏离预警系统在依据人工智能算法对大量历史类案、个罪的裁判信息要素进行提取、归纳、总结的基础上,科学设定"平均值标准""预警阈值"等,并与案件裁判结果进行比较碰撞,对偏离度较大的裁判进行校准、及时预警。

从个案看,案件裁判偏离预警属于裁判前端的辅助性干预,在案件裁判作出前对判决结果进行衡量、校对,有效助力个案裁判实现实质的公平正义。从全局看,在当前"案多人少"矛盾依旧突出的司法环境下,在社会公众对司法公平正义的要求更高、标准更严的导向下,案件裁判偏离预警系统对内在司法裁判尺度统一、做实审判监督管理、辅助法官办案等方面提供了价值工具,对外增强了裁判过程的公开性和透明度,提高了裁判的公信力。

(二) 功能

第一,以量刑规范化确定裁判尺度。量刑是指人民法院在定罪的基础上,权衡刑事责任的轻重,依法决定对犯罪分子是否判处刑罚或适用某种非刑罚处理方法,判处何种刑种和刑度,以及是否现实执行某种刑罚的审判活动。公正司法是维护社会公平正义的最后一道防线,司法公正是人民群众感受社会公正的一把标尺,同案同判能够保证公众对于刑事裁判的基本认同。案件裁判偏离预警系统具有以量刑规范化确定裁判尺度的功能。

第二,以要素式定性分析辅助裁判统一。在定性方面,犯罪形式多

---

① 参见李占国:《网络社会司法治理的实践探索与前景展望》,载《中国法学》2020年第6期。

样,表现形态各不相同,缺少一套通用的识别规则以精准、智能、自动审查甄定罪名及犯罪情节。2019 年《最高人民法院关于深化人民法院司法体制综合配套改革的意见——人民法院第五个五年改革纲要(2019—2023)》指出,要建设基于大数据智能服务的审判支持系统,深入推进类脑智能推理等新技术的应用,开展案例研究,基于案件事实、争议焦点、法律适用等要素向各类用户提供相似案例和经典案例检索服务;建设立案风险甄别、量刑规范、线索发现、舆情分析、文书智能生成等审判支持应用。案件裁判偏离预警系统具有以要素式定性分析辅助裁判统一的功能。

第三,以量刑均衡度校准裁判结果。案件裁判偏离预警系统支持以图表的方式查看大数据对比分析、量刑要素叠加分析的量刑数据分布规律,辅助法官进行量刑结果的确认;通过基础统计"量刑均衡度"方法,完成对量刑均衡度的分析,辅助法官分析量刑结果是否偏离。该系统还支持以可视化的方式查看各地区、其他省份的量刑数据和量刑规律,依据案情要素和历史裁判规律,展现基于全真数据分析的量刑分布规律,辅助法官进行量刑结果的确认,给予法官量刑参考,避免同案不同判情况的发生。通过量刑分析自动化及量刑均衡度分析后,同步对认罪认罚的刑期进行核对,对明显不当的量刑建议自动生成调整量刑建议函,确保认罪认罚案件在不同司法机关之间的量刑均衡。

以贵州法院为例,其利用大数据技术针对案件关键要素建立标准数据库,对裁判结果进行预判,同时建立预警机制,对偏离度高的案件进行预警或自动进入复查程序,将审判监督贯穿审判权运行全过程。

一是利用大数据分析实现类案类判。以大数据挖掘分析为前提,建立类案裁判标准数据库,建立类案及关联案件强制检索机制,为法官提供多维度、多层面的分析场景,通过自动检索、类案推送、裁判文书语义分析、对比分析等大数据方法避免类案非类判现象。在刑事审判方面,规范故意杀人案件和伤害、抢劫、盗窃几类常见案件的证据要求,打破传统刑事诉讼法规定的证据类型的归类,根据破案的内在逻辑联系设计证据模块,通过要素化、结构化形成证据指引,在立案时对相关证据进行筛查,及时发现证据不符合刑事基本证据要求的案件,充分发挥"筛子"作用。在民事审判方面,围绕商品房买卖合同纠纷案件中的"管辖—主体资格—诉讼请求—内容审查—争议焦点"构建智能分析模型(挖掘案、人、事的本体特征及彼此关联),自动分类形成证据链(包含所有类型案件的基本特征、关键情节,所有当事人的诉讼行为、财产情况等),运用自然语言处理技术采集案件要素进行基础分析,在审查案件程序合法和实体合法后,归纳案件争议焦点,根据法官确认后的审判要素初步得出裁判结果。在行政审判方面,以行政征收案件作为突破口,对是否影响行政行为合法性的审判要素进行梳理,提炼出影响行政征收案件合法性的13个实体要素、14个程序要素及程序合法时间轴,以统一裁判尺度。

二是建立类案判前甄别发现和判后比对结果异常预警机制。案件裁判偏离预警系统以标准值为对比指标,对于偏离标准值过大的案件予以警示,提醒独任法官、合议庭及时进行自查,院长、副院长、庭长或审判执行团队负责人也可进行审查。

(三) 成效

第一,实现了量刑工作的数字化和智能化。案件裁判偏离预警系统通过大数据分析与人工智能算法,对案件信息进行全面、精准的扫描与比对,有效识别并预警潜在的裁判偏离情况,确保量刑过程的科学性、公正性与一致性。该系统不仅极大地提高了司法效率,减少了人为因素导致的刑事案件量刑误差,还促进了法律适用的统一与规范,为构建更加透明、公正的刑事司法环境奠定了坚实的基础。

浙江省台州市中级人民法院全面深化刑事量刑规范化工作,2015年年初以台州市黄岩区人民法院为试点,创新使用刑事规范化量刑操作管理系统,以《刑法》及相关司法解释、指导意见,《最高人民法院关于常见犯罪的量刑指导意见》(2014)为依据,结合浙江实际,以确定的犯罪定性,结合犯罪情节及对应调节比例,通过计算得出宣告刑,从而实现量刑工作的数字化和智能化。该系统对交通肇事、盗窃、故意伤害等17种常见刑事案件实现辅助量刑。2015年7月,该系统在台州两级法院推广使用,全市法院近80%的刑事案件通过该系统进行量刑,量刑程序的公开性和透明度进一步增强,基本实现了量刑结果的公正与均衡,二审改判率仅0.3%,司法公信力得以有效提升。天津市高级人民法院的"案件监督管理平台"设置了偏离度阈值,智能预警监测审判过程和结果偏离态势,对各个监管流程异常的案件进行及时通知提醒,进而实现数字法院对案件的精细化管理。[①]

2018年修正的《刑事诉讼法》,将认罪认罚从宽规定为一项重要的原则,系统完善了刑事诉讼中的认罪认罚从宽制度。《刑事诉讼法》第201条规定,"对于认罪认罚案件,人民法院依法作出判决时,一般应当采纳人民检察院指控的罪名和量刑建议"。2019年出台的《最高人民法院、最高人民检察院、公安部、国家安全部、司法部关于适用认罪认罚从宽制度的指导意见》第33条进一步明确了检察机关办理认罪认罚案件一般应当提出确定刑量刑建议。在认罪认罚案件中,检察机关的量刑建议对法院裁判在一定程度上具有确定性和制约性。2024年,浙江省金华市中级人民法院与兰溪市人民法院基于这一规定,开发认罪认罚规范化智审应用,通过对检察院起诉书、量刑建议书的自动识别,检索与案情相关的关键字并抽取解析,通过对案件要素的完整分析,在量刑起点、基准刑确定、案情情节确定、审判刑确定刑等量刑环节分步触发规则进行量刑计算,最终给出系统独立判断的智能量刑报告,并向法官展示整个运算过程,提醒存在差异的关键点。

第二,实现相关罪名定罪量刑的精准化。对明显不符合法定量刑档的案件进行智能预警,判断是否在法定量刑档内,并辅助法官查明原因、辅助决策。刑事裁判活动"以事实为依据,以法律为准绳",刑事裁判尺度包括定性与量刑两个方面。在量刑方面,浙江省台州法院的刑事规范化量刑操作管理系统与金华法院升级的认罪认罚规范化智审应用,基于"量刑情节+计算规则"的方式,已经成为控制裁判尺度较为精准的办案工具,在一定程度上解决了常见罪名的量刑尺度偏离问题。

浙江省高级人民法院研发的"刑事研判"功能模块,对卷宗进行深度应用,通过要素提取、量刑自动计算、类案提示等技术手段,基于现行法律法规、司法解释,提取罪名定性要素点,对案件进行全面分析。该功能解决了相关罪名的犯罪构成认定、刑期认定等难题;智能预测裁判结果,自动生成

[①] 参见天津高院:《【成果评选】强化科技赋能 着力推动案件监督管理智能化》,载微信公众号"司法科技前沿"2024年3月29日。

裁判文书;具有要素提取无感化、定性分析智能化、量刑分析自动化、量刑偏离度预警可视化的特点,提升案件裁判偏离预警效能;使用自动识别、抓取和对应功能,能够与大量的同类案件的基本信息、起诉书、量刑建议书、认罪认罚具结书等文本材料要素进行一一对比。目前,该功能已完成危险驾驶罪、诈骗罪两个罪名从定性到量刑的要素数据拆分,实现了研判分析。

其中以诈骗罪为例,根据要素提取及分析功能,对案情要素①进行逐一分析认定(图4.1.3):本案被告人是否构成诈骗罪、涉诈骗手段以及是否涉电信网络诈骗,在犯罪中的地位、作用,是否存在立功、自首等从轻、减轻处罚情节,是否存在不得适用缓刑的量刑要素。自动从起诉书中提取案件被告人的基本信息、前科劣迹情况和强制措施时间,并判断与案件相关的刑事责任年龄、是否累犯、羁押期限折抵等相关要素。通过对案情左看右写的交互模式,在电子卷宗中快速定位户籍信息、前科劣迹文书、归案经过、被告人的讯问笔录等证据材料并进行数据对比。对同一事实下的多份证据进行交叉比对,辅助法官分析证据证明力,避免在定罪量刑时出现遗漏。

| 案件要素分析

| 定罪情节: | 盗窃数额: 3300.00元 ⊗ | 盗窃次数: 6次 ⊗ |
| 二年内盗窃三次 ⊗ | + |

| 从重情节: | 累犯 ⊗ | 前科次数: 12次 ⊗ |
| 曾因盗窃受过刑事处罚 ⊗ | + |

| 从轻情节: | 坦白(如实供述自己罪行) ⊗ |
| 认罪认罚(审查起诉阶段) ⊗ | + |

图 4.1.3 案件要素分析页面

---

① 案情要素是以犯罪构成要件为基础,通过大量法学专家梳理不同法律关系的案件信息和法律法规、司法解释信息形成的基础刑事法律知识点,并通过要素学习进行提炼的。

五、裁判文书自动纠错及生成

（一）背景

裁判文书自动纠错及生成系统的构建是司法信息化背景下，数字法院提高裁判文书质量与效率的重要举措。该系统基于大数据分析与人工智能技术，以最高人民法院发布的最新文书样式和法律法规为依据，通过智能化手段对裁判文书进行全面、精准的质量检查与纠错，有效减少裁判文书的错误和瑕疵，提升裁判文书的规范性与准确性。与此同时，该系统的运用在很大程度上减轻了法官校对文书的负担，使得法官能够更专注于案件审理工作。

裁判文书自动纠错及生成分为弱智能生成和强智能生成，涵盖语法检查、语言润色、文本翻译、数据分析、内容生成等环节。① 自2013年开始，最高人民法院精心布局，主导建设，现已基本形成覆盖全国法院、涵盖全部案件的司法大数据平台。截至目前，最高人民法院已搭建起以中国审判流程信息公开网、中国庭审公开网、中国裁判文书网、中国执行信息公开网等为核心的司法大数据平台。②

（二）场景化应用及功能

目前，法院层面和学术层面均开发了相关应用，为数字法院建设提供了宝贵经验和有效尝试。

1. LawGPT

LawGPT系列模型的训练过程分为两个阶段：第一阶段扩充法律领域词表，在大规模法律文书及法典数据上预训练已经开源的模型。第二阶段构造法律领域对话问答数据集，在预训练模型基础上精调指令。其数据来源于官方数据，如中国检察网、中国裁判文书网、司法部国家司法考试中心、国家法律法规数据库以及法律技术竞赛、法律问答数据等。

---

① 参见刘澍：《LLM型生成式人工智能在智慧法院应用的现实落地和未来探索》，载《新兴权利》集刊2023年第2卷。

② 参见大数据在司法审判中的融合应用研究课题组：《限度与深化：大数据在司法审判中的融合应用研究》，载《中国应用法学》2021年第2期。

以 ChatLaw 为例,其数据主要由论坛、新闻、法条、司法解释、法律咨询、法考题、判决文书组成,随后经过数据清洗、增强等来构造对话数据。①

2. 浙江法院"凤凰智审"系统

"凤凰智审"系统旨在打造全流程人工智能伴随式、静默式辅助,能够智能完成案件分案、排期、送达、归档等程序性、事务性工作(详见图 4.1.4)。在庭审过程中涉及案件实体裁判的部分,该系统可智能分析案卷材料、智能庭审速记、实时归纳庭审争议焦点、同步制作裁判文书等。同时,该系统具有多案联审、错时审理、要素式答辩和质证功能,有效简化了庭审流程,推动了审判业务流程再造,使司法效率显著提高。"凤凰智审"系统将案件审理过程分为两部分:类案裁判要件的标准化提取和裁判规则提炼后的演绎推理。在要素提取环节,利用深度学习技术训练、调整模型算法,分析案件卷宗文本材料,识别、抓取、归纳所需信息。在规则提炼环节,根据法律规范和审判实际,由法官提炼特定案由的裁判思路,将诉讼程序、法律逻辑、事实认定规则等知识转化为符号语言,绘制成知识图谱,完成从案件信息输入到裁判结果输出的全过程。②

3. 江苏省苏州市中级人民法院生成式人工智能辅助办案系统

该系统以"生成式"人工智能技术为基础支撑,具有电子卷宗知识化、大模型数据推理能力安全可靠以及生成信息可溯、可信、可用三个主要特点。该系统不仅能对卷宗中的图片、图表、文字等不同类型的数据进行智能识别和处理,将传统的电子卷宗文件转化为机器可认知的卷宗知识库,还能依托苏州法院全量的电子卷宗和现有的法律知识数据,利用模型自主学习,在法院内网利用真实案件数据对基础大模型进行精准调训,形成符合法院工作特点的专用法律模型,并实现案件电子卷宗同步、可追溯采集。该系统实现了在法官参与下构建的审判思维链,从而使其具备法律关系识别、争议焦点分析、证据链构建等深度案情分析能力和自主学习进化能力,以保证人工智能生成信息的可用性。目前除预先设定的八类

---

① See Pengxiao Song, LaWGPT, https://github.com/pengxiao-song/LaWGPT, visited on 20 Feb. 2025.

② 参见浙江高院:《【成果评选】浙江法院"凤凰智审"——为智慧司法激活新动能》,载微信公众号"司法科技前沿"2024 年 2 月 22 日。

第四章 数字法院建设具体应用场景

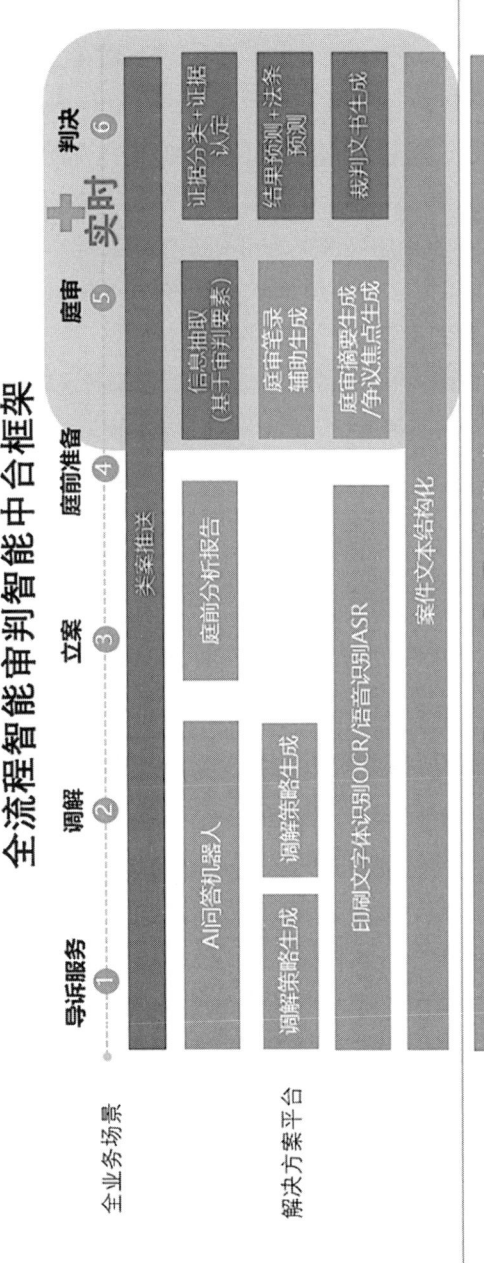

图4.1.4 "凤凰智审"系统技术框架

案由外,该系统还提供全案由通用辅助阅卷、信息提取等功能,其可以进一步通过自主学习,拓展对其他类型案件的辅助审判能力。①

4. 上海市高级人民法院法律文书智能辅助系统

法律文书智能辅助系统具备模板管理、"左阅右写"、文书纠错、排版、签章等功能。文书模板可以自行制作导入,也可以从"系统模板"200多种裁判文书中选择适合的文书类型加以编辑完成。"左阅右写"实现边阅卷边写作,可以识别抓取审判系统中的案件基本信息,并自动生成裁判文书头部内容;可自动识别"右写"页面中已撰写的相关法律条款,并在文书最后自动生成所附法条。文书纠错可对文书的结构、语言、与卷宗信息的一致性、法律适用等错误进行智能提示并提供相应修改意见。②

5. 广东省深圳市中级人民法院"鹏法AI"人工智能辅助审判系统

该系统由一线法官参与联合研发,将审判流程从立案到结案拆解为85个节点,结合法官关键工作场景,开发出立案智审、智能阅卷、智能庭审、智能文书4个相应的功能模块,真正实现AI全流程赋能,提升审判质效,目前应用范围已涵盖所有常见的民商事案件。2024年上半年该系统试运行期间,辅助立案29.1万件,辅助生成文书初稿1.16万份。该系统的智能文书辅助生成模块依据法官确认的关键信息,辅助生成裁判文书,显著缩短文书制作时间。

(三) 成效

人工智能在裁判文书生成方面的辅助功能,是通过知识图谱、深度学习以及大模型的运用实现的,能够让人民群众感受到公平正义就在身边,并以司法治理反哺社会治理和国家治理。

司法人工智能辅助裁判文书生成进一步提升了审判质效。面对经济社会发展中暴露的突出人案矛盾,人工智能通过辅助裁判文书生成,将法官的工作从撰写文书变为校对修改文书,有效减轻了法官的工作量。特别是随着技术发展,文书生成的正确率和完整度将会进一步提高;此外,人工智能辅助裁判文书生成时,均会就文书内容与案件信息、法条适

---

① 参见《AI打造未来法官! 来看苏州法院研发应用的"AI辅助办案系统"》,载微信公众号"政法智能化建设技术装备及成果展"2024年4月10日。

② 参见何渊、侯楠竹:《大数据时代,法律文书智能辅助系统如何发展?》,载微信公众号"上海高院"2023年8月22日。

用、关联案件和类案规则进行比较,有效减少同案不同判和部门间信息沟通不畅等弊端,防止程序空转、虚假诉讼、枉法裁判,进一步提高裁判文书质量,有力维护司法权威。

司法人工智能辅助裁判文书生成进一步强化了审判管理。在过去,基于人力成本和技术原因,案件评查系抽查,审判管理主要以事后监管为主。在相关人工智能辅助的前提下,完全可以对办案产生的海量数据进行深入挖掘,实时提醒和监管相关案件在办理中存在的问题和漏洞,并提炼成审判工作相关对策建议,成果转化为通报、制度以及绩效考核。在案件阅核制的要求下,将有一位隐形的院庭长逐一初审所有案件,并就高危风险点进行提示和标注,相关数据将以法律法规预设的途径和流程,交由院庭长分析和解决,实现监管实时闭环,从而有效提升审判质效。

司法人工智能辅助裁判文书生成进一步促进了社会治理。裁判文书辅助生成功能不仅可以帮助法官草拟、校对裁判文书,更关键的是其可以在合理调整功能后向社会开放。通过海量数据的训练,其不仅可以提供法律咨询,为诉前纠纷化解提供助力,而且提炼的相关规则和案例可以经审查后充实人民法院案例库,以权威裁判规则促进矛盾纠纷实质性化解。此外,其可以根据海量数据,分析研判社会当前突出问题和隐患,以司法建议或者内部决策参考等多种方式提前预防和止损,从而将法院工作深度融入社会和国家治理并取得良好成效。

六、区块链证据存证与校验

区块链证据存证是指利用区块链技术将电子证据以不可篡改、可追溯和分布式存储的方式进行记录和保存的过程。它旨在确保证据的完整性、真实性和可用性,为司法活动和其他需要证明事实的场景提供可靠的依据。区块链证据校验指的是对存储在区块链上的证据进行全面、细致的检查和验证,以确定其在技术层面和法律层面的有效性、完整性和准确性。这一过程不仅仅是简单的数据核对,还涉及对证据来源、存储方式、流转过程以及与相关法律规定的符合性等多方面的评估。

(一) 背景

在大数据和人工智能技术发展的浪潮下,司法证据正逐渐转向电子化、数据化,为解决电子数据保管、固定及认证的真实性、安全性及可信性难题,区块链存证技术开始得以应用。在区块链证据存证中,电子证据被转化为数字形式,并通过特定的算法和协议在区块链网络中进行存储和传播。每条存证的记录都包含证据的内容、时间戳、存证者的身份信息以及相关的元数据,形成了一个不可更改的链式结构。

区块链存证技术虽为证据存储提供了高度的安全性和不可篡改性,但初始数据的录入错误、恶意攻击或者技术漏洞仍可能导致证据失真,因此区块链校验技术应运而生,校验有助于及时发现和纠正可能存在的证据瑕疵以及增强司法和相关机构对区块链证据的信任度。2018年6月,杭州互联网法院在一起民事案件中首次确认了区块链存证电子数据的证据能力与证明力。[①] 同年9月发布的《最高人民法院关于互联网法院审理案件若干问题的规定》第11条首次明确区块链存证的法律地位。最高人民法院开始同步建设全国统一的司法区块链系统,众多社会机构和企业加大区块链存取证技术研发以及供给。

2020年,伴随着在线诉讼机制的推广以及互联网法院对区块链电子证据应用的推动,涉区块链电子证据判例数大幅增长。2021年6月,最高人民法院发布《人民法院在线诉讼规则》,其中第16—19条对区块链存证的司法认定问题作出了专门规定;2022年5月发布《最高人民法院关于加强区块链司法应用的意见》。最高人民法院的文件进一步明确相应规则,为推动区块链技术在司法中的深度运用提供了指引。

(二) 运行

关于运行流程,区块链存证技术的具体流程包括数据准备、数据处理与加密、上链存储、存证记录与验证阶段。同时,为保障证据存储的安全性和不可篡改性,此时,需要辅助以区块链校验技术,校验流程包括校验请求提出、校验数据准备、校验操作执行、校验结果生成等阶段。在校验

---

① 参见杭州互联网法院(2018)浙0192民初81号民事判决书。

过程中,所采用方法与技术包括哈希值对比、时间戳验证、节点验证以及智能合约验证等。

数字司法领域的区块链存证多采用"公链"模式。除"公链"模式外,司法机关还与公证部门、金融机构、鉴定机关、门户网络公司联合建链以同步存证。通过将大量原始数据汇集到"联合链"上,从而实现链条及内在相关数据的同步更新。2018年9月,杭州互联网公证处上线国内第一个区块链电子证据保管平台。同年12月,北京互联网法院以百度公司的"超级链"为基础,升级搭建了"天平链"电子证据平台。区块链电子证据平台正逐渐被广泛应用到各类社会主体的法律事务中,涵盖知识产权、金融、行政执法等。

(三) 成效

北京、杭州、广州互联网法院在司法区块链平台存储的电子数据已超过85.6亿条,区块链证据采纳率达到99%,有效破解电子证据取证、存证、认证难题。区块链技术在存固证据、智能辅助、卷宗管理等方面的应用效能和规范程度不断提升,电子证据、电子送达、存验证、防篡改等应用场景落地见效。

第一,增强证据的可信度。区块链的不可篡改特性使得在其上存证具有极高的可信度。一旦证据被记录在区块链上,就几乎不可能被篡改或删除,从而有效防止证据的伪造和篡改。例如,司法区块链的节点由国家相关部门、法院、公证处、司法鉴定中心等构成,所有节点存储的电子数据都会以哈希值的形式同步到链上的其他节点,各个节点彼此相互作证,提高了证据的证明力。

第二,提高司法效率。区块链证据存证与校验实现了证据的快速收集、整理和验证,减少了传统证据收集和审查的烦琐程序和时间成本。法院能够更迅速地获取和审查关键证据,加快案件的审理进度,提高司法效率。

第三,降低存证成本。相比传统的存证方式,如公证、司法鉴定等,区块链证据存证可以显著降低成本。区块链证据存证不需要依赖第三方机构的介入,减少了中间环节的费用和时间成本。

第二节　执行领域应用场景

一、智慧执行与执行无纸化

智慧执行是指利用现代信息技术,提高执行工作的智能化水平,实现执行工作的信息化、网络化和智能化。执行无纸化则是指在案件执行过程中,从执行立案到财产查控、文书审批、强制执行、结案归档等执行案件办理的各个环节的业务均在网上办理,电子卷宗材料随办案进程同步生成,纸质卷宗材料不再流转,执行过程全程留痕。

(一) 背景

在裁判文书生效以后,部分案件即进入执行阶段。在执行阶段,实践中存在执行信息不对称、执行程序复杂、案件积压导致执行时间过长等问题,亟待法院通过技术创新和机制创新加以解决。

随着大数据、云计算、人工智能等技术的广泛应用,司法执行工作正逐步向智能化转型,旨在通过技术创新提高执行效率,降低执行成本,同时增强执行过程的透明度与公信力。执行无纸化作为智慧执行的重要组成部分,旨在通过电子化、网络化的手段,实现执行案件从立案到结案的全流程信息化管理,减少纸质材料的流转与存储,不仅能提高执行工作的便捷性和时效性,还能有效促进司法资源的节约与环保。在这一变革背景下,智慧执行与执行无纸化正成为推动司法现代化进程的重要力量。

(二) 功能

智慧执行与执行无纸化系统是司法执行领域的最新成果,其功能全面升级,实现了更加高效、智能的执行流程。该系统集成大数据分析、人工智能、云计算等先进技术,为法院的执行工作带来了革命性的变化。其中,智慧执行侧重于利用大数据、人工智能、云计算等现代信息技术,对执行案件进行智能化管理、分析、预测和决策,以实现执行工作的精准化、高

第四章　数字法院建设具体应用场景

效化和透明化;执行无纸化则强调在执行过程中尽可能减少纸质材料的使用,转而采用电子化的方式处理案件信息、流转执行文书、保存执行档案等。

在推进数字司法建设的进程中,浙江省在智慧执行与执行无纸化方面走在全国前列。2021年1月21日,浙江法院上线"智慧执行2.0"系统。该系统立足"服务办案、服务管理、服务群众"的"三服务"理念,逐渐形成全业务线上办理、全流程动态监管、全方位智能服务、全过程留痕公开的"智慧执行"模式。该系统实现了全流程在线办理,当事人足不出户、随时随地可"网上立案""跨域立案";财产查控结果自动生成表单,并向当事人线上同步推送;当事人通过移动微法院留言可随时联系法官、查询办案进程,有效解决信息不对称和法官难找问题。该系统给人民群众带来了更好的司法服务体验,增强了人民群众司法的获得感和满意度。①

近年,推进智慧执行与执行无纸化的实践在全国各地法院迅速展开。2023年,福建省福州市仓山区人民法院开始推行"e执行"全流程无纸化执行模式,运用自主搭建的"e仓法"全域数智平台之执行立案服务平台,实现对当事人提交的材料以及案件办理过程中补充材料的数据共享联动和数字化处理,对执行案件材料的信息采集与数字化处理、全案信息智能回填等,当事人通过平台可全面了解执行、参与执行、监督执行,获取本人执行案件节点信息,联系执行法官。② 无独有偶,黑龙江省鸡西市鸡冠区人民法院建设了e材料收转中心、数据加工中心、集约送达中心、集约查控中心和材料保管中心等五大智能辅助中心,实现了执行文书自动生成、执行文书智能送达,大大提高了执行效率。③ 江西省赣州市中级人民法院依托"法拍房一件事"服务平台,建立执行不动产"司法查控"和"纳税过户"不见面办理机制,实现执行工作"全程网办、一网通办、即时

---

① 参见《智慧执行2.0!》,载微信公众号"法治日报"2021年1月25日。
② 参见《"e"无纸境丨仓山法院全省率先推行"e执行"全流程无纸化执行模式》,载微信公众号"福州市仓山区人民法院"2023年8月18日。
③ 参见《【智慧法院】推进执行工作"无纸化"改革 打造"智慧执行"新机制》,载微信公众号"鸡冠法院"2023年12月20日。

办结",为解决"执行难"贡献赣州法院智慧。①

(三) 成效

智慧执行与执行无纸化共同推动了执行工作的智能化、高效化和环保化。在提高法院执行效率和质量的同时,减少了纸质材料的使用,实现了案件信息的在线流转和存储,不仅降低了成本,而且提升了司法服务的便捷性和透明度,引领司法执行工作迈向更加智慧、高效、绿色的未来。

第一,智慧执行与执行无纸化实现了文档电子化和电子卷宗的即时生成与流转机制,确保执行全过程都能留下电子痕迹,这不仅增强了执行的透明度,还极大地提高了办案效率。以对被执行人的财产进行网络查控为例,智慧执行与执行无纸化系统能够自动发起查询请求,显著提高了查控的效率和准确性。针对实践中普遍存在的执行程序烦琐、效率低下等问题,智慧执行与执行无纸化系统内置丰富的文书模板,办案人员只需简单操作即可一键生成所需文书,并支持线上签章、智能送达及自动归档,极大地简化了流程,提高了工作效率。此外,对于在线上发起的执行措施,系统能够自动捕获并填充相关文书信息至办案节点,为全程监管提供有力支持,进一步增强了执行工作的规范性和高效性。

第二,通过将智慧执行与执行无纸化系统深度融合,不仅实现了法院执行业务的全面线上办理和无纸化办公,还显著提升了执行管理的精细化和工作模式的集约化。一方面,系统以智能化方式对法院执行进行提醒和警示,确保对法定办案节点进行有效监控、预警与审批,有效防止执行拖延。另一方面,法院依托"智慧执行"系统,将执行指挥中心转型为"数字驾驶舱",实现了数据、指标、指挥与监管的集中展示与联动分析,助力实现执行工作现状可视化。

二、财产查控

财产查控自 2013 年起通过网络执行查控系统来展开,在线查询、控

---

① 参见李光海:《赣州中院:建立"司法查控"+"纳税过户"机制,开启智慧执行新模式》,载微信公众号"法院 e 时代"2024 年 4 月 25 日。

制被执行人财产。该系统可对被执行人的财产进行查询,对某些特定财产可在线直接查封、冻结、扣押和扣划。实践中逐步完善"总对总"与"点对点"系统,形成银行存款"活冻结"机制、"云执车"模式、被执行人资金流水分析等查询方式。网络执行查控系统改变了执行法官必须"登门拜访"的查控方式,在强制执行、财产保全方面发挥着重大作用。

(一)背景

网络执行查控系统的建立是为了克服传统执行机制中的不足,通过运用先进的信息技术手段,提高司法执行工作的质量和效率,从而更好地服务于社会和人民群众。

第一,"执行难"是中国司法实践中的一个突出问题。即使法院作出了有效的判决,但由于被执行人缺乏财产或者故意隐藏财产,判决难以得到实际履行。其一,传统执行模式往往需要法院工作人员逐一联系各个机构查询被执行人的财产状况,耗时费力且效率低下。网络执行查控系统能够快速获取被执行人的财产信息,显著提高执行效率。其二,传统执行模式涉及大量的文书工作、人力和物力资源消耗。网络执行查控系统通过自动化流程减少人力成本,同时也降低了因执行周期长而产生的额外费用。

第二,网络执行查控系统旨在解决执行力度不够的问题,这是中国司法实践中一个长期存在的挑战。法院作出判决后,如果被执行人未能自觉履行判决书所确定的义务,就需要采取强制执行措施。然而,在传统执行模式下,存在查找被执行人财产难、控制财产难、执行效率低等问题。网络执行查控系统的引入就是为了克服这些困难,提高执行工作的效率和力度。例如,全面监控财产,通过与银行、房产登记中心、车管所等多个机构联网,网络执行查控系统可以全方位监控被执行人的财产状况,避免被执行人隐匿或转移财产。又如,即时冻结财产,一旦发现被执行人有可供执行的财产,网络执行查控系统可以立即采取措施进行冻结或查封,防止财产流失。

第三,执行透明度不足通常指的是在执行过程中相关信息不公开或者难以获取,导致当事人(尤其是债权人)无法准确了解执行案件的进展和结果。这可能会导致执行效率低下,增加执行成本,并且容易引发腐败等问题。网络执行查控系统通过实时更新、流程透明、集中管理增强执行过程的透明度。实时更新可确保执行信息能够及时更新并公布给相关方。流程透明可公开执行流程中的各个环节,包括财产调查、查封、拍卖等。集中管理是指统一管理执行过程中产生的各类数据,便于查询和监管。

(二) 运行

1. "总对总"网络执行查控系统

"总对总"网络执行查控系统是由最高人民法院建立的网络执行查控系统,集成嵌套在人民法院执行办案系统中。通过与公安部、民政部、自然资源部、交通运输部、中国人民银行、国家金融监督管理总局等16家单位和3900多家银行业金融机构联网,该系统可以查询被执行人在全国范围内的不动产、存款、金融理财产品、船舶、车辆、证券、网络资金等十六类25项信息。其一,该系统覆盖全国范围内的多家金融机构,实现了跨地区的执行查控。其二,通过网络实现法院与金融机构之间的即时数据交换。其三,大部分查询和控制操作都是自动化的,减少了人工干预,提高了效率和准确性。其四,该系统采用加密和安全措施以保护数据安全和个人隐私。

执行办案人员可一键发起查控、冻结、扣划,法律文书自动生成,自动发送审批,审批后文书自动盖章,盖章后自动发送相关数据、法律文书至协助银行总行,由总行根据法院发送的协助数据自动解析并分发至协助执行银行分行,由分行的办公系统自动完成协助。在使用该系统时,执行人员输入的被查询当事人的姓名或名称、证件类型、证件号码(身份证号码、护照号码、组织机构代码、统一社会信用代码等)等信息传输至银行端系统并与银行系统内当事人信息要完全匹配,否则无法反馈。如此,可确保查询反馈的唯一性、准确性。同时,为防止网络执行查控系统被滥用,执行法官发起任务时必须选择正在办理案件的案号,"总对总"网络执行查控系统才会开放该案号下生效判决书或裁定书确定的被执行人资产的查询权限。

2. "点对点"网络执行查控系统

"点对点"网络执行查控系统是一种在特定区域内采用的网络执行查控系统,由各高级人民法院在辖区内建设,它主要服务于地方各级法院与本地金融机构、政府部门之间的财产查控需求。与"总对总"网络执行查控系统相比,"点对点"网络执行查控系统侧重于满足地方性、区域性执行工作的需要,是"总对总"网络执行查控系统的有力补充。特别是某些财产信息和在线协作,在相关政府部门的数据和系统未实现全国统一的情况下,"点对点"网络执行查控系统可发挥区域内先行先试的作用,利用省域或市域数据系统,实现区域内相关执行协助事项的网络化、智能化办理。此外,两套网络执行查控系统并行的模式,还可以发挥工具备份、数据校验的作用,提高工作效率和准确性。

"点对点"网络执行查控系统具有地域性。相比于全国性的"总对总"网络执行查控系统,"点对点"网络执行查控系统更注重于服务地方司法机构的需求,覆盖的是特定区域内的金融机构和其他相关机构,各省区市自建的"点对点"网络执行查控系统存在相应差异。"点对点"网络执行查控系统具有灵活性,可以根据当地实际情况进行定制化开发,更灵活地适应地方司法机构的特殊需求。"点对点"网络执行查控系统具有针对性,可针对某些特定类型的财产(如地方性房产、车辆等)提供更为细致的查询和控制功能。

例如,北京市高级人民法院与当地多家商业银行、证券公司、保险公司等金融机构合作查询金融信息;江苏省高级人民法院与房产管理部门、车辆管理部门等地方政府部门合作,查询不动产、车辆信息;山东省某中级人民法院与地方税务局合作查询税务信息、欠税情况等。以浙江省"点对点"网络执行查控系统为例,其于2012年开始建立,最早是浙江法院的执行办案系统通过网络专线与各大银行浙江省分行的业务系统进行"直连",通过法律文书的自动生成、自动签章和专线送达,实现对被执行人银行存款的网上查询、扣划等功能,后陆续与公安、民政、自然资源、网络金融公司[如支付宝(中国)网络技术有限公司]建立网络直联,实现对被执行人身份、婚姻、不动产、机动车、住房公积金、网络资金等的在线查询,对被执行人相关财产权利进行在线处置、过户登记。

3. 银行存款"活冻结"机制

银行存款"活冻结"机制是一种特殊的账户冻结方式,旨在既保证账户内资金不会被转移或使用,又能在一定程度上满足账户持有人的基本生活需求。作为一种灵活的司法冻结措施,银行存款"活冻结"机制的实施主体是人民法院,客体是被执行人的财产性权益,依据是法院作出的执行裁定,协助对象一般是负有协助义务的组织。

银行存款"活冻结"与传统冻结的区别主要有两点:一是在被执行人的财产被冻结的情况下,该财产项下仍有固定额度可以"活动",由被执行人在一定期限内自由支配;二是可自由支配的数额、起止时间等可由法院随时灵活调整。因此,银行存款"活冻结"是由法院对被执行人的收入、资金等财产性权益采取的可实时调整的控制性措施,法院通过在冻结状态下赋予被执行人对被冻结财产一定额度范围内自由使用、处分的权利,保障其基本的生产经营或生活的权益。

银行存款"活冻结"机制最初起源于银行账户中"生活必需费用保留"的需要。一般认为,《民事诉讼法》第254条①确立的"生活必需费用保留"规则旨在体现生存权优先,即当申请执行人的债权与被执行人及其扶养家属的生存权存在冲突时,应优先保障被执行人及其所扶养家属的基本生活。实务中,当被执行人名下有固定收入(如工资、养老金等)且无其他可供执行的财产时,执行人员在冻结、扣划固定收入时需适用该规则。

以银行账户的"活冻结"为例。首先,法院通过执行办案系统向人力资源社会保障局、财政局、被执行人工作单位等在线获取被执行人薪资信息,如薪资金额、开户行、薪资账号、薪资发放单位等。其次,法院根据被执行人的家庭情况、被执行人居住地最低生活保障标准、申请执行人的家庭情况等证据材料,核定每月生活必需费用,并征询双方当事人的意见。再次,在冻结执行裁定主文补充载明"准许被执行人每月从冻结账户内支取生活必需费用××元"等内容,并通过网络执行查控系统将相关法律文

---

① 该条规定,"被执行人未按执行通知履行法律文书确定的义务,人民法院有权扣留、提取被执行人应当履行义务部分的收入。但应当保留被执行人及其所扶养家属的生活必需费用"。

书及数据(如被执行人身份信息、银行账号信息、生活必需费用金额、生效时间等)发送至薪资账户开立的银行。最后,银行收到文书及数据后,在优化改造的系统中进行"活冻结"操作,即冻结该银行账户的同时为被执行人设置每月可自由支取的生活必需费用金额、生效时间。如此,被执行人便能于次日或次月(由法院指定)在一定额度内,每月在银行网点随时自由支取,用于基本生活;对于生活必需费用外的款项,银行根据法院指令定期划转至法院执行款账户,用于清偿债务。若被执行人需临时提高额度或申请人认为设定的生活必需费用过高,均可在线向法院提出申请;法院审核后制作、发送相关文书和数据至银行办理。在该模式下,法院无须定期扣划收入后再划拨部分款项作为生活必需费用发放给被执行人,被执行人也无须每月到法院办理烦琐的领款手续,法院还可在线查询被执行人每月支取的款项明细,在执行效率大幅提高的同时,还充分保障了申请执行人和被执行人的权益。

实践探索表明,在薪资执行场景中适用银行存款"活冻结"机制,可以有效走出传统冻结机制下"生活必需费用保留"规则的适用困境。首先,银行存款"活冻结"机制充分保障了被执行人的生存权。被执行人可根据自身需要,对法院每月预留的"生活必需费用"进行灵活支取,解决了此前执行措施不适法的问题,真正实现保障基本生活的功能。其次,银行存款"活冻结"机制兼顾了胜诉当事人的合法权益。在"活冻结"状态下,法院依然控制着被执行人生活必需费用以外的收入,不会产生执行财产流失、债权人权益受损等问题。如被执行人在当月未支取或未足额支取生活必需费用,说明其并不需要,当月的额度将在下月归零并被法院冻结、扣划,最终用于清偿债务。这是被执行人的理性选择,也是制度设计对申请执行人利益的硬性保障。最后,银行存款"活冻结"机制能有效提高执行效率及当事人便利性。执行法官无须每月往返金融机构,节约了司法成本;被执行人无须定期到法院领取生活费用,破除了"法院扣划一次、当事人跑一次"的弊端。

银行存款"活冻结"机制,除应用于薪资执行领域外,在商品房预售资金、个人债务清理、善意文明执行等场景中也具有很好的适用性。此外,数字化的"活冻结"理念和规则,在诉讼、破产、保全等领域,也有广阔的应用空间。可以预见,在数字时代,银行存款"活冻结"机制具备取代传统冻结机制的价值和必要性。

4. "云执车"模式

所谓"云执车",即云端(线上)查控、处置被执行人机动车的简称。"云执车"模式的建立,通过开发数字应用,针对机动车司法查控处置高频协作事项,搭建法院、公安机关、公证机构、社会化处置机构的跨部门线上协作平台,集成机动车从扣押、保管到网拍处置变现的全生命周期服务,推动机动车查控处置从"多头对接"向"集成融合"转变。这是因为相较于不动产和资金存款,机动车流动性大,执行工作中存在司法查控难、保管不规范、处置效率低等问题,其始终是一大工作难点。因机动车查控难,社会上也存在"老赖开豪车"现象,严重影响社会诚信和司法公信力。

2022年年底,浙江省温州市中级人民法院联合温州市公安局在全国率先试点打造协同联动、协力共治的市域"云执车"模式。2023年9月,浙江省人民检察院、浙江省高级人民法院提出关于建立涉车辆民事执行协作配合及法律监督工作机制的意见,全面推广温州"云执车"模式。

在实际运行中,法院通过"云执车"模式实现了全链路智控。归集车辆查封、布控、扣押到保管、评估、拍卖的流程信息,对机动车查控处置节点进行实时监控、智能预警、全程监管,有效缩短查控处置用时,提高查控处置效率,倒逼执行办案质量提升。该模式以地级市作为一个整体,构建市域"云查控"联动机制。

在扣车至车辆交付的线下环节,打造"云兑现"就地处置模式。首先,建设标准化服务中心。引入公证机构司法辅助服务,打造"法拍车辅助事务办理中心",为法院提供从车辆扣押交接、入库、保管、网络拍卖到成交过户的全链条线下处置服务,买受人成交确认、接收法律文书、交接法拍车辆、转移登记过户在"法拍车辅助事务办理中心"一站完成,"最多跑一次"。其次,确定跨域异地处置。温州法院通过"云执车"平台共享法拍车辅助事务办理中心资源,实现线上一键发布执行,中心线下配合处置的云上处置模式,大幅提高车辆处置效率。

5. 被执行人资金流水分析

被执行人资金流水分析是司法执行过程中的一项重要工作,它通过分析被执行人的银行账户及支付宝、微信等第三方支付平台的资金流入流出情况,确定被执行人的财务状况,进而判断其是否有能力履行债务,目的是防范被执行人利用网络资金账户进行高消费并逃避执行,加大对拒执犯罪的打击力度,切实保障当事人司法权益,维护司法权威。

其一,查明财产隐藏情况。例如,法院发现被执行人名下并无明显财产可供执行,但债权人怀疑被执行人可能通过其他方式隐藏财产,法院通过网络执行查控系统调取被执行人的银行账户流水记录,分析师对这些流水记录进行深入分析,包括交易频率、交易对象、交易金额等方面。分析发现,被执行人账户中频繁出现大额资金转入转出,且多数交易发生在夜间。经过进一步调查,确认这些资金最终流向被执行人的亲属账户。法院据此判断被执行人存在故意隐藏财产的行为,并采取相应的执行措施。

其二,确定还款能力。例如,某债权人申请强制执行,但被执行人声称自己无力偿还债务。法院需要评估被执行人的实际还款能力。法院要求被执行人提供近一年的银行账户流水记录。通过分析这些记录,评估被执行人的收入来源、支出习惯以及资产状况。分析显示,被执行人的账户中有稳定的工资收入,并且还有其他额外的收入来源。同时,被执行人的支出相对稳定,有足够的资金可用于偿还债务。法院据此判定被执行人具有还款能力,并制定相应的还款计划。

(三)成效

网络执行查控系统是法院信息化建设的重要组成部分,取得了如下实效:

一是提高执行效率。例如,通过网络执行查控系统,法院可以快速获取被执行人的财产信息,无须通过传统的纸质文件交换方式,这大大缩短了查询和控制财产的时间,提高了执行效率。山东省青岛市中级人民法院与青岛市国土资源和房屋管理局合作,上线不动产"点对点"网络执行查控系统,实现对被执行人房产信息的在线查询。浙江省内多个地市已上线"云执车"模式,一般在一个地级市内设立两个"法拍车辅助事务办理中心",集中处理辖区内机动车扣押、停放、处置、交付等事宜。通过改革,法院有效推动车辆查控执行增量、提速、降费、减负,实现对查封车辆的轨迹跟踪、精确锁定、就地扣押,实际扣押数同比增长近300%,从协助申请到实际扣押最少用时仅1个工作日,车辆拍卖处置周期由4个月缩减至1个半月,有效遏制了"老赖"欠债开豪车的不良现象,营造了"守信光荣,失信可耻"的社会氛围。

二是增强执行透明度。例如,通过"点对点"网络执行查控系统与不同机构的合作,能够实现信息的快速交换。云南省第一强制隔离戒毒所创新"点对点"精准后续照管工作办法,通过精准的后续照管,戒毒人员重返社会的比例有所提高;提供持续的社会支持,有助于降低复吸的可能性;戒毒人员能够更好地适应社会环境,减少社会矛盾。

三是扩大执行覆盖面。例如,"总对总"网络执行查控系统覆盖全国范围内的多家金融机构,使得执行工作不再受地域限制。即使被执行人在外地有存款,法院也能迅速查询到相关信息。

四是降低执行成本。由于大部分查询和控制操作都是自动化的,减少了人工干预,降低了执行过程中的成本,减少了不必要的出差和通信费用,减轻了法院和当事人的负担。浙江省温州市瓯海区人民法院于2021年开始研发"被执行人资金流水分析"应用,通过数字化手段,破解被执行人利用网络资金账户逃避执行的监管难、拒执取证难等问题。该应用内嵌在浙江法院执行办案系统中,对于在"总对总"和"点对点"网络执行查控系统查询到的被执行人名下的支付宝、财付通账户中一段时间内的资金流水数据,其通过内设的算法对资金流水所涉及的账单进行高效分析,迅速锁定并提示被执行人所涉的高消费记录并按需分类,智能判断被执行人是否存在违反限制消费行为或者拒执行为,实现账单"一键秒算",报告"一目了然"。如对"无车却经常加油""无房却按月还供"等可疑消费行为,执行人员可根据该应用的提示,开展进一步的线下调查,对涉嫌高消费的被执行人进行通报、说明拒执后果、督促其自动履行,并要求其7日内作出说明。对逾期未说明或虚假说明的,执行人员在 15 日内全面梳理被执行人拒执线索并移送公安机关立案侦查。

五是加强财产控制。法院可以远程下达冻结、扣划等控制命令,直接对被执行人的银行账户进行操作。这种操作可以在没有物理接触的情况下完成,极大地提高了执行效率。

三、财产处置

数字法院的财产处置是指法院利用现代信息技术手段,对被执行人的财产进行全面、高效的数字化管理和处置,涵盖财产的智能查控、价值评估、网络司法拍卖等各个环节。法院通过构建智能化的财产处置平台,实现财产信息的快速收集、智能分析以及处置流程的自动化,不仅提高了财产处置的效率和透明度,还确保了处置过程的公正性和规范性。与此同时,法院还可通过实时监控和全流程可视化监管,保障财产处置的合法性和安全性,为司法执行工作提供强有力的技术支持。

(一)背景

在传统执行模式下,存在资产处置调查难、跨域执行效率低、财产办证手续繁等难点、堵点。

第一,司法查控处置难、变现难。不动产领域存在查控难、处置烦、交易难、过户慢等问题。网络司法拍卖作为财产处置的主要执行方式,普遍存在拍前调查不充分、部门信息不流通、成交后手续烦琐等问题。同时,当事人需要向多部门多次递交材料,效率低下。

第二,案、款、人的管理难。法院在办案时,经手管理巨量的诉讼费、调解款、鉴定评估费、拍卖保证金、执行款等涉案款项。同时案款往来情况复杂,在收款环节,一个案件可能有多个当事人,一个当事人所交款项可能对应多个案件,一个当事人可能分次交款分期履行;在付款环节,有的款项可能需要分割分配,或因法定事由暂时不能发放,或需要分期付款,或者有的款项的权利人或拒绝领受或放弃或联系不上或消亡。因此,虽然法院在银行开设了执行款账户,但该账户在司法实践中实属"大杂烩",导致当事人、法官查询执行款费时费力。内外网的物理隔离也导致法院与银行信息不互通,对账、出账程序烦琐,效率低下。

第三,涉众刑案款管理难。随着网络技术的发展,网络非法集资、非法吸收公众存款等集资诈骗犯罪案件多发,因为涉及众多被害人,进入执行程序后,存在五大问题:一是刑财案件难度大,加剧案多人少矛盾;二是涉案财产量多类杂,处置变现难;三是衍生纠纷数量较多,协调分配难;四是公检法部门之间存在信息壁垒,协作联动难;五是财产处置费用较高,经费保障难。

(二)运行

1. 不动产司法处置"一件事"

不动产司法处置"一件事"是指通过对接自然资源、税务、生态环境、综合执法等10多个业务部门,将原来分散在各职能部门的权属调查、违章建筑调查、定向询价、拍卖变卖、税收缴纳、解封登记、转移登记等20余个业务事项综合集成,从线下搬到线上,实现跨地市的"一门联审、一窗受理、一网通办、一次办结、一链服务"。2021年7月,浙江省高级人民法院联合浙江省自然资源厅印发《关于协同推进网络查控司法协作和司法处置不动产登记"一件事"改革的实施意见》,为不动产司法处置"一件事"改革奠定制度基础。改革后,司法拍卖从拍卖启动到权证办结全流程用时缩短40%以上,买手人办理证件从平均20多天缩短至2天,有力破解了司法拍卖实践中拍前调查不充分、部门间信息不畅通、成交后过户手续烦琐等问题,实现"一站通办、一网通办、一次办结"。目前,该机制已在全国推广。

2. 网络司法拍卖

网络司法拍卖是指人民法院依法通过互联网拍卖平台,以网络电子竞价方式公开处置财产的行为。具体流程通常为:法院根据申请人提供的线索或法院自行查找的线索出具裁定书查封、冻结、扣押财产,法院委托评估机构对查封财产的价值进行评估,法院选定辅助拍卖机构,在拍卖平台上发布公告,展示标的进行挂拍,确认拍卖结果。2012年2月,由最高人民法院主办、重庆联合产权交易所开发的"人民法院诉讼资产网"正式启用,涉讼资产的拍卖逐步通过电子交易平台竞价。同年,浙江、江苏率先推行改革。2016年8月2日发布的《最高人民法院关于人民法院网络司法拍卖若干问题的规定》对网络司法拍卖的具体规则进行规范,同时明确网络司法拍卖优先的规则,并由最高人民法院统一建立全国性网络服务提供者名单库。

3. 司法拍卖辅助事务集成

网络司法拍卖辅助工作(以下简称"网拍辅助工作")主要是指人民法院在进行网络司法拍卖时,涉及拍卖财产的视频、照片、文字材料等资料的制作及上传,有关问题的咨询,引领查看及清点等与拍卖相关的辅助性事务。不同于传统的委托拍卖行拍卖模式,网络司法拍卖改为法院自主拍卖,准备工作、信息上传、接受咨询、看样等工作可能会增加法院的工作量。对此,最高人民法院许可法院将部分网络司法拍卖辅助工作(事务性、辅助性、技术性事项)委托给社会机构或者组织,所支出的必要费用由被执行人承担。在法院执行领域"案多人少"矛盾突出的情况下,大部分法院选择将网拍辅助工作委托给社会机构(拍辅机构)。拍辅机构如何选定,选定的拍辅机构如何高效从事辅助性工作,如何与当事人进行互动并提供更好的服务,法院如何对拍辅机构的工作进行监管等,都是司法拍卖辅助事务集成机制要解决的问题。

例如,浙江省杭州市拱墅区人民法院研发的"数智拍辅系统",对接法院、公安、税务、房管等10个相关单位的数据资源,形成涉企财产处置信息联审闭环,打破各主体间的信息壁垒,构建以司法拍卖"查、控、评、卖、交"五大环节为主轴并包含19项具体工作任务的业务流程,并集成多项延伸服务,实现法院、拍辅机构、协作单位、企业当事人等"一屏多端"在线互动,拍辅机构通过法院外部网络登录系统,及时签收、办理法院委托的事项,委托法院可在内网对委托事项的办理情况进行验收、监管、评价,经审核无误的事项可一键发送至外部协作单位。

4. "一人一案一账号"案款管理

如何把案、款、人三者对应起来,是法院多年来面临的巨大挑战。信息科技的飞速发展,为"互联网+案款管理"提供了崭新的解决方案。2014年3月,浙江省高级人民法院成立开发小组,从"方便当事人、方便法官、方便查询、方便退款"的目标出发,研发"一人一案一账号"案款管理系统。新案款管理系统按照"一人一案一账号"的原则，引入银行先进结算产品——收款管家，每个当事人有专属的"虚拟账号"，当事人通过"虚拟账号"缴费，款项可以实时、安全地到达法院主账户，并自动对应到相应案件，确保了案、款、人精准对应。当事人完全无须改变金融习惯，可通过各家银行、各种渠道发起的转账、汇款、现金等方式向法院提供的"虚拟账号"缴款。通过"虚拟账号"收缴诉讼费、执行款，确保每笔进账、退款项的案件信息完整、清晰明了，使资金流和信息流高度匹配，基本做到实时到账、实时确认。

"一人一案一账号"模式在执行案款提存中也有应用。浙江省高级人民法院于2023年开展执行案款提存改革，建立"法院+银行"提存的方式，将"标记提存"变为"真提存"。在该模式下，浙江省高级人民法院对全省提存案款代管银行进行统一招标、统一开设账户并集中管理。在对应的提存子账户中，参照"一人一案一账户"模式，为权利人创设"虚拟账号"。案款自到达权利人提存的"虚拟账号"之日起所产生的利息归权利人所有。提存期间，权利人可随时按照短信通知方式领取案款和利息。在该模式下，执行案款提存期间，不但不产生费用，反而为当事人增加了利息收益，且避免无人领取的提存案款积压在法院。

与此同时，"一人一案一账户"模式在山东省平度市人民法院、广西壮族自治区南宁市良庆区人民法院、陕西省西安市雁塔区人民法院等法院也得到了广泛的应用与推广。作为数字法院财产处置体系的重要补充，该模式确保了案件执行款项的精细化管理。与此同时，该模式的运用大幅减少了当事人的诉讼成本，实现了"让数据多跑路，让群众少跑腿"。

5. 涉众案件管理

为解决涉众案款处置问题，法院开展涉众型刑财执行中的管理和案款发放机制改革。以浙江省杭州市中级人民法院创设的"涉众案件管理平台"为例，该平台有以下特点：①跨网系连接，实现高效便民"一网通"。按照数字化改革V字模型，设置查询登记、核实审计和资金清退等子场景，打造法院与银行、会计师事务所、当事人等多方多跨协同联动、优质高效、便民利民的场景应用。②跨区域协同，确保全国登记"在线办"。将法院、银行网点与集资参与人纳入信息登记模块，当事人只需操作手机即可完成信息查询、登记与材料回传。③跨领域融合,推进信息审计"网上核"。建立法院、会计师事务所与当事人之间的数据对接和协调联动,对线上登记的信息,实时同步组织审计复核。④跨部门联动,做到清退资金"就地领"。法院委托银行自动为当事人开设电子账户,通过系统将款项汇入账户,当事人只需携带有效身份证件,就近至任意中国工商银行网点即可领款。

6. 云执行

云执行是一种互联网时代的新型强制执行模式。法院综合运用"人民法院在线服务"小程序、"智慧执行"App、网络司法拍卖平台、案款系统等工作平台,为各方当事人提供从申请执行到执行结案的全流程、全方位的在线司法服务,从财产查控处置到案款出账全部在线完成,实现"不见面执行"和"云上兑付"申请执行人权利。对于有足额财产可供执行或者当事人之间达成执行和解等案件而言,云执行是效率最高、成本最低的最佳执行方式。

(三)成效

第一,便民利民、公开透明。相较于传统司法拍卖,网络司法拍卖可以降低流拍率,可以促进标的物价格最大化,最大程度保护当事人的利益,其通过扩大公众参与、利用网络这一全民交易平台等途径,更好地发挥了竞争的作用。从浙江省宁波市北仑区人民法院的首拍来看,网络司法拍卖的成交率、溢价率都优于传统司法拍卖。而关于执行案件案款和案件信息查询,当事人通过线上平台,足不出户就可实现。

同时,网络方式公开透明,减少暗箱操作,杜绝司法腐败。传统司法拍卖存在大量权力寻租空间,一向是腐败易发多发的高危领域。全国法院近70%的腐败案件集中在民事执行领域,而其中约70%又发生在资产处置特别是司法拍卖环节。在法院上传相关信息后,网络司法拍卖过程在平台上便处于完全公开状态,任何公众点击网页均可浏览,毫无腐败空间。

第二,执行流程高效、规范。在数字司法技术运用下,财产处置各措施都进行工作流程规范、线上化管理。以浙江的司法辅助事务为例,工作流程全部线上化,实现法拍事项"一网通办",平均反馈用时从5天缩短至1小时,平均挂拍用时缩减42.9%,归集分析平台数据,形成围观指数、成交走势、溢价水平等多张清单,全方位观测涉企财产处置情况;成交过户从"跑多次"简化到"跑一次",从"耗时数周"缩短到"最快半天",司法拍卖的买受人可体验"一站式"成交过户服务。

从法院角度而言,法官和财务工作更加高效、规范。以新案款管理系统为例。以信息共享为着力点,通过法院审判执行系统、案款管理系统和银行信息系统之间的对接互通,实现数据实时交互,法官所办案件案款进账、余额及关联案件情况一目了然。案款一旦进账,实时提醒承办法官,案件办结后,法官在网上下达结算、退费、划款指令;银行把案款进账信息实时推送到案款管理系统,案款管理系统把退、划款信息推送到银行信息系统,由银行批量、快捷支付,款项进出无缝对接,每天案款业务一键式生成会计凭证,月末一键式对账,财务工作更加规范。

第三节 诉讼服务领域应用场景

一、立案服务

(一)网上立案

1. 概述

为适应司法环境的变化和审判业务发展的现实需求,我国法院开通了网上立案平台,网上接收当事人、代理人诉讼材料并审查决定是否立案,让人民群众更加便捷地行使诉权。

网上立案开始的标志是 2015 年 4 月出台的《最高人民法院关于人民法院登记立案若干问题的规定》提出"为方便当事人行使诉权,人民法院提供网上立案……服务"。2017 年发布的《最高人民法院关于加快建设智慧法院的意见》指出,各地方法院要"建立完善网上立案系统,推广网上异地立案",标志着网上立案在全国范围内的推广和普及。2019 年 2 月 27 日发布的《最高人民法院关于深化人民法院司法体制综合配套改革的意见——人民法院第五个五年改革纲要(2019—2023)》提出"网上立案、自助立案、跨域立案服务相结合"。2021年8月1日,最高人民法院《人民法院在线诉讼规则》正式施行。

2. 特点

"人民法院在线服务"依托微信小程序打造,可以让人民群众在手机端轻松实现网上立案、文书签收、在线开庭,它覆盖全国四级法院,真正实现诉讼业务"一站受理、一网通办",让"人民群众足不出户,在家就把官司打了"。具体来说有两大特点:

一是立案全面覆盖。"人民法院在线服务"小程序支持民事、行政、刑事自诉等立案,不但覆盖全国四级法院,还支持跨境和跨域立案。在首页点击"我要立案"模块,选择需要起诉的法院和诉讼类型,上传起诉状、身份证和证据材料,小程序将自动识别提取关键信息并将信息回填至立案申请信息页面交诉讼当事人确认,完成确认后即可提交立案。在试点地区,当事人还可通过"人民法院在线服务"小程序等网上诉讼平台直接向二审法院提出上诉申请、提交上诉材料,由二审法院直接完成线上立案审查、上诉状副本送达等工作,不再转交原审法院,实现了二审立案全流程在线办理。

二是立案流程简化。传统诉讼模式囿于面对面、纸质化的交流方式,往往需要多次往返法院。"人民法院在线服务"小程序中的起诉参审,却让"最多跑一次甚至一次不用跑"成为常态。若无能力书写起诉状,可在材料上传页面点击"诉状助手",逐步填写诉讼信息,轻轻松松生成一份标准的起诉状。"人民法院在线服务"小程序提供多种材料上传方式,不但支持图片、Word、PDF等诸多格式,手机、电脑以及微信聊天记录中的材料,都可以轻松上传。小程序将一案设一空间,就像组了一个聊天群,当事人、律师、法官均可畅所欲言,不但操作成本极低,而且拉近了诉讼当事人与法官之间的距离,让矛盾化解和案件调解变得更为轻松。

3. 应用效果

目前,全国3500多家法院开通"一站式"在线诉讼服务功能。2023年,"人民法院在线服务"小程序提供网上立案1412.95万次,同比增长31.83%。到2023年12月底,"人民法院在线服务"小程序累计接收网上立案申请逾3905万件,累计访问量超过59亿次。法院立案周期平均时长较之前缩短3/4,最快可以实现当日申请、当日立案。

"人民法院在线服务"小程序有利于立案效率的提高。"让数据多跑路,让群众少跑腿",数字法院惠民便民,释放司法"数字红利"。最高人民法院发布的数据显示,2021年,各类信息化手段全方位保障当事人诉求,相比传统诉讼模式,减少群众出行约1.3亿人次,减少出行约101亿公里。2023年《最高人民法院工作报告》指出,"在线诉讼审理周期比传统模式缩短22天"。

(二)人民法院律师服务平台

1. 概念

为切实解决律师执业中的痛点、难点、堵点问题,便利律师参与诉讼,充分发挥律师在维护人民群众合法权益方面的作用,致力于为律师提供"一站式"全流程的在线诉讼服务,最高人民法院会同司法部建成的人民法院律师服务平台正式上线。人民法院律师服务平台是为律师提供集约高效、智慧便捷的"一站式"在线诉讼服务而设立的服务平台。

2. 特点

人民法院律师服务平台充分考虑律师工作的实际需求,融合PC端和微信小程序端,为专职律师、兼职律师、公职律师、公司律师、军队律师、法律援助律师、基层法律服务工作者、律师助理等八类主体提供相应服务;覆盖诉前、立案、庭前、庭审、庭后五大阶段;支持网上调解、立案、在线办理、沟通、辅助、评价六大类诉讼业务、35项功能在线应用。该平台基本涵盖所有诉讼事项,大大减少了线下办事的时间成本和经济成本,提高了司法效率,并进一步建立健全沟通交流、监督评价机制,方便律师无障碍交流、零距离沟通、全方位评价。总的来说,该平台功能有三大亮点:

一是全国通办、全网通办。以往各级法院开发的诉讼服务或者律师服务平台,入口大多为各自法院,功能上各具特色、存在差距。人民法院律师服务平台以"人民法院在线服务"小程序为基础,实现了全国统一门户、统一入口。目前,人民法院律师服务平台对接司法部"中国律师身份核验"平台,对经过核验的律师,提供"一次核验、全国通办、全网通办"服务。律师通过司法部"中国律师身份核验"平台进行身份核验后,可以通过人民法院律师服务平台办理网上立案、网上调解、网上阅卷等35项业务。同时,人民法院律师服务平台还设有法律法规查询、计算工具、诉讼指南、诉讼文书模板、法院导航、诉状助手、智能问答等智能辅助服务。

二是解决关键问题。人民法院律师服务平台具有排期避让自动提醒功能,律师可以结合工作实际向法院提供需要避让的信息。为方便律师阅卷,该平台不仅对依法可以公开的已归档案件提供网上阅卷服务,还推动审理中的案件档案同步推送,供作为诉讼代理人的律师随时查阅。为方便律师管理其名下代理的可公开的全部诉讼案件,人民法院律师服务平台设有律师案件空间,集中呈现案件信息。为方便律师联系法官,该平台具有视频语音联系功能,并提供满意度评价服务,律师可以随时留言,随时评价。

三是提供特色化诉讼服务。人民法院律师服务平台提供特色化诉讼服务,最大限度为律师执业提供便利。考虑到律师信息化应用水平高的实际,人民法院律师服务平台将线下主要诉讼事务全部集成到线上,以能用、好用为标准,不断优化人民法院律师服务平台功能,推动无纸化办理。律师可以通过人民法院律师服务平台办理立案、调解、庭审、阅卷、保全、鉴定,申请回避、撤诉,申请法院调查收集证据、延长举证期限、延期开庭、核实代理关系等事务,以及在线查收法院电子送达材料等,实现诉讼事务在线办理、网上流转、全程留痕。通过全业务、全时空的诉讼服务网络,更好地保障律师执业,便利律师参与诉讼。

3. 应用效果

截至2023年年底,人民法院律师服务平台已有50万名律师注册使用,涵盖全国77%以上的执业律师,累计在线办理立案、阅卷等事项1396.62万件次。各级法院为律师提供排期避让提醒服务178.53万次,提供律师绿色通道"一码通"免安检服务2234.63万次。2023年,律师在"掌上法庭"针对110万个案件与法官沟通323.8万条,法官有效回复190.35万次,律师满意率97%以上。

(三) 跨域立案

1. 概述

随着经济社会的发展,经济交往越来越密切,人员流动越来越频繁,异地诉讼也随之大量出现,当事人来回奔波耗时耗力耗费金钱。中国法院坚持以人民为中心的发展思想,以解决"异地诉讼难"为目标,进一步扩大服务事项、优化服务流程,为当事人提供家门口"一站式"的诉讼服务,切实解决人民群众急难愁盼问题。

跨域立案旨在让人民群众在任何一家中级、基层人民法院都能够获得与管辖法院同品质的立案服务。从前,异地立案需要当事人跨省到被告所在地的法院进行起诉,耗费大量时间成本和经济成本。跨域立案则根本解决了这一难点、痛点。通过跨域立案系统,当事人或代理人可以就近选择收件法院,然后由协作法院通过本省"人民法院在线服务"小程序的"跨域立案"模块进行跨域立案申请。管辖法院收到申请后及时响应,并向协作法院作出是否符合受理条件的反馈,由协作法院当场送达或者告知当事人,构建起"家门口起诉"新模式。

2015年1月,福建省泉州市中级人民法院在全国首创推行"跨域·连锁·直通"式诉讼服务平台,在社会上引起较大反响,并取得良好效果。随后,跨域制度被推广至福建省各中级、基层人民法院,两年之后在全国14个法院试点推广。2021年2月,最高人民法院宣布全国四级法院实现跨域立案服务全覆盖。

2. 特点

为适应新形势下人民群众的多元司法需求,进一步提升人民法院诉讼服务工作水平,创新立案服务渠道,"人民法院在线服务"小程序增设"跨域立案"模块,为全国法院推进跨省、跨市异地立案提供强有力的技术支撑。主要有三大特点:

一是跨域立案"近在眼前"。为最大程度方便异地办理,当事人只需在移动端、就近法院进行操作。异地代收立案材料的诉讼服务将大部分工作量转至法官,目前可以实现法院内部在15分钟内帮助当事人或代理人完成跨域立案申请,让人民群众实现真正足不出户的"家门口"起诉。

二是全国法院"尽在掌中"。跨域立案服务主体已从中级、基层人民法院和海事法院拓展到高级人民法院、最高人民法院及军事、知识产权、互联网等专门法院,覆盖全国3500多家法院,并延伸至1万多个人民法庭,实现跨域立案服务主体全覆盖。其中,最高人民法院、高级人民法院作为管辖法院开展跨域立案服务,各中级、基层人民法院和军事、知识产权、互联网等专门法院既作为协作法院,也作为管辖法院开展跨域立案服务。人民法庭隶属于基层人民法院,提供跨域立案协作服务。

三是案件类型"应有尽有"。按照立案登记制要求,在一审民事、行政和执行案件实现跨域立案服务的基础上,将一审刑事自诉、国家赔偿申请纳入跨域立案服务范围,实现立案登记范围内的案件类型全覆盖。截至目前,跨域立案案件类型主要是民事一审、民事申请再审、首次执行、恢复执行、行政一审、法赔、委赔、行政赔偿、刑事自诉案件。

3. 应用效果

2019年跨域立案试点期间,全国法院共提供跨域立案服务14万余件,其中87.56%案件的管辖法院在30分钟内响应,迅速有效地化解了群众异地诉讼难问题,为全国各地各族群众提供了便捷、高效、优质的诉讼服务。在此过程中,科技企业凭借其先进的技术研发能力和创新解决方案,赋能数字法院实现跨域立案的高效便捷。以2023年科大讯飞股份有限公司(以下简称"科大讯飞公司")推出的"科大讯飞司法辅助事务数智化解决方案"为例,该方案面向数字法院建设,打造"数智化平台底座"服务司法全流程数字化。安徽省合肥高新技术产业开发区人民法院、湖北省武汉东湖新技术开发区人民法院等法院在建设数字司法的进程中均使用了科大讯飞公司开发的集约化智慧司法模式,助力法院跨域立案工作效率显著提高,案件审理平均时间大幅缩短,为广大群众提供了高效优质的司法服务。[①] 2019年,安徽省淮北市中级人民法院立案工作人员通过"中国移动微法院"小程序中的"跨域立案"模块

[①] 参见《一图看懂丨科大讯飞司法辅助事务数智化解决方案发布》,载微信公众号"科大讯飞智慧城市"2023年7月11日。

向管辖法院浙江省温州市鹿城区人民法院、安徽省淮南市潘集区人民法院先后推送两件民商事案件的起诉材料,首次实现作为协作法院办理的省内外跨域立案。此次跨域立案的成功,打通了淮北法院作为皖北地区法院连接长三角地区法院的立案通道,让涉诉群众获得在家门口法院就能办理跨区域立案事务的便利。长三角地区跨域立案是指,在上海市、江苏省、浙江省、安徽省地域范围内,当事人可以选择就近向任何一家中级、基层人民法院申请办理属于异地法院管辖的一审民商事案件立案事务,不受地域、审级的限制。

二、审判辅助

(一)庭审直播

1. 概述

庭审直播是指人民法院经审核批准后,通过官方网站视频直播形式向公众直播法庭审理的全过程,确保将整个庭审过程完整清晰地呈现给广大群众。2013年以来,中国法院探索实践庭审活动网上公开,打造庭审公开网。2013年12月,"中国庭审公开网"正式上线开通。2016年7月1日,最高人民法院全面实现庭审直播,标志着最高人民法院庭审直播常态化工作正式启动。2017年,中国庭审公开网实现全国四级法院全接入、全覆盖。

2. 特点

在数字法院建设的实践中,庭审直播以其独特的公开性、即时性和受众广泛性,深刻改变了司法信息的传播方式,成为连接司法与民众的坚实桥梁。它不仅是一种技术上的革新,更是司法理念进步的体现,让司法活动在阳光下运行,增强了司法透明度,保障了公众的知情权、参与权和监督权。

第一,庭审直播具有公开性。庭审直播作为司法公开的重要里程碑,其核心特点之一便是其无可比拟的公开性。这一特点深刻体现了现代司法体系对公开审判原则的坚定践行。通过先进的传媒技术,庭审直播将法庭内庄严而复杂的审判过程直接呈现在公众视野之中,不仅确保了审判活动的透明度,还极大地增强了司法公信力。相较于传统的庭审公告、案卷查阅等方式,庭审直播以其直观、全面的特点,将庭审实况原汁原味地传递给每一位关注者,其公开的程度和范围之广前所未有,真正实现了"阳光下的审判"。

第二,庭审直播具有即时性。庭审直播的另一核心特点是即时性,其能够将法院庭审的全过程即时传送给民众。这种在线同步直播的方式极大地缩短了民众与司法之间的距离,使得普通民众能够实时感受法律的威严与公正。它不仅为公众提供了一个了解司法运作、学习法律知识的窗口,更是搭建起了法院与人民群众之间沟通的桥梁,人民群众对法院工作的知情权和监督权得到了有效保障。

第三,庭审直播具有受众广泛性。庭审直播的受众广泛性是其影响力和社会价值的重要体现。在数字化时代,庭审直播打破了地域和时间的限制,使任何拥有网络接入设备的个人都能观看庭审过程。这一变革不仅极大地拓宽了庭审的受众范围,还使得司法活动更加贴近民生、贴近实际。相比传统的现场旁听庭审,庭审直播具有更高的灵活性和便捷性,吸引了更多不同年龄、职业、地域的群众参与其中。这种广泛的受众基础,不仅增强了司法活动的社会关注度,还促进了公众法律意识的提升和法治文化的传播。

3. 典型场景应用

以中国庭审公开网(https://tingshen.court.gov.cn/)为例,其作为司法公开的重要平台,集成了多项创新功能,深刻体现了司法透明化的时代趋势。该平台不仅提供庭审直播的即时性服务,还涵盖庭审回顾、重大案件、普法教育、法院导航以及数据公开等多个维度,全方位满足公众对司法活动知情权的需求。庭审直播作为该平台的核心功能,让人民群众能够实时观看全国各级法院正在进行的庭审实况,通过同步录音录像技术,确保了庭审过程的原汁原味呈现,极大地增强了司法审判的公开性和透明度。这一功能不仅促进了司法公正,也提升了公众对司法制度的信任感。

中国庭审公开网设有庭审回顾与重大案件专区,允许用户回看过去的庭审录像,无论是普通案件还是社会广泛关注的重大案件,都能在这里找到痕迹,为公众提供了深入了解司法运作、学习法律知识的窗口。中国庭审公开网还配备了强大的搜索功能,用户可根据案件名、案号或法官名快速定位自己关心的庭审录像,极大地方便了信息的检索与获取,体现了服务公众、贴近民生的设计理念。

4. 应用效果

截至 2025 年 6 月 3 日,全国各级法院已累计通过中国庭审公开网直播案件超过 2330 万件,该网站累计访问量高达 949 亿余次,这一数据不仅彰显了我国司法公开工作的巨大成就,也充分展示了我国在司法公开领域取得的举世瞩目的进展。中国司法公开的步伐快、涵盖类型广、参与法院数量多,在世界范围内属于领先水平。

在中国庭审公开网这一司法公开的主阵地上,除视频直播这一核心功能外,还创新性地增设了图文直播功能。该功能允许审理法院灵活运用图片、精炼文字及短视频等多种形式再现庭审现场,不仅极大地丰富了庭审公开的表现形式,还显著拓宽了社会广泛关注的热点案件庭审过程的公开范围,有效且积极地回应了公众对于司法透明度的迫切需求。

(二) 庭审语音识别

1. 概述

庭审语音识别是一种利用语音识别技术,将法官、当事人、律师等参与庭审人员的语音信号实时转换为可读文本的技术。为深入推进数字司法建设,切实提升审判质效,人民法院引入庭审语音识别系统,打破了过去书记员电脑打字记录的模式,不断提高庭审的信息化水平和工作效率。该系统全流程语音智能辅助庭审,庭审语音自动转化为文字,形成符合规范要求的庭审笔录,书记员仅需对记录不正确的文字进行修改,便可快速完成庭审记录,缩短庭审时长,切实缓解法官和书记员的工作压力。

2. 特点

在司法实践的不断深化与技术创新的推动下,庭审语音识别技术成为提高司法效率、保障司法公正的重要工具。该技术以其独特的优势,不仅革新了传统的庭审记录方式,还极大地优化了庭审流程,给司法工作带来深刻变革。

第一,强化机器自主学习能力,确保内容识别精准。庭审语音识别系统具备高度的适应性,通过持续学习庭审中高频出现的词汇、专业法律术语等,并辅以上传的案件材料,实现系统的自我优化与提升。这一特性显著缩短了书记员记录与整理的时间,有效提高了庭审的整体质量与效率。

第二,实现即时修订整理,加速庭审笔录生成流程。在庭审过程中,庭审语音识别系统提供实时修订、查找替换、高亮标记等便捷编辑功能,使书记员能够同步核对并快速修正转写内容,从而确保庭审笔录的即时性与准确性。闭庭后,当事人可立即核对并确认庭审笔录内容,大幅减少了等待时间,有效减轻了当事人的诉讼负担。

第三,优化笔录定位功能,加速审查核对流程。庭审语音识别系统内置强大的搜索功能,支持对笔录中的关键词进行快速查询与定位,直接回溯至对应的语音部分。此外,该系统还能在语音转写过程中自动识别并区分庭审发言者,自动优化笔录排版,为法官与书记员迅速审查案件内容提供了极大的便利,显著提高了核对工作的效率与准确性。

3. **典型场景应用**

以浙江法院的智能庭审语音识别系统为例,其具体步骤如下:

一是自动化启动与同步记录。在浙江法院的数字化法庭环境中,一旦启动庭审程序,智能庭审语音识别系统即自动同步开启,无须人工干预即可开始记录庭审语音。这一过程确保了庭审记录的即时性和完整性,为后续工作提供坚实的数据支持。

二是精准识别与实时编辑。庭审过程中,智能庭审语音识别系统实时将语音转换为文字,并在庭审笔录编辑框中同步显示。书记员可根据需要对识别结果进行快速的手动修正,确保笔录内容的准确无误。同时,该系统支持将识别内容同步展示在大屏幕上,便于法官、当事人及旁听人员即时查看并确认,提高了庭审的透明度和公正性。

三是自动化回传与电子化管理。庭审结束后,智能庭审语音识别系统能够自动将当天的庭审笔录回传至审判系统,实现信息的电子化管理和存储。在"电子卷宗"模块下,相关人员可以方便地查询、调阅已回传的笔录文件,提高了工作效率,降低了笔录管理成本。

4. **应用效果**

随着语音识别与人工智能技术的持续进步,庭审语音识别系统现已具备强大的机器自主学习能力。该系统支持用户通过添加庭审高频词汇、专业法律术语等关键词汇,以及上传相关案件材料,不断优化其识别能力。为应对个性化词汇在语音转写过程中可能出现的错漏问题,书记员可将案件特有的个性化词汇输入系统,使其能够自动修正转写结果,显著提升了对人名及同音词等复杂词汇的准确转写能力。例如天津法院行政审判信息化平台通过审判部门与技术部门的深度融合,打造适用于新型审判团队的智能合议系统,实现了合议笔录自动分角色语音转写。目前,该系统的识别正确率已超过 95%,有效缩减了书记员记录与整理的时间,从而切实提高了庭审的整体质量与效率。

(三) 智能送达

1. 概述

智能送达是指利用人工智能技术,通过智能系统自主完成法律文书的生成、发送、跟踪和确认等送达任务,实现全流程无须人工干预的送达模式。

送达文书是法院审判执行工作中至关重要的环节,关系到案件能否正常审理执行,裁判结果能否及时送达,当事人权利能否得到有效维护。"送达难"是长期困扰司法实践的问题,传统的送达方式存在一定缺陷:直接送达时"人难找",邮寄送达时效率低、成本高、瑕疵多,公告送达适用混乱、耗时长。"送达难"不仅阻碍诉讼程序的顺利推进,拉长案件审理周期,降低诉讼效率,浪费司法资源,还给审判执行工作带来困扰,损害司法权威。

以浙江省的智能送达发展为例,2016 年 7 月,浙江省台州法院自主研发智能送达平台,完善电子地址确认和电子送达方式,两年时间基本解决"送达难"问题,工作取得阶段性成效。2019 年 5 月,浙江省高级人民法院审判管理处与嘉兴市中级人民法院组建联合项目组开启研发攻关,打造线上线下、内网外网、有线无线协调一致、互联互通的智能送达体系。2019 年 7 月,嘉兴市桐乡市人民法院率先开展试点,并于 1 个月后在嘉兴全市法院上线。随后,浙江省高级人民法院组织召开智能送达推广应用工作座谈会,进一步扩大试点,改进功能、出台规定,并在全省建立起"e 键送达"网络,为智能送达全面铺开做好准备。2020 年 1 月,以"无感启动、智送速达"为主要特征的"e 键智能送达"在浙江全省上线。

2. 特点

智能送达系统在法院系统的应用主要聚焦于民事、刑事、行政等案件法律文书的高效、精准送达,如起诉状、判决书、裁定书等文书的送达。该系统的应用显著提高了审判流程的效率与公正性。

第一,具备高度的智能化。智能送达系统能够自动识别送达任务,智能生成送达文书,并根据受送达人的属性智能选择送达方式;同时还能智能判断送达结果,并根据预设的送达规则决定是否选择其他送达路径再次发起送达。

第二,实现送达全流程自动化。智能送达系统的应用使得整个送达过程无须人工干预,从文书生成到送达确认均实现了自动化处理,从而大大减轻了法院工作人员的工作量,提高了送达效率。

第三,显著提高送达效率。智能送达系统能够实时监测送达情况,及时反馈送达结果;同时通过优先适用电子送达方式,大大提高了送达速度,缩短了送达周期。

第四,确保送达过程规范化。智能送达系统对送达过程进行全程留痕,确保了送达过程的规范性和可追溯性。此外,该系统还对接了区块链等技术手段,为送达规范性提供了强有力的技术保障。

3. 典型场景应用

以浙江法院智能送达系统为例,其具体步骤如下:

一是送达流程高效启动。在浙江法院智能送达系统的操作界面,用户首先需明确目标案件,通过系统的案件筛选与查询功能,精准定位需发起送达的特定案件。在点击"发起送达"后,系统即进入送达任务。

二是灵活选择送达方式。在正式发起送达之前,法官先选择需送达的法律文书,系统提供多样化的线上和线下送达方式供法官选择,包括但不限于"短信送达""邮寄送达""直接送达"等方式。用户可根据受送达人的实际情况及偏好,灵活选择最合适的送达方式。

三是一键发起,智能送达。在完成送达对象、送达文书及送达方式的全面配置后,法官只需点击"发起送达",系统即自动启动送达流程。此时,智能送达系统会根据预设的算法与规则,智能匹配最优送达路径,并实时监控送达进度。相关文书将以最高效、最合适的方式送达受送达人手中,从而实现了送达工作的智能化、自动化与高效化。

4. 应用效果

智能送达方式在法律效力上与传统送达方式具备同等法律约束力。其显著优势在于,智能送达成功跨越了传统送达手段在时间和空间上的局限,展现出了高度的便捷性与易操作性。用户仅需通过线上操作平台,即可一键完成法律文书的查看与下载,极大地缩短了获取诉讼材料的时空距离,使得人民群众能够享受到"让数据多跑路,让群众少跑腿"的便利服务,真正实现了司法服务的信息化与人性化。

当前,全国各级法院已普遍建立起以智能送达为主导,以传统送达方式为辅助的多元化送达模式。以浙江省某基层人民法院为例,该法院在民商事案件处理中积极推广并应用电子送达方式,取得了显著成效,电子送达的适用率高达98.41%,大幅提高了送达效率。再如江苏省镇江市中级人民法院的人工智能送达系统设置了专门的"人工电话确认"栏目,对当事人躲避、规避送达情形进行录入并记载日志,由此增强了送达的实际效果。① 值得指出的是,智能送达的广泛应用显著降低了具有成本高、周期长等弊端的民事公告送达的使用率(仅占2.35%),从而充分体现了智能送达在优化司法资源配置、提高司法效率方面的积极作用。

(四)在线委托

1. 概述

在线委托涉及案件鉴定、评估等专业技术工作,其利用互联网信息技术,让案件的处理变得更加高效和便捷。通过在线委托系统,案件承办人员可直接上传鉴定所需材料,当事人也可选择合适的鉴定机构,鉴定机构亦能即时在线接收委托任务,并快速出具鉴定意见,从而彻底改变了传统线下委托中常见的鉴定周期长、手续烦琐、责任不清、沟通不畅等问题。

支持在线委托鉴定的平台如浙江千麦司法鉴定中心、东南司法鉴定中心、安康亲子鉴定中心、江西中正司法鉴定中心等。

以浙江省委托鉴定评估管理系统为例,该系统巧妙融合信息化与智能化技术,将审判部门、司法技术辅助部门、鉴定机构和当事人紧密联

---

① 参见《【智慧法院】"云送达"系列报道:镇江法院法律文书智能送达,你关心的都在这里!》,载微信公众号"镇江市中级人民法院"2020年4月21日。

结,通过电子数据的传输提高了审判工作的质量和效率,有效优化法治化营商环境。该系统的推出是司法领域向数字化、智能化转型的一次重要尝试和成功实践。

2. 特点

第一,高效便捷,流程优化与监管强化并行。在线委托系统严格遵循高效原则,通过细化节点、确保环节紧密相连并全程留痕,建立了完善的对外委托案件管理制度。在线委托不仅明确了各环节的责任归属与时间限制,还实现了对整个流程的有效监管,极大地促进了各部门及受托机构的工作效率。

第二,公平公正,公开透明与广泛监督相结合。在线委托系统致力于维护司法鉴定的公正性,通过及时公开抽取结果及现场录音录像,广泛接受社会监督,有效防止"暗箱操作"。结案后,当事人可对受托机构的服务进行评价。值得指出的是,在线委托系统能够统计鉴定、评估等办理周期,对不当行为进行预警,并自动生成机构信用评价报表,为法院考评提供参考。在线委托系统的应用促进了受托机构服务质量的提升,保障了司法鉴定的公正与权威。

第三,信息同步与查询便捷,实现全程公开透明。在线委托系统具备高度的信息化与智能化水平,能够即时将评估机构选定结果同步至互联网平台,并通过短信向相关方发送中标通知。公众及机构可随时访问互联网查看中标公示详情及随机摇号过程,确保了信息的全面公开与透明。此外,在线委托系统还具有便捷的缴费凭证上传与确认功能,进一步增强了流程的规范性与透明度。

3. 典型场景应用

浙江法院委托鉴定评估管理系统的应用展现了高效便捷的司法流程,总体分为四个紧密相连的阶段。第一阶段,业务部门承办人提交委托申请,历经审批流程后正式立案,标志着委托流程的启动。第二阶段,技术管理督办人通过摇号方式公平确认鉴定机构,并移交相关材料,确保委托过程的公正性。第三阶段,鉴定机构进入委托办理阶段,包括处理委托事项、提出补充材料需求及现场勘查等,全面履行鉴定职责。第四阶段,鉴定机构出具专业意见,技术管理督办人据此完成结案手续。整个流程在办案系统中实现无缝对接,支持案件信息、委托事项及移交材料的在线录入与提交,同时提供回避处理及案件督办服务,有效应对委托超期及临近期限案件,确保鉴定评估工作的顺利进行。

4. 应用效果

在线委托系统的推出,不仅实现了当事人与鉴定机构之间的"零接触"选择机制,极大地提高了委托鉴定的效率,还显著缩短了法院因委托鉴定事项而需扣除的法定审理期限,有效加速了案件处理进程。此外,相较于传统的委托鉴定模式,在线委托鉴定模式展现出更高的公开性和透明度,通过全程电子化操作与记录,确保鉴定工作的每一步都留下清晰可查的痕迹,从而实现对司法鉴定工作的动态化、精细化监督管理。

(五) 网上退费

1. 概述

网上退费作为人民法院顺应数字化时代潮流而推出的一项创新服务举措,旨在通过构建互联网平台,为诉讼当事人提供一种便捷、高效的诉讼费退还机制。网上退费彻底突破了传统模式下当事人需亲自前往法院办理退费手续的局限,实现了退费申请的全程在线化。当事人仅需借助互联网,即可在网上退费系统提交退费申请,并实时追踪退费进度,直至完成整个退费流程,无须再承受往返法院的劳顿与消耗。对法院工作人员而言,网上退费系统支持手机、电脑等多种终端操作,实现了退费工作的即时响应与高效处理,显著缩短了退费周期,提高了法院的工作效率。更为重要的是,网上退费的实施促进了法院对诉讼费管理的进一步规范化与精细化。

2. 典型场景应用:以浙江法院网上退费系统为例

浙江法院网上退费系统的集成了六大核心功能。

第一,"开庭前缴费情况提醒"功能,案件一旦正式立案并送达缴费通知满7日后,系统会智能检测缴费状态,并即时向相关经办人发送未缴费提醒,有效避免因疏忽导致的程序延误。

第二,在结案环节,"结案填报诉讼费承担信息"功能为强制选项,确保了诉讼费及保全费承担情况的准确记录,为后续退费工作奠定了坚实基础。

第三,"案件生效诉讼费自动退结"功能,在案件承办人或书记员确认生效日期后,次日即可自动启动退费流程,极大地缩短了退费周期,提高了资金流转效率。

第四,为防止因遗漏填写生效日期而延误退费,"生效日期填写提醒"功能在结案后20天自动触发,向承办人发送通知,确保每一笔应退款项都能及时启动退费程序。

第五,"生效后强制退费"功能为兜底选项,在案件生效且满足一系列自动退费条件后,系统会自动甄别并发起退费结算,有效保障当事人的合法权益,实现退费的"零遗漏"。

第六,在案件归档阶段,"归档清零案款"功能再次发挥作用,系统自动检查案款是否已全部处理完毕,对于仍有余额的案件,提醒承办人发起退费;对于不足结算的,则通知当事人补交,确保了案件处理的圆满收尾。

这一系列功能的融合应用,不仅提高了法院的工作效率,也显著增强了司法服务的透明度与满意度。

3. 应用效果

网上退费系统的广泛推行,标志着诉讼费用管理流程的根本性变革,成功实现了由"当事人申请退"向"法院主动退"的转变,极大地简化了当事人的退费手续,让"一站式"诉讼服务触手可及,显著增强了人民群众的司法满意度与获得感。

首先,审批流程得到深度优化,摒弃了以往烦琐的多层级审批模式,转变为承办法官直接决定、财务部门迅速审核的高效流程。这一变革确保了从裁判文书生效到胜诉方收到退费款项,平均时间缩短至3~5日内,部分案件甚至能够实现当日办结,加速了退费进程,节约了当事人的时间成本。

其次,推行指定账户"精准退"服务,即当事人立案时提供的并经其确认的银行账户为唯一退费渠道,确保了退费资金的安全与精准送达。同时,赋予当事人在判决前更改账户信息的权利,进一步体现了司法服务的人性化与灵活性。

再次,依托数字法院建设成果,实现"网上退"的便捷操作。通过构建诉讼费预收与退费的网上闭环管理系统,实现银行间的"点对点"快速退付,使当事人能够足不出户轻松完成退费流程,真正做到了足不出户、服务到家。

最后，关于败诉方应缴诉讼费的追缴工作，也建立了高效衔接机制。财务部门在完成胜诉方退费后，立即将相关信息推送至立案部门，由其迅速登记立案并移送执行部门启动强制执行程序，确保应缴诉讼费的及时追缴。

三、综合服务

（一）12368 诉讼服务热线

1. 概述

"12368"是由最高人民法院确定的全国法院系统通用的司法信息公益服务号码。12368 诉讼服务热线通过智能语音机器人和诉讼知识库智能辅助，为用户提供案件查询、诉讼咨询、联系法官、投诉举报、意见建议等服务。12368 诉讼服务热线提供智能语音服务和人工服务两种方式。用户可以选择智能语音服务，通过智能语音机器人进行案件查询等；也可以选择人工服务，与客服人员进行交流以获取帮助。通常情况下，12368 诉讼服务热线提供全天候服务，包括节假日。

2014 年 1 月 2 日，上海法院 12368 平台正式开通，成为全国法院系统第一个三级法院联动、一号对外，集热线、网络、短信移动终端等多种服务方式和联系法官、案件查询、诉讼咨询、网上立案等多种服务功能于一体，为群众提供"一站式"诉讼服务的综合性平台。经过几年建设，12368 诉讼服务热线从最初的"一张办公桌+一部电话机+一个值班员"的工作模式，发展为集网络在线、语音自助、短信和人工座席服务于一体的综合性服务平台，服务功能从原来的诉讼咨询、案件查询等单一服务扩展为包括咨询、查询、预约、转办、投诉建议、联系法官等"一号通办"的诉讼服务，涵盖立案、阅卷、保全、鉴定、送达、执行、信访、律师服务、满意度评价等 20 多项服务内容，为人民群众提供"线连线"的贴心服务。如北京法院构建 12368"一号响应"工作机制；广东省深圳市中级人民法院建立群众诉求服务站；内蒙古、新疆等地法院选聘双语接线员，用"热线"传递司法温度，及时回应群众诉求；浙江省高级人民法院指导湖州市中级人民法院开发 12368 智能客服工单系统，实现 24 小时来电智能接听。

2. 特点

12368 诉讼服务热线具有以下显著特点：

一是功能全面。12368诉讼服务热线不仅提供案件信息查询、诉讼咨询等基础服务,还支持在线预约立案、联系法官、调解、信访投诉等多种服务,满足当事人的多元化需求;提供人工服务和智能语音服务,人工服务在工作时间内提供,而智能语音服务则实现24小时不间断服务,确保当事人可以随时获取所需信息。

二是智能便捷。通过智能语音导航服务,当事人可以方便地接入任意地区的人民法院诉讼服务热线,并携号转接到相应法院。12368诉讼服务热线支持电话、网络、微信、微博等多种渠道接入,当事人可以根据自己的需求选择合适的接入方式,其整合了热线、网络、窗口三大咨询服务入口,实现诉讼咨询服务一体化、集约化、智能化,为当事人提供"一站式"诉讼服务体验。

三是互动监督。12368诉讼服务热线支持当事人通过留言等方式向法院工作人员转达诉求,加强了当事人与法院之间的互动沟通。系统对群众投诉、建议等事项整理分析后,有针对性地转交相关部门处理,并通过市民回访、满意度调查等多种方式进行核查,构建完善的监督、评价、考核机制,有效监督诉讼服务质量。

3. 应用效果

以浙江法院12368智能语音客服工单系统为例,当有来电进入工单系统时,工单系统出现弹屏,带入来电人的目标法院、来电号码、来电时间、之前查询的案件或法官等信息。工单系统展示来电人和智能大脑的通话记录,可查看来电人具体咨询的业务信息。根据来电人咨询的业务,可选择不同的工单类型:案件查询、联系法官、法院查询、法律咨询、信访投诉和其他。进入案件查询窗口后,可根据案件号、身份证号、当事人姓名查询案件。有数据显示,到2022年年底,全国四级法院均已开通12368诉讼服务热线,服务群众1450万件次,同比增长12.54%,接通率92%,日均帮助解决诉求5.9万个,有效发挥了服务群众的"民心线""总客服"作用。

(二) 满意度评价

1. 概述

满意度评价是衡量司法服务质量的重要指标之一。通过收集公众对司法服务的反馈,可以帮助司法机构了解其服务的优势和不足之处,并据此进行改进。2022年2月25日,人民法院诉讼服务满意度评价系统上线。该系统依托科技赋能,实现了人民群众对线上、线下诉讼服务工作全方位的评价监督,充分体现了人民法院坚持以人民为中心,深入推进"一站式"诉讼服务体系和服务能力现代化建设,真正让人民群众成为"一站式"诉讼服务体系建设的实践参与者、成效评判者和实际受益者。以"人民法院在线服务"小程序为例,当事人通过微信进入小程序后,在首页选择"满意度评价"模块,按要求填入相应的"相关法院所在地区、评价法院、业务类型、业务办理平台",即可以根据情况进行评价。

2. 特点

第一,全面评价,开放监督。满意度评价实现了三个全覆盖:一是法院全覆盖,全国任一家法院都可接受人民群众的满意度评价;二是线上线下全覆盖,人民群众既可以通过12368诉讼服务热线等诉讼服务平台提交评价,也可以通过诉讼服务大厅的评价设备或二维码进行评价;三是诉讼服务事项全覆盖,人民群众可对诉讼服务大厅的环境设施、司法作风、系统操作、事项办理完成情况及12368诉讼服务热线接通情况等进行评价、提出意见建议。

第二,明确规范,及时反馈。一方面,规范处理流程,采用星级评分、评价标签等"好差评"方式,通过点选标签或填写意见,即可快速提交评价内容。对于差评和意见建议,法院将及时处理并予回复,对回复结果仍不满意的,12368诉讼服务热线将跟进督办。另一方面,制定专门工作规范,明确意见建议办理回复时限,对群众意见要及时办理、及时回复,1个月内未反馈完成情况的,进行通报督办,确保及时反馈群众意见建议。

第三,智能精准,提升体验。配套建设满意度评价数据展示平台,开发数据报告自动生成等功能,动态展示人民法院诉讼服务满意度评价情况,实时分析评价数据,精准定位群众需求,有针对性地优化业务流程、升级完善系统,改进司法作风,推动诉讼服务体验全面升级,使诉讼服务更便利、更精准、更高效。

3. 应用效果

人民法院面向全社会开展诉讼服务满意度评价,更加精准地回应群众司法需求。例如,浙江法院通过12368诉讼服务热线、在线调查问卷等方式收集用户对智能语音服务的满意度。江苏省无锡市中级人民法院自主研发"司法公正评价码",主要面向案件当事人及诉讼代理人提供案件信息查询、法律文书在线核验、司法公正满意度评价三项功能服务。北京法院推行网上立案系统,以简化立案流程,提高效率,通过在线调查、电话回访等方式收集用户对网上立案服务的满意度,基于用户的反馈,进一步优化网站界面设计,增加更多的在线帮助文档,并加强技术支持团队的力量。上海法院推出电子送达服务,通过电子邮件等方式向当事人发送法律文件,通过调查问卷了解用户对电子送达服务的接受度和满意度。广州法院采用远程视频技术进行线上开庭,通过在线调查问卷收集当事人和律师对远程视频开庭的满意度,用户普遍认为远程视频开庭节省了交通时间和成本,提高了诉讼效率。根据反馈,广东法院改进了视频会议软件的稳定性,并增加了更多的技术支持人员以保证服务质量。

(三)司法公正在线

1. 概念

"司法公正在线"是浙江法院研发上线的数字化监督评价应用,围绕群众意见畅通直达、案件监管高效闭环、司法公正可感可知的工作目标,建设包含"法官信箱""举报投诉""案件进度""填写评价"等的多个功能板块,通过"一案一码",实现"码"上联系、"码"上投诉、"码"上评价,以数字化手段践行司法领域全过程人民民主。"司法公正在线"应用让法院工作从被动接受监督转变为主动接受监督、从事后监督转变为事中监督、从结果公开透明转变为全过程公开透明,有助于聚焦问题短板、精准改进工作,以外部监督倒逼和促进法院内部管理,全面提升审判质效。

2. 特点

一是便捷高效。"司法公正在线"应用支持多种接入方式,如微信、支付宝、浙里办等,用户可以通过扫描法律文书上的"案件码"轻松进入平台,实现线上便捷获取司法服务。用户可以在线联系法官,咨询案件进展,提交相关材料,极大地提高了司法服务的效率和便捷性。

二是公开透明。"司法公正在线"应用强调司法活动的公开性,通过在线平台展示司法过程,增强公众对司法公正的信任感。用户可以对案件办理情况进行评价,对违法审判等行为进行举报投诉,这些评价和反馈将直接影响对法官业绩的评价和司法质量的提升。

三是智能分析。"司法公正在线"应用利用大数据分析技术,构建涵盖案件质量、效率、效果的指标体系,形成智能化风险预警机制,为发现司法办案中的共性问题提供决策支撑。平台可以根据用户的案件类型和需求,提供个性化的司法服务建议和解决方案。

四是互动监督。"司法公正在线"应用不仅服务于当事人,还广泛收集人大代表、政协委员、律师等群体的意见建议,形成多方参与的司法监督体系。对低分评价案件和举报投诉案件进行重点监督,形成监督闭环,确保司法公正的实现。对于查实的违法审判等行为,依法依规进行责任追究,维护司法权威和公信力。

3. 应用效果

浙江法院"司法公正在线"应用:一是涉诉主体可以通过该应用对法院的审判执行行为进行评价,内容涉及裁判结果、法官态度、诉讼服务等多个方面。这一举措有助于法院了解自身服务的不足之处,并据此进行改进,同时提高了司法过程的透明度。二是为每个案件分配一个唯一的二维码,当事人可以随时通过二维码进行投诉或评价,构建了一个以"公正感受度指数"为核心的动态监测体系,结合群众测评和案件质量评估,全面提升司法服务水平。三是围绕"公正与效率"主题,利用大数据和人工智能技术辅助审判工作,旨在提升司法公正感知度。

"司法公正在线"应用推广运行以来,使用效果良好。2023 年,浙江全省法院在 106.17 万件案件中发送了带有案件码的"司法公正在线告知书",当事人或律师提交意见建议累计 30826 人次,全省法院共收到 10868 条案件评价意见,实现了当事人、律师和人民法院更灵活的在线互动以及更公开透明的在线监督,将之前判决后当事人不服判决通过上诉举报等方式监督纠错转为对案件全流程进行监督评查。同时,全省共有 84 家法院通过"司法公正在线"应用推送"四类案件"监管 300 件,推送案件评查

104件,更有效地将有关案件纳入院庭长监管,从而进一步提高了裁判质量。

(四)"小至数字助手"

1. 建设模式

上海二中院紧扣"政治建设引领、司法质效为本、数字改革赋能"工作主线,在"建"上求突破,充分运用数字化思维理念推进"数助办案"。在上海市高级人民法院"数字法院"建设规划引领下,上海二中院充分调研法院干警的实际需求,结合生成式人工智能等最新技术成果,形成了"小至数字助手"建设方案。上海二中院借助原有的"C2J法官智能辅助办案系统"升级项目契机,进一步提升智能化水平并创新人机交互模式,以快速迭代的大模型技术在司法领域深度应用,为干警提供"情境伴随"式智能助手。

C2J法官智能辅助办案系统自2012年在上海法院推广和应用以来,积累了大量的法院优质数据和用户需求,累计数据量达到1500余万条,访问量达到1600余万次,日均访问量4000余次,单日最高访问量达到30000余次,为法官提供了全面、有效的知识检索辅助和办案智能支持。因系统安全需要以及当前技术发展现状,传统的检索方式已不能完全满足法官的实际需要。上海二中院在此背景下探索运用前沿的生成式人工智能技术,通过全面升级改造C2J法官智能辅助办案系统,形成"小至数字助手"(图4.3.1)。按照"数助办案"的指导思想和技术规范要求,"小至数字助手"建设于原有的C2J法官智能辅助办案系统,以升级后的全新版本为载体,实现与上海法院审判执行系统的深度融合,通过页面集成和能力调用,在法官实际办案过程中提供嵌入式、伴随式的智能化服务,并可以延伸至法院干警办公用途。

2. 应用特点

"小至数字助手"基于"场景融合、专业赋能、自主可控"的总体要求,秉承"知识和AI驱动的数助办案"理念,从"流程驱动、功能视角"向"体验驱动、知识视角"转变的法官智能辅助办案模式,依托生成式人工智能技术进一步创新人机交互模式。

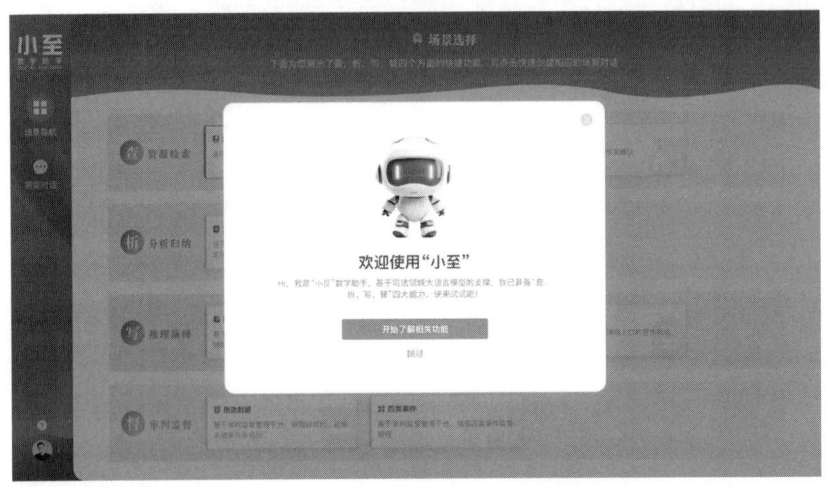

图 4.3.1 "小至数字助手"初始页面

一是以法官为中心,创新"情境驱动"的意图理解和关联分析。"小至数字助手"聚焦知识资源检索、阅卷案情分析、文书编写辅助、审判质效监督四大核心场景需求,专项设计研发"查""析""写""督"四类知识服务功能,并通过法官在办案件背景解析,提供嵌入式知识服务,使人机交互具备详细情境,便于机器准确理解语义并把握意图。"小至数字助手"通过"人、案、卷"数据一体化,实现关联分析和智能推送,并将知识服务融入办案全过程,极大提升了使用者的获得感。

当法官需要对特定的法律问题进行知识检索时,"小至数字助手"可以基于法律领域大模型准确理解语义,精准提供"法律问答"和"类案检索"服务,帮助法官准确查找可资适用的法律法规或者可资参考的类案检索报告,并且基于法律知识图谱为法官提供可信赖、可追溯的知识推送,提高推送内容的可解释性。

为了准确查明案件事实,法官可以通过"企业查询"服务,对涉案企业的基本情况进行核实,如确认法定代表人、股权等信息在案件审理过程中是否发生了变更,规避审判执行中可能存在的问题和风险。当法官阅卷时,为了更好地帮助法官进行案情分析或者对特定证据进行查询比对,"小至数字助手"可以全程自动关联案件卷宗材料信息,例如对原审文书、案涉合同、起诉状、答辩状等进行智能解析和归纳，实现案件事实比对确认、诉辩争议内容归纳、合同主要条款核对和归纳、原审认定事实和裁判观点总结等功能。当法官起草裁判文书时，"小至数字助手"可以模块化接入智能文书编写系统，自动关联案件信息和文书模板，实现智能的文书初稿一键生成，并由法官进一步修改和确认。"小至数字助手"还可以帮助法官或者法官助理完成一些日常办公文稿的辅助生成，如公告、通知等文案。除此之外，基于灵活拓展的特性，"小至数字助手"还可以对接审判监督平台，帮助法官对本人办案质效指标、评查情况等进行实时监测和了解，实现自我督促和提醒。

二是以知识为核心，构建"专业可信"的司法领域大模型及知识资源库。"小至数字助手"积极运用生成式人工智能领域大模型的最新成果，并将其与法官办案场景深度融合。通过与法律人工智能专业技术团队的联合预演和验证，发现行业内通用大模型与司法行业应用需求存在明显的知识鸿沟，现有的大模型面向法律专业领域直接提供服务存在一定的可信风险，主要表现在"强语言弱知识、逻辑推理和计算不靠谱、无法真正为领域问题提供专业答案、实时信息更新慢导致新旧知识难以区分"四个方面。因此，为了匹配法院场景专业知识壁垒高、权威性的严谨性强、数据安全和自主可控的要求，"小至数字助手"采用"司法领域大模型+专业知识资源库"双核支撑方案（图4.3.2），并引入"基于专家反馈的学习"和"敏感信息智能过滤"机制，以确保提供的服务和知识可以持续优化，并做到专业可信。

图 4.3.2 "小至数字助手"架构

具体来说,"小至数字助手"进一步优化和拓展了原有 C2J 法官智能辅助办案系统的九大资源库(图4.3.3),并通过知识检索引擎增强和知识融合关联技术,实现对法官办案所需的专业法律知识的全面覆盖、及时更新和高效获取。基于灵活适应性和可拓展性,"小至数字助手"可以通过司法领域的经验反馈和参数精调,实现对法律概念和指令的增强理解,以及基于知识增强的可信回复和知识验证,不断优化系统能力。此外,其支持私有化部署和全面安全适配。

图4.3.3 九大资源库

三是以体验为重心,打造"人机交互"伴随式数字助手服务。为了更好地服务法官,"小至数字助手"支持以伴随的方式供法官随时唤起,并通过智能人机自然语言交互方式完成"查、析、写、督"四大能力支持下的各类具体任务。举例来说,法官可结合办案的需要,提出各类具体的问题,例如"民法典关于违约金的相关规定""请帮我查询上海二中院买卖合同纠纷中涉及违约金计算标准调整的案例""某某公司的经营状态如何"等,"小至数字助手"可智能理解法官问题的意图,并给出相匹配的具体结果(图4.3.4)。

针对法官阅卷过程中同步查阅卷宗材料进行"左看右写"或细节比对的需求,"小至数字助手"可以实现文档智能问答和归纳,并对回复的内容进行定位回溯,方便法官确认(图4.3.5)。

3. 应用成效

按照"场景融合、专业赋能、自主可控"的总体要求,上海二中院秉承"知识和AI驱动的数助办案"理念,基于本地九大资源库2.4亿多条知识数据和法律领域大模型精调训练,探索人机智能交互模式创新,构建"查、析、写、督"四大底层技术能力,持续拓展应用场景(见表4.3.1)。

第四章 数字法院建设具体应用场景

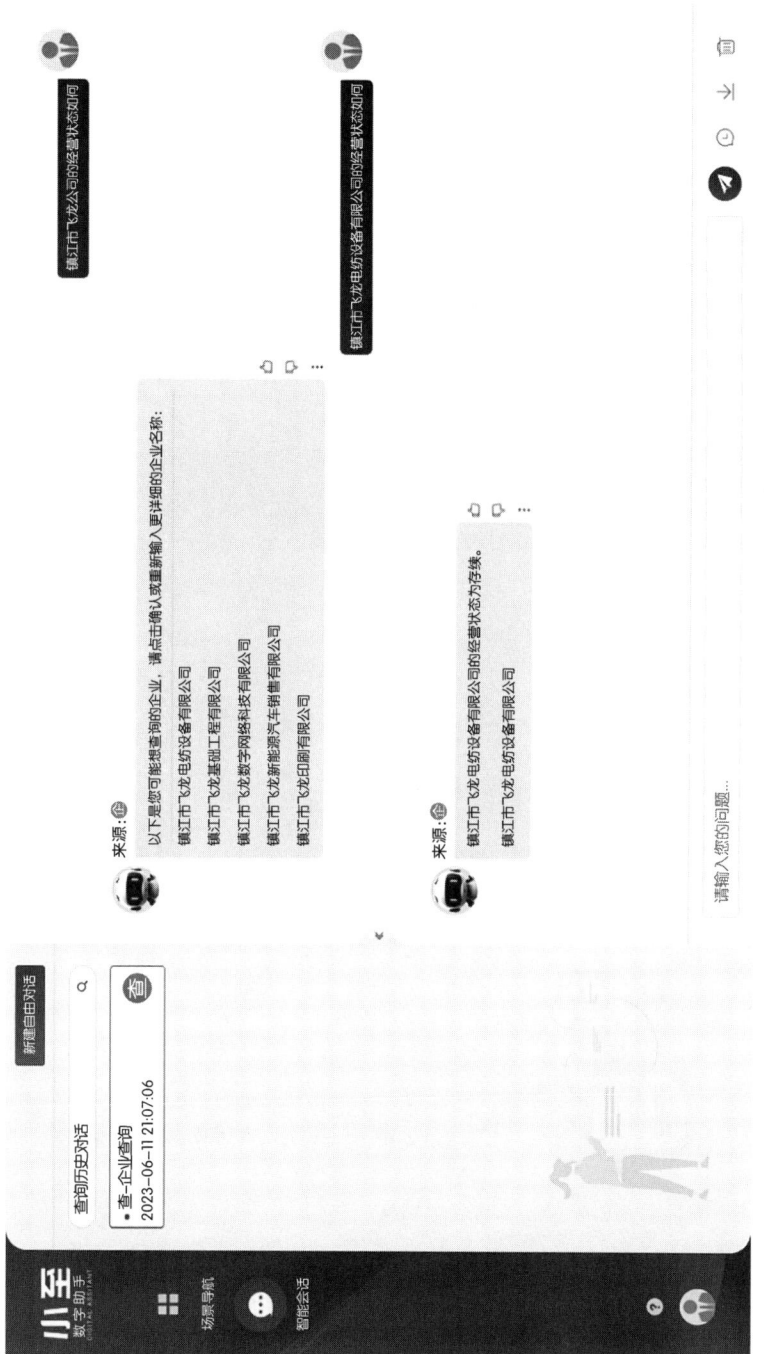

图4.3.4 "小至数字助手"查询页面

数字司法的中国模式

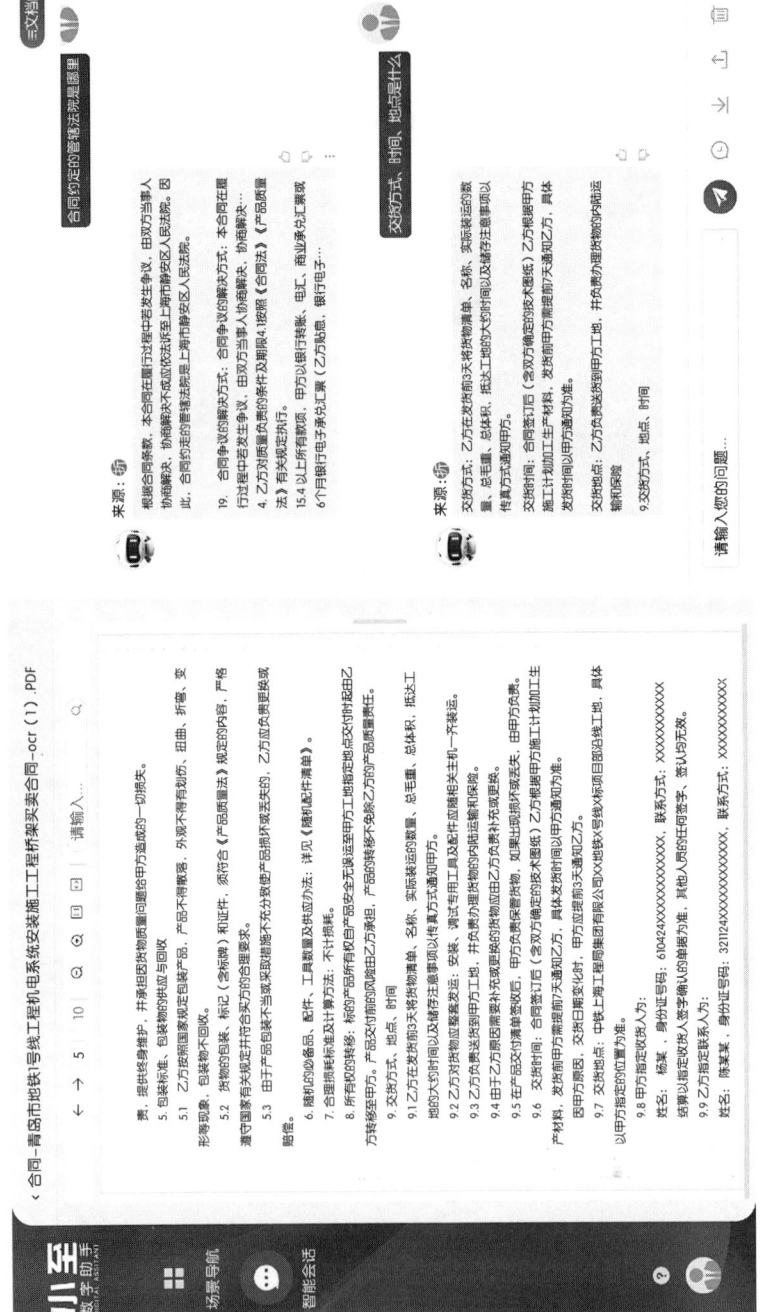

图4.3.5 "小至数字助手"智能问答和归纳页面

第四章 数字法院建设具体应用场景

表 4.3.1 "小至数学助手"四大底层技术能力

能力	场景	场景应用简介
查	企业核实	为法官提供案件涉及的企业主体经营状态、变更信息、涉诉情况等方面的动态确认和核实服务,规避可能的办案风险
查	类案推送	针对案情事实描述,实现基于法律要素和案情信息解析的相似案例精准匹配,辅助完成案件研判和案例参考
查	法条推送	基于案情和具体法律问题,实现基于法律法条关联图谱和法条理解释义的专业、精准、智能的法条匹配和适用推送,并可进一步生成该问题的具体回复内容,为用户提供高价值的参考
析	法律文书解析	对裁判文书、起诉书等法律文书进行智能解析,为法官提供案件前置文书的概括总结、当事人信息和案情事实梳理、法条信息核对和文书信息智能问答
析	笔录规整归纳	在遵循庭审笔录真实性的基础上,实现对语音生成庭审笔录内容中的重复词、错别字、标点错误、语序不当等问题进行轻度规整和修改,方便查阅利用。针对特定案由案件,实现对庭审笔录描述中的当事双方争议内容点的智能归纳
析	合同要点归纳	基于涉案合同进行智能归纳或特定信息问答
析	审判指导问答	针对审判指导的资料、文献等进行分析和信息查找
写	案件文书	为法官智能匹配上海法院案件文书智能编写中的文书模板,并对接跳转文书系统进行文书编写生成
写	案情分析报告	基于案件审理的不断推进,对案件阶段信息、当事人信息、案情、类案情况以及涉及法条情况进行收集归纳,生成案情分析报告,辅助法官研判
写	小至公文	基于海量公文资料库和大模型精调训练,实现对法院日常通知、公告、宣传文案等公文内容的辅助起草,并可根据用户已有素材进行改写、扩写、金句润色等

(续表)

能力	场景	场景应用简介
督	当事人监督	针对当事人身份的监督评查,例如自然人死亡情况、企业存续状态等
	文书监督	针对裁判文书用语规范性的监督评查,例如英文表述问题、利率表述问题等

"小至数字助手"旨在为法院干警提供"事中伴随"式的智能辅助,其本质是打造法官灵活取用的"对话窗口"和"贴身助手",是将生成式人工智能技术应用于法官具体办案的产物,与上海数字法院现有建设内容不重复。从全国数字法院建设情况来看,上海法院尚属首批系统性探索生成式人工智能应用的法院。整体而言,"小至数字助手"具有三方面的应用成效。

一是模块化建设,具有较强的灵活性和可扩展性。"查、析、写、督"四大底层技术能力,具有标准化、模块化的特点,可以"灵活组装",以适应复杂的实践需求,并且可以适配 XC 环境以及安全部署,充分融合适法统一规则,发挥"生成式人工智能"实时更新、持续迭代的技术优势,让系统越用越聪明。

二是个性化发展,具有较大的创造性和可适应性。创新人机交互模式,以法官为视角提供全过程、伴随式服务,通过自动识别"在办案件背景"以及"法官个人习惯"(例如历史关键词、案件高频词等),从"场景驱动"升级为"情境驱动"。借助大模型在"理解、推理、生成"等方面的技术优势,让自动关联和智能推送的效果更具人性化,让干警越用越顺手。

三是本地化适配,具有较好的稳定性和可解释性。"小至数字助手"融入 2.4 亿多条 C2J 法官智能辅助办案系统积累的司法数据,以专业的法律大模型技术为核心,确保系统功能符合上海法官的实践需求;借助上海本地积累的海量司法数据,通过法律领域的精调训练,让系统更贴近审判实践。

上海二中院将进一步加强对法官工作场景需求的调查研究,聚焦核心业务和主要问题,深挖法律专业领域大模型的潜能,并通过对法官专业反馈的持续学习,打磨智能辅助办案效果,推动"小至数字助手"在应用实践中持续成长、升级,进而实现对数字法院建设的全面赋能,助力数字正义的实现。

(五)5G车载便民法庭

1. 概述

5G车载便民法庭由重庆市高级人民法院于2021年6月正式上线投用(图4.3.6、图4.3.7)。① 5G车载便民法庭是对传统巡回审判的数字化转型和平台化改造,依托原笔迹电子签名、5G网络切片、法律知识图谱、自然语音语意识别、视频图像识别、单向光闸安全交换等现代信息技术,实现AI身份识别、在线电子质证、智能语音识别、在线电子签名、360度全景记录智慧庭审、在线远程开庭、裁判文书智能辅助生成、现场制作打印防伪签章法律文书等功能应用的系统集成,成功把立案、送达、庭审等"一站式"诉讼服务"装上车",以流动的车辆便捷对外输出全域立案、全域送达、智能庭审、诉调确认、当场裁判等全方位、立体化的智慧司法服务,有效实现传统巡回审判的数字化转型,不仅解决了边远地区群众及老弱病残孕等特殊当事人到法院参加诉讼活动不方便的现实问题,也为人民法院开展法治宣传、远程接访等带来极大便利,被人民群众亲切地称呼为"家门口的法院"。

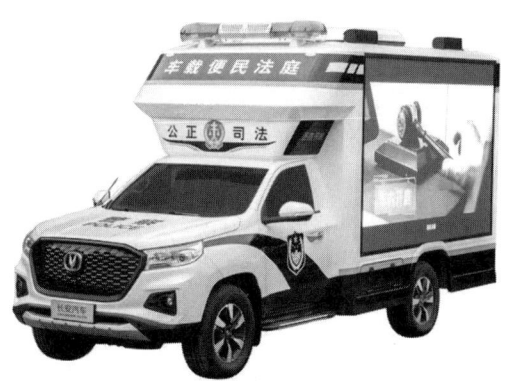

图4.3.6 5G车载便民法庭车体外观

---

① 参见《[新闻直播间]重庆 重庆法院5G"车载便民法庭"首车投用》,载"央视影音"App 2021年6月3日。

图 4.3.7　5G 车载便民法庭车厢内部

重庆市高级人民法院 5G 车载便民法庭已获得 1 项发明专利和 8 项实用新型专利。与国内同类研究、同类技术综合比较,5G 车载便民法庭主要实现了如下几个方面的关键技术突破:①依托原笔迹电子签名技术,重塑书证的数字化身份,攻克了当事人在线确认电子笔录或签收电子文书存证难题;②依托 5G 网络切片技术,突破移动网络低速率和长时延瓶颈,实现了庭审音视频实时安全交互;③基于预训练模型的实体抽取技术及领域知识、专家规则和深度学习的关系抽取技术,成功构建类型化案件法律知识图谱及基础裁判模型,实现了大量简单案件裁判文书的智能辅助生成;④依托单向光闸安全交换技术,实现法律文书跨内外网防伪电子签章安全认证及实时安全交互,解决了巡回审判现场制作法律文书的跨网实时签章难题。

2. 特点

5G 车载便民法庭核心架构由巡回审判平台、车载便民法庭和便携式数字巡回审判包三个板块构成(图 4.3.8),采用融合集成"云""网""安""应用""端"多类型新型信息技术,依托 5G 通用解决方案,利用 5G 专网与单向光闸实现数据信息在巡回审判平台与法院专网办案平台之间的跨网实时安全交互,从而为线下巡回审判全流程办案活动的规范化、高效化、便捷化、智能化、便民化运行提供强大技术支撑,并为法院工作人员高质高效办理案件提供科技赋能。

第四章 数字法院建设具体应用场景

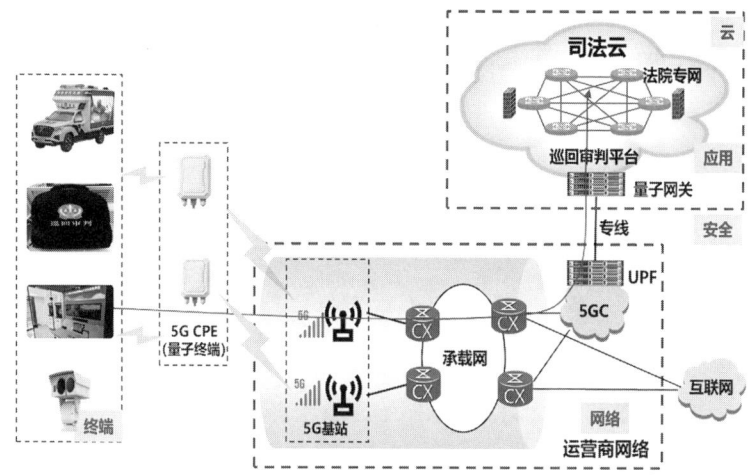

图 4.3.8 5G 车载便民法庭核心架构

巡回审判平台作为 5G 车载便民法庭开展巡回审判工作的管理后台和数据、软件支撑,由互联网巡回审判"外平台"和法院专网(用于法院内部办案办公,与互联网物理隔离)巡回审判"内平台"组成,对外服务当事人和社会公众并向巡回审判前端服务设备车载便民法庭、便携式数字巡回审判包提供数据支撑与管理服务;对内服务法官办案并实现与法院办案办公平台的数据及功能对接。内、外两个平台之间通过单向光闸安全数据交换平台进行数据同步,整体提供"5G+法治宣传""5G+智能庭审""5G+巡回预告""5G+巡回预约""5G+全域立案""5G+全域送达""5G+远程接访"等管理功能。车载便民法庭是 5G 车载便民法庭移动前端载体之一,通过把法治宣传 LED 大屏、自助诉讼服务一体机、科技法庭系统装上车,利用 5G 网络技术和人工智能技术,实现巡回审判、法治宣传、诉讼服务、多元解纷、执行指挥和远程接访等现场应用功能。车载便民法庭接入重庆法院巡回审判平台(图 4.3.9)对接办案系统进行统一综合管理,工作数据通过区块链技术予以全程留痕,能够对外输出完整的"一站式"智慧法院诉讼服务。在传输能力设计方面,传统的远程诉讼采用有线网络进行视频通信,对于农村和偏远地区的乡镇法庭,建设和维护成本较高、移动性较差。5G 车载便民法庭通过 5G 大带宽进行数据及视频码流传输,实现在不同法院、不同法庭之间通过

5G 网络进行 4K/8K 高清视频多方远程连线,实时调用开庭和审判,提高在线审判活动的准确率及流畅度。具体而言,可提供如下核心功能应用:

图 4.3.9　巡回审判平台界面

一是"5G+全域立案"。可通过自助或人工辅助现场实现重庆全市各法院的案件立案,不受地域和管辖限制。

二是"5G+全域送达"。自带互联网电子签章防伪打印系统,支持自助或人工打印送达重庆全市法院带电子签章防伪文书,自动生成电子送达回证并返回法院内网办案系统备案存档,赋能重庆全市法院跨法院直接送达。

三是"5G+智能庭审"。具备 AI 身份识别、电子质证、语音识别、电子签名、5G 直播、360 度全景记录智能庭审和网上庭审功能,具备车内、车外现场审和在线远程审多种庭审模式。

四是"5G+诉调确认"。直联重庆法院纠纷易解平台,对接人民调解工作平台,具备现场调解和在线调解功能,支持一键诉调对接,现场出具调解协议司法确认裁定书。

五是"5G+当场裁判"。具备文书智能辅助生成系统,可当庭生成简易裁判文书,并通过数据跨网安全交换平台转内网进行电子签章,现场打印制作带防伪签章的裁判文书。

应当说,5G 车载便民法庭完全跳出了传统巡回审判单一功能局限和法院管辖限制,通过科技赋能让人民法庭"动"了起来,用灵活移动补齐静态短板,以科技智慧突破传统局限,充分彰显了以人民为中心的发展理念和司法为民的工作情怀,努力让人民群众在每一个司法案件中感受到公平正义。

3. 应用效果

巡回审判平台、车载便民法庭和便携式数字巡回审判包共同组成5G车载便民法庭核心架构。其中,便捷式数字巡回审判包轻便易携、设计贴心,可以"跟着法官"走村入户、巡回审判;车载便民法庭行动便捷、功能强大,能够"载着法庭"上山下乡、移动办案。这两个前端设备载体各有所长、相辅相成,与巡回审判平台共同构建了"科技驱动、点面一体"的数字化巡回审判工作新格体系,能够精准回应司法便民服务的三大核心需求,应用场景包括并不限于如下多个方面①:

一是移动诉讼服务。5G车载便民法庭集成诉讼服务一体机和重庆法院纠纷易解平台,车辆所及之地均能现场提供自助智能诉讼服务和人工引导诉讼服务,为当地群众提供跨网跨域的立案缴费、案件查询、证据提交、在线阅卷、电子送达等"一站式"诉讼服务。

二是巡回审判服务。5G车载便民法庭内置巡回审判系统和新一代便携式数字巡回审判装备,具备AI身份识别、电子质证、语音识别、电子签名、5G直播、360度全景记录智能庭审和网上庭审等功能,并支持车内、车外现场审和在线远程视频庭审等多种庭审模式。

三是法治宣传平台。5G车载便民法庭具备强大的音视频交互功能,利用前端音视频采集和高清音视频播放设备,有效实现法治宣传、庭审直播、庭审点播等功能,并可现场开展以案释法、以宣普法、以询讲法等服务。

四是多元解纷服务。5G车载便民法庭的多元解纷系统具备诉调成本分析和诉调确认功能,支持现场和在线音视频调解应用,可以助力人民法院工作人员当场进行各类矛盾纠纷的化解引导和调解办理。

五是执行指挥系统。5G车载便民法庭搭载执行指挥系统,可以对接组网法院中的任意一个执行指挥中心或者单兵作战系统,助力实现执行活动现场和远端的实时调度指挥。

---

① 参见王斌来、常碧罗:《重庆法院探索推出车载便民法庭,开展巡回审判等司法服务——把法庭设到群众家门口(法治聚集)》,载《人民日报》2023年8月16日,第11版。

六是远程接访服务。5G车载便民法庭配置有在线视频会议系统,并与全国四级法院网络互通,可以实现从最高人民法院到基层人民法院四级法院多方参与的远程接访功能。

四、审判辅助事务集约化

随着社会经济活动的日益频繁和人民群众法律意识的不断提高,法院受理的案件数量不断增加,法官的审案压力日益增大。在传统审判模式下,法官往往需要花费大量时间和精力处理非核心的司法辅助性事务,导致审判工作效率低下。在数字法院建设的背景下,审判辅助事务集约化改革应运而生,通过将审判辅助事务从审判工作中剥离出来,由专门团队进行集约化处理,法官能够更专注于案件审判工作,从而提升法院审判质效。

(一)并联式协同模式

并联式协同模式是在无纸化办案基础上,从审判团队中将司法辅助事务剥离出来,并在审判服务中心设置专人专岗集中办理,实现多岗位、多环节同时空协同工作的审判辅助事务集约模式。原来分散在各业务团队的书记员全部进行集中管理,由审判服务中心统一对外提供服务,推动开庭排期、送达、誊录、调查取证、归档报结等审判辅助事务高度集约办理,实现了审判辅助事务从"线下纸质交接向在线无纸化协同转变",从"个人包干操作向专人专岗专事转变",从"分头督促检查向集约管理指导转变",从"承办法官承担全责向瑕疵差错精准问责转变"的新模式。

在基本架构上,建立1个"大中台"和N个"小前台"的并联交互模式,以"大中台"进行集约处理,为审判团队"小前台"提供辅助事务成果供给(图4.3.10)。一方面,审判服务中心(大中台)将所有卷宗电子化处理后导入办案系统,自发推进后续办理流程,完成审前和审后程序流转,统一调度各种能力资源,服务当事人诉讼需求和审判团队办案需求。另一方面,各审判团队(小前台)不设处理程序性事务的书记员,可随时指令中心提供高质高效的能力支撑,直接接收从中心输出的由N个辅助人员"多线程、并联式"完成的审判辅助事务办理成果。该模式既规避了原团队中书记员一人"单线程"疲于应付多案不同事务节点导致的拖延痼疾,又节约了法官的精力,使其无须辐射审前程序和审后管理,形成"当事人—集约中心—法官"运行体系,双向解决当事人找法官难和法官沟通当事人累的难题。①

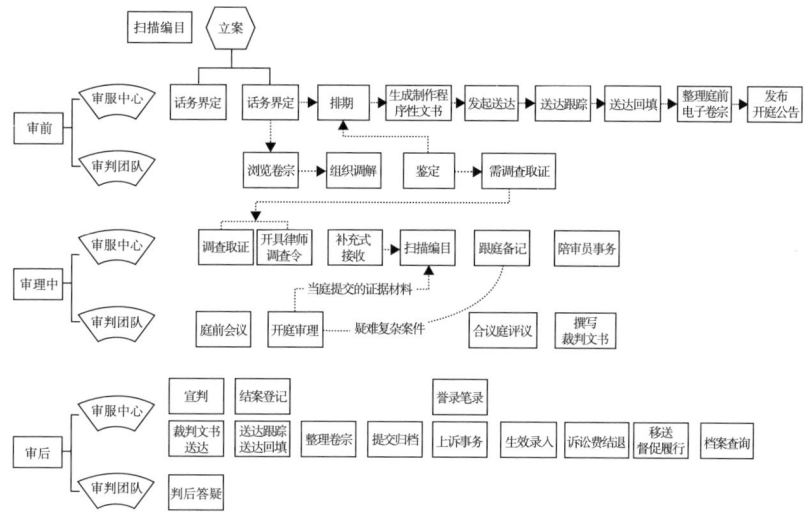

图 4.3.10 并联式协同模式交互图

并联式协同模式落地运行的重要前提是各个审判辅助事务的"小模块"有机结合,各岗位衔接流畅、各事项有序交接。因此,必须明确审判辅助事务工作人员的岗位职责,有序开展事项交接,确保高效完成"小前台"——审判团队发出的各项指令,以整体提高并联式协同效率。

具体而言,一方面要用好一体化办案办公平台。深度释放全面应用无纸化办案的红利,及时实现纸质材料电子化,使不同团队、节点的人员可实时共享"同一本"电子卷宗,以并联式、集约化处理各项审判辅助事务。同时对办案办公平台辅助功能模块进行全面分析,能通过该模块顺利完成衔接、协调的辅助事务,通过该模块完成。另一方面要完善外部工

---

① 参见徐乐盛、张晨田:《审判辅助事务"中台"式集约管理的模式探索》,载《人民法院报》2022 年 8 月 18 日,第 8 版。

具。通过数字化应用对书面交办制度进行数字化处理,让信息化赋予流程强制执行力,实现事务交接可视化管理。

(二)"审判云智辅"

为全面深化审判体系和审判能力现代化建设,浙江法院在机制层面推动全省辅助人员全集中、审判领域全覆盖、业务流程全贯通,通过对辅助人员的统一调配、统一管理、统一考核,实现辅助事务办理的规范化、高效化、安全化水平大幅提升。为更好地协同辅助事务集约管理和交互,浙江省高级人民法院指导衢州市中级人民法院开发了"审判云智辅"应用,并在2023年推广使用,以专用数字化工具助力赋能审判辅助事务集约化管理。

内嵌在办案办公平台的"审判云智辅"应用,将案件办理涉及的十大类32项辅助事务,分类规整为排期、送达等二十四类"工单",将高频使用的十七类工单设计为自动触发,工单自动创建率高达93.29%。该应用同时与"案款3.0""智能送达"等应用互联互通,为不同层级、不同地域法院配置自选模块,提供个性化定制服务。在使用过程中,浙江法院根据自身实际不断优化业务流程,针对集约事务节点审核迟缓、衔接困难等问题,探索"节点触发—工单自动生成"模式,实现立案、接收、排期、文书审批、生效等节点"自动智联",自动生成送达地址界定、排期、庭前准备、结案准备、诉讼费结退等工单,该应用已在12个事务中适用。"审判云智辅"应用优化了辅助事务交办制度,通过可视化管理全链留痕、智能监管、动态复盘,实现辅助事务"全流程、全自动、全线上、全集约"。

(三)集约化改革的应用效果

审判辅助事务集约化改革是对审判辅助事务组织架构的全面重塑和业务流程再造,实现了辅助事务从个人包干向专人专岗转变,减少事务耗时,提升工作规范化,同时法官、助理、审判服务中心人员在线共享电子卷宗,按照岗位类别赋权操作,事项进展透明可视,各环节自主流转,减少了沟通成本。以审判辅助事务集约化改革成效最为显著的浙江省台州法院和衢州法院为例,其中台州法院辅助事项办理周期平均缩短45%,邮寄资费支出减少50%以上,在人均结案数浙江省第二的人案矛盾下实现了"审限内结案率浙江省第一、平均结案用时浙江省第二、发改率浙江省第三"的质效业绩。衢州市中级人民法院首次排期平均时限缩至 17.44 天,较改革前减少 24.53 天;平均归档天数 15.45 天,较改革前减少 30.58 天;审判辅助事务集约化改革助推衢州全市法院平均结案时间缩至 50 天内。

第四节　司法管理领域应用场景

一、司法大数据管理

(一) 基本原理

司法大数据管理是指利用大数据技术和方法对司法系统产生的大量数据进行收集、存储、处理和分析的过程。这些数据包括但不限于法院裁判文书、案件信息、庭审记录、法律条文解释、法律法规变化等。司法大数据管理的目标在于提高司法效率、增强司法公正性、提升服务质量,并为司法决策提供数据支持。深入开展司法大数据分析工作,要充分利用大数据所具有的"复杂性、决策有用性、高速增长性、价值稀疏性和可重复开采性"[1]等多种潜在价值,以云计算、互联网、区块链、人工智能等现代信息技术手段,剖析问题,提炼规律,提出决策参考。

司法大数据管理的关键要素:一是数据采集,通过各种渠道收集司法相关数据,包括电子化的裁判文书、案件档案、庭审录音录像等;二是数据整合,将分散在不同系统和平台上的数据进行标准化处理和整合,建立统一的数据格式和标准;三是数据分析,利用数据挖掘、机器学习等技术对司法数据进行深入分析,提取有价值的信息和洞见;四是数据应用,将分析结果应用于司法决策、案件预测、风险评估等领域,以提升司法服务质量;五是数据安全与隐私保护,确保数据在收集、存储和处理过程中的安全性和隐私保护,遵守相关法律法规。

---

[1] 姜元春等主编:《大数据管理与应用概论》,高等教育出版社 2023 年版,第 6 页。

(二) 重要意义

一是司法大数据资源的深度应用,能够反映社会治理工作上取得的成效及面临的挑战,为完善立法、规范执法、促进发展、改善民生提出更精准的政策或法律建议,推动政府、社会组织、市场主体及公众在法律和制度框架下共同努力解决社会问题、回应治理需求。

二是司法大数据分析能够服务和保障各级审判管理主体及时发现审判工作中的质效问题和管理问题,能够提供案由推理、争议焦点归纳、证据智能分析、裁判规律分析、法律要素识别、法条检索与类案推送、文书纠错等智能化服务,以高质量的审判管理服务保障审判执行工作现代化,回应人民群众的司法需求。

三是司法大数据管理推动机制改变。其一,由传统"经验决策"向现代"数据决策"转变。借助各类信息平台,充分发挥司法大数据的规模性(volume)、多样性(variety)、高速性(velocity)、价值性(value)和真实性(veracity),把"数据流"转变成"信息流""决策流",帮助管理主体制定更加明确的管理目标和管理计划,从而实现决策科学化、民主化、法治化和现代化。其二,由"粗放式"向"精细化"转变。司法大数据能够精准、深入地汇总和提炼司法案件背后的结构性、规律性问题,并将问题拆解到最小颗粒、串联到关联因子、扩展到全生命周期,为推进问题整改、行为规范和矛盾化解提供服务。其三,由"被动堵塞漏洞"向"主动防范风险"转变。司法大数据能够灵敏、即时地评估和预测社会治理及法院管理中的风险隐患,推动矛盾纠纷风险因子和治理资源要素相匹配,有效预防和化解相关风险。其四,由"阶段性、点状式、碎片化管理"向"全业务、全流程、全生命周期、闭环治理"转变。依托数字法院建设,审判全业务、全流程在线办理,通过事前标准内嵌、事中智能预警、事后评估纠错,推动形成全流程、全要素、全覆盖的治理体系,实现覆盖矛盾纠纷全生命周期的闭环管控。

(三) 具体路径及实践样例

一般而言,司法大数据管理遵循"平台建设—统计分析—研判会商—部署工作—反馈评估"这一逻辑路径开展,根据不同的管理、服务对象及工作目标,有不同的侧重点。

第一,司法大数据管理的基础——平台建设。

最高人民法院组织推进全国法院司法数据中台建设,自2013年开始,为实现司法审判信息资源的汇聚管理并服务于人民群众、审判执行、司法管理,开展了数据集中管理平台的建设。先后经历"技术方案验证""法院数据全覆盖""案件数据全覆盖"三个阶段,2015年年底上线运行为全国四级法院提供统一服务,2016年以司法统计并轨为目标,推进"统计信息全覆盖"和共享交换、数据服务等能力的升级,全面建成人民法院大数据管理和服务平台。2017年,该平台在原有案件信息、文书信息基础上,拓展电子卷宗、司法人事等核心审判信息资源,丰富审判执行、司法人事、司法研究、司法政务、信息化管理、外部数据等数据资源,建立健全数据质量管控机制,推进全国二级共享交换体系形成,加快司法审判信息资源的深度应用,基本建成国家司法审判信息资源管理和服务平台,全面服务人民群众、服务审判执行、服务司法管理和服务国家治理。

各高级人民法院基于人民法院大数据管理和服务平台,在最高人民法院统一指导下,组织推进辖区司法数据中台建设,持续丰富司法数据资源,推进数据关联融合,支持数据自动推荐,实现核心数据资源容灾备份,为数字法院建设奠定坚实的数据基础。例如,上海市高级人民法院部署"数字法院"建设,打造"上海数字法院监督管理平台",将应用场景融入审判执行全流程,在数助办案、数助监督、数助决策、数助便民、数助政务等方面发挥作用。[①] 四川省高级人民法院构建集数据采集、数据共享、数据管理、数据分析、数据可视化于一体的四川司法大数据平台,解决传统数据使用中资源消耗以及采集效率低等问题,为数据深度应用奠定良好的基础。[②] 浙江省高级人民法院按照"大脑和平台一体融合""建好数字大脑,提高智能化水平"要求,搭建浙江智慧法院大脑,坚持"办案办公"与"监督管理"并重,汇聚办案、办文、办会、办事数据,实现智慧管案、

---

① 参见乔文心:《数据会商——精细校准司法天平刻度》,载《人民法院报》2024年3月8日,第1版。
② 参见四川高院:《【成果评选】面向监督管理和应用支撑的四川司法大数据平台》,载微信公众号"司法科技前沿"2024年2月19日。

智慧管人、智慧管事。

第二,司法大数据在助推社会治理中的应用。

一是司法指数已成为评估社会治理成效及风险隐患的重要标准。多家法院和科研院所运用司法大数据资源,研发司法指数评估体系。例如,中国司法大数据研究院基于人民法院大数据管理和服务平台汇聚的海量司法案件数据资源,并结合全国各地政府对外公布的行政区人口规模等经济侧数据,形成"社会治理指数体系",涵盖法治政府司法指数、营商环境司法指数、诚信社会司法指数、平安社会司法指数、生活和谐司法指数、生态文明司法指数等六项二级指标,全方位反映社会治理工作取得的成效及面临的挑战。①

二是大数据绘制"法治地图",推送类型化司法建议。2023年以来,最高人民法院深入研究司法数据,针对房地产及建工领域纠纷、信用卡纠纷、涉电影知识产权纠纷、融资性保证保险纠纷、超龄劳动者用工纠纷等,先后向有关部门和企业发出1—5号司法建议。② 广东省广州市黄埔区人民法院主动融入党委领导下的社会治理大格局,切实挖掘发挥海量司法大数据优势,从3万多件司法案件中抓取、提炼相关信息点,建立涵盖劳动争议、买卖合同、民间借贷、房屋租赁、机动车交通事故等不同模块的司法数据分析模型,绘制覆盖全区17个街镇矛盾纠纷的"法治地图",打造实证分析平台,为全区各街镇矛盾纠纷状况提供"全景视图"和"精准画像"。③ 上海市静安区人民法院运用"偷逃税预防数据模型",对2018年至2023年审结的房屋买卖"做低"价格、股权转让"阴阳合同"以及企业高管离职后追索劳动报酬等案件进行分析,发现涉嫌逃漏税款案件,将相关案件信息同步发送税务部门,并定期推送新发现的此类案件信

---

① 参见翔安区人大常委会课题组:《"数助决策":司法大数据助力社会治理现代化》,载厦门人大官网,https://www.xmrd.gov.cn/rdlz/llyj/202202/t20220216_5479829.htm,访问日期:2025年5月20日。

② 参见乔文心:《数据会商——精细校准司法天平刻度》,载《人民法院报》2024年3月8日,第1版。

③ 参见法治指数:《法院信息化丨大数据支撑助力 司法参与社会治理效能显著提升》,载微信公众号"法治指数"2024年5月17日。

息,助力完善税务监管体系。①

三是大数据助推矛盾纠纷多元化解。2023年9月,最高人民法院与司法部建立"总对总"对接机制,司法部加快推进矛盾纠纷非诉化解平台建设,实现与最高人民法院的业务协同和数据共享,确保纠纷案件网上流转顺畅,信息数据互通共享。人民调解信息化平台依托司法部矛盾纠纷非诉化解平台,实现与最高人民法院相关系统平台的对接,开展矛盾纠纷在线咨询、在线分流、在线调解、在线反馈、在线司法确认。积极运用大数据、云计算、人工智能等信息化手段,通过人民调解信息化平台对接汇聚纠纷数据,实现对矛盾风险的动态感知、精准分析,提高预测预警预防风险的能力。例如,发端于浙江余杭的道路交通事故损害赔偿纠纷"网上数据一体化处理"平台,汇集法院、公安、保险公司及司法鉴定机构等与机动车交通事故处理相关的所有单位,并将法院裁判规则及保险公司人身损害理算规则内嵌到平台内,为当事人提供在线人身损害赔偿数据计算服务,打消不合理的赔偿预期,提高赔偿调解成功率,减少进入诉讼程序的案件。

(四)应用成效

随着人民法院数据管理和服务能力的大幅提升,司法大数据应用也取得了积极成效,产出诸多成果,带来系列变化,推动数字法院建设向智能化方向发展,为服务司法实践、服务公众需求、服务社会发展提供有力科技支撑。② 具体到人民法院管理领域,主要成效体现在两个方面:

第一,推进人民法院审判管理现代化。在"管案"方面,通过类案智能推送、偏离度预警、智能报表等形式,统筹抓好个人裁判与整体审执质量、效率、效果优化提升工作。在"管事"方面,通过智能审务督察、清廉司法风险防控、案款管理等,有效规范行政事务,防控司法廉政风险。

第二,助推社会治理现代化。人民法院通过对海量司法大数据的深

---

① 参见上海市高级人民法院课题组:《上海法院创新打造审判监督管理平台调研报告》,载田禾主编:《中国法院信息化发展报告 No.8(2024)》,社会科学文献出版社2024年版,第168页。

② 参见孙晓勇:《司法大数据在中国法院的应用与前景展望》,载《中国法学》2021年第4期。

度分析,发现社会治理中存在的问题与漏洞。截至 2024 年,最高人民法院已连续 9 年开展司法大数据专题研究工作,其中全国法院第八届司法大数据专题研究面向 973 家法院提供司法指数报告 7000 余份,进入地方决策回路 100 余篇;面向上百家法院提供联合研究报告 269 份,为区域发展"预警",为行业发展"纠偏"。① 一大批研究成果有力推动了司法大数据研究与党委、政府科学决策等工作的深度融合,丰富了司法大数据研究服务社会治理的实践路径。

二、庭审自动巡查

为加强庭审管理和审判程序与庭审纪律的核查监督,建设庭审自动巡查系统。庭审自动巡查系统以审判业务管理系统和数字法庭系统为基础,利用视频图像识别、音频识别技术,对庭审实况或已经庭审结束案件的庭审录像进行点播回溯,对庭审过程进行自动化巡查、监督、统计,从而实现对法院庭审活动"全过程、全方位、无死角"的检查监督。

(一) 背景

庭审在诉讼程序中处于核心地位,是纠纷解决的重要环节,也是向社会公开展示法院审判活动的重要窗口。庭审是否规范是当事人衡量司法公正最直观的评价标准之一。② 为解决法院监管中"监管人手不够,监督范围太广"等问题,提升庭审活动规范化,提高广大法官庭审责任意识,实践中开始广泛运用庭审自动巡查系统。

(二) 运行

庭审自动巡查系统,通过法院的数字法庭综合管理平台和审判业务数据中心,获取法院审判流程管理系统下案件排期信息、数字庭审音视频数据,执行区域化的庭审自动核查应用,在庭前准备、庭中审理、庭后管理等阶段发挥作用,对人像、声音等进行自动识别、截图,自动统计巡查结果

---

① 参见法治指数:《法院信息化 | 大数据支撑助力 司法参与社会治理效能显著提升》,载微信公众号"法治指数"2024 年 5 月 17 日。
② 参见《庭审巡查 | 树立公正司法好形象》,载微信公众号"应县人民法院"2023 年 9 月 11 日。

并生成报表。

全国不少法院建设开发并投入使用庭审自动巡查系统。例如,吉林省长春市中级人民法院开发的庭审智能巡查系统,对于检查法官当庭行为是否规范、提升法官自律性、检查案件信息是否规范、保障庭审信息符合要求、及时发现庭审过程中存在的问题发挥着重要作用。[①] 另一比较有代表性的是河南省焦作市中级人民法院开发的庭审自动巡查系统,该系统分别对庭审行为规范、科技法庭使用规范、音视频质量规范进行核查,并提供全方位、多维度的统计分析,包括智能巡查情况、科技法庭使用情况、科技法庭建设情况等并按需生成核查报告。

(三) 成效

庭审自动巡查系统在降低法院督察工作强度的基础上,扩大监督巡查的覆盖面,帮助规范审判人员的行为,加强上级监督、规范案件审理,促进上下级法院审判业务管理,为上级机关提供辅助决策分析数据,在强化司法内部监督、加强审判流程管理、推动司法高效、保障司法公信力方面有着积极的成效。

第一,强化司法内部监督。司法责任制改革的目标之一是实现"让审理者裁判、由裁判者负责"。庭审自动巡查系统以庭审同步录音录像为基础,通过自动检查、提醒以及与法官绩效结合的方式,倒逼法官庭审行为规范化,努力实现司法运行内部监督的全程留痕、全程可视。

第二,加强审判流程管理。庭审是审判活动的重要环节,庭审自动巡查系统除对法官违规行为进行判断以外,还可以延伸到对法官庭审发言的一些语义进行判断,包括是否宣读开庭纪律、核对当事人身份、宣读当事人的权利义务、提炼争议焦点、组织讨论等,有助于加强审判流程节点全面、深入的管理,有效预防因庭审不规范引发的各类问题。

第三,有效推动司法效率提升。庭审自动巡查系统的运用,有效辅助人民法院督察工作从"人工单线巡查"向"自动范围巡查"模式的转变,充分解放了相关部门在庭审巡查、情况统计、反馈沟通等方面的工作与人

---

① 参见《长春市中级人民法院庭审智能巡查系统》,载长春市中级人民法院司法公开网,http://cczy.jlsfy.gov.cn/zhfyjsyy/354370.jhtml,访问日期:2025年5月20日。

力,系统自动截屏、录像、生成违规报告等操作也进一步提高了巡查结果运用的效率和效果。

第四,有力保障司法公信力。司法公信力是体现公众司法信任度的标尺,提高司法公信力是司法体制改革的根本尺度。庭审自动巡查系统使法官在审判实践中更自觉主动地维护法院的司法权威,维护司法审判的严肃与公正。该系统在提升当事人对案件审判的信任度,提高司法权威性的同时,也增进了公众对司法的了解、信赖和监督。

三、智能 3D 证据管理

(一)背景

在无纸化办案流程改造中,立案、送达、庭审、合议等流程基本已经实现无纸化,但是实物证据的无纸化、数据化一直以来难以解决。相较于普通民事案件,知识产权案件,特别是涉及专利权和商标权侵权的案件,通常涉及大量实物证据,这些证据在技术比对后需长期保存于法院。随着时间的推移,证物室中的证据堆积成山,给证据的管理、查找和处置带来诸多不便。为应对这一挑战,山东省青岛市中级人民法院围绕"物证数据化、数据可视化"的目标,通过 3D 扫描建模技术、区块链技术与审判业务实践的结合,研发了"智能 3D 证据管理系统",为法院实物证据数据化、系统化管理提供解决方案,取得良好效果。

山东省青岛市中级人民法院是将 3D 扫描建模技术与区块链技术相结合并应用于法院审判体系的先行者。通过在内网搭建智能 3D 证据管理系统,该院进一步推动了全流程智能化、无纸化、可视化的办案新模式,为知识产权等侵权案件的审理提供了高效直观的技术支持,同时维护了司法审判的公开、公正、公平原则。智能 3D 证据管理系统的搭建旨在解决:知识产权案件物证量大,物证仓库"堆积如山"及库存物证翻找难、管理难等问题;常年无法有效处理库存及库存信息数据造册查询难等问题;相关证物制证过程中图片、音频、视频数据及当事人签名等信息化证据分散管理难问题;微精小物体(如精密仪器和电子元器件及产品分拆建模等)、中大型证物(如汽车、农业机械设备、轮船、直升机、生产设备、机床等)和超大空间(如大型建筑物、大型工厂、矿区、农垦基地、厂房内部生产线)等三维扫描建模数据信息采集、封存、搬运和移交上级法院难等问题。

(二) 运行

1. 3D 扫描建模技术应用场景

3D 扫描建模技术在法院审判全流程中发挥着关键作用,涵盖庭前评估取证、证物 3D 扫描建模、数据保存、调阅和举证、庭审质证以及证据移交等各个环节。以下是各环节的详细描述:

(1)庭前评估取证:在案件审理前,法院工作人员进行外出勘验或全流程取证,确认证物争议点。

(2)证物 3D 扫描建模:工作人员根据法官和当事人的要求,采用高清精密的 3D 扫描设备(包括手持式蓝光扫描仪、智能光学追踪 3D 扫描仪、高精度蓝光三维检测系统、高清精密扫描仪、高清箱式扫描仪、高清手持扫描仪、高清空间扫描仪及无人机扫描仪等),对物证进行精确扫描,生成高清、真实、结构完整的可视化 3D 证物模型(图 4.4.1)。

图 4.4.1　现场手持 3D 扫描仪精确扫描

(3)数据保存:为确保数据的完整性和可追溯性,法院将3D证物模型与案件公证号和案号进行一一对应,并在法院内外网搭建完善的3D证物数据库。所有确认好的证据数据(包括3D证物模型、图片、音频、视频、电子签名等)都上传至系统进行保存。

(4)调阅和举证:法官可通过"全流程网上办案系统"一体化平台,轻松调阅相关审办案件的证据链数据,并在庭审过程中展示3D证据。

(5)庭审质证:庭审过程中,通过电子卷宗系统调取涉案的3D证据,并实时展示给双方当事人或代理人(图4.4.2)。此举旨在确保庭审过程的公平、公正、公开,同时提高审判效率。

图 4.4.2　3D 证据庭审质证

(6)证据移交:当一审判决结果公布且案件需移交至上级法院审理时,上级法院法官可直接从一审法院的智能3D证据管理系统中调取相关案件数据,或在庭审中展示涉案的3D证据,确保案件审理的连续性和准确性。

2. 3D 证据建模服务操作流程

山东省青岛市中级人民法院建立了规范的证据3D扫描流程(图4.4.3):

第四章 数字法院建设具体应用场景

图 4.4.3 证据 3D 扫描流程

一是法官或法官助理在钉钉移动办公平台上提交"3D 证物扫描和外出保全勘验"申请。① 经审批后,便于携带的涉案证物将被带至 3D 扫描室,难以携带的证物由工作人员抵达证物所在现场进行勘验扫描。

二是当事人需对证物进行扫描确认,并在《证物 3D 扫描确认书》中签署电子签名。

三是书记员将证据实物、《证物 3D 扫描确认书》一并交给 3D 证据扫描工作人员。

四是工作人员将签字后的《证物 3D 扫描确认书》进行扫描上传,并按照法官的要求,对证物的类别、尺寸、形状、大小及扫描内容进行登记和评估,选取适当的扫描方式进行现场扫描和数据制作。②

五是工作人员完成扫描后,将证物发还给当事人,并将发还记录登记

---

① 参见青岛中院:《【成果巡视】山东青岛中院:证据高清全景再现 推进智慧知产审判 打造知识产权审判"智能 3D 证据管理系统"》,载微信公众号"司法科技前沿" 2021 年 5 月 11 日。

② 参见戴谦:《2021 青岛十大法治新闻》,载《青岛日报》2022 年 1 月 7 日,第 8 版。

在《证据 3D 扫描建模信息登记表》中。

六是工作人员在智能 3D 证据管理系统中创建证物相关信息,并上传数字化文件及扫描确认书(支持当事人在线签署扫描确认书)。

七是当事人再次确认扫描结果,确认完毕后,数字化证据将上传至法院"全流程网上办案系统"一体化平台,确保 3D 证据与案件数据同步关联。办案法官通过"全流程网上办案系统"一体化平台跳转至智能 3D 证据管理系统调取查看 3D 扫描文件,当事人及代理人可通过扫码便捷查阅电子证物,实物证据将被妥善封存并发还当事人保管。

为了保证证物信息的安全性、准确性和唯一性,智能 3D 证据管理系统采用先进的加密技术进行加密。① 一旦证物的 3D 模型、音频、视频、当事人承诺书及电子签名等信息进入系统,即被锁定,确保数据不可篡改,为司法审判的公正、公平和高效提供有力支持。

(三)成效

第一,创新实物证据数据化采集模式。为实现证据数字化,通过先进 3D 扫描设备,对实物证据进行高清三维扫描,再通过智能算法、边缘算法、图像拼接和压缩技术等建模技术,真实重建实物证据外观和内部构造的三维模型。智能 3D 证据管理系统已经完成 2000 多件大中小型证物扫描,建设 3D 高清精密模型 1500 余个。

第二,高效对接实现证据互联互通。智能 3D 证据管理系统打通了山东法院"全流程网上办案系统"一体化平台,实现庭审查阅证物、全流程庭审直播展示 3D 证物;与最高人民法院"司法办案一体化信息平台"对接,解决证物移交难题,有效规避电子证物数据被篡改的风险。

第三,司法区块链技术与 3D 扫描建模技术深度融合。智能 3D 证据管理系统融合区块链算法技术,确保 3D 证物数据信息可视化、存储安全、可溯源、不可篡改,全生命周期数据的保真、保全、保权和保密,降低数据冗余率,从而降低成本;提高数据容灾能力,避免数据丢失。

---

① 《3D 证据随案生成,青岛中院打造"智能 3D 证据管理系统"》,载百家号"齐鲁壹点"2021 年 4 月 25 日。

四、一体化办案办公平台运维管理

一体化办案办公平台是指利用现代信息技术手段,将法院内部的立案、审判、执行等各个环节和业务流程进行集成和优化,实现案件信息的共享、流程的协同和资源的优化配置,从而提高办案效率、提升司法公信力的综合性平台。一体化办案办公平台是数字法院的基座,其运维管理的规范性和高效性对数字法院建设和发展尤为重要。

第一,提高运维效率,强化应用稳定。通过对应用资源的实时监控和深入分析,能够及时发现并解决潜在问题,降低故障风险,确保应用的稳定运行。这不仅能够提高运维工作的效率,还能够为司法工作的顺利开展提供有力保障。

第二,优化资源配置,降低运维成本。通过可视化运维管理,可以更加精确地掌握应用运行状况,避免资源浪费。同时,对运维数据的深入分析可以帮助法院制定更加科学合理的运维计划,从而降低运维成本,提高资源利用率。

第三,保障司法公正,提高司法效率。数字法院的运维管理,直接关系到司法公正与效率的实现。通过确保信息化应用的高效稳定运行,可以为法官和当事人提供更加便捷、高效的诉讼服务,有力保障司法公正的实现与司法效率的提高。

第四,推动信息技术与司法深度融合。可视化运维管理有助于推动信息技术与司法的深度融合。通过实时监控和数据分析,法院可以更加深入地了解司法工作的实际需求,推动法院信息化建设向更高层次、更广领域发展。

第五章

数字法院建设下法律规则的探索

第五章　数字法院建设下法律规则的探索

第一节　程　序　规　则

诉讼当事人实地参与诉讼活动往往伴随着高昂的时间与经济成本。随着互联网技术的成熟普及,人民群众对更加公正、高效、便捷的司法服务的需求越发旺盛。为此,最高人民法院主动回应群众需求,相继出台《人民法院在线诉讼规则》《人民法院在线调解规则》《人民法院在线运行规则》等一系列重要制度文件,逐步构建起一套完善且系统化的互联网司法规则体系,促进了司法流程的数字化、智能化转型,推动了具有中国特色的互联网司法模式的形成与发展。

一、在线诉讼规则

《最高人民法院关于互联网法院审理案件若干问题的规定》《民事诉讼程序繁简分流改革试点实施办法》和《最高人民法院关于新冠肺炎疫情防控期间加强和规范在线诉讼工作的通知》先后出台,指导相关法院开展在线诉讼实践。浙江等地部分信息化基础较好的法院结合审判实际,研究制定了在线诉讼规程、操作指南、诉讼指引等,并在司法实践中不断细化完善,取得了积极成效。在全面总结在线诉讼实践成果的基础上,最高人民法院制定出台《人民法院在线诉讼规则》,及时将成熟的实践成果上升为制度,该规则成为全国法院开展在线诉讼实践的主要依据,标志着我国在线诉讼的发展进入规范化探索新阶段。

(一)概述

1. 内涵

在线诉讼主要是指,贯通立案、调解、询问、证据交换、庭审、执行全流程在线办理的诉讼模式。在线诉讼活动与线下诉讼活动具有同等法律效力。在线诉讼是为人民群众提供增量司法服务的重要形式,从制度层面创新司法模式,重塑审判流程,完善便民机制,充分尊重当事人的诉讼方式选择权,保障其在线诉讼的知情权和程序利益处分权,统筹兼顾不同群体的诉讼能力和实际需求,提供差异化、精准化的在线诉讼服务,确保在线诉讼"降成本不降质量、提效率不减权利"。

2. 特点

一是适用主体的广泛性。在线诉讼的适用主体包括人民法院、当事人和其他诉讼参与人等,在刑事案件中还包括人民检察院,涵盖传统诉讼的全部诉讼主体。

二是诉讼方式的便捷性。在线诉讼是依托电子诉讼平台进行的。其中,网络包括"互联网"和"专用网络"两种,一般情况下,民事、行政等案件的在线诉讼主要在互联网上完成,刑事案件通过专用网络进行,以便和公安、检察机关信息平台进行有效衔接。电子诉讼平台主要包括"人民法院在线服务"小程序以及各地法院自建的在线诉讼平台。电子诉讼平台通过网络为当事人提供诉讼服务,当事人可以通过手机、电脑提交电子诉讼材料,进行网上开庭等,"一次不用跑"就能完成整个诉讼。

三是表现形式的多样性。不论是从立案到执行的"全流程在线",还是"部分诉讼环节在线",或者是"部分当事人线上参与诉讼,部分当事人线下参与诉讼",都是在线诉讼的表现形式,人民法院可以根据案件实际情况和当事人意愿等因素作出安排。有的案件是线下立案,但在调解环节采用在线方式;有的案件当事人因为距离遥远等主动选择在线庭审的方式:这些都是在线诉讼。

(二)适用规则

1. 适用范围

在线诉讼的适用范围涵盖绝大多数诉讼案件,包括民事、行政诉讼案件;刑事速裁程序案件,减刑、假释案件,以及因其他特殊原因不宜线下审理的刑事案件;民事特别程序、督促程序、破产程序和非诉执行审查案件;民事、行政执行案件,刑事附带民事诉讼执行案件,以及其他适宜采取在线方式审理的案件:只要符合适用条件的,均可采取在线方式办理。

2. 适用条件

在线诉讼应当以当事人主动选择或者同意为前提条件,并由人民法院综合案件难易程度、技术条件、实际审理需要等因素决定是否进行在线诉讼。其中,《人民法院在线诉讼规则》特别明确了不适用在线庭审的具体情形①,强调在线庭审应以视频方式进行。审理过程中发现不适合在线庭审的,可以转为线下庭审,已完成的在线庭审活动仍具有法律效力。

3. 电子化材料的效力和审核

一般情况下,当事人提交的电子化材料,经人民法院审核通过后,可以直接在诉讼活动中使用,无须另行提供原件原物。但基于电子化材料本身具有易篡改的特点,人民法院需要加强审核,包括使用对方当事人认可、公证机构公证、先行诉讼活动确认、在线或线下比对、区块链存证等审核方式。审核后仍难以确认电子化材料形式真实性的,人民法院应当要求当事人线下提供实体材料。

4. 异步审理的适用规则

异步审理即非同步审理,当事人可以在一定期限内,以非同步方式在线开展调解、证据交换、调查询问等诉讼活动。在适用条件上,异步审理要以同步庭审确有困难,当事人主动申请且各方当事人均同意,案件的主要事实和证据不存在争议为前提条件。在适用范围上,异步审理限于小额诉讼程序或者民事、行政简易程序案件。在适用方式上,异步审理需通过录制视频方式,按照庭审程序环节进行,不得采取书面方式审理。

5. 电子送达规则

电子送达以"当事人同意"为前提,包括明示同意和默示同意,同意扩展至事前的约定、事中的行为和事后的认可。人民法院可以通过电子送达的方式送达案件受理通知书、传票等程序性文书,当事人提交的起诉状、答辩状、证据材料等诉讼材料,判决书、裁定书、调解书等裁判文书和执行文书。生效则采用两种标准,"到达生效",即当事人主动提供或确认

---

① 《人民法院在线诉讼规则》第21条第1款规定:"人民法院开庭审理的案件,应当根据当事人意愿、案件情况、社会影响、技术条件等因素,决定是否采取视频方式在线庭审,但具有下列情形之一的,不得适用在线庭审:(一)各方当事人均明确表示不同意,或者一方当事人表示不同意且有正当理由的;(二)各方当事人均不具备参与在线庭审的技术条件和能力的;(三)需要通过庭审现场查明身份、核对原件、查验实物的;(四)案件疑难复杂、证据繁多,适用在线庭审不利于查明事实和适用法律的;(五)案件涉及国家安全、国家秘密的;(六)案件具有重大社会影响,受到广泛关注的;(七)人民法院认为存在其他不宜适用在线庭审情形的。"

电子地址的,送达信息到达受送达人特定电子地址的时间为送达生效时间;"收悉生效",即向能够获取的受送达人电子地址进行送达的,以"确认收悉"的时间点作为送达生效时间,具体包括回复收悉时间、系统反馈已阅时间等。

(三) 主要成效

1. 填补了在线诉讼空白

《人民法院在线诉讼规则》系中国首部全流程全领域规范在线诉讼活动的司法解释,涵盖从起诉立案到宣判执行等主要诉讼环节,为在线诉讼提供了全面的程序指引,有效填补了中国在线诉讼领域的制度空白,是目前关于在线诉讼内容最全、适用面最广、效力层级最高的制度规范,被誉为"网上打官司最权威的规则"。

2. 更加便民利民

在线诉讼极大地降低了当事人的诉讼成本,实现了"24 小时随时随地在线立案""足不出户在线开庭",当事人可以一键查收诉讼文书和证据材料,充分享受在线诉讼带来的高效便利。根据不同群体的诉讼能力和实际需求,提供差异化、精准化的在线诉讼服务,同时充分尊重当事人的程序选择权、知情权和程序利益处分权,确保在线诉讼"降成本不降质量、提效率不减权利"。

3. 提升了审判质效

通过在线诉讼,可以很好地融合衔接数字法院建设成果,如案件智能画像、法条及类案精准推送、裁判风险偏离度预警等,为法官认定事实和适用法律提供必要的技术支撑,进一步提高办案质量。在线诉讼通过"人民法院在线服务"小程序实现法官和当事人的即时沟通,语音识别转录减轻记录负担,文书自动生成节省法官时间,电子送达"点对点"精准到位,大大缩短案件审理周期。

4. 创新了司法审判模式

《人民法院在线诉讼规则》明确了在线诉讼的适用条件,法院结合案件性质、特点、证据类型、社会关注度等各方面因素,综合作出是否适用在线诉讼的判断,推动线上线下有序融合衔接。

二、在线调解规则

随着信息技术在司法领域的嵌入程度不断加深,调解活动与互联网技术相结合,在线调解可选择类型更加多元化,契合了当事人对解纷低成本和高效率的实际需求,在纠纷处理方面更具有吸引力。近年来,最高人民法院加快推进"一站式"多元解纷机制建设,建立人民法院调解平台,出台《人民法院在线调解规则》,在线调解得以迅猛发展。

(一) 概述

1. 内涵

从功能、性质等方面看,在线调解与传统线下调解并无太大差异,互联网技术只是改变了各方参与主体在处理纠纷过程中信息沟通的方式,其化解矛盾、处理纠纷的内在本质没有发生变化。[①] 线下调解的自愿、合法、平等、保密等基本原则以及相应的程序规则同样适用于在线调解。但在线调解也有其特殊性,需通过以下三个方面准确把握其内涵:①在线调解指的是人民法院主导下的在线调解,属于司法调解范畴,包括当事人向法院提起诉讼后,经引导在立案前或者诉讼过程中的调解,也包括当事人通过调解平台选择法院特邀调解组织或者特邀调解员开展的调解。②在线调解依托调解平台展开,调解平台既包括最高人民法院统一建设的调解平台,也包括部分地方法院自行建设的调解平台,目前地方自建平台与最高人民法院统一建设的调解平台已完成互联互通。③在线调解的内容主要包括调解申请、委派委托、音视频调解、制作调解协议、申请司法确认调解协议、制作调解书等,涵盖调解的全流程、各环节。

2. 特点

一是多元化参与。在线调解更加注重发挥多元主体在纠纷解决中的重要作用,包含人民调解、行业专业调解、行政调解、商会调解等调解方式,广泛邀请人大代表、政协委员、行业专家、律师学者、退休法律工作者、基层干部、网格员等参与调解,最大限度集成各行各业纠纷解决力量,协

[①] 参见谢登科、张赫:《在线调解的实践困境与未来发展》,载《学术交流》2022年第12期。

同化解纠纷。

二是开放式融合。在线调解平台积极与其他部门已有的解纷平台相对接,着力打破区域、部门和层级信息壁垒。目前,人民法院调解平台已经与全国证券期货纠纷在线调解平台、工商联商会调解服务平台、中国金融消费纠纷调解网等实现互联互通、业务协同、数据共享。

三是全流程在线。从当事人申请调解、法院委派委托调解,到调解组织及其调解员接受委派委托、组织音视频调解、制作调解协议,再到法院司法确认调解协议效力,或者对诉前调解不成的进行登记立案、对诉中调解不成的继续审理,均可以通过在线方式完成,当事人通过一个平台就能基本解决全部诉求。

四是智能化管理。人民法院调解平台对调解案件实行编号管理,不论是诉前调解还是诉中调解,均统一编号、一案一号,确保调解全程留痕,可查询、可追溯、可监管。建立在线调解数据管理平台,四级法院各类调解数据实现自动汇聚,实时掌握全国法院在线调解态势。

3. 主要类型

一是诉前在线调解与诉中在线调解。根据在线调解适用阶段的不同,以立案为时间节点,可将在线调解分为诉前在线调解和诉中在线调解。诉前在线调解不仅是缓解法院案多人少压力的重要方式,也是推进社会治理现代化的重要途径,逐渐成为人民法院在线调解的"主力军"。从调解平台数据来看,诉前在线调解量占全部在线调解量的85%左右。① 诉中在线调解是在案件审理期间组织的调解,调解主体通常是审理案件的法官。诉中在线调解主要依附诉讼程序进行,是在线诉讼中"调审结合"的典型表现。

二是全程在线调解与阶段在线调解。根据调解活动是否全部通过在线方式进行,可以将在线调解区分为全程在线调解和阶段在线调解。在线调解并不等同于音视频调解,不意味着必须采用音视频方式,更不是所有流程都必须在线办理,阶段在线调解也属于在线调解。例如,人民法院

---

① 参见钱晓晨、刘雪梅、徐德芳:《〈人民法院在线调解规则〉理解与适用》,载《人民司法》2022年第10期。

通过调解平台委派委托调解后,调解人员既可以根据当事人意愿开展音视频调解,也可以组织现场调解,因委派委托调解这一环节通过调解平台进行,即便调解不是通过音视频方式开展,也属于在线调解。①

三是同步在线调解与异步在线调解。在线调解既可以双方当事人同时在线进行,也可以根据当事人情况分别指定时间开展音视频调解。同步在线调解更具实时性和连贯性,双方当事人可直观、及时判断对方调解意向,增加感情交流,提高对调解方案的认可度。异步在线调解中,各方参与主体在发表己方观点和回应对方意见上存在时间差,调解进程及双方之间的信息交流具有一定的延迟性和滞后性。② 但这种"背对背"调解的方式也可减少双方当事人的情绪冲突,使调解员能更快速地了解各方的真实诉求,更容易抓住案件的争议焦点,有针对性地制定调解方案。

(二) 适用规则

1. 适用主体

人民法院、当事人、调解组织或者调解员可以通过调解平台开展在线调解活动。人民法院既可以自行组织在线调解,如审判人员在立案后组织双方当事人调解,也可以委派委托调解组织或者调解员开展在线调解,还可以结合案件情况,与调解组织或者调解员联合进行调解。在人员构成上,调解组织或者调解员主要包括五类:一是法院审判人员。二是法院专职或者兼职调解员,一般为负责调解工作的法官或者司法辅助人员,以及由人民法院选聘专门从事调解工作的人员。三是特邀调解组织和特邀调解员,即人民法院邀请的人民调解、行政调解、商事调解、行业调解及其他具有调解职能的组织以及具有较强调解能力的人员。四是人民法院邀请的其他单位或者个人,主要是指无法纳入特邀调解名册,但在调解上具有优势、能发挥重要作用的部分组织或个人。五是符合条件的外国人、港澳台地区居民。考虑到涉外纠纷的特殊性,人民法院可以邀请符合条件的外国人入驻人民法院调解平台,参与调解当事人一方或者双方

---

① 参见钱晓晨、刘雪梅、徐德芳:《〈人民法院在线调解规则〉理解与适用》,载《人民司法》2022年第10期。
② 参见谢登科、赵航:《论互联网法院在线诉讼"异步审理"模式》,载《上海交通大学学报(哲学社会科学版)》2022年第2期。

为外国人、无国籍人、外国企业或者组织的民商事纠纷；也可邀请港澳台地区居民入驻人民法院调解平台，参与调解当事人一方或者双方为港澳台地区居民、法人或者非法人组织以及港资澳资台资企业的民商事纠纷。

2. 案件范围

通过人民法院调解平台开展调解的案件主要包括民事案件、行政案件、执行案件、刑事自诉案件以及被告人、罪犯未被羁押的刑事附带民事诉讼案件。在这些案件类型中，行政案件、刑事自诉案件和刑事附带民事诉讼案件的调解有其特殊性，如关于行政案件的调解范围，《行政诉讼法》第60条作了明确规定，即行政赔偿、补偿以及行政机关行使法律法规规定的自由裁量权的案件可以调解。所以，在调解范围、调解程序等方面存在相关法律和司法解释另有规定的情况下，应从其规定。

3. 适用条件

人民法院进行在线调解必须征得当事人同意，这是适用在线调解的前提条件。同时，人民法院在决定是否采用在线调解方式时，也需要考虑案件具体情况、当事人技术掌握水平以及网络技术条件等因素。比如面对面调解更容易化解纠纷，或者双方当事人都在现场的，可以组织线下调解。不论是在线调解还是现场调解、上门调解，都是为了给人民群众提供多元解纷途径，使纠纷解决更加及时、便捷、高效。

4. 操作程序

按照工作流程，在线调解的操作程序主要包括在线调解的引导、启动、材料提交，在线调解受理条件，调解组织或调解员的选定及更换，调解组织和调解员接受委派委托，组织调解方式确定，调解协议，诉调对接，调解电子笔录，在线调解程序终结等。

一是在线调解的引导。人民法院立案人员、审判人员在立案前或者诉讼过程中，认为纠纷适宜在线调解的，可向当事人充分释明调解的优势，告知在线调解的主要形式、权利义务、法律后果和操作方法等，引导当事人优先选择在线调解方式解决纠纷。调解引导可以通过口头、书面、在线等多种方式进行，如当事人网上提交起诉申请的，可以通过在线服务平台智能推送、12368诉讼服务热线人工服务等方式进行引导。

二是在线调解材料的提交。当事人同意在线调解的，应在人民法院调解平台填写身份信息、纠纷简要情况、有效联系电话以及接受诉讼文书的电子送达地址等信息,并上传电子化起诉申请材料。当事人在电子诉讼平台已经提交过电子化起诉申请材料的,该平台可以直接将材料推送至调解平台,无须重复提交。部分当事人在填写或提交电子化起诉申请材料时存在困难的,法院可以辅助将纸质材料进行电子化处理后导入人民法院调解平台。

三是立案前在线调解申请的退回。当事人在立案前申请在线调解的,应满足至少三个条件,即申请调解的纠纷属于人民法院受案范围,与调解组织或者调解员建立邀请关系的法院对案件有管辖权,纠纷适宜在线调解。对于不符合条件的,人民法院将退回申请材料,并根据不同情况分别告知当事人可以采取的措施。这主要是考虑到委派的权利来源以及后续司法保障问题,避免当事人选择与有管辖权法院毫无关系的调解组织或者调解员,影响后续申请司法确认、请求制作调解书或者登记立案的效力。

四是调解组织或调解员的选定及更换。立案前,当事人一方同意调解的,因不存在双方当事人共同选定调解组织或调解员的前提,为了推进调解进程,法院指定调解组织或调解员更符合实践需要,但须征求提起诉讼一方当事人的意见;立案后,充分尊重当事人的选择权,以双方当事人共同选定为主,法院指定为辅。同时,当事人可以申请更换法院指定的调解组织或者调解员;对于更换后仍不同意且拒绝自行选择的,视为拒绝调解。

五是调解组织或调解员的及时接受及披露义务。在线调解组织或调解员应当及时接受人民法院委派委托或者当事人调解申请,对于纠纷不属于调解组织调解范围或者行业领域,明显超出调解员擅长领域或者具有其他不适宜接受情形的,调解组织或调解员可以在写明理由后选择不予接受。调解组织或调解员在接受调解前或调解过程中,应当对三种情形进行披露:与当事人、诉讼代理人存在近亲属关系;与纠纷有利害关系;与当事人、诉讼代理人有其他可能影响公正调解的关系。当事人在调解组织或调解员披露上述三种情形后或者明知上述情形,仍同意调解的,可以由该调解组织或调解员继续调解。

六是调解前的准备。调解员在进行正式调解前,需进行至少三方面的准备工作。一是征询调解意愿。这主要针对一方当事人申请立案前调解的情况,调解员接受法院委派后,可以协助法院通知另一方当事人,询问其是否愿意调解。二是确认当事人参与调解的方式。根据当事人的意愿和具体情况,选择音视频调解、现场调解等调解方式。三是核实身份、告知虚假调解法律后果等。在线调解开始前,主持调解的人员应当通过证件证照在线比对等方式核实当事人和其他参与调解人员的身份,告知虚假调解的法律后果。立案前调解的,还应当指导当事人填写《送达地址确认书》等相关材料。

七是调解过程中笔录的固定及其效力。在线调解过程中,当事人可以通过语音、文字、视频等形式自主表达意愿,同步形成电子笔录,并确认无争议事实。当事人双方明确表示同意的,可以用调解录音录像代替电子笔录,但无争议事实应当以书面形式确认。当事人为达成调解协议作出妥协而认可的事实、证据等,不得在诉讼过程中作为对其不利的依据或者证据,但法律另有规定或者当事人均同意的除外。

八是调解结果的分类处理。坚持能调则调、当判则判的原则,确保诉调顺畅对接,提高解纷效率。对于立案前调解成功的,按诉讼外调解结案,调解员引导当事人自动履行,符合申请司法确认条件的,当事人可以在线提出申请;对于诉中调解成功的,人民法院可以制作调解书结案,当事人也可自行申请撤诉。经在线调解未达成调解协议的,引导当事人选择在线立案,人民法院直接依法登记立案或及时恢复审理。调解组织或者调解员应该记录调解基本情况,调解不成的原因,导致其他当事人诉讼成本增加的行为,以及需要向人民法院提示的其他情况,为法官后续审理提供参考。

(三)成效

在线调解将司法调解与信息化技术、社会化参与结合起来,形成融合线上和非诉纠纷解决路径的中国特色在线多元解纷模式。[①] 最高人民法院已与中华全国总工会、中华全国工商业联合会、国家金融监督管理总局、中国中小企业协会等单位协作,形成覆盖13个领域的"总对总"在线多元调解新格局。2023年年底,已有10万余个调解组织、41万名调解

[①] 参见钱晓晨、刘雪梅、徐德芳:《〈人民法院在线调解规则〉理解与适用》,载《人民司法》2022年第10期。

员、近万家人民法庭和 12.76 万家基层治理单位入驻人民法院调解平台，实现"一次对接、全国覆盖"；仅 2023 年一年，全国法院诉前调解纠纷达 1747 万件，调解成功 1204 万件，平均每个工作日有 6.5 万件纠纷进行在线调解，平均每分钟有 95 件纠纷成功在线化解①，大大降低了当事人的解纷成本，提高了解纷效率，切实缓解了人民法院"案多人少"的压力。

三、在线运行规则

2022 年，最高人民法院出台《人民法院在线运行规则》，进一步健全完善人民法院在线运行机制，指导和规范信息系统建设、完善应用方式、加强运行管理，有力支持和推进了在线诉讼、在线调解等司法活动，让当事人及其他参与人在线参与诉讼、调解等活动更加方便快捷，有效提升了审判执行工作质效。

(一) 概述

1. 内涵

在线运行主要是指，人民法院运用互联网、大数据、云计算、移动互联网、人工智能和区块链等现代信息技术，建设数字法院信息系统，完善应用方式，强化运行管理，以在线方式满足人民群众多元化司法需求，高效支持审判执行活动。支撑在线运行的系统主要包括智慧服务系统、智慧审判系统、智慧执行系统、智慧管理系统、司法公开平台、司法数据中台和智慧法院大脑、信息基础设施、安全保障系统、运维保障系统等数字法院信息系统。人民法院就是要在统筹推进相关系统建设的过程中，提升审判执行的智慧化水平，服务在线诉讼、在线调解等司法活动，助力审判执行质效的不断提升。

2. 特点

一是全面性与系统性。在线运行规则涵盖人民法院在线运行的基本原则、适用范围，以及信息系统建设、应用、运行和管理的具体要求，为人民法院在线司法活动提供全面的指导和规范。该规则在世界范围内首次

---

① 参见《2023 年全国法院平均每分钟在线化解 95 件纠纷》，载百家号"人民网"2024 年 5 月 17 日。

构建了全方位、系统化的互联网司法规则体系,不仅完善了在线诉讼、调解的规则,还进一步细化了在线运行的整体框架和操作流程。

二是技术创新与融合。在线运行规则明确提出要运用互联网、大数据、云计算、移动互联网、人工智能和区块链等现代信息技术,完善数字法院信息系统,体现了对技术创新的高度重视和积极应用。信息技术不仅被用于提高法院的工作效率,还深度融合到司法活动的各个环节,如在线立案、在线调解、在线庭审等,实现了司法流程的数字化、智能化转型。

三是高效便民与注重实效。在线运行规则坚持以人民为中心的发展思想,通过提供"一站通办、一网通办、一号通办"等多元解纷和诉讼服务,减轻了当事人的诉累,提高了司法服务的便捷性和可及性。在追求高效的同时,该规则也强调注重实效,通过完善信息系统、规范应用方式、强化运行管理等措施,全方位支持人民法院开展在线审判执行活动,保障司法工作质量和效率。

四是统筹共享与安全保障。在线运行规则加强了顶层统筹规划,优先建设和使用全国法院统一信息系统,持续推进信息基础设施、应用系统和数据资源的兼容共享,实现了司法资源的优化配置和高效利用。在推动信息化建设的同时,该规则也高度重视信息安全问题,提出了依法采集、存储、处理和使用数据的要求,保护国家秘密、商业秘密、个人隐私和个人信息的安全,为人民法院在线运行提供了坚实的信息安全保障。

五是明确流程与保障权利。在线运行规则明确了从用户注册管理、登录和身份认证到在线调解、在线立案、在线庭审、在线执行等全流程各类主体的应用方式,为当事人和其他参与人提供了清晰的在线诉讼、调解指南。

(二) 适用规则

1. 当事人使用数字法院信息系统规则

当事人及其他参与人应用智慧服务系统进行在线调解、在线诉讼,应当通过手机号码认证、人脸识别等方式注册并完成身份认证,取得登录智慧服务系统的专用账号。注册后,可以在线登录、关联相关案件,参与在线调解、在线诉讼。在线诉讼活动中,当事人可以根据系统提示要求,进行在线提交立案申请,在线查看案件相关诉讼费用信息并通过网上支付通道在线交费,在线填写或提交各类案件相关电子材料,在线申请保全,在线证据交换,在线举证质证,在线庭审,提交在线阅卷、在线查档申请,在线查阅、接收、下载和签收相关送达材料等诉讼行为。

2. 人民法院使用数字法院信息系统规则

人民法院应当在不断优化数字法院信息系统的过程中,高效支持当事人进行在线调解、在线诉讼,包括在线处理立案申请、反馈立案结果,在线发起交费通知、查看交费状态,通过司法区块链等平台核验当事人提交的电子化材料,保存庭审过程中的音视频和文字材料,及时扫描、翻拍、转录当事人线下提交的案件材料并随案同步生成电子文件,推动执行案件全程在线办理、执行活动全程留痕、全方位多层次监控,支持在线财产查控、询价评估、拍卖变卖、案款发放、失信联合惩戒等。

3. 管理规则

人民法院应当确保在线运行的网络安全,包括通过安全保障系统防范计算机病毒和网络攻击、网络侵入等危害网络安全的行为,制定数据分类分级保护、数据安全应急处理和数据安全审查等制度,建立健全人民法院在线运行相关数据生产、汇聚、存储、治理、加工、传输、使用、提供、公开等过程管理机制,制定应急计划,及时有效处理人民法院在线运行过程中出现的停电、断线、技术故障、网络攻击、数据安全漏洞等突发事件,优先推广应用全国法院统建信息系统,推进各地法院自研系统接入相应全国法院统建信息系统,等等,不断提升人民法院在线运行效能。

(三) 主要成效

1. 推动了数字法院建设的发展

通过在线运行规则的标准指引,建成"人民法院在线服务"小程序,该小程序作为全国法院通过互联网面向人民群众提供在线服务的统一入口,集成整合调解、立案、阅卷、送达、保全、鉴定等全国通用诉讼服务功能,支持人民群众集中查询、办理全国法院的诉讼、调解等事项,实现人民法院在线服务"一站通办、一网通办、一号通办",解决以往各级法院网上服务入口多、选择难的问题,满足人民群众"一站式"便捷办理各地法院诉讼、调解等事项的司法需求。

2. 方便了当事人及其他参与人在线参与诉讼、调解

在线运行规则明确了从用户注册管理、登录和身份认证到在线调解、在线立案、在线庭审、在线执行等全流程各类主体的应用方式,满足了人民群众全流程在线诉讼、调解的需求。该规则保障了当事人的诉讼权利,明确当事人及其代理人可按照依法、自愿、合理的原则将诉讼、调解等环节由线上转为线下或由线下转为线上,支持部分参与者采用线上方式参与诉讼、调解活动。

3. 加强了信息安全和用户信息保护

在线运行规则对人民法院在线运行的网络安全、数据安全、运行维护保障等提出了详细要求,确保了在线司法活动的安全性和可靠性。该规则特别强调了关于用户信息保护的相关要求,明确各级人民法院应当遵循"安全、必要、最小范围"原则,实现数据共享和安全管控,确保个人隐私、个人信息等数据不被泄露或非法提供。

第二节 实 体 规 则

一、个人信息权益保护规则

(一)个人信息权益保护司法实践概述

1. 个人信息权益保护的制度规则现状

在我国早期司法实践中,大量涉及个人信息的案件均根据《民法通则》中隐私权、名誉权的相关规定进行办理。2014年出台的《最高人民法院关于审理利用信息网络侵害人身权益民事纠纷案件适用法律若干问题的规定》规定了利用信息网络侵害自然人隐私或个人信息的责任。2017年颁布的《民法总则》第111条规定自然人的个人信息受法律保护,这是我国首次在民法中明确对个人信息进行保护。2020年颁布的《民法典》在人格权编中增加了关于个人信息保护的具体规定,首次以法律的形式明确个人信息权益的请求权基础。2021年颁布的《个人信息保护法》进

一步明确了个人信息的公法保护与私法救济等规则,对于侵害个人信息责任中的过错原则等进行了明确规定。至此,我国关于个人信息权益保护的规则基本形成。①

2. 个人信息权益司法保护的现状

随着个人信息权益保护法律体系的逐步健全,司法实践中个人信息权益保护相关规则的探索也在逐步推进,在一些重点领域形成了比较成熟的司法观点。

(1) 个人信息权益保护民事案件中的请求权基础。在我国,人格权的请求权基础分为两类:一类是消极防御性质的人格权请求权,其主要目的为排除行为人的不法侵害行为,以恢复人格权的圆满状态;另一类是损害赔偿请求权,其主要目的是对行为人受到的损害进行填补。围绕这两类请求权基础,实践中已经有相关探索:

①个人信息权益的防御性请求权规则。实践中,个人信息权益的防御性请求权主要可以分为人格权请求权、个人信息请求权两类。其一,人格权请求权的基础为《民法典》第995条。尽管个人信息权益的法律地位存在争议,但目前主流观点均认为侵害个人信息权益纠纷案件可以适用《民法典》人格权编中人格权请求权的相关规定以及其他一般性规定。② 因此,第995条是个人信息权益最重要且最基本的请求权基础规范。其二,个人信息请求权的法律渊源为《民法典》第1037条③与《个人信息保护法》第50条④,并且《个人信息保护法》第45条至第48条详细地

---

① 此外,我国有大量部门规章内容涉及个人信息权益保护,如《规范互联网信息服务市场秩序若干规定》(工业和信息化部令第20号)、《个人信息出境标准合同办法》(国家互联网信息办公室令第13号)、《儿童个人信息网络保护规定》(国家互联网信息办公室令第4号)等。

② 参见王利明:《论人格权请求权与侵权损害赔偿请求权的分离》,载《中国法学》2019年第1期;程啸:《论我国民法典中个人信息权益的性质》,载《政治与法律》2020年第8期;石佳友:《个人信息保护的私法维度——兼论〈民法典〉与〈个人信息保护法〉的关系》,载《比较法研究》2021年第5期。

③ 《民法典》第1037条规定:"自然人可以依法向信息处理者查阅或者复制其个人信息;发现信息有错误的,有权提出异议并请求及时采取更正等必要措施。自然人发现信息处理者违反法律、行政法规的规定或者双方的约定处理其个人信息的,有权请求信息处理者及时删除。"

④ 《个人信息保护法》第50条规定:"个人信息处理者应当建立便捷的个人行使权利的申请受理和处理机制。拒绝个人行使权利的请求的,应当说明理由。个人信息处理者拒绝个人行使权利的请求的,个人可以依法向人民法院提起诉讼。"

规定了个人对个人信息进行查阅、复制、更正、删除的权利以及个人要求个人信息处理者对处理规则进行解释说明的权利。一般认为，前述规定仅规定了信息主体可以请求他人为一定行为，但并未规定相应的法律后果，因此，前述规定仅为详细阐述个人信息请求权权利内容的辅助规范，尚不能构成独立的请求权规范。个人信息处理者违反前述规定的法律责任，仍需根据《民法典》第995条进行确定。

②个人信息权益的损害赔偿请求权规则。个人信息处理者侵权责任与《民法典》侵权责任编中的一般侵权责任，在行为主体、行为方式、归责原则、过错考量因素、因果关系的认定标准、损害的认定等方面明显不同，是由《个人信息保护法》特别规定的一种特殊侵权责任类型。一般认为，个人信息处理者因信息处理行为侵害个人信息权益造成损害的侵权责任构成要件：一是个人信息处理者实施了个人信息处理行为；二是存在个人信息权益受损害的事实；三是个人信息处理者不能证明自己没有过错；四是个人信息处理行为与损害事实之间存在因果关系。无过错属于一种消极事实，个人信息处理者要证明一种消极事实的存在状态，需要更为明确的司法证明责任标准进行指引。法院认为应该采用客观过失标准，并要求个人信息处理者证明其信息处理行为没有违反个人信息处理规则、采取了与案涉处理行为相关联的个人信息权益保护必要合规措施，并且已经尽到了与其专业能力相匹配的合理谨慎的人在特定情形下所应尽到的安全保障注意义务。

(2) 个人信息可识别性的司法认定标准。《个人信息保护法》第4条将"可识别性"作为个人信息的核心特征，但是其内涵、判定标准并未得到进一步明晰。《个人信息保护法》第28条首次采取"概括+列举"模式界定了法律层面的敏感个人信息概念。但是，敏感个人信息是否被绝对定义，在不同场景下是否存在差异，实践中对于这两个问题进行了有益探索：

①个人信息可识别性的认定规则。个人信息具有"识别"与"记录"两个要素，前者为实质要素，后者为形式要素，"识别"要素又有"直接识别"和"间接识别"之分。"直接识别"指无须借助其他信息就可以识别出特定个人，如身份证号、指纹信息等；"间接识别"则指需要与其他信息结合方能识别出特定个人，如血型、居住地址等。对于"可识别性"的判断应

置于一定的场景中。在考量是否具有可识别性时,不应机械、割裂地对每一个单独的信息进行判断,而应结合具体场景,以信息处理者处理的相关信息组合进行判断。要明确对于个人信息"可识别性"的判断并非静态的,而是需要参照信息处理者、信息呈现形式、信息的流通等,将其视为动态的过程。匿名化技术的标准对个人信息权益保护十分重要,应结合识别主体、识别技术、识别场景综合判断"可识别性",以达到对信息主体的保护。在司法实践中,可识别性作为个人信息的判断标准,决定了是否存在侵害他人个人信息权益的问题。目前相关法条虽规定了可识别性这个标准,但对于可识别性本身的判断则缺乏科学、公认的规则。目前已经明确,姓名、手机号、身份证信息属于个人信息,与其相组合的信息也属于个人信息,但互联网技术的发展催生出愈发多元的信息种类,无法通过列举明确所有具有可识别性的信息,且可识别性不是一个静态的标准。随着时间的变化和技术的发展,个人信息的可识别性也会发生变化。

②敏感个人信息的认定规则。首先,根据《个人信息保护法》第28条概括列举式的规定,敏感个人信息存在客观认定标准,对某项个人信息的判断应秉承第28条的立法目的与文意进行,这应是判断敏感个人信息的基本逻辑。其次,基于风险评估,敏感个人信息在不同的场景、不同的行业、不同的适用条件下很难进行统一的认定。因此,敏感个人信息的认定应当是一个动态评估的过程,基于个人信息在相应场景下所代表的不同法益进行综合判断,以此寻求各位阶利益的平衡。最后,在司法实践的判定中,敏感个人信息的认定通常会兼顾识别性层面信息的精确程度和敏感性层面对信息主体的损害风险,即当受侵害个人信息能够精确地识别乃至定位到具体自然人时,对于该个人信息的敏感程度的要求会适当降低。当受侵害个人信息在敏感性方面极为显著,给信息主体带来巨大的安全风险或人格尊严侵害风险时,对于该个人信息识别性的要求亦会适当降低。这一以特定风险水平为主要参照标准的路径符合《个人信息保护法》关于敏感个人信息的认定标准,对我国的个人信息权益保护实践具有重大意义。

3. 个人信息权益保护实践中的困境与问题

虽然个人信息权益保护的立法和司法实践都取得了很大的进步,但实践中仍然存在诸多审判难题,亟待进一步明确裁判规则。比如:第一,如何理解个人在个人信息处理活动中享有的各项权利?个人向法院请求司法救济,是否需以"个人信息处理者拒绝个人行使权利的请求"为前提。第二,如何确定个人信息权益受损害的认定标准?如何对个人信息处理者安全保障注意义务边界及过错推定标准进行认定?第三,如何判断个人信息处理者在处理手机通讯录中联系人的姓名和手机号码时,是否应当征得手机用户及联系人的双重同意?第四,如何判断信息处理行为缺乏合法性基础或不符合法律规定的其他信息处理规则并危害到个人信息权益所涵盖的正当利益?第五,以犯罪手段大规模侵犯不特定人个人信息的,应当如何认定侵权责任?

(二)个人信息权益保护的司法实践探索

典型案例一:个人信息权益请求权诉权行使的前置程序——杜某诉某网络公司个人信息保护纠纷案①

【基本案情】原告杜某系某电商平台(由被告某网络公司运营)用户,并在该平台多次购买商品。某日,杜某在购物过程中,发现其在该平台的购物记录被自动公开并被分享到"某购物圈"为其自动设定的第三人视线之下。杜某认为,某电商平台在用户个人信息处理活动中未依法保障其知情权和决定权,侵犯了其个人信息权益,且已严重违反诚实信用原则,给其造成了相应精神损失,并在诉讼中明确其系依据《个人信息保护法》第14条和第44条的规定,认为被告某网络公司构成对其对个人信息的处理享有的知情权、决定权的侵害。被告答辩称,原告杜某在进行用户注册时,某电商平台已通过协议约定明确告知用户收集及使用用户个人信息的方式、范围及目的,并获得用户同意,且未收到原告对于个人信息处理活动的查询申请或投诉信息,平台不存在侵犯个人信息权益的行为。

【裁判结果】法院认为,《个人信息保护法》第50条第2款明确规定:"个人信息处理者拒绝个人行使权利的请求的,个人可以依法向人民法院提起诉讼。"本案中,被告已通过协议约定和后台设置构建了个人行使权

---

① 参见杭州互联网法院(2022)浙0192民初4330号民事裁定书。

利的申请受理及处理机制,原告可通过以上方式行使个人信息知情权和决定权。但原告提起本案诉讼前并未向被告(信息处理者)提出请求,而是径行向本院请求救济其在个人信息处理活动中享有的权利,不符合法律规定中关于"个人信息权益请求权"的起诉受理条件,故裁定驳回原告的起诉。

*典型案例二:平台个人信息安全保障注意义务边界——薛某某诉浙江某公司隐私权纠纷案*①

【基本案情】原告薛某某通过某平台(由被告浙江某公司运营)购买零食,随后接到三通境外诈骗团伙电话,通话中对方清楚知道薛某某电话号码、收货昵称、购买商品的快递单号、购买商品名称及薛某某支付宝账号、支付宝昵称等。薛某某认为浙江某公司泄露了其个人信息,该公司随意泄露用户个人信息的行为,侵害了其个人信息权益和隐私权。被告浙江某公司举证证明其采取了必要的保护措施,在案涉个人信息处理活动中没有过错。

【裁判结果】法院认为,本案中,薛某某因案涉个人信息被泄露,三次接到疑似境外骚扰诈骗电话,遭受的精神性损害是对其已经发生的骚扰行为和诈骗行为所带来的实害危险,故可以认定发生了薛某某个人信息权益受侵害的精神性损害结果。浙江某公司能够证明其在本案的个人信息处理活动中不存在过错,具体表现在三方面:第一,在宏观层面,浙江某公司所举证据能够证明其采取了与案涉处理行为相关联的个人信息权益保护必要合规措施,没有违反与案涉处理行为相关联的关于个人信息处理者保护个人信息安全的义务的法律规范和关于个人信息权益保护影响评估义务的法律规范等法律保护性规范。第二,在是否违反侵害个人信息权益的消极义务方面,浙江某公司所举证据能够证明其案涉个人信息处理行为具有合法性基础,没有违反关于个人信息处理规则的法律规范。第三,在具体的个人信息处理行为是否尽到安全保障注意义务方面,浙江某公司所举证据能够证明其已经尽到了合理谨慎的人在特定情形下所应尽到的安全保障注意义务。综上,浙江某公司已举证证明其在案涉个人

---

① 参见杭州互联网法院(2022)浙0192民初4259号民事判决书。

信息处理活动中没有过错,且薛某某不能举证证明浙江某公司的个人信息处理行为与他主张的损害事实之间存在因果关系,故依法驳回薛某某的全部诉讼请求。

典型案例三:擅自处理手机通讯录个人信息的违法性判断——凌某某诉北京某科技有限公司隐私权、个人信息权益网络侵权责任纠纷案①

【基本案情】原告凌某某系某 App 注册用户。被告北京某科技有限公司是某 App 的开发者和运营者。原告主张其在手机通讯录除本人外没有其他联系人的情况下,注册登录某 App,发现大量好友被推荐为"可能认识的人",经对比,大部分为其微信好友。原告认为某 App 非法获取、知悉、保存、利用其姓名、手机号码、社交关系、地理位置、手机通讯录等个人信息和隐私,构成侵权,应当依法承担停止侵害、赔礼道歉、赔偿损失等责任。

【裁判结果】法院认为,在处理手机通讯录中联系人的姓名和手机号码时,一般情况下应征得手机用户及联系人的双重同意。但如果要求在任何使用场景下都必须严格征得双重同意,有可能会导致具体场景下利益的失衡。因此,需要在具体应用场景中考察是否存在构成个人信息合理使用的情形,即在没有对信息主体造成不合理损害的前提下,认定某些个人信息的利用行为可以不必征得信息主体的同意。位置信息能够起到识别个人特征的作用,属于个人信息,与该位置的精确程度并无直接关系。IP 地址并不必然等同于地理位置,通过 IP 地址分析用户所在地理位置,亦属于对信息的进一步处理和使用,需征得同意。北京某科技有限公司在未征得凌某某同意的情况下,收集凌某某的地理位置信息,构成侵权。故判决被告删除原告有关个人信息并向原告赔礼道歉、赔偿损失和维权合理费用,驳回其他诉讼请求。

典型案例四:互联网平台共享个人信息行为的司法审查——吴某某诉上海 A 公司、上海 B 公司个人信息保护纠纷案②

【基本案情】原告吴某某在使用某电商购物 App"××钱包"功能时发现,在自己并未授权某电商购物平台经营方告知某银行自己真实姓名

---

① 参见北京互联网法院(2019)京 0491 民初 6694 号民事判决书。
② 参见杭州互联网法院(2021)浙 0192 民初 2929 号民事判决书。

及身份证号码的情况下,某银行能够得知原告本人并无银行卡在该行开具,说明案涉 App 泄露原告的敏感个人信息,而某银行亦因此非法获得了原告的敏感个人信息。原告自觉权利受损,遂决定注销"××钱包",但"××钱包"无法注销,故向法院提起诉讼。经审理查明,某电商购物 App 系由上海 A 公司运营,该 App 上的"××钱包"系由上海 B 公司运营,原告吴某某使用案涉账号首次进入该 App"××钱包"界面填写的个人姓名、居民身份证号码等信息,由上海 A 公司收集、存储,并在原告不知情的情况下提供给上海 B 公司。当原告进入"××钱包"添加银行卡界面选择免输卡号进行银行卡绑定操作时,上海 B 公司会将其姓名、居民身份证号码信息提供给选定绑卡的银行,银行获取前述信息后根据提供的信息验证该信息主体是否为该银行的持卡人,若为该行持卡人,则留存该信息并进入下一步绑卡操作流程;若非该行持卡人,亦留存该信息并向上海 B 公司反馈结果。

【裁判结果】法院认为,上海 A 公司向上海 B 公司提供其收集的吴某某个人信息的行为属于未明示信息处理的目的、方式、范围的行为,吴某某系在未充分知情的情况下作出对其个人信息披露的同意。上海 A 公司的上述行为既违反了其与吴某某之间的合同约定,也不符合个人信息处理活动应遵循的知情同意规则。上海 B 公司收集吴某某个人信息时,App 未以任何形式告知吴某某,上海 B 公司将获取其案涉个人信息,更未以任何形式获得过吴某某的同意,亦不存在通过订立合同必需规则或履行法定义务规则等获得处理吴某某个人信息的合法性基础。综上,上海 A 公司、B 公司对吴某某个人信息的处理行为缺乏合法性基础,二者的信息处理行为侵害了吴某某的个人信息权益,依法判决两被告删除通过案涉"××钱包"账户收集、存储的原告个人姓名、居民身份证号码等个人信息,向原告赔礼道歉,并赔偿原告合理维权损失 2000 元。

*典型案例五:侵害不特定社会主体个人信息行为的责任承担——浙江省杭州市下城区人民检察院诉孙某非法买卖个人信息民事公益诉讼案*①

【基本案情】2019 年 2 月起,被告孙某以 34000 元的价格,将自己通过

---

① 参见杭州互联网法院(2020)浙 0192 民初 10605 号民事判决书。

网络购买、互换得到的4万余条含姓名、电话号码、电子邮箱等的个人信息,通过微信、QQ等方式贩卖给案外人刘某。案外人刘某在获取相关信息后将信息用于虚假的外汇业务推广。公益诉讼起诉人认为,被告孙某未经他人许可,在互联网上公然非法买卖、提供个人信息,造成4万余条个人信息被非法买卖、使用,严重侵害社会众多不特定主体的个人信息权益,致使社会公共利益受到侵害,据此提起民事公益诉讼。

【裁判结果】法院认为,根据《民法典》第111条的规定,任何组织或者个人需要获取他人个人信息的,应当依法取得并确保信息安全,不得非法收集、使用、加工、传输他人个人信息,不得非法买卖、提供或者公开他人个人信息。被告孙某在未取得众多不特定自然人同意的情况下,非法获取不特定主体个人信息,又非法出售牟利,侵害了承载在不特定社会主体个人信息之上的公共信息安全利益。遂判决孙某按照侵权行为所获利益支付公共利益损害赔偿款34000元,并向社会公众赔礼道歉。

典型案例六:在用户登录过程中收集用户画像信息但未设置跳转选项,侵害用户个人信息权益——罗某诉深圳某科技公司侵害个人信息纠纷案[①]

【基本案情】原告罗某诉称,被告在未告知隐私政策的情况下,要求用户必须填写"姓名""职业""学习目的""英语水平"等内容才能完成登录,属于强制收集用户画像信息。原告诉至法院,要求法院判令被告深圳某科技公司向原告提供个人信息副本、停止侵权、删除个人信息、赔礼道歉并赔偿损失。被告辩称,根据其服务的性质,需根据不同用户需求,为用户推荐合适的服务内容,因此,收集相关标签是提供服务所必需的,并未违反个人信息收集的必要性原则,且该信息是原告主动填写,原告通过自己主动作出的行为同意了其收集行为。法院经审理查明,根据原告取证显示,原告在登录涉案网站时,进入账号登录页面输入用户名和密码,点击登录,即出现若干问答界面,需要对用户"职业""学习目的""英

---

① 参见《喜报!北京互联网法院4篇裁判文书在2023年北京法院优秀裁判文书评选活动中获奖》,载微信公众号"北京互联网法院"2024年1月8日。

语水平"等内容进行填写,填写完成后,还需填写个人基本信息,输入中英文名等必填内容才能完成注册进入首页使用界面。上述过程中并无"跳过""拒绝"等选项,亦无关于同意收集个人信息的提示。

【裁判结果】法院认为,从相关行业规范和标准上看,被告不得以其仅提供个性化决策推送信息这一种业务模式为由,主张收集用户画像信息为其提供服务的前提;从涉案软件或网站功能设置本身来看,履行合同所必需的范围,应限定在软件或网络运营者提供的基本服务功能,或用户在有选择的基础上自主选择增加的附加功能,被告以其软件或网站功能实现为由实施收集行为的依据不足。本案中,涉案软件在用户首次登录界面要求用户提交职业类型、学龄阶段、英语水平等相关信息,未设置"跳过""拒绝"等不同意提交相关信息情况下的登录方式,使得提交相关信息成为成功登录、进入功能使用首页的唯一方式。此种同意或对个人信息的提供,是在信息主体不自由或不自愿的情况下,强迫或变相强迫其作出的,不能被认定为有效同意。因此,在首次登录界面设置相关个人信息收集界面,未提供"跳过"或"拒绝"等选项,属于对原告个人信息的强制收集,不产生获取有效授权同意的效力。综上,被告未事先征得原告有效同意,在涉案两款产品中强制收集原告职业类型、学龄阶段、英语水平、学习目的等用户画像信息的行为构成侵权。故判决被告向原告提供个人信息副本、停止侵权、删除个人信息、赔礼道歉并赔偿损失 2900 元。

典型案例七:个人信息处理者应依据其信息存储形式和能力选择合理的信息提供方式——张某诉北京某信息服务公司个人信息保护纠纷案[①]

【基本案情】原告张某为了解账号使用情况,要求视频平台将其自注册以来所有的浏览记录以可编辑的 xlsx 文件形式发送至指定邮箱,包括所浏览的视频名称、发布时间、播放量、发布者账号名称以及其观看该视频的具体时间等。视频平台的运营者被告北京某信息服务公司表示,用户可通过"观看历史"和"反馈与帮助"等功能自主查阅、复制个人信

---

① 参见《北京互联网法院网络权益保护十大典型案件丨砥砺五载·典型案例篇》,载微信公众号"北京互联网法院"2023 年 9 月 5 日。

息,同时,视频名称、发布者账号名称等既属于原告的个人信息,又属于视频发布者的个人信息,为避免侵害视频发布者的个人信息权益,被告采取提供播放链接的方式向原告提供相关信息。原告对该提供形式不予认可,将被告起诉到法院。

【裁判结果】法院认为,个人可以就其在网络活动中的浏览记录向网络服务提供者申请查阅复制,但在某信息同属于多主体个人信息的情况下,应充分进行利益衡量,遵循以下原则:一是查阅、复制的主体应对个人信息享有合法合理利益。二是不应侵害其他主体合法权利,并尽可能对其他个人信息主体影响较小。关于个人信息处理者履行相关义务的方式,在不对个人查阅复制权行使造成障碍的情况下,个人信息处理者可依据其信息存储形式、存储能力、查阅复制成本等,自行选择合理的提供信息的方式。一审开庭前,被告以表格加链接的形式提供了原告所需个人信息,法院对此予以认可,驳回原告诉讼请求。二审维持原判。

典型案例八:个人信息处理者应当承担死者个人信息权利保护的义务——郭某等诉上海某科技公司等个人信息保护纠纷案①

【基本案情】李某为四原告的近亲属,生前从事某平台北京地区的相关业务。被告一北京某公司为该平台北京地区业务运营主体,被告二深圳某公司与被告三上海某科技公司分别为该平台员工端与用户端App的运营主体,被告四上海某人力公司根据被告一提供的业务统计数据为李某结算薪资。2021年李某意外去世。四原告为维护自身合法权益,尝试登录李某在员工端App上的账号查阅李某的考勤记录等个人信息,但发现该账号已被被告二停用,相关信息无法查阅。四原告认为,被告二停用李某账号的行为导致其无法查阅李某的个人信息,进而严重阻碍其维护自身合法权益,侵犯了其享有的个人信息权利请求权。另外,四原告认为四被告基于各自的业务需要,均曾处理李某的上述个人信息。因此,四原告将四被告起诉到法院,请求法院判令四被告提供其主张的李某相关个人信息,并承担相应的侵权责任。被告二辩称,在李某去世后停用其账号

---

① 参见《北京互联网法院网络权益保护十大典型案件丨砥砺五载·典型案例篇》,载微信公众号"北京互联网法院"2023年9月5日。

属于正常管理活动,虽然被告二停用了李某的账号,但在员工端 App 的隐私政策中对于用户及近亲属调取个人信息有清晰指引,已经提供了供四原告调取李某个人信息的其他合理途径。另外,四被告共同辩称,其均未控制四原告主张的个人信息,其行为不构成侵权,不应承担侵权责任,也无法向四原告提供其主张的个人信息。

【裁判结果】法院认为,四原告有权对李某的相关个人信息主张权利,四原告直接登录李某账号行使权利不符合合法、正当、必要的原则,个人信息处理者未阻碍四原告通过其他合理途径行使权利,不构成侵权,遂判决驳回四原告的全部诉讼请求。

二、网络消费者权益保护规则

(一) 网络消费者权益保护司法实践概述

1. 网络消费者权益保护的制度规则现状

为适应数字经济下的消费升级,更好地保护消费者合法权益,2013 年全国人大常委会对《消费者权益保护法》进行了修正,增加了网络消费者权益保护的专门规定。例如,《消费者权益保护法》第 25 条规定了消费者对通过网络、电视、电话、邮购等渠道购买的商品享有"七日无理由退货"的权利,消费者可据此自收到商品之日起 7 日内退货而无须说明理由。由此,网络消费者无理由退货的权益得到切实保障。该法第 28 条明确了经营者应当向网络消费者提供经营地址,联系方式,商品或者服务的数量和质量、价款或者费用等信息,以保障网络消费者的知情权。该法第 44 条规定了网络消费者合法权益受到损害的,网络交易平台提供者在一定条件下与销售者或服务者承担连带责任,消费者可以据此向网络交易平台提供者请求损害赔偿。由此,《消费者权益保护法》对网络消费者权益保护作出特别规定,对优化网络消费环境颇有助益。

2019 年施行的《电子商务法》通过对电子商务经营者科以严格义务,以倾斜保护网络消费者权益。例如,《电子商务法》第 18 条规定,电子商务经营者向网络消费者提供搜索结果的,应提供不针对消费者个人特征的选项,从而更好地规制电子商务活动中特有的"大数据杀熟"与"大数据营销"等问题。① 该法第 19 条要求电子商务经营者搭售商品或者服务,应当以显著方式提请消费者注意,不得将搭售商品或者服务作为默认同意的选项。由此,网络消费者的自主选择权得到充分尊重,避免了消费者在不知情的情况下接受其不需要的搭售商品或服务。该法第 39 条要求电子商务平台经营者为消费者提供对平台内销售的商品或者提供的服务进行评价的途径,不得删除消费者对其平台内销售的商品或者提供的服务的评价。据此,网络消费者的评价权得到有效保障,从而促进电子商务行业的健康发展和良性循环。

与此同时,我国立法机关、行政机关、司法机关出台或施行《民法典》《数据安全法》《个人信息保护法》《网络交易监督管理办法》《国务院反垄断委员会关于平台经济领域的反垄断指南》《公平竞争审查制度实施细则》等多部与网络消费者权益保护相关的法律、行政法规、部门规章、司法解释或规范性文件,加速完善网络消费者权益的法律保护规范体系。在此基础上,我国市场监管系统和其他行政主管机关不断强化网络消费领域的执法,加大反垄断监管力度,严格依法查处电商、外卖、社区团购等领域社会反映强烈的"二选一"、价格欺诈、低价倾销等垄断和不正当竞争行为,对网络直播营销作出规范,切实净化网络消费环境。

2. 网络消费者权益司法保护的现状

在网络购物合同纠纷的审判实践中,我国法院形成了兼具前瞻性和指导性的网络消费者权益保护裁判规则。在网络消费者权益的合同法保护中,我国法院针对数字消费市场中的新场景、新商业模式,及时引导经营者诚信经营,保障消费者的合法权益。我国司法实践对直播带货中的消费者权益保护问题进行探索。一方面,明确了不同模式下带货主播的角色定位和责任。另一方面,我国法院综合利用大数据等技术加强监督管理,例如利用云存储技术录播储存直播带货视频以解决证据固定的问题。我国司法实践对保护网络消费者的评价权作出有益尝试,划定了消费者评价法益保护的界限。

---

① 参见赵旭东主编:《中华人民共和国电子商务法释义与原理》,中国法制出版社 2018 年版,第 120—121 页。

第五章　数字法院建设下法律规则的探索

3. 网络消费者权益保护实践中的困境与问题

网络消费是有效扩大内需的重要途径,进一步营造更加安全舒心的消费环境对于刺激网络消费具有重要价值。但在司法实践中,如何妥善处理各类法律难题,平衡消费者和经营者之间的利益,确保双赢多赢共赢,仍需加强探索。网络消费者权益保护实践中的困境与问题包括:

第一,电商经营者为提高销量,在各种节日期间举办促销活动,但出于各种原因未能履行打折、免单等承诺,严重影响网络消费者的购物体验感。

第二,由于网络购物环境下无法直接确认网络消费者的真实身份,实践中部分消费者擅自使用他人账号进行显著超出其民事行为能力的高额网络消费,对网络消费生态环境造成严重危害。

第三,在平台经济背景下,消费者"差评"将对网络商家的商誉造成负面影响,但部分商家以公布消费者个人信息等极端方式回应消费者"差评",严重侵害网络消费者的合法权益。

第四,数字经济时代,以数字藏品为典型的网络虚拟财产吸引众多玩家,其网络交易渐趋火热。部分经营者未经许可将以受《著作权法》保护的作品为原型的数字藏品上传至其他平台进行销售,获取高额利润,给权利人造成严重经济损失。

第五,电商经营者以"优惠套餐""满减大促""限时折扣"等噱头作为营销手段,吸引消费者的关注和购买。但实践中存在商家提供虚假优惠的情况,导致网络消费者无法真正享受优惠甚至以更高的价格购买产品。

(二) 网络消费者权益保护的司法实践探索

*典型案例一:限时免单条款约定条件成就,经营者应当依约免单——张某与周某、某购物平台信息网络买卖合同纠纷案*①

【基本案情】被告周某在经营网上店铺过程中开展了"双 12"限时免单活动,制定并公布了相关规则,原告张某在购买产品时参与了限时免单活动。张某在参与该次活动前向店铺客服咨询了免单规则为付款优先者

---

① 参见《网络消费典型案例》,载最高人民法院官网,https://www.court.gov.cn/zixun/xiangqing/393481.html,访问日期:2025 年 5 月 25 日。

享受免单。但在张某付款时间在先的情况下,周某未按照规则给张某免单,张某认为周某构成违约,诉请周某退还其支付的货款。

【裁判结果】法院认为,根据《合同法》(1999年施行)第14条、第60条、第44条,《电子商务法》第49条的规定,当事人关于限时免单的约定属于附条件履行义务的合同条款,消费者符合免单规则的要求,经营者即应当履行免单义务,否则构成违约。张某在参加活动前咨询客服获知的规则应视为此次活动的规则,双方应当遵守。张某付款时间在先,周某未按照免单规则为张某免单,构成违约,张某要求周某退还货款的行为,于法有据,应予支持。

典型案例二:未成年人超出其年龄智力程度购买游戏点卡,监护人可依法追回充值款——张某某诉某数码科技有限公司网络买卖合同纠纷案①

【基本案情】原告张某某的女儿张小某,出生于2011年,为小学五年级学生。张小某于2022年4月19日晚在原告不知情的情况下使用原告的手机在某直播平台主播的诱导下通过原告支付宝账户支付给被告某数码科技有限公司经营的"某点卡专营店"5949.87元,用于购买游戏充值点卡,共计4笔。该4笔交易发生在2022年4月19日21时7分53秒至2022年4月19日21时30分0秒。原告认为,张小某作为限制民事行为能力人使用原告手机在半个小时左右的时间里从被告处购买游戏充值点卡达到5949.87元,并且在当天相近时间段内向其他游戏点卡网络经营者充值及进行网络直播打赏等消费10余万元,显然已经超出与其年龄、智力相适宜的范围,被告应当予以返还,遂诉至法院请求被告返还充值款5949.87元。

【裁判结果】法院认为,限制民事行为能力人实施的纯获利益的民事法律行为或者与其年龄、智力、精神状况相适应的民事法律行为有效;实施的其他民事法律行为经法定代理人同意或者追认后有效。本案中,原告张某某的女儿张小某为限制民事行为能力人,张小某使用其父支付宝账号分4次向被告经营的点卡专营店共支付5949.87元,该行为明显已经

---

① 参见《网络消费典型案例》,载最高人民法院官网,https://www.court.gov.cn/zixun/xiangqing/393481.html,访问日期:2025年5月25日。

超出与其年龄、智力相适宜的程度,现原告对张小某的行为不予追认,被告应当将该款项退还原告。依据《民法典》第19条、第23条、第27条、第145条规定,判令被告返还原告充值款5949.87元。

典型案例三:商家因"差评"擅自公布消费者个人信息构成侵权——张某等人诉某商家网络侵权责任纠纷案①

【基本案情】原告张某等人因不满被告某商家的"剧本杀"游戏服务,上网发布"差评",该商家遂在微信公众号发布与张某等人的微信群聊记录、游戏包厢监控视频录像片段、微信个人账号信息,还称"可向公众提供全程监控录像"。张某等人认为商家上述行为侵害其隐私权和个人信息权益,起诉要求商家停止侵权、赔礼道歉及赔偿精神损失等。

【裁判结果】法院认为,消费者在经营者提供的包间内的活动具有私密性,商家为了澄清"差评",通过微信公众号公开消费者所在包间内监控录像并称可提供全程录像,构成对消费者隐私权的侵害;商家未经张某等人同意公布其微信个人账号信息,侵害了张某等人的个人信息权益。依据《民法典》第1032条、第1033条、第1034条,《个人信息保护法》第4条、第13条规定,判令商家立即停止公开监控录像,删除公众号文章中"可向公众提供全程监控录像"表述及张某等人的微信个人账号信息,在微信公众号发布致歉声明,并向张某等人赔偿精神损害抚慰金。

典型案例四:中国NFT侵权第一案——深圳某公司与杭州某公司侵害作品信息网络传播权纠纷案②

【基本案情】原告深圳某公司诉称,经授权,其享有漫画家马某某创造的"我不是胖虎"系列作品在全球范围内独占的财产性著作权及维权权利。原告发现,被告经营的一个"元宇宙"平台上,有用户铸造并发布以"胖虎"为素材的NFT数字作品,售价899元。而该NFT数字作品与马某

---

① 参见《网络消费典型案例》,载最高人民法院官网,https://www.court.gov.cn/zixun/xiangqing/393481.html,访问日期:2025年5月25日。
② 参见杭州互联网法院(2022)浙0192民初1008号民事判决书;浙江省杭州市中级人民法院(2022)浙01民终5272号民事判决书。

某在微博发布的插图作品完全一致,甚至右下角依然带有作者微博水印。NFT 数字作品一旦被铸造上链,便不像传统互联网信息一样易于处理。被告作为专业 NFT 数字作品交易服务平台的经营者,理应尽到更高水平的知识产权保护义务,对于在其所经营的平台发布的 NFT 数字作品权属情况进行初步审核。但被告不但未履行审核义务,还收取一定比例的交易费用。原告认为,被告的行为构成信息网络传播权帮助侵权,故诉至法院,要求被告停止侵权并赔偿损失 10 万元。

【裁判结果】法院认为,NFT 数字作品交易行为应受信息网络传播权所控制,而不适用"权利用尽"原则,且基于 NFT 数字作品交易的特殊性,平台应承担更高的审查注意义务。本案被告所经营的平台作为 NFT 数字作品交易服务平台,未尽到审查注意义务,存在主观过错,其行为已构成帮助侵权。依据《民法典》第 1195 条、第 1197 条,《著作权法》第 3 条、第 10 条等的规定,判决被告立即删除涉案平台上发布的案涉 NFT 数字作品,同时赔偿原告经济损失及合理费用合计 4000 元。

典型案例五:优惠套餐价格高于单点价格构成欺诈——周某诉某公司网络服务合同纠纷案①

【基本案情】原告周某通过外卖平台在被告某公司经营的店铺购买了一份套餐,页面显示"现价 65 元,原价 108 元",套餐内包含赠品限量版可乐一瓶,未标示可乐价格。原告购买后发现,套餐内所有单品分开选择后价格合计 85 元,结算享受优惠后仅需要支付 57 元。原告认为,同样的商品组合,套餐价格却比单点价格更高,被告的行为构成欺诈,请求法院判令被告赔偿 1 元。

【裁判结果】法院认为,原告从被告在外卖平台上经营的店铺购买涉案套餐,双方成立合同关系。构成欺诈应具备三个要素:欺诈的故意,存在告知对方虚假情况或隐瞒真实情况的行为,使对方陷入错误认识并基于错误认识而为意思表示。被告对于涉案套餐价格的宣传属于虚假宣传,对原告造成误导,应予以赔偿。

---

① 参见《北京互联网法院数字消费十大典型案件丨砥砺五载·典型案例篇》,载微信公众号"北京互联网法院"2023 年 9 月 2 日。

典型案例六:以盈利为目的持续性销售二手商品的销售者应承担经营者责任——王某诉陈某网络购物合同纠纷案①

【基本案情】2019年9月,原告王某为满足求学所需,在某二手交易平台向被告陈某下单购买某品牌笔记本电脑一台,收货后发现该电脑外观磨损严重,无法正常充电使用,后送至官方售后点检测发现电脑内部电池鼓胀、有非官方拆改和非原厂部件,与被告所宣传的95成新明显不符,原告联系被告退货退款遭拒。原告认为被告构成欺诈,诉至法院请求被告退款并按照价款的三倍进行赔偿。被告辩称,其在二手交易平台处理自用二手物品,不属于《消费者权益保护法》规定的经营者。

【裁判结果】法院认为,在网络购物合同成立之前,被告曾通过其二手交易平台账号发布多条涉及不同型号该品牌电脑的出售信息,明显已超出了转让自用二手物品的范畴,被告具有明显的以盈利为目的持续性对外出售商品以获利的主观意图,与通常意义上的电子商务平台上的经营者无异。因此,本院认定被告具有电子商务经营者身份,其通过网络销售涉案电脑的经营活动应认定为经营行为。被告属于隐瞒事实,向原告告知虚假情况,导致原告陷入其购买的是正品电脑的错误认识并因此支付相应价款,被告的上述行为构成欺诈。故判决被告退款并按照货款的三倍进行赔偿。

三、新就业形态劳动者权益保护规则

(一)新就业形态劳动者权益保护的司法实践概述

1. 新就业形态劳动者权益保护的制度规则现状

2023年《迈向新征程的中国工人阶级——第九次全国职工队伍状况调查总报告》显示我国新就业形态劳动者约8400万人。新就业形态劳动者成为职工队伍的重要组成部分,主要包括货车司机、网约车司机、快递员、外卖配送员等群体。然而,这种新就业形态也使得劳动者劳动保障权益保护面临新情况新问题。为此,2021年7月《人力资源社会保障部、国家发展改革委、交通运输部、应急部、市场监管总局、国家医保局、最高人

---

① 参见《北京互联网法院数字消费十大典型案件丨砥砺五载·典型案例篇》,载微信公众号"北京互联网法院"2023年9月2日。

民法院、全国总工会关于维护新就业形态劳动者劳动保障权益的指导意见》发布,该意见旨在切实维护新就业形态劳动者劳动保障权益。2022年12月出台的《最高人民法院关于为稳定就业提供司法服务和保障的意见》也提出要加强新就业形态劳动者合法权益保障。除此之外,各地也出台了相应的规章制度,对新就业形态劳动者权益保障进行有益探索,如《湖南省人力资源和社会保障厅等八部门关于维护新就业形态劳动者劳动保障权益的实施意见》《上海市人力资源和社会保障局等八部门关于维护新就业形态劳动者劳动保障权益的实施意见》《江苏省人力资源和社会保障厅、江苏省发展和改革委员会、江苏省交通运输厅、江苏省应急管理厅、江苏省市场监督管理局、江苏省医疗保障局、江苏省高级人民法院、江苏省总工会关于维护新就业形态劳动者劳动保障权益的意见》等。

2. 新就业形态劳动者权益司法保护的现状

新就业形态劳动者权益司法保护的核心基础在于准确认定互联网平台用工中的法律关系。新就业形态劳动者在劳动时间、地点等方面显著有别于传统劳动者,这也给新就业形态劳动者与互联网平台之间法律关系的认定带来了挑战。在审判过程中,法院审查认定互联网平台用工劳动关系的路径逐渐清晰,把握劳动者人格及经济从属性这一认定劳动关系最核心的标准,也就是在实践中以事实为基础,审查双方是否符合劳动关系核心特征。更具体地说,在适格主体之间,平台企业的指挥、管理与监督权对从业者的生产活动具有决定作用,而从业者无实质自主决定权,其提供的劳动是平台企业的业务组成部分,其主要经济来源为持续稳定地通过平台企业获得的报酬的,应认定双方存在劳动关系。从业者应平台企业要求注册个体工商户、自备部分生产资料、薪酬由其他主体代发、双方事先对身份关系性质进行约定等均不影响劳动关系的认定。[①] 但如果双方确以"合作协议"为基础展开合作,双方之间的法律关系不符合劳动关系的,则不应认定为劳动关系。实践案例具体表现为,因合作公司没有对网络主播实施劳动管理行为,网络主播从事的直播活动并非合作公司的业务组成部分,其基于合作协议获得的直播收入亦非劳动法意义上的劳动报酬,因此,二者不

---

① 参见广东省广州市中级人民法院(2022)粤01民终6300号民事判决书。

符合劳动关系的法律特征,故不应认定为劳动关系。①

在新就业形态劳动者致人损害时的责任主体及责任形式方面,根据《民法典》相关规定,在不同的法律关系情形下,侵权责任的责任主体有所不同。以最常见的机动车交通事故责任纠纷为例,法院往往对平台或相关企业与新就业形态劳动者之间的法律关系性质予以回避,而直接聚焦于侵权责任的承担主体及责任形式上,主要有连带责任说②、补充责任说③、替代责任说④、新就业形态劳动者独立责任说⑤、外包企业承担替代责任说⑥、共同责任说⑦。

3. 新就业形态劳动者权益保护实践中的困境与问题

新就业形态的一个重要特征就是个人依托互联网平台实现就业。此种就业方式相较于传统就业方式,用工形式更灵活,但其去组织化的特点又给劳动者权益保护带来挑战。对此,法院应在实践中准确把握新就业形态中劳动关系的核心特征,深入领会法律规范的精神与要义,归纳总结审判规则,从而回应新就业形态劳动者权益保护的现实问题。当前,新就业形态劳动者权益保护实践中存在以下困境和问题:

第一,平台有时会以"承揽协议""合作协议""劳务协议"的名义与外卖骑手签订协议。此时,外卖骑手与外卖平台服务外包公司之间的劳动关系如何认定?

第二,经纪公司沿袭传统方式与主播建立民事合作关系,以培养知名主播、组织主播参加各类商业或非商业公众活动为主业,通过平等协商确定双方权利义务,以约定的分成方式进行收益分配。此时,网络主播和文化传播公司之间的劳动关系如何认定?

---

① 参见重庆市江北区人民法院(2018)渝 0105 民初 8250 号民事判决书。
② 参见广东省中山市中级人民法院(2020)粤 20 民终 4447 号民事判决书;北京市第一中级人民法院(2020)京 01 民终 7216 号民事判决书。
③ 参见北京市第二中级人民法院(2020)京 02 民终 4216 号民事判决书。
④ 参见北京市大兴区人民法院(2018)京 0115 民初 12707 号民事判决书。
⑤ 参见江苏省常州市中级人民法院(2020)苏 04 民终 4622 号民事判决书。
⑥ 参见福建省漳州市中级人民法院(2018)闽 06 民终 1457 号民事判决书。
⑦ 参见江西省抚州市东乡人民法院(2017)赣 1029 民初 1130 号民事判决书;山东省济南市历城区人法院(2020)鲁 0112 民初 6349 号民事判决书。

第三,外卖骑手分为"专送骑手"和"众包骑手"。相较于"专送骑手","众包骑手"的自由度更高。"众包骑手"面向公众开放注册,骑手可以自主决定是否接单,同时平台对骑手的工作时间和接单数量亦不作硬性要求。由于高度的灵活性,"众包骑手"有时会选择在多个平台注册,为多个平台配送订单。为了保障人身安全及分担致人损害的赔偿责任,骑手会投保商业保险。此时,若"众包骑手"在配送平台之外的订单时发生保险事故,保险责任如何认定?

第四,限制主播跳槽的不合理违约金的调整。具有较高知名度的网红或主播拥有大量的粉丝,会给平台带来可观的流量,直接影响到平台的收益,违约金成为平台常用的限制主播在合同到期前跳槽到其他平台的手段。一方面,不同于其他传统行业,限制主播跳槽的违约金在计算时欠缺具体的标准。另一方面,平台意图通过提高违约金的数额打消主播跳槽的想法,所以平台在与主播签订协议时,有时会约定高额的违约金。此时,部分畸高的违约金实际背离了商业逻辑。

第五,根据《网络预约出租汽车经营服务管理暂行办法》,网约车经营服务是指以互联网技术为依托构建服务平台,整合供需信息,使用符合条件的车辆和驾驶员,提供非巡游的预约出租汽车服务的经营活动;私人小客车合乘,也称为拼车、顺风车,按城市人民政府有关规定执行。与投保营运车辆相关保险的网约车不同,通常情况下,顺风车投保的是非营运车辆相关保险,网约车和顺风车在投保的类型上存在差别。投保人驾驶家用车辆,在上下班途中用顺风车平台接单搭载乘客发生交通事故,保险公司是否能以被保人系从事网约车活动为由拒绝承担赔付责任存在疑问。

(二)新就业形态劳动者权益保护的司法实践探索

典型案例一:外卖骑手与外卖平台服务外包公司之间人格和经济从属性较强的,应认定成立劳动关系——某服务外包公司与姜某确认劳动关系纠纷案[①]

【基本案情】2020年12月,姜某成为外卖骑手并被安排从事外卖配

---

① 参见《五一劳动节 | 四川省高级人民法院发布劳动争议典型案例》,载微信公众号"四川高院"2023年5月1日。

送工作,与某服务外包公司签订《劳务合同》,约定该公司协助姜某注册外卖平台App骑手账号、保证姜某在平台正常获取订单信息及根据完成订单、消费者评价等核算姜某的劳动报酬等内容。同时某服务外包公司通过《2020年××分区××外卖骑手报酬与奖惩考核办法》等制度对姜某进行管理,其导出骑手在App上的数据核定工资额后上报外卖平台,外卖平台委托合作企业代为支付工资。2021年3月7日,姜某在送餐途中因交通事故受伤。后姜某提起仲裁,请求确认其与某服务外包公司之间成立劳动关系,仲裁裁决予以支持。某服务外包公司不服并诉至法院。

【裁判结果】法院认为,姜某通过某服务外包公司注册为外卖骑手,直接接受该公司安排从事外卖配送工作,提供的劳动属于该公司的业务范围。某服务外包公司制定相关报酬与奖惩考核办法等制度进行日常指挥、管理、监督、考核,对于配送时限有算法、路线等引导与制约,结合平台配送信息、客户评价等标准决定对姜某的奖惩及工资报酬,具备劳动关系认定中人格从属性、经济从属性的"强从属性"特征,明显与双方签订的格式化《劳务合同》载明的劳务关系外观不符。故判决确认双方自2020年12月24日起存在劳动关系。

典型案例二:如何认定网络主播与文化传播公司之间是否存在劳动关系——李某某诉某文化传播公司劳动争议案[①]

【基本案情】李某某与某文化传播公司订立《艺人独家合作协议》,约定:李某某聘请某文化传播公司为其经纪人,某文化传播公司为李某某提供网络主播培训及推广宣传服务,将其培养成为知名的网络主播;李某某有权参与某文化传播公司安排的商业活动的策划、了解直播收支情况,并对个人形象定位等事项提出建议;李某某直播内容和时间均由其自行确定,其每月获得的各直播平台后台礼物由某文化传播公司和李某某按比例分配。从事直播活动后,李某某按照某文化传播公司要求入驻直播平台,双方均严格遵守协议约定。后李某某因直播收入较低,单方面解除《艺人独家合作协议》,并以某文化传播公司未缴纳社会保险费为由要求

---

① 参见重庆市江北区人民法院(2018)渝0105民初8250号民事判决书;重庆市第一中级人民法院(2019)渝01民终1910号民事判决书。

该公司向其支付解除劳动合同的经济补偿。某文化传播公司以双方之间不存在劳动关系为由拒绝支付。李某某向仲裁委员会申请仲裁后诉至人民法院,请求确认其与某文化传播公司之间存在劳动关系,并要求某文化传播公司支付解除劳动合同的经济补偿。

【裁判结果】法院认为,依《劳动合同法》第 7 条、《劳动和社会保障部关于确立劳动关系有关事项的通知》(劳社部发〔2005〕12 号)第 1 条的规定,合作公司没有对网络主播实施劳动管理行为,网络主播从事的直播活动并非合作公司的业务组成部分,其基于合作协议获得的直播收入亦非劳动法意义上的劳动报酬。因此,二者之间的关系不符合劳动关系的法律特征,网络主播基于劳动关系提出的各项诉讼请求,不能成立。

典型案例三:"众包骑手"配送投保平台之外订单发生人身保险事故,也应获得赔付——段某某等诉某财险股份有限公司某分公司人身保险合同纠纷案①

【基本案情】"众包骑手"叶某红从某平台首次接单时,福建某科技有限公司为其在某财险股份有限公司某分公司(以下简称"某财险公司")投保了某平台骑手保障组合产品保险,叶某红为此支付保费 3 元,由某平台扣收。该险种的客户群体为"众包骑手"。某财险公司出具的《某平台骑手保障组合产品保险单(电子保单)》上并无投保人和被保险人的签名或签章。投保当日,叶某红在万春商业街晕倒,医院诊断为脑出血。出院当日,叶某红在家中死亡,原因为脑内出血。叶某红家属段某某等遂提起诉讼,请求法院判令某财险公司支付叶某红的死亡赔偿金 60 万元。

【裁判结果】法院认为,"众包骑手"虽通过外卖平台投保商业保险并实际支付保费,但投保人、被保险人和保险受益人都是骑手本人,而非外卖平台。保险合同并未明确约定,骑手在配送投保平台之外的订单时发生保险事故的,保险公司免赔。换言之,此种情况下,保险公司以骑手在事故发生时所配送的平台订单并非代为投保的平台订单而主张免赔

---

① 参见安徽省芜湖经济技术开发区人民法院(2020)皖 0291 民初 3635 号民事判决书;安徽省芜湖市中级人民法院(2021)皖 02 民终 799 号民事判决书。

的,人民法院不予支持。故根据《保险法》第13条、第14条、第17条的规定,判决某财险公司支付死亡赔偿金60万元。

典型案例四:对于直播行业合同约定的巨额违约金,司法裁判中应予以合理判定及调整,在违约金数额的调整上,应充分考虑网络直播行业特点——上海某文化有限公司诉李某、昆山某信息技术有限公司合同纠纷案①

【基本案情】被告李某原为原告上海某文化有限公司创办的某直播平台游戏主播,被告昆山某信息技术有限公司为李某的经纪公司。三方签订《主播独家合作协议》,约定被告李某在某直播平台独家进行"绝地求生游戏"的第一视角游戏直播和游戏解说。该协议违约条款中约定,协议有效期内,两被告未经原告同意,擅自终止协议或在直播竞品平台上进行相同或类似直播的,构成根本性违约,违约金为5000万元,另须支付其他费用。

2018年6月1日,原告欠付被告李某两个月合作费用。2018年6月27日,李某发布微博称其将带领所在直播团队至其他平台进行直播,公布了直播时间及房间号并于2018年6月29日在该平台进行首播。昆山某信息技术有限公司也于官方微信公众号上发布李某在其他平台的直播间链接。后原告向法院提起诉讼,请求判令两被告继续履行独家合作协议、立即停止在其他平台的直播活动并支付相应违约金。

【裁判结果】法院认为,对于公平、诚实信用原则的适用尺度与因违约所受损失的准确界定,应当充分考虑网络直播这一新兴行业的特点。网络直播平台的经营者是以互联网为必要媒介、以主播为核心资源的企业,运营平台通常需要在带宽、主播上投入较多的前期成本,主播违反合同在第三方平台进行直播的行为给网络直播平台造成的损失的具体金额难以量化,如对网络直播平台经营者苛求过重的举证责任,则有违公平原则。综合考虑主播李某在游戏直播行业中享有很高的人气和知名度的实际情况,结合其收益情况、合同剩余履行期间、双方违约情况及各自过错大小、原告能够量化的损失、原告已对约定违约金作出的减让、原告所属

---

① 参见上海市第二中级人民法院(2020)沪02民终562号民事判决书。

平台的现状等情形,根据公平与诚实信用原则以及直播平台与主播个人的利益平衡,酌情将违约金调整为260万元。

典型案例五:保险公司是否可因投保人驾驶家用车辆在上下班途中用顺风车平台接单的行为拒绝承担赔付责任——万某诉某财产保险股份有限公司高新支公司财产保险合同纠纷案①

【基本案情】原告万某就其自有轿车向被告投保机动车商业保险,《机动车商业保险单》载明:车辆使用性质为家庭自用;承保险种包括车辆损失保险、第三者责任保险等。保险期间,原告在某出行平台上使用顺风车功能搭载乘客,驾驶车辆发生碰撞。公安机关出具《道路交通事故认定书》,认定此次事故万某负全部责任。另查明,发生交通事故的地点处于万某下班行程中。原告就车辆维修事宜支付维修费后,向被告主张理赔。案外人中国某财产保险股份有限公司四川分公司向万某出具《拒赔通知书》,被告系该公司的支公司,认可该公司出具的《拒赔通知书》,以案涉车辆危险程度增加、改变车辆性质而未通知公司为由拒绝赔付。原告不服,提起诉讼,要求被告赔偿车辆维修费和拖车救援费40300元。

【裁判结果】法院认为,顺风车也称拼车,是由出行路线相同的人相互选择、分摊成本的共享出行方式,其目的在于互助,并非营运。根据顺风车行驶范围是否在合理可控范围内,可判断是属于顺风车服务还是进行网约车服务,如在合理可控范围内,客观上不会导致车辆使用频率增加,也不会导致车辆危险程度增加,未实质上改变车辆使用性质的,不能对车主苛以通知义务。保险公司不能以被保险人使用顺风车功能搭载乘客系从事网约车活动,其改变车辆的使用性质致使被保险机动车危险程度显著增加且未履行通知义务为由拒绝承担赔付责任。故根据《保险法》第52条及《网络预约出租汽车经营服务管理暂行办法》的相关规定,判决被告向原告赔偿维修费40300元。

---

① 参见四川省成都高新技术产业开发区人民法院(2021)川0191民初1494号民事判决书。

四、算法治理①规则

(一)算法治理司法实践概述

1. 算法治理的制度规则现状

目前,我国算法相关条款在立法体系中呈现分散分布、重点突出的特点。算法治理框架主要由法律法规、标准指南、司法解释以及行业自律公约共同构成。平台是算法的主要应用者,抓住平台就抓住了算法治理的关键。② 在面向平台的算法治理方面,《电子商务法》首次明确对网络交易平台中的算法应用进行调整,也规定了不当使用算法所应承担的法律责任。《互联网信息服务算法推荐管理规定》进一步明确了算法安全的责任主体,细化了算法推荐服务提供者主体责任的要求,并要求其建立健全算法安全管理制度和技术措施;在信息服务规范和用户权益保护方面,对五大类算法作出了规范,并构建了涵盖算法分级分类、算法备案管理、算法监督检查、算法风险监测、算法安全评估等举措的科学监管体系。2022年修正的《反垄断法》明确规定,经营者不得利用数据和算法、技术、资本优势以及平台规则等从事该法禁止的垄断行为。面向个人权益保护的算法治理主要规制数据处理行为,偏重数据收集规则,特别是通过赋予个人数据权利,包括知情权与决定权、查阅复制权、更正补充权、删除权来对抗算法应用带来的侵害。③

以算法和用户的交互过程为主线,算法治理可以划分为三个阶段:一是在事前对算法的使用进行控制,包括算法透明和算法备案,要求算法的设计主体或者使用主体披露包括源代码、输入数据、输出结果在内的算法要素,披露方式包括明示算法使用情况、在使用算法前获得用户的知情

---

① 一般来说,算法治理有两个含义:一是对算法进行治理,算法是治理的对象;二是运用算法进行社会治理。本书所论述的算法治理属于第一类,即以算法为客体进行的法律规制。
② 参见段鹏:《平台经济时代算法权力问题的治理路径探索》,载《东岳论丛》2020年第5期。
③ 参见刘颖:《数字社会中算法消费者的个人信息保护体系构建》,载《广东社会科学》2022年第1期。

同意等。① 二是在算法运行过程中,对算法进行持续的评估、检查、调整,在提供算法服务的过程中对算法使用者提出合规要求,对算法进行定期审查、管理,配合监管部门进行监督检查等。三是基于算法运行的结果,对算法相关主体进行问责。三个阶段在平衡技术复杂性与法律复杂性的问题上呈现不同的倾向。其中,事前规制强调对算法进行穿透式监管,在事前捋顺隐藏在"黑箱"中的算法决策规则和因果关系,以降低算法造成的法律关系的复杂性。事中监管重在通过技术标准构建算法相关的结构性规则,推动法律与算法的跨系统沟通。事后问责试图把目光聚焦到以侵权法为代表的归责理论上,减少事前对算法运作逻辑的关注,从而规避打开"黑箱"可能遇到的技术复杂性难题。

2. 算法治理的司法现状

近年来,我国司法实务中涉及算法治理的典型案件频发,在算法治理的实体规则方面进行了有益探索。

算法治理首先需明确技术中立原则的适用标准。我国司法实践普遍认可技术的中立性,但一般不认为单凭技术中立就可以实现免责。不能把使用算法都认定为间接侵权,否则将导致平台方需要为所有侵权内容负责。审查算法提供者是否尽到合规义务,包括事前的透明度、事中的算法安全规则、标签设置以及事后的说明解释义务等。在已尽到合规义务的前提下,再进一步审查使用者的注意义务。若未尽到合规义务,可作为过错认定的重要参考。②

主观过错的判定标准需根据侵权类型具体确定。侵害个人信息权益的,根据《个人信息保护法》第 69 条第 1 款的规定,个人信息处理者应承担过错推定责任。被侵权人仅需就其受到侵害的事实进行举证,平台方需举证说明算法的目的正当和技术中立性,并证明其已经尽到了与涉案算法风险相匹配的注意义务,采取了合理的预防侵权措施。对于专业技术性较强的内容,司法实践确立了"平台公开算法规则、合理解释技术原

---

① 参见苏宇:《优化算法可解释性及透明度义务之诠释与展开》,载《法律科学(西北政法大学学报)》2022 年第 1 期。

② 参见《上海长宁法院"算法的社会责任"研讨会综述》,载微信公众号"上海长宁法院"2023 年 2 月 28 日。

理、第三方专业机构验证"的举证模式,尽可能增强法庭客观中立评判平台方算法解释内容的能力。① 在不正当竞争案件中,我国法院采取了过错责任标准,同时指出平台方对于敏感数据,应当在算法中设置更高的注意义务,进行差别化的技术处理。若被侵权人已通知侵权人存在侵权行为并要求其停止侵权,但侵权人未停止的,可认为侵权人明知其实施了侵权行为并就侵权结果采取放任的态度,从而扩大了侵权损害,即明显具有主观过错。②

3. 算法治理实践中的困境与问题

算法是一把"双刃剑",在推动数字经济繁荣发展,创造更加美好生活的同时,算法权力异化也随时可能带来各类难以预测的风险挑战。这也是我们持续加强立法和司法探索,完善算法治理的原因所在。虽然系列探索取得了良好成效,但算法技术仍在不断演变发展,随之而来的法律风险也不断更新迭代,迫切需要法院立足各类审判场景,有效识别化解,具体包括:第一,在名誉权纠纷场景中,平台方使用的算法存在误判,导致平台用户与特定负面信息关联,此时如何认定算法使用者的责任?第二,在著作权侵权纠纷场景中,争议焦点在于平台方使用算法自动推荐侵权作品是否构成帮助侵权。第三,在涉保密算法场景中,算法也会因是否构成商业秘密引发争议。第四,在涉算法生成物场景中,算法治理的问题主要在于该算法生成内容是否构成作品、相关权益归属以及主体侵权责任承担。第五,在算法排序场景中,当事人恶意利用排序算法漏洞实施干扰算法排序的行为,应当如何认定责任?

(二)算法治理的司法实践探索

典型案例一:算法侵权案件中软件运营者的披露义务和过错认定——李某诉A公司侵害名誉权纠纷案③

【基本案情】原告李某在被告A公司运营的征婚交友平台上注册账号并完成实名认证。在李某正常使用平台期间,因短期内多次被检测出

---

① 参见杭州互联网法院(2020)浙0192民初3081号民事判决书。
② 参见浙江省杭州市中级人民法院(2020)浙01民终4847号民事判决书。
③ 参见《交友平台算法误判用户为"杀猪盘"骗子是否侵权?》,载微信公众号"北京互联网法院"2022年11月10日。

诈骗案件所涉高频词汇而触发平台风控机制。平台对其账号作封号处理,并向其他网友提示安全风险。李某认为 A 公司运营的平台算法误判,侵犯其名誉权,请求法院判令 A 公司公开道歉并赔偿损失。

【裁判结果】法院认为,算法应用行为的侵权认定需考虑算法行为目的和主观意图、是否具有正当性,行为手段和性质、侵害人身权益的风险性程度、行为过程的审慎程度,是否采取了预防侵权的合理措施,行为主体身份的特点、技术能力水平及所附注意义务等综合性评判因素。A 公司基于法律监管要求和公共利益保护的目的,设置"预防性风控系统"算法应用,对用户行为进行中立、无差别的风险筛查,虽因技术水平所限造成系统误判,但尽到了与涉案算法风险相匹配的注意义务,并采取了合理的预防侵权措施,并无主观过错,不构成侵权。李某的诉请缺乏事实和法律依据,不予支持。

典型案例二:算法推荐服务提供者著作权侵权责任的认定——深圳市某计算机系统有限公司等诉北京某科技有限公司等信息网络传播权纠纷案[1]

【基本案情】原告深圳市某计算机系统有限公司和杭州某软件公司对某视听作品享有信息网络传播权,该作品为甲视频平台 VIP 剧。被告北京某科技有限公司运营的乙视频平台中存在大量剪辑、切割该视听作品的短视频,这些短视频通过乙视频平台的智能聚合、相关话题、关联检索等功能模块被提供给用户,播放量巨大。两原告认为被告侵害了其信息网络传播权,诉请停止侵权、赔偿损失。

【裁判结果】法院认为,判断算法推荐服务提供者是否"明知"应当结合推荐算法具体功能模式认定:一是算法推荐功能是否对所有平台用户提供了无差别服务;二是算法推荐功能是否对平台所有内容进行了无差别处理;三是算法推荐功能是否干预了平台用户行为及干预程度;四是算法推荐下的被控侵权视频内容是否明显侵权;五是算法推荐下的被控侵权短视频内容的用户观看规模。由此,被控侵权短视频的数量已明显超

---

[1] 参见杭州互联网法院(2021)浙 0192 民初 10492 号民事判决书;浙江省杭州市中级人民法院(2022)浙 01 民终 10025 号民事判决书。

出为介绍、评论作品或者说明某一问题而适当引用他人作品的必要性限度,被控侵权短视频已经对某视听作品产生了替代性影响,损害了相关著作权人的合法权益,构成对两原告信息网络传播权的侵害。北京某科技有限公司主观上应知被控侵权事实,客观上利用算法推荐技术扩大了被控侵权短视频的传播范围,应当承担停止侵权、赔偿损失的民事责任。故判决被告北京某科技有限公司立即停止侵权,并赔偿两原告经济损失及维权合理开支共计 20 万元。

*典型案例三:计算机软件技术秘密的保护对象及其证明——北京某科技公司诉北京某智慧公司、刘某某等侵害商业秘密纠纷案*①

【基本案情】原告北京某科技公司认为,刘某某等前员工在离职后加入北京某智慧公司,并在软件招投标项目中使用了原告的核心技术秘密和经营秘密,导致原告遭受经济损失和名誉损失。原告诉请停止侵害、赔偿损失。

【裁判结果】法院认为,计算机软件的源代码与流程、逻辑关系、算法等内容一般构成相对独立的技术信息。当事人主张计算机软件的源代码和与源代码对应的流程、逻辑关系、算法均构成技术秘密的,应当分别明确请求保护的具体技术信息并分别证明其符合法律保护条件。流程、逻辑关系、算法等内容与软件源代码虽存在相互表征关系,但依旧是相互独立的技术信息,源代码保密不必然意味着流程、逻辑关系、算法保密。同时,技术秘密必须具有商业价值,软件流程、逻辑关系、算法信息的价值体现在它们作为具体的软件开发的基础和指导。本案中,原告未明确其主张的权利对象,更未对信息来源作初步举证。故驳回原告诉讼请求。

*典型案例四:人工智能生成文章的独创性认定——深圳市某计算机系统有限公司诉上海某科技有限公司著作权权属、侵权及不正当竞争纠纷案*②

【基本案情】原告深圳市某计算机系统有限公司使用 Dreamwriter 智

---

① 参见北京知识产权法院(2017)京 73 民初 1259 号民事判决书;最高人民法院(2020)最高法知民终 1472 号民事判决书。
② 参见广东省深圳市南山区人民法院(2019)粤 0305 民初 14010 号民事判决书。

能写作助手创作财经报道文章,并在腾讯证券网站首次发表,注明"本文由腾讯机器人 Dreamwriter 自动撰写"。原告发现被告上海某科技有限公司未经许可复制并在其运营的网站传播涉案文章,认为被告侵犯了原告的信息网络传播权并构成不正当竞争行为,请求法院判令停止侵权、赔偿损失等。

【裁判结果】法院认为,判断人工智能生成的文章是否具有独创性,首先应当从是否独立创作及外在表现上是否与已有作品存在一定程度的差异,或是否具备最低程度的创造性等方面进行分析判断;其次应当从涉案文章的生成过程来分析是否体现了创作者的个性化选择、判断及技巧等因素。在具体认定相关人员的行为是否属于著作权法意义上的创作行为时,应当考虑该行为是否属于一种智力活动以及该行为与作品的特定表现形式之间是否具有直接的联系。涉案文章属于文学领域的表达,具备可复制性、独创性,属于文字作品。涉案文章的生成过程体现了创作者的个性化选择,符合著作权法关于创作的要求。涉案文章是法人作品,原告是适格主体。被告未经许可传播涉案文章,侵犯了原告的信息网络传播权。原告关于不正当竞争的主张不予支持。判决被告赔偿原告经济损失及维权合理费用 1500 元,驳回原告其他诉讼请求。

典型案例五:干扰搜索引擎排名行为的不正当竞争认定——北京某科技有限公司与江苏某网络科技有限公司不正当竞争纠纷案①

【基本案情】原告北京某科技有限公司发现被告江苏某网络科技有限公司为他人提供"万词霸屏"服务,利用技术手段生成大量关键词和非人工编写页面,并发布在高权重网站二级目录下,以达到用户触发搜索关键词,即产生虚假页面占据搜索结果首页一条甚至几条搜索结果内容的效果。原告请求判令被告停止服务、赔偿损失、刊登声明消除影响。

【裁判结果】法院认为,双方存在竞争关系,被告利用技术手段实施侵权行为,违背原告意愿并导致原告的网络产品或服务无法正常运行,造成引擎算法失准,浪费服务器资源,降低用户信任,违背诚实信用原则和商业道德,扰乱市场竞争秩序,损害消费者合法权益的结果,并且缺乏合理

---

① 参见江苏省苏州市中级人民法院(2021)苏 05 民初 1480 号民事判决书。

理由。故被告的行为构成不正当竞争。判决被告立即停止不正当竞争行为,刊登声明消除影响,赔偿原告经济损失及合理开支共计 2753000 元,驳回原告其他诉讼请求。

*典型案例六:人工智能生成内容的法律属性及权利归属的认定——李某某诉刘某某侵害作品署名权和信息网络传播权纠纷案*①

【基本案情】原告李某某使用开源软件 Stable Diffusion,通过输入提示词,设置迭代步数、图片高度、提示词引导系数以及随机数种子等操作生成涉案图片后发布在小红书平台。被告刘某某在百家号发布文章,文章配图使用了涉案图片。原告认为被告未经许可使用图片,且截去了原告在小红书平台的署名水印,使得相关用户误认为被告为该作品的作者,严重侵犯了原告享有的署名权及信息网络传播权,遂诉至法院要求被告公开赔礼道歉、赔偿经济损失等。被告答辩称不确定原告是否享有涉案图片的权利,被告所发布主要内容为原创诗文而非涉案图片,且涉案图片未用于商业用途,不具有侵权故意。

【裁判结果】法院认为,涉案图片系原告利用生成式人工智能技术生成的,从构思涉案图片起,到最终选定涉案图片止,原告进行了一定的智力投入,比如设计人物的呈现方式、选择提示词、安排提示词的顺序、设置相关的参数、选定符合预期的图片等。涉案图片体现了原告的智力投入,故涉案图片具备"智力成果"要件。从涉案图片生成过程来看,一方面,原告对于人物及其呈现方式等画面元素通过提示词进行了设计,对于画面布局构图等通过参数进行了设置,体现了原告的选择和安排。另一方面,原告通过输入提示词、设置相关参数获得第一张图片后,继续增加提示词、修改参数,不断调整修正,最终获得涉案图片,这一调整修正过程亦体现了原告的审美选择和个性判断。在无相反证据的情况下,可以认定涉案图片由原告独立完成,体现了原告的个性化表达,故涉案图片具备"独创性"要件。涉案图片符合作品的定义,属于作品,受到著作权法的保护。就涉案作品的权利归属而言,著作权法规定,作者限于自然人、法人或非法人组织,因此人工智能模型本身无法成为我国著作权法意义上

---

① 参见北京互联网法院(2023)京 0491 民初 11279 号民事判决书。

的作者。原告是根据需要对涉案人工智能模型进行相关设置,并最终选定涉案图片的自然人,涉案图片基于原告的智力投入直接产生,且体现出原告的个性化表达,故原告是涉案图片的作者,享有涉案图片的著作权。被告未经许可,将涉案图片作为配图发布在自己的账号中,使公众可以在其选定的时间和地点获得涉案图片,侵害了原告就涉案图片享有的信息网络传播权。此外,被告对涉案图片进行去除署名水印的处理,侵害了原告的署名权,应当承担赔礼道歉、赔偿原告经济损失500元的侵权责任。

典型案例七:未经同意创造自然人的 AI 形象构成对人格权的侵害——何某诉上海某科技公司网络侵权责任纠纷案①

【基本案情】被告上海某科技公司是某款手机记账软件的开发运营者,用户在该软件中可自行创设"AI 陪伴者",设置陪伴者的名称、头像,设置与该陪伴者的人物关系(如男女朋友、兄妹、母子等)。原告何某系公众人物,知名度较高,在该款软件中被大量用户设置为陪伴人物。用户在设置"何某"为陪伴人物时,上传了大量原告的肖像图片用于设置人物头像,同时设置了人物关系。被告通过聚类算法,将陪伴者"何某"按身份分类,并以协同推荐算法向其他用户推介该角色。为了使 AI 角色更加拟人化,被告还为 AI 角色构建了"调教"算法机制,即用户上传各类文字、肖像图片、动态表情等互动语料,部分用户参与审核,被告使用人工智能筛选、分类,形成人物语料。用户和该软件为"何某"制作了人物语料,并加入了系统推送,通过智能算法或 AI 自动回复,该软件可以根据话题类别、角色的人设特点等,在"何某"与用户的对话中向用户推送与其有关的"肖像表情包"和"撩人情话",营造出与其真人进行真实互动的氛围。

【裁判结果】法院认为,网络技术服务提供者在算法设计和规则设定中嵌套其主观价值和主观目的,不适用"技术中立"原则。自然人的人格权及于其虚拟形象,可以同时援引一般人格权和具体人格权的保护规则。自然人"虚拟形象"所包含的姓名、肖像、人格特点等人格要素是自然人的人格权客体,因此,未经许可擅自创设、使用自然人虚拟形象的,构成对自然人人格权的侵害。故判决被告向原告公开赔礼道歉,赔偿原告精神损

---

① 参见北京互联网法院(2020)京 0491 民初 9526 号民事判决书。

失20000元,经济损失(含合理维权支出)183000元。

典型案例八:自然人声音权益可及于AI生成声音——殷某某诉北京某智能科技公司等人格权侵权案①

【基本案情】原告殷某某是一名配音演员,其经朋友告知,发现他人利用其配音制作的作品在多个知名App广泛流传。经声音筛选和溯源,发现上述作品中的声音来自被告一北京某智能科技公司运营的平台中的文本转语音产品。原告曾接受被告二某文化传媒公司的委托录制录音制品,被告二为录音制品的著作权人。后被告二将原告为其录制的录音制品的音频提供给被告三某软件公司。被告三仅以原告录制的一部录音制品为素材进行AI化处理,生成了涉案文本转语音产品并在被告四上海某网络科技公司运营的云服务平台对外出售。被告一与被告五北京某科技发展公司签订在线服务买卖合同,由被告五向被告三下单采购服务,其中包括涉案文本转语音产品。被告一采取应用程序接口形式,在未经技术处理的情况下,直接在其平台中使用涉案文本转语音产品。原告主张,被告的行为已经严重侵犯其声音权益,诉请被告一、被告三立即停止侵权、赔礼道歉,五被告赔偿经济损失、精神损失。

【裁判结果】法院认为,自然人声音的可识别性是指在他人反复多次或长期聆听的基础上,通过该声音特征能识别出特定自然人。利用人工智能合成的声音,如果能使一般社会公众或者相关领域的公众根据其音色、语调和发音风格,关联到特定自然人,就可以认定为具有可识别性。本案中,被告三系使用原告个人声音开发涉案文本转语音产品,而且经当庭勘验,该AI声音与原告的音色、语调、发音风格等具有高度一致性,能够引起一般人产生与原告有关的思想或感情活动,能够将该声音联系到原告本人,进而识别出原告的主体身份。被告二、被告三未经原告许可而AI化使用原告声音,构成对原告声音权益的侵犯,其侵权行为造成了原告声音权益受损的后果,应承担相应的法律责任。被告一、被告四、被告五主观上不存在过错,不承担损害赔偿责任。因此,综合考量被告侵权情节、同类市场产品价值、产品播放量等因素,判令被告一、被告三向原告书

---

① 参见北京互联网法院(2023)京0491民初12142号民事判决书。

面赔礼道歉,被告二、被告三赔偿原告经济损失25万元。

典型案例九:未经授权对包含他人肖像的视频进行"AI换脸"处理,构成对他人个人信息权益的侵害——廖某诉某科技文化有限公司网络侵权责任纠纷案①

【基本案情】原告廖某是一名古风短视频博主,在全网拥有较多粉丝,被告某科技文化有限公司在未经其授权的情况下,使用原告出镜的系列视频制作换脸模板,并上传至案涉软件中,付费提供给用户以牟利。原告诉称,被告的行为侵犯其肖像权与个人信息权益,要求被告书面赔礼道歉,并赔偿其经济损失与精神损失。法院查明,案涉换脸模板视频与原告创作的系列视频的妆容、发型、服饰、动作、灯光及镜头切换呈现一致特征,但出镜人的面部特征均不相同且并非原告。案涉软件通过第三方公司的服务实现换脸功能,用户交纳会员费后可以解锁所有换脸功能。

【裁判结果】法院认为,本案中,被告虽然使用原告的视频制作视频模板,但并未利用原告的肖像,而是通过技术手段替换原告面部特征,去除了肖像具有可识别性的核心部分,模板中所保留的妆容、发型、服饰、灯光、镜头切换等要素并非与特定自然人不可分割,和自然人与生俱来的人格要素存在本质区别,因此不具有肖像意义上的可识别性。同时,被告将视频模板提供给用户使用的行为并未丑化、污损、伪造原告肖像。因此,被告的行为不构成对原告肖像权的侵害。案涉短视频动态呈现了原告的面部特征等个体化特征,符合《个人信息保护法》规定的"与已识别或者可识别的自然人有关的各种信息"的定义。针对案涉换脸行为,被告需要先收集包含原告人脸信息的出镜视频,再将该视频中的原告面部替换成自己提供照片的面部,该合成过程需要将新的静态图片中的特征与原视频部分面部特征、表情等通过算法进行融合。上述过程,涉及对原告个人信息的收集、使用、分析等,属于对原告个人信息的处理。原告账号说明处标注有"未授权给任何收费软件",不应推定原告同意他人对其人脸信息进行处理,故被告获取包含原告人脸信息的视频,应依法征得原告同意。被告无证据证明其经过原告同意,因此构成对原告个人信息权益

---

① 参见北京互联网法院(2023)京0491民初3820号民事判决书。

的侵害。此外,被告对于案涉视频中的劳动投入的"搭便车"使用,应由相关权利人针对劳动投入等合法权益主张相关侵权责任。故判决被告向原告书面致歉,赔偿原告精神损失 500 元,经济损失 1500 元。

五、平台治理规则

(一)平台治理司法实践概述

1. 平台治理的制度规则现状

网络平台是一种新的经济组织模式,广泛存在于电商、直播、新闻、文化等领域,涉及业务众多,这也决定了与平台相关的法律法规众多,散见于各个层级的法律法规当中。

从法律层级看,《民法典》第 1194 条规定:"网络用户、网络服务提供者利用网络侵害他人民事权益的,应当承担侵权责任。法律另有规定的,依照其规定。"这为网络平台经营者承担侵权责任提供了法律基础。《电子商务法》第 30 条第 1 款规定:"电子商务平台经营者应当采取技术措施和其他必要措施保证其网络安全、稳定运行,防范网络违法犯罪活动,有效应对网络安全事件,保障电子商务交易安全。"由此明确了平台经营者负有维护新型数字商业模式运作和平台秩序健康发展的法定治理职责,有权对平台中的违法违规行为进行治理。《个人信息保护法》赋予平台经营者以"守门人"角色,要求其承担建立健全个人信息保护合规制度体系、定期发布个人信息保护社会责任报告并接受社会监督等义务。

从部门立法层级看,《互联网信息服务管理办法》第 15 条和《区块链信息服务管理规定》第 10 条明确了网络平台经营者不得制作、复制、发布、传播法律法规禁止的信息。《互联网用户公众账号信息服务管理规定》第 5 条第 2 款、《互联网直播服务管理规定》第 5 条、《网络音视频信息服务管理规定》第 6 条、《即时通信工具公众信息服务发展管理暂行规定》第 4 条等明确了网络平台经营者未经许可不得从事互联网新闻信息服务。

从地方立法层级看,部分省级行政区也在执法实践的基础上逐渐深化平台责任。如《浙江省电子商务条例》第 9 条第 1 款规定:"电子商务平台经营者应当对平台内经营者提交的身份、地址、联系方式、行政许可等信息至少每六个月进行一次核验更新;核验或者日常管理中发现平台内经营者有下列情形的,应当按照下列规定采取相应措施:……(三)可能伪造、变造、冒用他人身份证明或者相关证照的,应当暂停交易和服务,并向有关主管部门报告,根据有关主管部门的调查处理结果相应采取恢复或者终止交易和服务的措施。"该条例进一步细化了电商平台经营者的责任,推动法律规范不断趋于完善。

网络平台涉及的纠纷类型极其广泛,其对应的法律关系、法律责任也颇为丰富,必须基于特定的场景和纠纷,选好用好法律规定,以压紧压实平台责任。

2. 平台治理司法保护的现状

当前,司法在平台算法应用、个人信息处理、格式条款设置等领域作出了诸多有益探索,形成了多条引领性规则。例如,对于营销类群发短信息平台来说,其信息服务提供者在提供短信群发服务时,负有避免合作方利用短信群发服务实施民事侵权行为的注意义务。若信息服务提供者对短信发送存在主观过错,则构成帮助侵权,应承担民事责任。又如,对直播平台主播行为而言,如果网络主播在平台直播过程中实施违反公共秩序和善良风俗的行为,直播平台经营者有权按照平台规则对主播进行处罚。再如,平台经营者运用算法筛查处置侵权行为,应当以算法公开、正当、非歧视等原则为前提。还有,算法推荐服务提供者应当承担较高的注意义务,对其是否"明知",应当结合推荐算法具体功能模式进行认定。具体要从算法推荐功能是否对所有平台用户提供了无差别服务,是否对平台所有内容进行了无差别处理,是否干预了平台用户行为及干预程度,以及算法推荐下的被控侵权作品内容是否存在明显侵权及侵权程度等方面进行分析判断。

3. 平台治理实践中的困境与问题

平台治理与算法治理往往密切相关,司法实践中的诸多案件都呈现出"算法失灵"和"平台越位"两副面孔,综合判定法律责任比较困难。同时,两者并非完全相同,平台治理的法律问题会表现为其他多种形式,需要结合不同问题综合判断。比如:

第一,平台经营者利用算法进行自动化决策对用户作出处罚的,应当如何认定该处罚是否合理,平台经营者是否应当就其处罚行为承担法律责任?

第二,平台经营者利用智能风控系统,对具有强关联关系的"数据"进行分析推理从而发现欺诈行为,并据此诉请确认行为人实施了欺诈行为并应承担赔偿责任的,法院应如何运用证据规则予以综合审查,证明欺诈事实存在?

第三,平台用户违反诚实信用原则实施平台规则不允许实施的行为,平台经营者是否有权进行处罚?

第四,平台规则中约定"最终解释权"条款,平台经营者据此作出对平台用户不利的处罚,用户是否有权要求平台经营者撤销处罚?

第五,小程序服务的提供者作为新型的经营主体,其法律地位应当如何评价?其是否能够直接适用"通知删除"规则?

(二)平台治理的司法实践探索

*典型案例一:平台算法自动化决策的司法审查标准——许某某与杭州某软件服务公司网络服务合同纠纷案*①

【基本案情】原告许某某在被告杭州某软件服务公司运营的网站注册账号并开展推广活动。经大数据排查,被告认定原告账号"流量异常",冻结账号内当月佣金17万余元。原告认为相关服务协议无效,冻结当月全部佣金显失公平,诉请被告解除冻结。

【裁判结果】法院认为,平台自治程序具有正当性。平台经营者行使算法权力应当公开透明,不仅需事先披露治理机制、管理规则以及算法相关技术原理,而且应当保障用户的知情同意权,同时亦应赋予用户质疑算法自动化决策并提出申诉的权利。网络空间治理客观上需要平台经营者的积极参与,借助算法技术进行大数据分析是排查海量推广交易的有效手段,在平台经营者事先披露管理规则并取得用户同意的情况下,平台经营者有权判定用户违约并开展治理活动。故判决驳回许某某的诉讼请求。

---

① 参见杭州互联网法院(2020)浙0192民初3081号民事判决书。

典型案例二：平台经营者利用信息技术识别用户违规行为的效力判定——某在线支付平台公司与李某某网络服务合同纠纷案①

【基本案情】被告李某某向原告某在线支付平台公司反映其手机在当日登山游玩时丢失，导致平台账户内3050元资金被盗，要求其进行赔偿。因被告系账户安全险的被保险人，保险公司遂向被告赔偿了3050元。后原告通过智能风控系统检测发现，被告以"人脸校验"的方式在声称丢失的手机上重新登录平台账户。原告认为被告所述手机丢失及账户资金被盗一事并未真实发生，故起诉要求被告赔偿相关损失。

【裁判结果】法院认为，"人脸校验"是通过用户具有唯一性的生物信息进行的身份认证，其他人无法采用"人脸校验"方式登录其平台账户。被告在声称丢失的手机上重新登录平台账户，与自称手机丢失的情形不符，上述情况足以认定被告所述手机丢失及账户资金被盗一事并未真实发生。再结合双方之间的电话录音等，可推断被告陈述的账户被盗情形违反常理，具有诸多无法合理解释之处。故原告所采用的信息技术手段符合司法事实推定规则，可从高度盖然性层面认定被告在本案中系谎报账户被盗、虚假申请赔偿，违反双方协议约定，构成违约，从而依法判决支持原告诉讼请求。

典型案例三：诚实信用原则在平台公益活动自治中的运用——某用户与某科技集团股份有限公司网络服务合同纠纷案②

【基本案情】在某款应用中，用户可以通过互相浇水等方式进行好友间互动，将储存的"绿色能量"转移至其他账号。原告系该应用用户，注册有5个账号，其中4个"小号"专门用于给主账号"浇水"，并多次从他人处收购"绿色能量"，以获取更多"绿色能量"。原告的多个小号被应用的经营者被告某科技集团股份有限公司采取临时性限权措施，限制使用1个月。原告认为被告对其账号采取的限权措施不当，遂诉至法院，要求解封其名下的受限账号。

【裁判结果】法院认为，原告自愿开通使用应用服务，并接受《用户使

---

① 参见杭州互联网法院(2019)浙0192民初7613号民事判决书。
② 参见杭州互联网法院(2021)浙0192民初5257号民事判决书。

用须知》,系其真实意思表示,该须知内容不违反国家法律、行政法规的强制性规定,合法有效,具有法律约束力,双方当事人应当遵守须知内容。《用户使用须知》约定,若用户通过购买绿色能量等违反诚实信用的方式获取绿色能量,平台经营者可对其账号采取限制或禁止使用应用全部或部分服务等处理措施。原告相关行为违反了《用户使用须知》,被告处罚措施并无不当。故判决驳回原告诉讼请求。

*典型案例四:"经营者享有最终解释权"格式条款的效力判定——于某与某网络科技公司网络服务合同纠纷案*①

【基本案情】原告于某在某网络游戏中分别注册了两个独立的游戏账号。在游戏过程中,因原告其中一个账号存在轻违规行为,被告某网络科技公司以网络服务协议中约定对用户违规行为及处罚措施享有"最终解释权"为由,将原告另一个不相关的游戏账号及账号内的高价值虚拟游戏装备予以封禁。原告起诉至法院,请求判令撤销对其不涉及违规行为账号的处罚并恢复账号内的虚拟游戏装备。

【裁判结果】法院认为,根据《民法典》相关规定,对格式条款"有两种以上解释的",应当作出不利于提供格式条款一方的解释。本案"封停账号"条款系游戏平台提供的格式条款,不利于格式条款提供方的解释为:封停账号的范围仅限于参与违规行为或与违规行为具有关联的用户账号。某网络科技公司作为网络游戏服务的经营者,在网络服务协议中以格式条款方式约定对协议内容享有"最终解释权",该"最终解释权"条款属于《民法典》及相关司法解释规定的应当认定为无效格式条款的情形。故判决支持原告诉讼请求。

*典型案例五:小程序服务提供者的责任认定——杭州某网络公司诉长沙某网络公司、某公司侵害作品信息网络传播权纠纷两案*②

【基本案情】被告一长沙某网络公司在被告二某公司经营的社交平台上注册开发了小程序,其未经原告杭州某网络公司许可,在小程序中传播

---

① 参见杭州互联网法院(2021)浙0192民初9708号民事判决书。
② 参见《我院首例涉微信小程序案今日宣判!》,载微信公众号"杭州互联网法院"2019年2月27日。

原告享有信息网络传播权的作品。原告诉请被告一承担侵权责任,被告二下架涉案小程序并承担连带赔偿责任。

【裁判结果】法院认为,提供网络自动接入或自动传输服务的基础性网络服务提供者通常无法审查用户上传内容,对侵权内容的判断识别能力很弱,甚至无法准确地删除侵权内容或者切断与侵权内容有关的网络服务,其服务具有无差别技术性和被动性等属性。根据《信息网络传播权保护条例》,纯粹意义的自动接入或自动传输服务提供者不承担侵权责任,也不适用"通知删除"规则。该条例中的"通知删除"规则仅适用于能够判断特定内容是否侵权且可以及时有效遏制侵权行为的信息存储空间或者搜索、链接服务的网络服务提供者,"删除"的对象为存储于网络平台的侵权内容和侵权内容链接,而不是具体的侵权用户或链接所指向的侵权网站。所有涉及"通知删除"的规定,其中最核心的处理措施都是删除或者屏蔽侵权内容(链接),而非直接停止信息的自动接入、传输或缓存等。因此,根据相关法律规定及权利义务相一致原则,"通知删除"规则中的"网络服务提供者"应指向提供信息存储空间或者搜索、链接等服务的网络服务提供者,其不适用于提供自动接入或自动传输等基础性网络服务的提供者。本案被告二作为基础性网络服务提供者应排除适用"通知删除"规则。故判决被告一赔偿原告经济损失每案 15000 元,驳回原告对被告二的所有诉讼请求。

典型案件六:平台商业模式及运作机制存在过错,平台经营者应对不实投诉信息承担直接侵权责任——北京某科技公司诉北京某互联网公司网络侵权责任纠纷案[①]

【基本案情】原告北京某科技公司在搜索引擎中发现在被告北京某互联网公司经营的投诉平台上存在关于其及其经营店铺的消费投诉,其中涉诉 7 条投诉内容不实,侵犯其名誉权且程度严重。对此,原告多次通过投诉平台官方邮箱联系解决事宜但未果,由于被告拒不删除涉案投诉链接,不实投诉长期展示在平台上,对其产品销量和名誉造成恶劣影响。被告打着公益的旗号,谋取不正当的商业利益。被告的投诉平台捆绑搭售

---

① 参见北京互联网法院(2021)京 0491 民初 42370 号民事判决书。

社交产品,被投诉企业如需回复投诉,须先入驻投诉平台,入驻条件之一即成为投诉平台社交账号付费用户。未入驻平台的企业不能在投诉平台上回复投诉,无法获取投诉用户的联系方式。投诉平台投诉处理机制存在缺陷,对于已经实际解决完纠纷的投诉订单,平台拒绝修改更新投诉状态,损害原告商誉。原告请求法院判令被告停止侵权,并向其书面赔礼道歉。

被告认为,投诉平台是公益性消费投诉服务平台,平台上的投诉与回应内容均为用户自行发布,其作为提供信息存储空间的网络服务提供者,不存在过错,无须承担侵权责任。

【裁判结果】法院认为,消费投诉服务平台通过规则设计、运作机制及商业模式等呈现投诉内容及进度安排,但被告产品逻辑存在明显缺陷、缺乏平台中立性和公益性,应当认定与仅提供技术服务、未直接实施侵权行为的情形不同,被告系内容服务提供者,主观上存在过错。在满足其他侵权构成要件的情形下,可以依据《民法典》第1194条的规定,按照网络服务提供者直接实施侵权行为适用法律。故判决被告删除案涉两个网页链接内容,在投诉平台首页"最新投诉"栏目中连续7日刊登致歉声明。

六、数据产权保护规则

(一) 数据产权保护司法实践概述

1. 数据产权保护的制度规则现状

随着数字信息技术的不断革新,数字化与产业发展和创新深度融合,数字经济发展迎来黄金时期,数据也日益成为国家基础性战略资源和重要生产要素。国家高度重视数据产权保护规则的制定与实施,出台了一系列法律法规以确保数据资源的合法、安全、高效流通和使用,形成数据产权保护的制度规则体系。

2020年3月,《中共中央、国务院关于构建更加完善的要素市场化配置体制机制的意见》首次将数据纳入生产要素,明确提出要"根据数据性质完善产权性质"。2022年12月,《中共中央、国务院关于构建数据基础制度更好发挥数据要素作用的意见》(以下简称"数据二十条")公布,要求建立保障权益、合规使用的数据产权制度,探索数据产权结构性分置制度,建立数据资源持有权、数据加工使用权、数据产品经营权等分置的产权运行机制,为我国加快构建数据产权制度提供了政策基础。2020年5月,《民法典》颁布并就数据和个人信息保护作出规定。《民法典》第127条明确了数据和网络虚拟财产受法律保护,为未来数据保护专门性立法的制定奠定坚实基础。此外,我国立法机关陆续出台了《网络安全法》《数据安全法》《个人信息保护法》等多部与数据保护密切相关的法律。这些法律主要从规制网络运营行为、规范数据(含个人信息)处理行为等角度,为维护数据安全提供法律保障。其中,《网络安全法》从宏观层面维护网络空间安全秩序,包含数据安全;《数据安全法》对数据的概念进行了界定,并规范了数据处理活动,强调保障数据安全以促进数据开发利用;《个人信息保护法》则侧重于保护作为数据来源者的自然人的个人信息权益。这三部法律在规范模式上均以对数据(含个人信息)处理活动课以行为义务为主,从而维护数据处理和流通的安全秩序,间接为数据流通交易提供良好的环境,但均未就数据产权保护作出直接规定。

在数据产权保护专门性立法尚未出台的背景下,《反不正当竞争法》在数据财产权益保护方面具有较高的可适用性。该法第2条"一般条款"规定,"经营者在生产经营活动中,应当遵循自愿、平等、公平、诚信的原则,遵守法律和商业道德",并将不正当竞争行为界定为"经营者在生产经营活动中,违反本法规定,扰乱市场竞争秩序,损害其他经营者或者消费者的合法权益的行为"。该条中的"合法权益"包含竞争性财产权益。经营者不得以违背商业道德的手段不当获取或使用其他经营者的商业数据,或者干扰其他经营者数据产品的运行,其他经营者作为数据集或数据产品的开发者和经营者,可以主张损害赔偿。与此同时,《反不正当竞争法》第9条对四类侵犯商业秘密的行为作出禁止性规定。如果涉案数据构成商业秘密,而其他经营者以不正当手段获取、披露、使用或允许他人使用被数据处理者视为商业秘密的数据,则法院可适用该条保护数据处理者的数据权益。此外,该法第12条"互联网专条"要求经营者不得利用技术手段,通过影响用户选择或者其他方式,实施妨碍、破坏其他经营者合法提供的网络产品或者服务正常运行的行为。据此,在涉案行为构成破坏性竞争的情形下,法院可适用该条制止针对数据产品的不正当竞争行为。

此外,我国刑事法律也就数据权益保护作出了颇具价值的探索。根据《刑法》第285条第2款的规定,违反国家规定,侵入计算机信息系统或者采用其他技术手段,获取该计算机信息系统中存储、处理或者传输的数据,情节严重的,可构成非法获取计算机信息系统数据罪。根据《刑法》第286条第2款的规定,违反国家规定,对计算机信息系统中存储、处理或者传输的数据和应用程序进行删除、修改、增加的操作,后果严重的,构成破坏计算机信息系统罪。据此,行为人实施侵害数据产权的行为可能产生刑事责任。

2. 数据产权的司法保护现状

大数据背景下,数据日益成为人们开展经营活动、研究活动的信息资源,数据的作用在各个行业、各个领域显得越来越重要。然而,随着互联网计算机技术的不断更新迭代,非法获取数据的行为也愈加普遍,严重侵害数据处理者的数据产权以及数据安全利益。对此,我国法院在审判实践中积极探索保护数据处理者数据产权的进路,推动建构数据产权保护规则。

第一,我国法院逐步认可网络运营者、平台经营者、企业经营者等主体对经过治理的数据或开发的数据产品享有竞争性财产权益,其他经营者未经许可不得非法获取和利用。在数字经济时代,持有数据对于各类经营者而言不仅意味着对市场经营信息的掌握,而且意味着能够带来潜在的交易机会。倘若数据处理者通过对数据进行加工处理进而形成数据集或数据产品,在此类数据集或数据产品具有一定的商业价值的情况下,数据处理者对其享有竞争性财产权益具有正当性。维护公平竞争的市场秩序需要保护数据产品运营者的数据产权,避免恶性竞争。在行为人未经许可非法获取和利用数据的情形下,我国法院在审判实践中倾向于适用《反不正当竞争法》"一般条款"认定涉案行为构成不正当竞争。

第二,我国法院认可原始数据和数据资源整体在法律上应受到不同程度的保护。对于原始数据,数据处理者未投入经营成本对其进行加工处理,其他经营者对此类数据进行使用不宜轻易被认定为不正当竞争。但对于经过数据处理者数据治理而形成的数据资源整体,倘若此类数据资源具有一定的商业价值,则数据处理者对其享有竞争性财产权益,并可依据《反不正当竞争法》对其他经营者未经授权获取数据的行为主张损害赔偿请求权。我国法院通常适用《反不正当竞争法》"互联网专条"规制针对数据资源实施的破坏性竞争行为,保护经营者的数据产权。

第三,我国法院认可经营者所持有的商业数据在符合保密性、秘密性和商业价值等要件时,可受到《反不正当竞争法》第9条商业秘密规则的保护。商业秘密与数据产权均依托事实控制地位而产生,将特定商业数据作为商业秘密予以保护可使数据持有者获得防御性权利。值得指出的是,法院给予特定商业数据以商业秘密保护并不会过分限制数据流通利用。一方面,如果相关数据不具有任何秘密性,即使企业采取数据保密管控措施,也无法享受商业秘密保护。另一方面,商业秘密保护仍然是一种基于事实控制产生的临时性防御权保护,而非法律上的排他性赋权;一旦这种事实控制消失,秘密数据转变为公开数据,涉案数据就丧失了商业秘密保护的基础。

与此同时,我国正在探索关于数据产权司法保护的知识产权法进路,即在著作权法体系下保护构成"作品"的数据集或数据产品。倘若数据处理者将其持有的数据进行清洗、整理、加工、分析,进而形成具有独创性的表达,在构成《著作权法》第15条所规定的"汇编作品"的情况下,数据处理者可作为汇编人而享有《著作权法》第10条规定的著作财产权。对此,未来我国法院在实践中可以通过个案裁判逐步明确数据汇编作品著作权法保护的规则及其边界,助益形成兼具前瞻性和可操作性的裁判规则。

3. 数据产权保护实践中的困境与问题

数据产权保护实践众多,但数据所涉法律关系、相关事实等非常繁杂,至今仍未形成统一且系统的保护理论或者实践,反而越来越多的新问题不断涌现。当前,必须认清数据产权保护的主要问题所在,努力把每一起涉数纠纷办成精品案件,以裁判规则的探索服务数据产权保护立法和理论的构建。主要问题包括:

第一,数据处理者投入大量人力、物力、财力资源,对其合法收集的数据进行加工处理,进而开发出具有可观商业价值的数据产品或数据服务。但部分经营者通过"租号"等手段开展恶性竞争,实质性替代了数据处理者的数据产品或数据服务,影响数据处理者通过其实质性加工和创新性劳动形成的劳动成果获得收益,破坏市场竞争秩序。

第二,经营者开发运营网络平台,向用户提供搜索引擎、网络社交等网络服务。第三方经营者运用技术手段干扰平台运行,未经授权擅自抓取、收集、存储平台内数据,危害平台数据安全,对平台运行构成严重威胁。

第三,网络平台经营者在业务运行中日渐形成具有商业价值的经营信息,并将此类数据视为商业秘密。经营者员工违反保密义务不当使用商业数据为己谋利,扰乱企业经营活动,给平台企业造成重大经济损失。

第四,在平台数据安全事件频发的背景下,网络平台经营者纷纷采取防护措施以维护数据安全。但第三方网站经营者采用技术手段,绕过平台服务器的防护措施,爬取平台数据以充实其运营的数据内容服务,给网络平台经营者的商业利益造成严重损害。

第五,在信息时代,关涉社会公共利益的个人、企业数据被公开于网络已成常态。但部分经营大数据平台的企业未经审核即将过时、失实的信息公布于平台,严重损害数据主体合法权益。

(二)数据产权保护的司法实践探索

*典型案例一:数据产品的法律属性及权益保护——某(中国)软件公司与安徽某科技公司不正当竞争案*①

【基本案情】原告某(中国)软件公司通过其开发运营的"生意参谋"数据产品向商家提供可定制、个性化、一站式的商务决策体验平台,为商家的店铺运营提供数据化参考。被告安徽某科技公司以提供远程登录已订购的"生意参谋"数据产品用户电脑的方式,组织、帮助他人利用已订购"生意参谋"数据产品的用户所提供的子账户,获取"生意参谋"数据产品中的数据内容,并从中牟利。原告认为其对数据产品中的原始数据与衍生数据享有财产权,被诉行为恶意破坏其商业模式,构成不正当竞争,请

---

① 参见杭州铁路运输法院(2017)浙8601民初4034号民事判决书。

求判令被告停止侵权,赔偿其经济损失500万元。被告辩称,原告收集使用数据的方式不合法,对涉案数据不享有权利,其行为不构成不正当竞争。

【裁判结果】法院认为,根据《反不正当竞争法》第2条、第17条等规定,被告安徽某科技公司的被诉行为实质性替代了涉案数据产品,破坏了原告的商业模式与竞争优势,构成不正当竞争。

典型案例二:数据权益的权属判断与分类保护——深圳市某计算机系统有限公司、某科技(深圳)有限公司诉浙江某网络公司、杭州某科技公司不正当竞争纠纷案①

【基本案情】两原告共同开发运营某个人通信产品,为消费者提供即时社交通信服务。两被告开发运营"某群控软件",以外挂技术将该软件中的"个人号"功能模块嵌套于该个人通信产品中运行,突破了该产品既有功能设置,新增了诸多自动化、批量化操作该产品、发布信息的功能。两原告诉称,其对于该产品中的全部数据享有数据权益,两被告擅自获取、使用数据的行为构成不正当竞争。两被告辩称,该产品用户信息所形成的涉案数据应归用户所有,两原告并不享有任何数据权益,无权就此主张权利;被控侵权软件的应用属于创新性竞争,不应被认定为不正当竞争。

【裁判结果】法院认为,根据《反不正当竞争法》第2条、第12条的规定,两被告的行为在干扰该产品用户的同时,也危及该产品的安全正常运行。两被告此种所谓"创新性竞争活动",在竞争效能上对于市场整体而言明显弊大于利,难谓有效率的创新性竞争,并不具有正当性,已构成不正当竞争,依法应承担相应的侵权责任。

典型案例三:商业数据构成商业秘密的认定标准——杭州某科技公司与汪某侵害商业秘密纠纷案②

【基本案情】原告杭州某科技公司经营两家直播平台,被告汪某系原告所有的某平台前运营总监,双方签订保密协议。被告在职期间,利用自身账号权限,登录查看、分析后台数据,掌握中奖率高的时间点,通过关联

---

① 参见杭州铁路运输法院(2019)浙8601民初1987号民事判决书。
② 参见杭州铁路运输法院(2021)浙8601民初609号民事判决书。

多个账号进行刷奖,获得平台高额奖金;被告离职以后,在自身账号已被注销的情形下,仍通过获取原告员工胡某账号的方式,继续登录后台进行刷奖,并通过数十名主播提现,以此获利200余万元。原告认为,被告上述行为侵犯了原告的商业秘密,导致平台其他注册用户基本无法获奖,平台注册用户的充值大幅减少、用户流失,情节恶劣。

【裁判结果】法院认为,本案直播打赏数据构成反不正当竞争法意义上的商业秘密。被告在职期间的"使用"行为,违反《反不正当竞争法》第9条第3项;离职后的"获取"行为,违反该法第9条第1项;离职后的"使用"行为,违反该法第9条第2项。被告曾为原告公司员工,主观过错明显;且被诉行为持续时间较长,被告通过多次登录后台账号获利,侵权行为频繁,行为涉及数十名主播,范围广,自认获利金额达200余万元,侵权获利金额高,客观情节严重,可以适用惩罚性赔偿。遂以获利金额200余万元为赔偿基数,以侵权获利的1.5倍确定赔偿数额,故判决被告赔偿原告经济损失300万元。

*典型案例四:某平台社交数据的法律属性及司法保护——深圳市某计算机系统有限公司、某科技(深圳)有限公司诉某(杭州)新媒体科技有限公司不正当竞争纠纷案*①

【基本案情】两原告系某平台的经营者和管理者,被告系某网站经营者,其使用技术手段绕过该平台客户端,操控75个社交账号使用"拟人程序"爬虫工具,将网络请求操作分发给不同的云服务器,获取"用户登录"权限后以云服务器群登录抓取,同时使用自动化脚本,通过多个代理IP操作,绕过封号、封IP等防护措施不间断抓取该公众平台信息内容及数据,并通过网站对外提供公众号搜索、导航及排行等数据服务。

【裁判结果】法院认为,平台经营者对平台整体数据资源享有竞争性财产权益。被告行为属于《反不正当竞争法》第12条第2款第4项所规定的利用技术手段,妨碍、破坏其他经营者合法提供的网络产品或者服务正常运行的行为,构成不正当竞争。

---

① 参见杭州铁路运输法院(2021)浙8601民初309号民事判决书。

典型案例五:公共数据商业化利用的合法性边界——浙江某金融服务公司、重庆某小微小额贷款公司与苏州某网络科技公司商业诋毁及不正当竞争纠纷案①

【基本案情】被告苏州某网络科技公司运营的企业征信软件发布了针对原告二重庆某小微小额贷款公司某微贷产品进入清算程序的企业信息,引发媒体广泛关注,短时间内新闻搜索条数达千万条。该条清算信息系涉案征信软件抓取自国家企业信用信息公示系统已公开的数据,但也是某微贷产品 2014 年企业年度报告中国家出现的历史信息。原告一浙江某金融服务公司与原告二享有共同的利益。二原告的良好商业信誉和某微贷产品的产品声誉因被告行为遭受难以弥补的损失。二原告向法院提起诉讼,请求判令被告停止不正当竞争行为、删除虚假或误导性信息、发布澄清信息、赔礼道歉、赔偿损失并承担本案诉讼费用。

【裁判结果】法院认为,使用公共数据无须征得原始数据主体的同意,但使用时仍需遵守基本的注意义务,防止不当使用给原始数据主体带来不当损害。在公共数据开放和大数据商业模式下,公共数据使用行为仍应经受正当性判断。大数据产品或服务提供者使用公共数据时,应坚持数据来源合法原则、注重信息时效原则、保障信息质量原则、敏感信息校验原则。对公共数据不当使用,未能尽到必要的注意义务,导致法人或自然人等原始数据主体合法利益受损的,公共数据使用者应承担相应法律责任。被告因未能尽到必要的注意义务,致使二原告遭受损失,该行为已构成不正当竞争,应当承担相应的民事责任。

典型案例六:《数据知识产权登记证》的效力认定——某(北京)科技公司诉某上海科技公司著作权侵权及不正当竞争纠纷案②

【基本案情】原告某(北京)科技公司为专业从事人工智能领域数据服务的科技创新企业,花费大量人力财力录制了 1505 个小时的普通话以采集语音数据(以下简称"案涉数据集"),并取得《数据知识产权登记

---

① 参见杭州铁路运输法院(2019)浙 8601 民初 1594 号民事判决书。
② 参见北京互联网法院(2021)京 0491 民初 45708 号民事判决书;北京知识产权法院(2024)京 73 民终 546 号民事判决书。

证》。2021年,原告发现同样从事人工智能领域数据服务的被告某上海科技公司非法获取案涉数据集并在其官方网站向公众进行传播,允许网络用户随意下载。原告认为,被告与其同属数据处理行业从业者,均经营向第三方提供数据的业务,有竞争关系,被告通过网络实施非法获取、复制、传播案涉数据集等侵权行为,案涉数据集属于商业秘密,被告非法获取、使用、向他人提供案涉数据集的行为构成《反不正当竞争法》第9条"经营者不得实施下列侵犯商业秘密的行为"中的不正当竞争行为。

【裁判结果】法院认为,《数据知识产权登记证》能够证明案涉数据集系由登记主体收集且持有,因此可以作为认定登记主体是商业秘密的权利主体的初步证据。即该产权登记证可以作为证明原告享有案涉数据集相关财产性利益的初步证据,亦可作为证明案涉数据集收集行为或数据来源合法的初步证据。数据集处于事实上的公开状态并为相关领域人员普遍知悉或容易获取,且数据内容的选择和编排不具有独创性的,则可考虑适用《反不正当竞争法》第2条进行兜底性保护。故判决被告赔偿原告经济损失100000元、合理维权支出2300元。

第三节 技 术 规 则

一、区块链司法应用规则

在司法审判中,电子证据正逐渐成为标准证据类型之一。随着技术的快速发展,迫切需要建立一套区块链证据审查规范。《最高人民法院关于互联网法院审理案件若干问题的规定》首次以司法解释形式确立了通过电子签名、可信时间戳、哈希值校验和区块链等固定的电子数据证据效力和真实性的审查基准。《人民法院在线诉讼规则》进一步规定,若区块链存储的电子数据通过核验且无矛盾,则可假定其未被篡改,并为相反证据提供评判准则。《最高人民法院关于加强区块链司法应用的意见》提出,推动完善区块链存证的标准和规则,提升电子证据认定的效率和质量。因此,构建区块链司法应用规则对于全面深化数字法院建设,推进审判体系和审判能力现代化有着重要意义。

(一)区块链证据的司法审查原则

1. 技术中立原则

对电子数据进行司法审查时,不得仅因其为电子数据本身,或仅因使用技术手段进行存证,以及使用的技术种类不同就拒绝认定或提高认定标准,应当根据电子数据与待证事实的关联、来源和形式是否符合法律规定,来判断其效力。

2. 技术说明原则

提供电子数据的当事人应对电子数据形成、传输、提取等过程中运用的技术手段进行解释说明,必要时应提交技术提供方的认证说明。

3. 个案审查原则

对电子数据的审核应依照法律规定,采取个案审查的方式,按照法定程序,从合法性、真实性、关联性方面进行全面、客观的审核,结合案件其他证据,对证据效力进行综合判断。

(二)区块链证据的司法审查标准

1. 真实性审查

关于电子数据的真实性审查,应审查电子数据在形成、传输、提取、展示等过程中是否存在被篡改的可能性及可能性的大小,着重审查以下内容:①电子数据的生成、存储、传输所依赖的计算机系统等硬件、软件环境是否安全、可靠;②记录和保存电子数据的平台的电子数据保管内控机制是否健全;③电子数据是否在正常的往来活动中形成和存储;④电子数据的提取主体、提取工具和提取方式是否可靠;⑤电子数据的形成、储存、复制、提取、提交、展示等过程是否完整;⑥电子数据是否可以通过特定形式验证。

2. 合法性审查

电子数据的收集、存储、提取方法应当符合法律规定,以侵害他人合法权益、违反法律禁止性规定或有违公序良俗的方式取得的电子数据,不得作为认定案件事实的依据。

3. 关联性审查

审查电子数据的关联性,即电子数据与待证事实之间是否具有实质性联系,应从电子数据与案件事实的关联程度,电子数据与其他证据之间的关联性等方面进行综合判断。

4. 真实性存疑的电子数据

电子数据具有下列情形之一的,不得作为认定事实的依据:①电子数据系篡改、伪造的;②电子数据有增加、删除、修改等情形,足以影响电子数据真实性的;③其他不能确认电子数据真实性的情形。

(三)区块链证据的效力认定

1. 公文电子数据

公文电子数据是指国家机关、事业单位等依职权形成的电子数据。公文电子数据应当作为认定事实的依据,但有相反证据足以推翻的除外。公证机构出具的公证电子数据可参照公文电子数据认定。

2. 第三方数据持有者的电子数据

第三方数据持有者的电子数据是指与当事人无利害关系的主体在业务过程中自动落地并存储的电子数据。对于第三方数据持有者的电子数据,应当根据第三方数据持有者的资质资信,第三方数据持有者与案件有无关联,以及电子数据的生成方式等因素,审查确定能否作为认定事实的依据。

应着重审核第三方数据持有者提供的电子数据的完整性及其是否存在被篡改、损毁的可能。除电子数据记录不完整或者有明显瑕疵,证据形式未满足,或当事人提出异议并有相反证据证明该电子数据有篡改、伪造可能外,可以对第三方数据持有者提供的电子数据的效力予以采信。

3. 第三方数据服务提供商的电子数据

第三方数据服务提供商的电子数据是指为当事人提供电子数据存证服务的企业及机构提供的电子数据。对于第三方数据服务提供商的电子数据,应当根据第三方数据服务提供商的资质资信、信用状况、经营管理状况,证据形成的过程,所采用的技术手段等因素,结合案件其他证据,审查确定其能否作为认定事实的依据。

应着重审核第三方数据服务提供商的电子数据来源的真实性、技术手段的安全性,审查电子数据形成的合法性,电子数据形成、传输、接收、存储、提取的过程及方法的可靠性,电子数据的完整性及保持完整性方法的可靠性,电子数据与其他证据相互印证的程度,并由此认定证据的效力。

4. 举证责任

提供电子数据的一方当事人负有对证据来源、证据形成、存储过程符合证据形式进行证明的责任。否定电子数据效力的一方当事人对证明电子数据无法证明待证事实负有举证责任。

举证责任的分配可结合当事人的举证能力,电子数据的取得难度、成本、便利性等因素综合考虑。一方当事人已尽最大所能举证且所举电子数据可以初步证明其诉讼主张的,可将举证责任分配给仅质疑但未提供证据证明的另一方当事人。

5. 证明力审查

对电子数据证明力的审查应从电子数据与案件事实的关联程度,各电子数据之间的联系等方面进行综合判断。对于公文电子数据、公证电子数据、第三方数据持有者的电子数据、金融机构的电子数据、第三方数据服务提供商的电子数据等,应当依照法律规定,运用逻辑推理和日常生活经验,对电子数据有无证明力和证明力大小进行判断,并公开判断的理由和结果。

二、人工智能司法应用规则

2002年,最高人民法院颁布《人民法院计算机信息网络系统建设管理规定》和《人民法院计算机信息网络系统建设规划》,为大数据和人工智能等高新技术在法院审判过程中的大规模运用奠定了基础。[1] 2016年,中共中央办公厅、国务院办公厅印发《国家信息化发展战略纲要》,明确要求"建设'智慧法院',提高案件受理、审判、执行、监督等各环节信息化水平,推动执法司法信息公开,促进司法公平正义",为司法信息化的发展建设提供方向。[2] 2022年12月8日出台的《最高人民法院关于规范和

---

[1] 参见季卫东:《人工智能时代的司法权之变》,载《东方法学》2018年第1期。
[2] 参见王玮:《数字正义下司法人工智能的适用困境及纾解进路》,载《太原理工大学学报(社会科学版)》2024年第3期。

加强人工智能司法应用的意见》进一步明确了人民法院应用人工智能技术的指导思想、总体目标、基本原则、应用范围、系统建设和综合保障等相关内容,指导各级法院在数字法院建设过程中规范和加强司法人工智能技术应用。由此,人工智能司法应用规则逐步走向系统化和体系化。

(一)司法人工智能技术的应用场景

1. 辅助司法裁判

人工智能技术在司法领域的主要应用场景是辅助司法裁判,这也是我国数字法院建设的重要路径。人工智能技术在司法领域显现出独特的价值,这一应用不仅代表了司法科技的最新进展,更是我国数字法院建设战略中的重要一环。通过深度学习、自然语言处理、大数据分析等先进技术,人工智能系统能够协助法官进行案件信息的快速提取与整理,提供类案推送、法律条文检索、证据链条构建等辅助功能,协助法官完成繁重的前期准备工作。这不仅极大地减轻了法官的工作负担,更为裁判的公正性与效率性提供了坚实的技术支撑。此外,人工智能系统还能基于海量的司法数据,运用复杂的算法模型,为法官提供量刑建议、判决预测等深度分析服务。这些参考信息不仅有助于法官在复杂案件中作出更为合理、统一的裁判,更能在一定程度上避免人为因素的干扰,确保司法的公正与透明。

2. 优化司法服务

在数字法院建设背景下,人工智能技术的应用并不局限于辅助司法裁判,其在优化司法服务方面同样展现出巨大的潜力。一方面,人工智能技术的应用使司法服务更加便捷可得。通过构建在线司法服务平台,当事人可以随时随地提交诉讼材料、查询案件进展、参与在线庭审等,减轻了当事人的诉累和负担。与此同时,数字法院智能客服系统能够24小时"不打烊"地为当事人提供法律咨询服务,解答各类法律问题,有效缓解司法资源的紧张。另一方面,人工智能技术的应用还促进了司法服务的个性化发展,为当事人提供更加精准、个性化的司法服务方案,极大地提升了当事人的满意度和获得感。

(二)人工智能技术司法应用的原则

根据《最高人民法院关于规范和加强人工智能司法应用的意见》,人工智能技术的司法应用应严格遵循五项原则:安全合法原则、公平公正原则、辅助审判原则、透明可信原则和公序良俗原则。

1. 安全合法原则

法院在运用人工智能技术辅助审判以及其他工作的过程中,要保障人工智能技术的使用安全合法。在"安全"层面,人工智能技术的应用一方面要确保网络安全、数据安全,维护国家安全与社会公共利益;另一方面要充分考量公民个人隐私保护问题,保障个人信息不受侵害。在"合法"层面,法院应用人工智能技术需符合《网络安全法》《数据安全法》《个人信息保护法》等法律法规的规定,依法依规研发、部署和运行司法人工智能产品和服务。

2. 公平公正原则

法院运用人工智能技术辅助司法审判和提供司法服务应遵循公平公正原则。一方面,法院审理案件不因人工智能技术的介入而给审判过程和结果带来不合理的影响和偏差。另一方面,在案件审理过程中,法院应"以事实为依据,以法律为准绳",让人民群众在每一个司法案件中感受到公平正义。与此同时,法院在提供司法服务的过程中应重视人工智能技术给用户带来的便利性和体验感,进而更好地满足人民群众日益多元化的司法需求。

3. 辅助审判原则

法院在运用人工智能技术赋能司法审判的过程中应当坚持辅助审判原则。无论司法人工智能技术发展到何种程度或水平,其在法院审判过程中仅可作为辅助工具,司法裁判只能由法官作出。一方面,法院可将人工智能技术提供的司法数据或分析结果作为法官决策的参考,以提高司法效率,提升法院裁判的精准度。另一方面,法院审判实践应始终秉持"让审理者裁判,由裁判者负责"的司法责任制,司法责任最终由裁判者承担,法官对案件审理负有勤勉义务和慎言义务。

4. 透明可信原则

法院在运用人工智能技术时应遵循透明可信原则。一方面,法院在运用人工智能技术辅助司法裁判的过程中应当对人工智能系统所采集的司法数据进行审核,确保司法数据准确、全面、可靠,确保人工智能技术辅助裁判的逻辑可解释、可验证,助益实现司法裁判过程和结果的可信赖。另一方面,法院在运用人工智能技术向社会提供司法服务时,应当以便于公众理解的方式就其功能、性能与局限进行充分的说明和标识,确保司法人工智能应用公开透明。

5. 公序良俗原则

法院在运用人工智能技术的过程中应坚持公序良俗原则。技术仅是手段而非目的,法院应确保人工智能技术应用的合法性与正当性,维护社会公共利益和基本伦理道德。在利用人工智能技术提高司法效率、促进司法公正的同时,更要审慎考量其对司法公正、当事人权益保护以及社会道德风尚可能产生的影响,防止人工智能技术滥用导致的不公平、不公正现象,确保司法判决符合社会普遍认可的价值观和道德标准,在司法领域实现技术与正义的高水平融合。

三、数据安全与隐私保护规则

随着信息技术的迅猛发展,法院在办理案件过程中涉及的数据量呈指数级增长,这些数据不仅关乎当事人的隐私权益,也直接关系到司法公正和效率。因此,制定一套科学、合理的数据安全与隐私保护规则,成为数字法院建设中的重要课题。在长期探索中,已有部分地方法院建立起一套覆盖数据收集、处理、存储、传输、共享、使用和应急处置等各个环节的数据全生命周期管理规则,构建形成安全、可靠、高效的数据管理与保护体系,有效增强了数据安全与隐私保护工作的持续性和有效性。

(一)强化数据收集源头管控

一是遵循合法性原则,确保所有数据的获取都符合法律法规的规定,不得侵犯公民的合法权益。例如,在涉及个人隐私的案件中,法院必须严格遵循相关法律法规,确保个人隐私不被泄露。二是遵循必要性原则,即真实、准确、完整收集与案件处理直接相关的数据,在避免过度收集或滥用数据的同时确保数据的准确性和完整性。三是坚持知情同意原则,告知当事人数据收集的目的、方式和可能的风险,并征得当事人的同意。例如,在立案阶段,法院明确告知当事人需要提供的材料和数据范围,避免当事人提供无关信息或敏感信息。

(二)规范数据处理流程

一是采用先进的数据分析模型进行数据处理,对收集到的数据进行深度挖掘和关联分析,为审判执行等司法工作做好服务保障。二是建立严格的数据处理审核机制,定期组织安全培训和演练,确保每一步操作都符合规范,并能够及时纠正和处理任何违规行为。

(三)建强数据存储与传输的安全屏障

1. 严格数据存储的加密与备份

一是加密存储。采用加密算法、匿名化处理等技术,对所有存储的数据进行加密和脱敏处理,确保"数据可用不可见"。二是建立备份。建立自动化的备份系统,定期对数据进行备份,防止数据丢失或损坏。三是严控数据访问。实施赋权访问,确保仅授权人员才能访问敏感数据;建立审计机制,对数据的访问和使用情况进行记录和监控。三措并举增强数据存储的安全性。

2. 健全数据传输的加密与监控机制

一是加密传输。采用"端到端"加密等先进技术,对传输中的数据进行多层加密,确保数据在传输过程中的安全性。确保即使数据在传输过程中被截获,也无法被解密。二是严密监控。利用大数据分析技术,对数据传输的流量、速度等关键指标进行实时监控,一旦发现异常波动或其他异常情况,立即进行预警和处置,防止数据泄露或被篡改。

(四)推动数据共享与使用的合规性管理

1. 强化数据共享的授权与审批

一是遵循"先审批、后共享"原则。每次数据共享,都应由数据共享的发起方,按需向法院数据管理部门提交共享申请,明确共享数据的范围、目的、接收方信息以及安全保障措施等。法院数据管理部门组织专家团队对数据的敏感性、重要性以及共享的合法性、必要性、安全性等进行综合评判,决定是否进行数据共享。二是加强共享过程中的风险防控。在数据共享前,法院对数据接收方进行严格的资质审查,确保其具备相应的数据处理能力,能够采取相应的安全保障措施,并与接收方签订详细的数据共享协议,明确双方的权利和义务,确保数据接收方安全合规地接收使用数据。

2. 加强数据使用的合规性检查与监督

加强常态监管,引入先进的数据分析模型,对数据的流向和使用情况进行实时监控和预警,自动识别潜在的风险点,并及时向相关部门发出预警;同时应对数据使用进行定期检查和随机抽查,确保数据使用全流程合规。

(五)隐私泄露风险的防范与应对

1. 完善隐私泄露风险的识别与评估机制

一是进行定期的数据安全审计,对数据的收集、处理、存储和传输等各个环节进行全面检查,同时利用数据分析模型,对大数据进行深度挖掘和分析,及时发现风险隐患。二是建立隐私泄露风险评估指标体系,对各类风险进行量化评估和定性分析,综合考虑风险发生的可能性、影响程度以及应对措施的有效性等,不断完善风险应对策略。三是引入第三方专业机构进行独立评估,为法院提供更加客观、全面的风险评估报告。

2. 隐私泄露事件的应急处理与报告

建立隐私泄露事件应急预案和报告机制,强化协同合作,确保第一时间发现、阻断隐私泄露,及时、准确地报告和记录泄露事件,将损害降到最低。

第六章

数字司法协同治理机制的构建

第六章 数字司法协同治理机制的构建

第一节 纠纷在线处理机制

一、纠纷在线处理机制的内涵

(一)中国 ODR 的发展演进

纠纷在线处理机制意为线上纠纷解决机制(Online Dispute Resolution, ODR),最初被认为是非诉讼纠纷解决机制(Alternative Dispute Resolution, ADR)与信息通信技术相结合而成的一种在线纠纷解决机制。伴随着经济社会和信息通信技术的急速发展,ODR 以其公正、有效的网上争端处理方式,与数字政务、非诉解纷、司法审判等领域深度融合,成为网络空间治理与社会治理的重要机制。ODR 不仅可以利用网络信息技术,在虚拟空间帮助当事人化解各类合同纠纷,还可以提供在线协商、预判评审、调解、仲裁以及"争议在线处理程序"和在线诉讼等服务,满足社会经济生活的多样化解纷需求。在美国,ODR 已被广泛用于法院系统,主要通过 ODR 解决的案件类型包括小额诉讼纠纷、交通及停车纠纷、纳税评估纠纷、家事纠纷。加拿大在 2015 年建立了世界首个由政府发起的 ODR 系统,即解决物业纠纷及小额索偿纠纷的民事纠纷审裁处(Civil Resolution Tribunal, CRT),鼓励用协商、和解的方式来解决标的额在 25000 加元以下的借贷、损害赔偿、特定物业纠纷等小额纠纷。欧洲建立了关于 ODR 系统的理论研究中心,其首个 ODR 系统建立距今已将近 20 年,平台运作已有较完善的立法支持。

中国 ODR 的发展比其他国家的成功案例更加迅速,它的开拓性、创造性以及可持续性都远超其他国家。目前,中国 ODR 正在大力推进其在各个领域的综合运作,利用先进的信息化技术搭建更加完善的数字政府管理框架,以满足经济社会的需求。中国 ODR 已经超越了"线上+ADR"的范畴局限,成为一种借助互联网科学技术来保护当事人的合法权益以及协助纠纷解决的综合性解纷模式。

中国 ODR 高度发展的动力一方面来自人民司法多元解纷机制的建设需求。2004 年《人民法院第二个五年改革纲要（2004—2008）》首次提出"多元化的纠纷解决机制"。2009 年 7 月 24 日最高人民法院公布《关于建立健全诉讼与非诉讼相衔接的矛盾纠纷解决机制的若干意见》。2014 年 10 月，党的十八届四中全会对推进多元化纠纷解决机制改革作出了重要部署，构建多元化纠纷解决机制成为国家法治战略的重要组成部分。在国家的统一战略部署下，2015 年 12 月《中共中央办公厅、国务院办公厅关于完善矛盾纠纷多元化解机制的意见》发布。2016 年 3 月 16 日，《中华人民共和国国民经济和社会发展第十三个五年规划纲要》提出"完善调解、仲裁、行政裁决、行政复议、诉讼等有机衔接、相互协调的多元化纠纷解决机制"。2016 年 6 月，《最高人民法院关于人民法院进一步深化多元化纠纷解决机制改革的意见》发布，该意见对平台建设、制度建设、程序安排与工作保障各方面作出细化指导，并进一步提出"人民法院及时总结各地多元化纠纷解决机制改革的成功经验，积极支持本辖区因地制宜出台相关地方性法规、地方政府规章"。

另一方面来自信息技术的迭代支持和网络空间的治理需要。面对中国庞大的网民规模和与日俱增的涉网纠纷，迫切需要线上纠纷解决机制形成以"线上纠纷线上解决"为核心要义的"网上枫桥经验"，实现涉网纠纷网上化解。在互联网技术腾飞的 20 年间，中国 ODR 经历了"线下 ADR 向线上 ADR 的模式转变""ODR 实现平台自治解纷功能""ODR 初入数字法院建设""互联网法院从全球首创到两年三立""推进 ODR 成为网络空间治理体系的联动机制"五个发展阶段，真正克服了国内互联网发展相对较晚的现实因素，开拓了 ODR 在司法系统内部设立互联网法院的创新格局，实现了 ODR 在发展速度与技术水平上的弯道超车。

中国 ODR 实现了非司法 ODR 的多元共建与源头治理，建立了全球首创的司法 ODR"互联网法院"，真正搭建了私力救济与公力救济并行的 ODR 发展格局，以构建舆情监测 ODR 预防为先、非司法 ODR 优位挺前、司法 ODR 裁判终局的互联网治理体系，间接打造共建、共治、共享的网络空间治理格局，逐步实现人民群众优先选用 ODR 化解矛盾纠纷。

(二) 中国 ODR 的特点

中国 ODR 作为一种纠纷在线综合解决新范式,其应用场域突破了线上非诉讼纠纷解决机制的传统适用范畴,逐步开拓了司法系统内部的线上化审判模式以及政府部门的数字化政务服务。纵观中国 ODR 实践场域的扩充发展、内容的多元化,它始终保留着最核心的特点。

1. 自愿性

中国 ODR 自诞生之日起,就充分体现着当事人意思自治,并发展至今。"意思自治"可以理解为程序选择与否的自愿性以及选择何种模式的自愿性。一是只有当事人达成合意或单方主动申请才会开始程序介入,充分尊重和保障每一位当事人的权利救济模式选择权。二是中国 ODR 并非只有一种固定的解决方式,还可根据需求提供多样化的线上解纷模式,并且能在综合评估后预判风险,充分发挥中国 ODR 多元共治的互联网治理格局的优势,从而实现"线上纠纷线上解决"的网络空间自治模式,一定程度上缓解社会治理压力。

2. 高效性

依托互联网应用技术的蓬勃发展,中国 ODR 的出现彻底改变了线下解纷的传统模式,如今当事人只需携带一部手机就可以实现跨时空、跨地域的 ODR 全流程操作。中国 ODR 线上化的解纷方式为当事人提供"低成本、短周期"的高效解纷途径,充分展现了 ODR 的便捷性和高效性。ODR 的拓展适用同时也提升了解纷质效和诉讼质效,从而避免"迟来正义"的情况发生。

3. 非冲突性

经当事人合意使用 ODR 作为解纷途径意味着排除了对抗性强的诉讼程序而选择了相对缓和的非诉解纷路径,通过专业调解员的介入,为争议主体提供最优方案以达到多方满意的最终结果。对于商事主体来说,这种相对缓和、可协商的解决方式尤为重要,不仅有助于维系当事人之间的后续合作关系,对企业的形象和口碑亦有裨益。ODR 平台通过线上化的异地解纷途径和异步解纷流程,为当事人提供充足的时间以准备答复内容,避免因同步协商的紧张氛围而冲动答复,更能有效避免当事人因见面沟通不畅或直面言语冲突而致使纠纷恶化等消极情况的发生。①

4. 依赖性

构建在线纠纷解决体系需要依托当前先进的互联网技术开展线上纠纷解决。中国ODR依托以下几类新兴科技的崛起：一是信息处理技术，涵盖5G、云计算、大数据分析等多项技术与接收、存储、处理纠纷案件的新兴网络技术；二是通用软件，如字符识别、远程视频、电子邮件等；三是信息安全防护技术，包括个人信息保护、病毒防御等技术。互联网技术对于在线纠纷解决的开展发挥着日益重要的作用。互联网技术的发展状况影响在线纠纷解决方式的运行与发展，这也说明在线纠纷解决对互联网技术有较高的依赖性。

5. 时代性

ODR的创新与完善不仅实现了解纷模式上的数字化创新，还开拓了诉讼程序的线上化发展，从而开辟出了一条"通向数字正义"的全新路径。2017年世界首家互联网法院——杭州互联网法院正式挂牌设立。杭州互联网法院借助制度优势和技术优势，跨越时间与空间的限制，实现办案流程在线化，方便群众解决纠纷。互联网法院的设立深度融合了在线纠纷解决与"数字法院"，是司法模式主动适应"互联网+"时代的重大制度创新。随后《最高人民法院关于加快建设智慧法院的意见》《最高人民法院信息化项目建设管理办法》等文件相继出台。最高人民法院明确指出，要加快建设智慧法院，构建人力与科技深度融合的司法运行新模式，积极落实智慧法院"全业务网上办理、全流程依法公开、全方位智能服务"的具体要求；利用数字化、智能化技术打造云平台、处理案件等具体形式，可以"让数据多跑路，让群众少跑腿"，甚至能够实现"一次不用跑"的全流程线上诉讼服务，充分凸显了创新司法数字化改革思维的重要性。不难发现，ODR的广泛应用意味着它被赋予了互联网时代专属的解纷新符号和新风尚，这将激励ODR继续向更广阔的领域开拓创新，迸发新能量。

---

① 参见韩烜尧：《我国线上纠纷解决机制ODR研究》，吉林大学2021年博士学位论文。

第六章　数字司法协同治理机制的构建

(三) 中国 ODR 的协同治理路径

提升网络空间治理水平是推进国家治理体系和治理能力现代化的必然要求,也是打造互联网环境法治化和制度化的前提基础。中国 ODR 立足线上非诉讼纠纷化解的实际需要,致力于构建网络空间治理体系的联动机制。

1. 多部门协同机制

在中国 ODR 系统建设中,多部门合作是实现资源整合和优势互补的关键。司法机关与地方社会管理综合治理、市场监管、证券监管、消费者权益保护、知识产权等多个部门及行业组织建立了紧密的合作关系。这种合作机制不仅拓宽了 ODR 系统的应用范围,还提高了纠纷解决的专业性和有效性。在合作机制的构建过程中,司法机关发挥主导作用,通过制定合作框架协议,明确各参与部门及行业组织的职责和协作方式,并以此为基础构建 ODR 的协同共建机制。例如,在电子商务消费者权益保护领域,司法机关与电子商务平台、消费者协会合作,共同开展在线调解工作,有效解决了大量消费纠纷。

2. 数据共享与信息互通

数据建设与数据共享是中国 ODR 系统高效运作的基石。司法机关通过与其他部门建立数据共享机制,实现了案件信息、法律法规、裁判文书等数据资源的互联共享。这种信息互通不仅提高了纠纷处理的透明度、纠纷信息流转的便利度,为当事人提供了更加便捷的服务,也成为网络空间治理的数据分析资源。实践中,纠纷数据可以通过统一的数据交换平台在多部门之间流转与调用,当事人可以在线查询案件进展、相关法律法规和类似案例的裁判结果,从而更好地了解自己的权益和可能的解决方案。

3. 技术支持与资源整合

技术是中国 ODR 系统建设的核心。司法机关与信息技术部门合作,共同开发和维护中国 ODR 系统。同时,通过整合各方资源,如法律咨询、调解服务等,为当事人提供全面的争议解决服务。在技术支持方面,司法机关注重采用前文所涉及的最新信息技术,如大数据分析、人工智能、区块链和物联网技术等，以提高中国 ODR 系统的智能化水平。

4. 规范制定与标准统一

为了确保 ODR 系统的公正性和权威性，司法机关会同其他相关部门共同制定在线争议解决的操作规范和标准。这些规范和标准从技术建设规范、数据规范、流程规范到司法结果的供给规范，涵盖案件受理、调解程序、裁决执行等各个环节，确保全国范围内的中国 ODR 服务具有一致性和可预期性。例如，司法机关与工商部门合作，制定了在线商业纠纷调解的操作规范，明确了调解程序、证据提交、调解结果的法律效力等内容，提高了商业纠纷解决的效率和公正性。

申言之，中国 ODR 是顺应互联网时代发展需要而产生的新型解纷机制，是为网络空间治理提供新理念、新养分、新样本的试验田。多跨协同的网络空间新型治理理念为中国 ODR 提供了广义概念的二次飞跃。中国网络空间治理体系突破了政府中心化的单一治理模式，取而代之的是融合"数字政府""网络平台""行业组织""网民参与"等多元主体的"去中心化"共同治理模式。新的治理体系充分发挥了多元治理主体的优势，有效拓宽了 ODR 在信息监管、舆情监测、权利归属、定分止争、行为规范等领域的理论范畴和实践导向。

二、中国 ODR 数字化协同治理场景

浙江解纷码为浙江政法委授权和委托成立合作承担化解社会矛盾纠纷的社会治理服务平台，通过打破数据壁垒，实现与现有法院审判系统、"人民法院在线服务"小程序、人民调解大数据管理平台无缝对接，形成省域纠纷"调解资源一个系统应用，纠纷事件一个平台处置，考核数据多个部门共享"的工作场景。浙江解纷码集聚综治、司法、人社、建设、妇联等部门调解资源，截至 2024 年年底，共计 13665 家调解机构、52849 名调解员入驻平台。网上立案的案件可自动推送到平台，由社会调解力量进行诉前化解，调解成功的可在线申请司法确认，调解不成的自动回传法院审判系统进行立案，形成纠纷化解整体合力和完整闭环。浙江解纷码实行"一案一编码、一码管到底、全

程可追溯"运行机制,当事人只需通过扫码,即可实时追溯纠纷调解环节、进度、结果全生命周期。

(一)浙江解纷码的治理体系

浙江解纷码秉持"让数据多跑路,让群众少跑腿"的理念,集"我要调解""咨询服务""投诉举报""其他事项""类型化纠纷"五大功能模块于一体。该平台有电脑PC端、手机移动端和微信小程序端,三端版本的页面布局统一,并实现各用户角色的功能统一。不论是管理员、调解员还是当事人,均可通过一台电脑或者一部手机线上开展工作、解决纠纷。同时,浙江解纷码建设"一中心、三平台、多点位"体系,打造数字治理智能化模型;建设智慧协同中心,通过打造业务管理中心、纠纷管理中心、资源管理中心,对接打通多个系统应用,针对区域内调解组织、法院组织、基层治理单位组织等解纷资源实现分类分级管理;建设风险预防平台,通过规范指引、示范案例等功能模块,以纠纷预防、处理源头化、案例指引为核心前移纠纷治理环节,减少矛盾纠纷发生;建设纠纷化解平台,通过搭建通用功能、民事纠纷、商事纠纷分类研判处置模块,以商事纠纷和金融纠纷化解为突破点,提供具有可得性、便利性的多种类、多层次的纠纷化解渠道,提高矛盾纠纷调处化解能力;建设管理防控平台,通过建设数据模块和安全服务模块,打造领导驾驶舱、数据分析报告等功能,实现纠纷动态全局掌握,有效提升纠纷治理科学研判和决策能力,同时为用户提供便捷、高效、易用的用户体验,保障平台及用户数据的安全及不可篡改。

浙江解纷码完成了四个场景的建设:

一是打造纠纷"唯一入口",成为"清底数"的摸排场景。在功能设计上,浙江解纷码不仅导入基层治理信息平台上汇集的纠纷,还增设了"网格员",网格员摸排矛盾纠纷,上报实时化且可量化;通过与法院审判系统的互联,将诉前调解案件自动导入分派,实现了当事人申请、网格员摸排、基层治理信息平台和法院审判系统分流全方位的"矛盾纠纷排查见底"。

二是打造纠纷流转体系,成为"明责任"的调处场景。浙江解纷码坚持最有效、最便捷、最专业的原则,根据纠纷情况自动匹配调解组织,类型化纠纷分配到专业调解委员会、民事纠纷下沉到村社一级、商事纠纷下沉到镇一级,并通过工作信息录入要求的设置和调解时长的设置,明确各级调解组织的工作职责,实现纠纷的有序流转和分层过滤。

三是打造纠纷共治体系,成为"聚合力"的协作场景。由于基层调解组织目前存在力量不足、能力不够的问题,在这种现状下增设流转层级,可能与便民高效的目标背道而驰,为此将"联村法官"纳入浙江解纷码,既可以使其概览对应辖区的所有案件,通过案件批注、参与调解、与调解员实时对话等方式,提供法律意见、提前介入调处,有效解决基层调解的能力和专业问题;同时也可以充分发挥基层调解人员和网格员的地缘优势,通过联村法官实时会话功能的设置,实现送达、执行等事务高效、便捷地依托基层网格。需要指出的是,这种通过技术手段对联村法官的工作职能、区域进行固定的方式,也有效解决了各地实践中因为人员变动、辖区调整带来的工作对接和有效磨合难题。

四是打造信息共享体系,成为"可视化"的管理平台。浙江解纷码随案生成的"一案一码",可以基于不同的办理层级和状态进行颜色转变,纠纷情况一目了然,也可由当事人在起诉、信访等场合进行展示,接待人员可扫码查看纠纷详情,并尝试联通法院审判系统。随着无纸化工作的推进,"一案一码"的信息可涵盖纠纷诉前、诉中、执行的全生命周期,实现全流程的共用和共享,同时,通过可视化方式对辖区纠纷的总量、增量、分布、类型、状态以及各个调解组织的工作情况进行展示、统计。在试点过程中,还制定了考核办法,将受理数、化解率、千人成讼率等综合为解纷指数,形成"一码一图一指数"的可视化体系,为分析研判、资源配置、考核推进等提供依据。

(二)浙江解纷码的功能应用

浙江解纷码实行"一案一编码、一码管到底、全程可追溯"机制,当事人在平台完成录入后,会生成一个二维码,通过扫码便可全流程实时追溯纠纷调解的进度和结果,为当事人提供全周期的专业保障。其主要功能如下:

1. 咨询服务

咨询服务包括智能咨询和人工咨询。智能咨询提供 7×24 小时全天候服务,随时随地为用户解答法律问题,还能根据用户的提问自动推荐相关法律法规、相关案例、解纷流程和法律文书范本。人工咨询由专业的律师团队解答用户问题,用户填写矛盾纠纷的基本信息后即可申请人工咨询,用户可根据纠纷类型选择适合的咨询师。针对当事人咨询的法律问题,浙江解纷码已实现工作时间 1 分钟内客服及时响应,问题涉及专业内容的,咨询师于 5 分钟内予以答复,线上及时解答当事人的法律疑问;同时提示纠纷相关法律知识,推荐合适的解纷方式及相关案例,当事人可查看同类案件的争议焦点、裁判文书等信息;还提供法律小工具,方便当事人完成相关费用计算,包括诉讼费用、赔偿费用等:为当事人提供便利的法律服务。

2. 在线调解

在线调解服务涵盖婚姻家事、民间借贷、道路交通事故纠纷等常见民事纠纷类型,用户选择"我要调解",可描述纠纷详情、在线选择调解机构、上传证据材料等。选定的调解机构管理员会在 3 日内对纠纷作出处理决定,并将受理的纠纷分配至本机构调解员。调解员在收到纠纷受理通知 3 日内会联系当事人,确定调解时间、调解方式等信息,并在 30 日内完成纠纷调解。经调解双方同意,调解期限可以适当延长,最长不超过 30 日,调解全过程实现短信同步通知。用户可以在调解员的主持下参与电话或视频调解,浙江解纷码提供语音转换功能,自动生成调解笔录与调解协议。

3. 在线诉讼

在线诉讼服务对接浙江法院网,实现民事案件的网上立案、送达、查询等。若矛盾纠纷的双方当事人未达成调解协议,其可通过浙江解纷码直接申请诉讼,调解案件的基本信息与证据材料直接导入法院网上立案系统;用户也可通过该平台的诉讼服务功能模块直接向法院申请诉讼服务。

4. 投诉举报

浙江解纷码实现与线下社会治理中心的投诉举报事件同步,当事人如需提交涉诉涉法、纪检监察等投诉举报事项,可进入"投诉举报"模块,完成投诉举报事项登记。平台将分派流转至线下中心,进行办理化解,处置过程线上留痕、处置结果实时反馈。

5. 其他服务

浙江解纷码依托浙江在线矛盾纠纷多元化解平台,整合行政资源、司法资源和社会资源,形成融信访、社会治理事件处置、社会风险研判为一体的集成服务体系。当事人如需申请公证服务、法律援助、行政复议、司法鉴定等其他事项,可进入"其他服务"模块。浙江解纷码识别后将流转至相应部门进行线上、线下处置,结果线上反馈。

(三)浙江解纷码的应用成效

1. 重塑解纷模式

在解纷理念层面,浙江解纷码转换了人民群众化解矛盾纠纷的思维范式。截至2024年年底,在浙江解纷码申请调解的案件中,用户个人申请数量为613233件,占比约为13.34%;基层组织登记调解[①]案件数为531038件,占比约为11.56%,在线非诉解纷理念逐渐形成。在解纷方式层面,浙江解纷码打破传统的空间和时间局限,形成浙江省范围内统一的在线纠纷解决平台,改变传统线下面对面解纷方式,为当事人提供更加亲民、便捷、高效的解纷服务,使正义更加可接近。在解纷资源层面,浙江解纷码联合了行政机关、司法机关、调解组织、仲裁机构、行业组织等,汇集了司法调解、人民调解、行政调解、行业调解、专业调解各类解纷资源,改变了过去调解组织局限于"一地一域"的情况,最大限度地实现解纷资源的共享化、社会化。在解纷规则层面,浙江解纷码建立了具有普遍性、权威性、中立性的解纷规则,比如公开ODR调解员专长、工作经历等信息,确保调解员地位中立;再比如保障当事人充分陈述的权利、明确电子送达效力等。

2. 提升司法能力

首先,通过诉前分流缓解"案多人少"矛盾。浙江解纷码通过构建

---

① "基层组织登记调解"是指除法院外的基层调解组织将调解案件信息登记至浙江解纷码进行调解。

一张逐层分流消化、科学系统的漏斗式社会解纷"过滤网",最大限度地先行化解纠纷,减少进入诉讼程序的案件,有效缓解法院"案多人少"压力。浙江解纷码自上线运行至 2024 年年底,申请调解案件总数为 4595695 件,调解成功案件数为 2209479 件,避免了大量法律关系简单、标的金额较小、证据事实清楚的纠纷占用宝贵的司法资源,切实做到"把非诉讼纠纷解决机制挺在前面"。其次,通过充分分配和高效利用有限的司法资源,提升公平正义的满意度、感受度。随着浙江解纷码普及应用率的提高,法院从解决纠纷"第一道防线"回归至"最后一道防线",以更加高质量、高效率、高满意度的司法处理结果回应人民群众对公平正义的期待。到 2023 年年底,浙江法院收案数连续六年稳步下降,从 2017 年的全国第 2 位降至 2023 年的第 11 位,"诉讼大省"状况明显改观。同时,浙江法院办案质量、效率、效果主要指标位居全国法院前列。

3. 优化营商环境

浙江解纷码是构建高效、便捷、透明的法治化营商环境的重要方式之一。它基于法律经济学的效率评估体系,通过精准分析,使得纠纷情节要素化、当事人诉求结构化、纠纷争议点明晰化,将咨询、评估、调解、仲裁等各类替代性解纷手段进行有序整合,规范整体解纷流程,并接入政府相关权威部门的解纷资源,通过在线方式提供高效便捷的解纷服务。一方面,相较于诉讼程序,浙江解纷码极大缩短了纠纷化解的时间。另一方面,浙江解纷码以在线调解的方式弱化了纠纷双方的对抗性,其解纷流程还可以保障纠纷双方的信息私密性,避免司法审判的公开性以及社会舆论的传播性给企业名誉或市场效益带来潜在影响,为企业提供对抗性小、伤害性小、损失性小的纠纷化解之道。

4. 促推社会治理

一是提升矛盾纠纷化解能力。浙江解纷码结合大数据、信息化、智能化技术,搭建了调解员群体工作交流学习中心和法规、案例库,方便调解员交流学习,同时还设计了语音识别、OCR、IVR[①]、解纷辅助机器人等功能,多维度"赋能"调解员提高调解效率。二是健全社会风险预防机制。

---

① IVR(Interactive Voice Response)即互动式语音应答,系一种电话自助服务系统。

浙江解纷码在发挥其解纷功能的同时,还可借助大数据的留痕功能,提炼、总结、分析区域内矛盾纠纷的现状以及规律所在,有利于提前在矛盾纠纷化解工作中进行资源部署,精准预警、有效预防。三是构建社会治理共同体良性互动格局。浙江解纷码通过资源集成,促使人民调解组织、社区社会组织、行政执法单位等基层治理单元联动互通,强化政社合作、激发基层活力,推动形成党委领导、政府负责、民主协商、社会协同、公众参与、法治保障、科技支撑的基层社会治理格局。

第二节 共享法庭机制

一、共享法庭的内涵

浙江省委着眼于法治浙江建设和基层治理现代化全局作出重要决策部署,共享法庭是以"一根网线一块屏"为标准配置入驻并遍布镇街、村社及行业组织的架构在数字空间、虚拟在群众身边的纠纷化解机制,它是"一站式"诉讼服务、多元解纷、基层治理的最小支点。[①] 共享法庭是一种机制而非一个机构,可通过以下三方面理解共享法庭的内涵:

(一)共享法庭是"一站式"诉讼服务的最小支点

通过创新司法服务供给形式,共享法庭精准对接解纷需求,推动浙江解纷码、"人民法院在线服务"小程序等智能系统在镇街、村社广泛运用,完善网上立案、跨域立案、在线庭审、法律咨询、诉讼指南、风险提示、判后答疑等线上线下诉讼服务职能,方便群众就近便捷办理诉讼事务,实现优质司法服务共建共享。

(二)共享法庭是"一站式"多元解纷的最小支点

共享法庭全面拓展矛盾纠纷多元化解网络,汇聚村社负责人、"两代

[①] 参见李占国主编:《共享法庭:基层治理法治化的浙江实践与探索》,人民法院出版社2023年版,第37页。

表一委员"、社区民警、律师、人民调解员等解纷力量,强化对基层调解组织、调解员的业务培训,做到"纠纷哪里来,调解哪里去",将大量矛盾纠纷化解在源头、消灭在萌芽,实现"小事不出村、大事不出镇、矛盾不上交",推动形成矛盾纠纷化解"136"工作格局。①

(三)共享法庭是"一站式"基层治理的最小单元

共享法庭通过庭审直播、公开宣判、以案说法等活动,达到"审理一案、教育一村、巩固一片"的效果,增强基层干部群众法治观念和依法办事能力。通过常态化的法律专业知识培训和实战化的矛盾纠纷调解指导,共享法庭培养了一批乡村"法治带头人",推动基层形成"办事依法、遇事找法、解决问题用法、化解矛盾靠法"的法治生态。

二、共享法庭的五大功能

(一)调解指导

共享法庭作为"预防为先、调解挺前、诉讼断后"工作格局的最小单元,坚持"一般纠纷就地调",发挥党员、村社干部熟悉社情民意、群众工作能力强的优势,就地调处化解纠纷。一方面,对于由村社、镇街、行业组织处理的疑难复杂纠纷,联系法官通过共享法庭提供线上、线下调解指导;另一方面,对于镇街、村社辖区内的案件,视情况邀请当地调解力量参与调解,提升纠纷调解效果。

(二)网上立案

共享法庭依托"人民法院在线服务"小程序、浙江法院网等,在庭务主任②的协助下,为当事人在线办理用户注册、身份认证、电子送达、电子签名、诉状及证据材料提交等事项,方便当事人在线进行立案,推进跨域在线立案,实现网上立案"一次不用跑"。

---

① 矛盾纠纷化解"136"工作格局是指矛盾纠纷10%化解在县级,30%化解在镇街,60%化解在村社和网格。
② 庭务主任是负责共享法庭日常管理、协助人们使用共享法庭具体应用的人员,一般是就地选任的具有较高法治素养的人。

(三) 在线诉讼

在庭务主任、联系法官的协助下,共享法庭积极主动为基层群众提供在线调解、作证、庭审空间,让偏远地区群众、老年人等在"家门口"跨域、便捷、规范参加在线调解、庭审,节省诉讼时间和经济成本,共享"数字红利"。

(四) 普法宣传

共享法庭在终端或平台模块提供"菜单式"庭审直播和点播服务,通过组织村社群众观看、法官庭审后以案释法等方式传播普及社会关注、群众关心的各类案件所涉及的法律知识,达到"审理一案、教育一村、巩固一片"的社会治理效果。

(五) 基层治理

共享法庭通过培养乡村"法治带头人",发挥基层党组织战斗堡垒作用,加强基层各类解纷资源的整合利用,打通信访、调解、诉讼"三支队伍、三个环节",实现县、乡、村"三级联动",形成线上线下高效协同、整体智治的一体化矛盾纠纷调处化解工作闭环,推动形成矛盾纠纷化解"136"工作格局。

三、共享法庭的三种基本模式

(一) 镇街共享法庭

镇街共享法庭是指依托乡镇(街道)矛盾纠纷调处化解中心(社会治安综合治理中心)或人民法庭、派出所及联勤警务站、司法所等派出机构设立的共享法庭。截至2025年4月底,浙江全省共有镇街共享法庭1381家,约占全省共享法庭的6.2%。镇街共享法庭是共享法庭的基本设置,起到枢纽作用,"以点带面、承上启下",辐射、带动辖区村社共享法庭,实现省、市、县、乡、村、网格六级贯通。

(二) 村社共享法庭

村社共享法庭是指依托村民委员会、居民委员会等基层群众性自治组织、村(社区)社会治安综合治理工作站,在基层行政村(居民社区)及部分较大自然村设立的共享法庭。截至2025年4月底,浙江全省共有村社共享法庭 18018 家,约占全省共享法庭的 81.4%。村社共享法庭是共享法庭的基本单元,通过融入县域社会治理"141"体系①,协同全科网格治理机制,是服务基层、联系群众、参与社会治理的最小支点。

(三)特设共享法庭

特设共享法庭是指依托金融、保险、邮政等营业服务网点,或工人联合会、共青团、妇女联合会、残疾人联合会、调解委员会等机构、组织特设的共享法庭,作为行业自治的功能延伸、重要支撑。截至 2025 年 4 月底,浙江全省现有特设共享法庭 2763 家,占全省共享法庭的 12.5%。浙江省高级人民法院联合国家金融监督管理总局浙江监管局、浙江省市场监督管理局、浙江省消费者权益保护委员会、浙江省人力资源和社会保障厅多家单位,出台推进各类特设共享法庭建设的意见,各地依托妇女联合会、工人联合会、劳动仲裁院、银行保险行业人民调解委员会、消费者权益保护委员会等单位设立共享法庭,充分发挥各自在化解类型化纠纷、推动行业自治等方面的积极作用。

四、共享法庭的协同应用场景

共享法庭采取"4+X"的应用场景,即普法宣传、调解指导、在线诉讼、协同治理四大通用场景,以及金融、商会、家事等 X 个为类型化纠纷处置设置的特设子场景。共享法庭"4+X"应用场景的架构形成是对碎片化的各类应用进行重塑,重新梳理各类矛盾纠纷化解主体之间的沟通机制、业务流转体系,最终实现制度重塑的过程。②

(一)四大通用场景

1. 普法宣传

共享法庭普法宣传通用场景依托有效整合各单位现有普法资源的普法"一站式"平台,可实现前端数据精准抓取和日常维护、普法资源精准推

---

① "141"体系:"1"是指县级社会治理中心;"4"是指乡镇(街道)综合治理"四个平台",即下设"4 条跑道":党建统领、经济生态、平安法治、公共服务;"1"是指村社网络。
② 参见李占国主编:《共享法庭:基层治理法治化的浙江实践与探索》,人民法院出版社 2023 年版,第 110 页。

送及普法效果实时评测跟踪,使普法活动精准化、智能化,更能贴近群众、服务群众。

普法宣传通用场景由六大功能板块构成,具体为:①学习讲堂,以专家讲课为主要形式的学习类栏目。②百家说法,以解说日常法律案例为主要内容,以法官说法、检察官说法、警官说法、专家说法、群众说法为主要形式呈现的讲座式栏目。③直播在线,以庭审直播与培训直播为主要内容,以利用互联网优势使群众实时收看案件发展过程为主要形式的直播式栏目。④法治热点,以浙江法院网、中央政法委长安剑、法治网等各大法治新闻网站上最新的法治文章与法治新闻为指导内容,以图文展示为主要形式的热点式栏目。⑤共享服务,以便民工具、共享文书、法帮法助资源为主要内容,以搜索查找为主要形式的工具式栏目。⑥共享课堂,以各级法院开展的针对调解员、共享法庭庭务主任的调解技能培训为主要内容,以法官授课、开展讲座为主要形式的进修式栏目。

普法宣传通用场景可满足多元普法需求,按照不同共享法庭的规划定位,普法宣传的侧重点有所不同,如金融共享法庭的重点在于定期以庭审直播、普法小视频等形式开展普法,宣扬诚信履约行为。同时,普法宣传也可实现部门协同联动,行业、村镇工作人员可随时与人民法院联系,必要时还可动员检察院、公安局等部门参与,充分发挥各职能部门的优势。

2. 调解指导

共享法庭调解指导通用场景以互联网为依托,通过"一屏一线"实现法官端与调解组织端的互联互通。基层调解组织可以通过共享法庭联系法官,预约在线指导或现场指导、在线开展指导等。调解指导通用场景主要有以下特点:一是构建了顺畅的调解指导流程,把传统集中、单一的业务培训拓展为常态化专业培训与实战化调解指导相结合的培育模式;二是创新了数字化解纷的方式,通过共享法庭,既可以实现异地纠纷在线化解,也可以实现法官在线指导调解;三是拓展了纠纷化解模式,纠纷发生后,当事人可以直接到最近的共享法庭化解纠纷,人民法院在处理相关矛盾纠纷的过程中,也可以通过共享法庭邀请相关基层调解组织参与矛盾纠纷的化解,或者发挥村社共享法庭"人熟地熟"的优势,协助法院查人找物、送达等。

3. 在线诉讼

共享法庭在线诉讼通用场景依托浙江省共享法庭及其系统平台进行网上庭前会议、听证、开庭、宣判等诉讼活动。在线诉讼通用场景包括五大功能模块：一是线上指导调解模块。在共享法庭设置代办点，由村社专人或社会组织负责人协助村居民应用智能系统解决纠纷。二是线上申请立案模块。庭务主任对当事人的起诉进行指导，帮助当事人向法院申请立案，方便当事人在线立案，推进跨域在线立案。三是在线参加庭审模块。案件立案后，诉讼参与人可向受案法院申请通过共享法庭在线参与庭审活动。四是在线出庭作证模块。可以安排证人等就近在共享法庭远程出庭作证。五是线上督促执行模块。依托共享法庭，畅通在线执行通道，由代办员协助人民法院完成委托送达、执前督促、督促就地履行等事项，切实推动解决"执行难"。

4. 协同治理

共享法庭协同治理通用场景联动街道办、社区等，建立常态化沟通联系制度，织密矛盾纠纷调解网络，打造层层递进的社会治理架构。"法院+网格"协同治理模式打通法院办案办公平台和政法委基层治理四平台的数据交流渠道，构建"基层—法院"双向数据交流与业务办理，实现基层协助法院以及法院赋能基层的双重目标。

（1）基层党委、政府协助法院执行。一是法院可以通过"网格员协助执行一件事"模块向基层党委、政府发送协助执行任务，网格员可通过"浙政钉"接收任务、查看法律文书、处理任务。二是基层党委、政府可以自主上报信息至法院，法官通过法院办案办公平台接收信息、查看材料并及时处理，最终通过基层治理四平台将结果反馈给基层党委、政府。如浙江省衢州市中级人民法院推行庭务主任兼任执行联络员机制，实现法院执行人员与执行联络员线上沟通、双向互动，不断提高执行效率。

（2）法院为基层培育法治带头人。法院引入 AI 机器人，快速向网格员提供咨询对象及反馈建议，分派指导法官有针对性地提供专业法律知识；为庭务主任、网格员提供线上、线下培训途径，提供必选或可选课程，庭务主任、网格员可通过线上渠道随时无限制进行课程学习。法院针对庭务主任、网格员制定专业且合适的培训课程,逐步增加庭务主任、网格员的法律知识储备。

(二) X 个特设子场景

共享法庭具有金融、商会、家事等多个特设子场景应用,以下介绍三个典型特设子场景。

1. 金融共享法庭

金融共享法庭由法院与国家金融监管部门共同指导推进,由行业协会、银行保险机构、民办非企业调解组织广泛参与。在各地市银行保险业人民调解委员会及有需求的银行保险机构网点,按需应设尽设金融共享法庭,形成"1+N"立体服务网络总体布局,构建"全面覆盖、功能完备、运行高效"的金融共享法庭运行体系。金融共享法庭旨在建设集约高效、多元解纷、便民利民、智慧精准、开放互动、交融共享的现代化金融纠纷诉讼服务体系,实现金融司法服务向金融行业各支行网点网格化延伸,为金融机构网点所辐射的群众提供均等、精准的解纷服务。①

金融共享法庭业务领域包括金融纠纷形成前基于精准普法的风险预警、纠纷形成后的多元化解、纠纷化解后基于大数据分析的监管治理三大模块。

(1) 预警模块。主要包括精准普法和风险预警两方面。精准普法环节,由庭务主任、联系法官负责定期或不定期分门别类上传有关金融业务、金融法律知识的视频文件,重点提示办理相关金融业务的风险、虚假诉讼防范、反诈防骗等内容。风险预警环节,对纠纷案件多发频发的金融业务,在金融业务相对人签约前,前置播放业务介绍和风险预警视频,在合同中明确送达地址和纠纷解决方式。

(2) 解纷模块。打造高效便捷的"漏斗形"金融纠纷多元化解流程,关键在于解纷"漏斗"出口和路径的多元化,同时在依法规范可控的前提下为解纷路径赋增司法权威。金融共享法庭纠纷化解流程出口增加了 AI 主持下的和解程序、智能合约"一键上拍"或自动划扣、电子督促程序

---

① 参见李占国主编:《共享法庭:基层治理法治化的浙江实践与探索》,人民法院出版社 2023 年版,第 176—177 页。

和预查废机制,有效增强解纷流程的纠纷过滤能力,减少流向诉讼环节的案件量。

(3)监管模块。金融共享法庭处理纠纷后,相关数据实时上传数据平台,通过智能化分析案件分布、当事人特征、金融机构出险量等数据,直观呈现浙江省金融案件动态情况,及时反馈党委、政府、监管部门,提出针对性司法建议,智能生成金融法治报告,助推金融领域社会治理从"经验决策"转向"数智决策",逐步形成"司法保障+金融监管+金融服务+行业自治"的金融治理整体闭环模式。

2. 商会共享法庭

商会共享法庭汇聚法院、工商联合会、商会等各方资源要素,创新法律服务供给形式,为市场主体提供"线下+线上"、高效便捷、普惠均等的司法服务,护航民营经济高质量发展。①

商会共享法庭坚持企业全生命周期司法保护理念,涵盖纠纷预防、纠纷化解、司法服务、纠纷预警等功能模块,提供"全方位、全流程、全要素"的法律服务。

(1)纠纷预防模块。当事人可登录商会共享法庭页面进入"法治体检"模块,自主选择企业内部管理、外部经营两大类问题,通过基础管理、劳动人事、知识产权、合同风险四小类的40余项问题甄别是否存在经营风险点。同时,商会共享法院会自动根据问卷调查情况实时生成风险提示报告,涵盖问题、分析和建议,供当事人参考。

(2)纠纷化解模块。当事人自行选择"市场化调解"或者"人民调解"模式进行纠纷化解。调解成功的,调解员上传调解协议,并由当事人决定是否申请法院司法确认;调解不成功的,商会共享法院提示当事人尽快通过浙江法院网、"人民法院在线服务"小程序进行正式立案。

(3)司法服务模块。可通过商会共享法庭向法院申请强制执行,联系法官审核后认为案件符合执前督促条件的,可通过商会共享法庭委派庭务主任对待督促案件进行执前督促,庭务主任在商会共享法庭中记录督

---

① 参见李占国主编:《共享法庭:基层治理法治化的浙江实践与探索》,人民法院出版社2023年版,第194页。

促情况后,系统自动推送至联系法官处进行审核。

(4)纠纷预警模块。商会共享法庭可同时归集纠纷预防、纠纷化解和司法服务模块的全量数据,实时呈现纠纷详情、态势,并对纠纷的区域、行业、履行情况进行预警推送。

3. 家事共享法庭

家事共享法庭集成共享法庭及"家和智联""和睦 E 家"等已成型的家事纠纷化解数字场景,对家事纠纷解决机制进行继承和创新,深化了"六大员"机制①,拓展了"家和智联"全流程流转机制,将家事特色司法服务送到群众身边。

家事共享法庭依托智能自助服务、一般性纠纷调处、反家暴保护、家庭教育干预以及家事预警五大模块,实现对纠纷源头化解、前端化解、关口把控的持续性追踪,持续满足人民群众对于家事纠纷化解高效、便捷、及时的需求。

(1)智能自助服务。一是法律风险评估。诉讼风险评估模块可针对常见案由纠纷类型为当事人生成包含类案推送、结果模拟、处置建议的风险评估报告,合理引导当事人。二是智能求助问答。当事人可通过互动式问题及家事共享法庭智能服务引导,明确自身诉求和使用场景。三是法律援助求助。通过庭务主任引导,当事人可借由家事共享法庭对接协同部门司法局,线上提交援助申请材料,获得法律援助便捷服务。

(2)一般性纠纷处置。一是分类分级。问题分类是结合家事共享法庭内部业务划分对求助问题进行标签化快速定位;风险分级是各节点处置人员在具体事项处置过程中的实时研判。二是分流处置。依托纠纷三级处理机制,实现"一般纠纷就地调,复杂纠纷指导调,疑难纠纷专业调"。

(3)反家暴保护。一是要素式申请引导。依托智能问答系统,以要素式问答方式抓取当事人核心信息并辅助生成申请书。二是要素式智能预审。依托预审系统,实现指导法官与当事人的实时交互和引导,进行材料

---

① "六大员"机制是指依托家事辅导员、家事调解员、家事调查员、家事观察员、危机干预员、案件回访员进行家事诉调全流程服务的机制。

的初步审查;依托与公安、妇女联合会等部门家暴数据库的对接,可进行当事人信息数据碰撞,辅助指导法官进行材料审查。

(4)家庭教育干预。一是协同建档。对法院家事审判过程中发现的需要家庭教育干预的群体进行家庭教育建档。二是情况摸排。针对各来源方推送家庭教育干预人员信息,通过自行摸排、委托走访等进行系统化摸排,进一步丰富人员画像。三是干预措施。家事庭务主任根据接受家庭教育对象需求的不同,通过线上推送或线下指导方式有区别地制定服务内容。四是内部流转。庭务主任利用线上沟通、线下协同走访等多种方式对接受家庭教育对象进行干预情况的跟踪评估,及时掌握情况并报送委托单位。

(5)家事预警。一是预警推送。通过家事共享法庭搭建的多跨数据共享服务体系,整合推出事件报告及家事报告两类协同预警报告,以年度推送的形式助力决策,提前预警,提早介入,实现部门职权主义到家事全链条职责主义的转变。二是重点人物画像。通过家事服务、专项保护、家事协同三大模块的信息反馈、数据归集、数据流转,逐步建立重点人物画像模型,对重点人员进行分类管理。

第三节　法护营商机制

一、法护营商的内涵

习近平总书记强调,"营商环境是企业生存发展的土壤""持续建设市场化、法治化、国际化一流营商环境"。优化营商环境,是贯彻习近平经济思想和习近平法治思想的重要实践,是落实党中央、国务院重大决策部署的必然要求,也是推动实现高质量发展和中国式现代化的重大举措。法护营商,就是要推动建立健全符合市场经济规则和治理能力现代化要求的法律法规制度体系,增强政策透明度,更好地保护经营主体和人民群众合法权益,切实维护公平竞争的市场秩序,把经营主体发展动力更好地转化为经济发展的新动能。法护营商机制,是指通过理念重塑、应用建设、机制创新等法治建设手段,为市场主体提供公平、公正、透明、可预期的营商环境,保护市场主体的合法权益,促进市场公平竞争,推动经济高质量发展。具体而言:

(一)理念重塑

人民法院树立审慎、善意、文明的司法理念,科学运用数字化技术手段,高效依法妥善审理各类涉企案件;以服务实体经济为宗旨,降低民营经济纠纷化解成本,同时尽量减少办案活动给涉案企业正常生产经营造成的影响,推动形成平等有序、充满活力的经营环境。

(二)应用建设

人民法院探索性建设数字化应用,以数字赋能推进制度建设。例如聚焦矛盾纠纷源头预防和化解,加强民间借贷协同治理,防范和打击虚假诉讼;聚焦诉讼服务提质增效,推动多元化解、司法鉴定、诉讼服务等诉讼制度重塑;聚焦市场主体高质量发展,加强破产审判、知识产权、电子商务、跨境电商等专门领域的数字化应用场景建设等。

(三)机制创新

围绕构建开放、动态、透明、便民的阳光司法机制,人民法院扎实推进审判流程信息公开、裁判文书公开、执行信息公开,保障市场主体对审判执行工作的知情权、参与权和监督权;强化以案释法工作,及时公布依法保护企业合法权益的典型案例和好做法、好经验,促使企业预防法律风险,推动形成企业家健康成长的良好法治环境和社会氛围,在潜移默化中不断优化营商环境。

二、法护营商数字化协同治理应用

在数字司法领域,法护营商机制聚焦司法活动中的重点环节,强调司法理念重塑和司法服务机制重塑,构建数字化司法应用场景,促进市场经济规范有序运行,推动形成平等有序、充满活力的经营环境。以浙江法院为例,主要有以下数字协同治理应用场景:

(一)电子账单应用场景

针对专门领域、区域集中交易市场买卖合同交易频繁、纠纷频发、证据薄弱的情况,浙江法院深挖数字潜力,着力数字司法延伸服务,打造线上对账平台,构建绿色解纷通道,高效源头解纷,有效降低商户维权的成本与风险,切实提升人民群众司法获得感。

1. 电子"对账单"应用

浙江省杭州市余杭区人民法院对辖区内年收案量达1100余件的华东最大农副产品集散地杭州农副产品物流中心进行深入调研,针对纠纷多发、调处困难"症状",深挖"病因"、辨证施治。依托"腾讯电子签"小程序开发设计电子"对账单",将标准化的对账单嵌入微信小程序合同模板库,供市场主体及时进行线上对账,以推动小额高频交易规范化,高效解决货款认定的证据固定问题。

从社会治理难题成因看,杭州农副产品物流中心买卖合同纠纷案件原告多系从事农产品批发的经营者,诉请集中为要求被告支付货款。经深入调研发现,由于法律意识淡薄、单次交易小额高频、"赊账""错时"交易多等主客观因素,经营者普遍存在交易行为不规范,"无合同、不签单、懒对账"多发;普遍通过微信聊天沟通交易内容,超70%的案件仅有聊天记录作为证据,确认交易金额和交易主体时存在较大争议,无法形成有效对账;部分案件中调取的微信实名认证信息和诉状中的被告不一致等。原告证据薄弱,被告"不认钱""不认人",认定事实难度大。

就此,余杭区人民法院创新与"腾讯电子签"小程序技术团队合作,设计定制"对账单"并嵌入微信小程序合同模板库,供经营者线上对账、固定证据。"对账单"模板内置买卖双方身份信息、提货时间、货物名称、价款等要素,买卖双方创建、填写、签署后自动生成具有法律效力的货款结算凭证,固定交易金额;签署前双方均须实名认证、人脸识别认证,固定交易主体;签署通过区块链全程存证,一经签署不可篡改,证据牢固可靠;预置违约责任、协议管辖、送达地址等条款,为后续可能发生的纠纷"打好提前量"。"对账单"模板依托微信小程序,使用便捷,可生成模板二维码,即扫即签,全程通过微信完成,经营者学习和适应成本极低;"异步"签署便捷,买卖一方创建并填写对账单后可直接经微信将链接发送给另一方完成签署,解决"错时"交易签单难题。

"对账单"应用开发上线后,法院联合社会治理部门、属地街道,组织市场管理者、经营者在杭州农副产品物流中心现场开展多场专题讲座,结合典型案例分析该物流中心买卖合同纠纷多发频发原因,倡导经营者规范经营,使用"对账单"及时对账,降低交易风险。法院编印并发放典型案例宣传册及"对账单"运用手册1.5万余份,增强宣传引导效果。经现场演示、普法讲座、发放宣传册、开通共享法庭解纷绿色通道等多渠道推广,截至2025年4月,新增"对账单"用户1.44万余名、签署"对账单"1.62万余份。① 当事人所提交的证据的证明效力大大增强,调解、裁判难度降低;借助"对账单",杭州农副产品物流中心经营者可前端排除拒绝签单的风险交易,中端规范交易行为,后端快速高效主张权利,防风险、抗风险能力全面增强。

2. "无讼账单"小程序

浙江省绍兴市柯桥区人民法院轻纺城人民法庭创新推出"无讼账单"小程序,接入公安人脸识别实名认证。在该小程序中,实名认证的单个自然人之间签署的对账单,若债权债务在柯桥区人民法院管辖范围内,无须诉讼可直接由其进行司法确认。实现了债权人在交易之初有主导权时,就通过该小程序的介入确认双方的债权债务,无须等纠纷发生后再花费成本找人找物、补全证据,为交易安全尤其是陌生人交易安全提供保障。

"无讼账单"小程序自动提取双方身份信息和双方确认的清偿方案,自动生成系列法律文书,无须在诉前调解阶段等待法官制作文书,也无诉前调解失败耗时风险,无须人民群众准备起诉材料和支付诉讼费用,不再耗费时间参与民事诉讼程序,纠纷化解速度快、效率高。同时,该小程序接入了共享法庭警务站,公安机关出警时可以直接在小程序上主持双方签署欠条,主持警官可以扫码绑定,年终获得人民调解员经费补偿,从而形成"初端"(群众自行登记债权)、"中端"(警官或其他社会治理

---

① 数据来源于腾讯云计算(北京)有限责任公司"腾讯电子签"产品团队。

力量参与)、"末端"(法官确认)链条,明确法院的末端解纷地位,同时实质化落实共享法庭警务站。此外,该小程序还开辟了失信人公示栏,添加新客户为债务人时,如新客户是失信人,会跳出警示,告知此人已是失信人,询问是否继续与其签订新合同,是否继续允许其赊欠货款。

(二)律师调查令"一件事"应用场景

人民法院签发律师令调查取证是诉讼制度的重要组成部分,律师代理当事人获取证据的权利是否得到制度保障和实际践行,成为经济体法治化营商环境评价的关注点。试行有关法律文书及律师身份在线核验服务是全国首批营商环境创新试点改革事项之一,旨在为市场主体委托律师调查取证提供便利,降低诉讼成本,缩短诉讼用时,维护诉讼权益。浙江省杭州市钱塘区人民法院开发律师调查令"一件事"应用(图 6.3.1),通过数字赋能、多跨协同,实现申请便捷、审签精准、核验智能、监管科学、反馈高效,有效改善传统律师调查令环节手续复杂、流程烦琐、核验困难等问题,让营商环境优化可视可感。

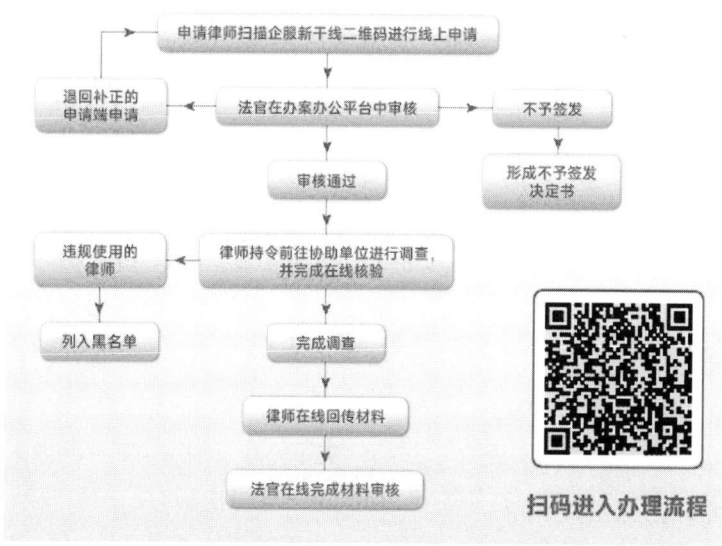

图 6.3.1 律师调查令"一件事"服务流程图

律师调查令"一件事"应用于 2022 年 12 月 26 日正式上线,2023 年 8 月实现杭州市域推广,主要功能特点在于全流程智能办理、全链条节点监管、全要素精准核验。

1. 流程优化

律师可从网页、软件端线上申请调查令,仅需在网页立案端口在线填写"要素式"表单,提交后,自动抓取律师身份信息、案件相关信息并自动生成调查令申请书,自动核查辅助材料完整性。法院办案办公平台自动生成格式规范统一的调查令文书,法官审核并签批后,平台对调查令自动编号、赋码,并自动电子送达律师处。律师持调查令至协查单位调查后,可通过浙江法院网线上提交查询情况及回执单。该应用实现调查令的申请、审批、反馈全流程在线智能办理。

2. 提质增效

律师调查令"一件事"应用贯通律师申请端、法官审核端和协同单位业务校验端。律师在线提交的申请进入法院办案办公平台后,平台以新增待办事项形式提醒承办人审核,律师可在申请端实时查看审批进度。律师调查令签发并送达后,法官可线上追踪律师调查取证情况,对于律师迟延提供调查结果的,可使用"调查催促"功能进行督促,避免调查取证环节空转。同时,设立质效管理平台,对申请、审核、签发、反馈等数据进行实时归集和在线分析,对法官和律师进行提醒督促。

3. 核验精准

协同单位可通过"浙里办"等政务服务平台、微信等软件扫码,或使用已接入 IRS 接口的业务系统查询等方式,对律师调查令、律师身份及共同参与调查人身份进行核验,核验通过后,根据法律规定及实际情况确认是否提供证据,并填写回执,解决核验调查令途径单一、核验效率过低、信息易泄露等问题。

4. 规范业务

制定并发布律师调查令"一件事"应用操作指引,明确申请主体、签发主体、配合调查主体业务规程,通过加强与司法局、规自局、民政局、人力资源社会保障局、市场监管局等主要部门的协调联动,有效维护律师调查令的法律权威性和社会认可度,以司法建议规制协查单位不配合调查的行为。设立"黑名单"惩戒机制及技术功能,对律师伪造变造调查令、无正当理由未按期提交调查收集的全部证据、超过规定次数等七种情况进行司法惩戒。

5. 服务延伸

依托钱塘区增值化政务服务改革先发地优势,2023年7月,律师调查令"一件事"应用入驻杭州市钱塘区企业综合服务中心,并在"企服新干线"平台正式上线,为提供"咨询、引导、转接、反馈"的一站式服务配备专员,推动改革成果在企业诉前解纷、破产案件"逃废债"调查等多场景应用。

截至2025年5月,杭州市共接收律师在线申请4320件,已签发2823件,退回补正382件,不予签发616件。① 律师调查令"一件事"应用已覆盖不动产登记、银行、海关、车管、民政、支付宝等相关单位。其中,调查令签发、回传最短历时1天,法官按期反馈率达100%。

律师调查令"一件事"应用2024年1月获评2023年度"浙江全域数字法院"改革"好应用"成果,2024年2月获评第四届杭州法院优秀微创新案例,得到《浙江法治报》《法治日报》《人民法院报》等权威官方媒体报道肯定。

(三)"企业破产一件事"应用场景

破产制度是高质量发展的基础性保障制度。浙江省高级人民法院组织指导绍兴市中级人民法院牵头研发"企业破产一件事"应用。该应用构建"一屏三端"②应用架构和智治体系,设置风险预警等九大子场景,形成了法官、管理人、债权人、行政机关等多主体横向参与、三级法院案件办理纵向贯穿的数字化办案体系,实现了破产案件和破产事务从申请到办结的全流程闭环。

"企业破产一件事"应用聚焦问题导向,着力破解办理破产案件的三大难题。一是聚焦破产预警机制缺失,实现风险信息双向贯通。浙江

---

① 数据来源于律师调查令"一件事"应用系统。
② "一屏"指"企业破产一件事"驾驶舱;"三端"指破产智审平台的法官端、管理人端、债权人端。

法院通过应用预警识别，甄别企业涉困预警信息，及时向党委、政府报送，党委、政府反馈的处置方案又为破产办理提供稳控依据。二是聚焦府院协同难，实现协同事务标准化办理。应用梳理高频事务，与相关行政机关达成数据共享备忘录，将破产事务办理从逐案、逐事、逐部门协同，提升为流程化办理。三是聚焦破产监管难，实现管理人履职的全流程有效监管。应用将破产企业的资金存放与支出纳入线上监管，防范履职风险。对于管理人的个案办理，自动督促履职、自动提醒非必要用时、自动发现履职瑕疵、自动生成履职分数、自动关联年度评价。

在功能架构上，"企业破产一件事"应用聚焦赋能增值，助力营商环境优化提升。一是实现营商环境评价指标无感监测。应用自动归集计算浙江法院破产案件回收率的全量数据，对各地区"办理破产"指标实时无感监测，通过对破产数据的分析运用，不断优化营商环境评价指标。二是科学选择破产方案。应用通过对企业经营情况、资产负债情况的精准画像，自动识别破产企业的清算和重整价值，用大数据助力选择最佳破产方案。如浙江姐妹服饰有限公司破产重整案，通过适用重整程序提供 80 余个就业岗位，创造外汇收入 350 万美元，该公司成为中小企业"破而后立"的招商范例。三是有效降低破产成本。参与破产的各主体可通过应用提供的线上协作降低沟通成本，节约破产费用。应用推广以来，破产成本降低 10%。如华升建设集团有限公司破产清算案，通过将 10 吨档案电子化，仅一个案件就降低破产费用 50 万元。四是充分体现企业价值。应用拓宽了投资人招引渠道，有效解决了资产处置难点。如绍兴市柯桥区人民法院依托"企业破产一件事"应用建立全国首个数字化信托场景，在精功集团有限公司破产案中，剥离非核心资产，成立信托产品，以信托受益权清偿债务 5.86 亿元。

"企业破产一件事"应用重塑了破产风险闭环管控、府院在线协同、管理人履职监督、立审执破访一体化高效办案等四大机制，形成了全国首个府院联动预重整规程、省市多部门协同救治办法等 15 项制度成果，涌现出五洋建设集团股份有限公司破产案、精功集团有限公司破产案等典型案例。该应用自 2022 年 6 月在浙江省推广以来，已实现 475 家管理人在线履职，140 余个事项"一网通办"。2024 年全年，共化解金融不良债权

415亿元、出清房产420.7万平方米、释放土地0.98万亩、安置职工1.14万人。① "企业破产一件事"应用入选了中国社会科学院《2023年中国法治蓝皮书》,获评2022年度浙江省政法工作创新现代化入围项目第一名、数字化改革最佳案例等。对于该应用,最高人民法院杨临萍副院长批示肯定,浙江省《数字化改革(除险保安篇)》专题刊发推广。

(四)简易注销数据接口

简易注销程序仅规定,登记机关在公示期内须将企业拟申请简易注销登记的相关信息推送至同级税务、人社等部门,涉及外商投资企业的还要推送至同级商务主管部门,但未明确规定须将简易注销信息推送至人民法院,导致部分正在进行诉讼或者仲裁的市场主体,利用登记机关与法院间的信息壁垒,失信违法通过简易程序进行注销。2020年至2023年上半年,浙江法院一审审结的涉企业简易注销登记案件中,此类案件共145件,占比32.6%。为此,浙江省高级人民法院向浙江省市场监督管理局发送司法建议,建议建立涉诉信息共享系统。目前,浙江省高级人民法院已经建立简易注销市场主体涉诉信息库,并将该库的数据接口共享至浙江省市场监督管理局。浙江省市场监督管理局可在市场主体申请简易注销时进行检索查询,防止涉诉企业"带病注销"。

(五)涉外审判协同应用

1. 域外法线上查明机制

为统筹推进国内法治和涉外法治,助力打造市场化、法治化、国际化一流营商环境,2022年浙江省高级人民法院部署研发"域外法查明线上委托"应用,以宁波市中级人民法院多年域外法查明经验和涉外审判专业优势,依托数字法院建设成果,面向公众和全省法院打造破解域外法查明途径不畅的数字化应用,在查找正确域外法并翻译的同时,针对具体案情提供理解与适用,以科技赋能提升法治服务能力和水平。域外法线上查明机制具有以下三方面应用功能:

一是满足司法域外法查明需求。通过在法院办案办公平台审判模块

---

① 数据来源于2024年浙江法院企业破产审判工作报告。

中增设域外法查明功能,浙江法院法官均可发起域外法查明申请,通过优化申请材料审批流转、线上报价、反馈结果等业务程序,缩短查明时间。传统模式下,法官若需进行域外法查明,需通过电话与查明机构进行沟通,介绍案情、询价、邮寄委托书及相关材料,最后查明机构再邮寄法律意见书,耗时长达70天左右。"域外法查明线上委托"应用上线后,宁波国际商事法庭通过该应用提交查明澳大利亚公司法相关规定的申请,仅用时35天即获得反馈,较线下用时缩短近一倍,有效破解域外法查明难问题,提升涉外民商事审判质效。

二是满足当事人域外法查明需求。在"人民法院在线服务"小程序上,开设面向公众的非诉域外法查明申请端口,为公众基于投资、法律风险评估、学术研究或诉讼仲裁等目的,提供域外法查明和咨询服务。申请人可根据不同需求,选择深度的精细化查询,例如在域外应诉时查询域外法院如何理解适用相关法律等,也可选择浅度的宽泛性查询。"域外法查明线上委托"应用从诉中域外法查明出发,延伸司法服务,满足广大跨境非诉社会化需求,并匹配以"深度的精细化查询""浅度的宽泛性查询",配合数字技术、数据库技术,提供更精细化的查明服务和风险预警。通过域外法查明,企业可分析跨境贸易的机会成本,更有针对性地选择交易方式、明确合同条款,在增加交易机会的同时降低经营风险。

三是实现域外法适用数据分析。通过系统数据算法,将案件类型、涉及的国家和地区、域外法律适用情况等统计分析结果以图表形式呈现,深度挖掘数据资源,提前发现相关国家、地区高发法律风险并进行预警,助力中国外向型经济发展,使案例库、法律库的数据效用得到发挥。在实现域外法查明数字化后,"域外法查明线上委托"应用进一步积累使用的相关数据,通过对查明报告的数据洞察、数据挖掘来实现域外法律适用知识的深度关联,形成域外法律风险报告,并进一步应用于同类报告、同类判决的智能检索和推荐,为后续深入研究应用提供数据基础,同时助力公众做好域外法律风险防范工作。

2. 线上委托翻译机制

2021年,浙江省高级人民法院与浙江省翻译协会共同建立涉外审判及外事活动翻译合作机制以及涵盖涉外审判实际需要的主要语种翻译人员专家库,在全省三级法院一体化办案办公平台及浙江法院网同步上线"委托翻译"功能模块,运行至2025年5月已为涉外纠纷当事人提供22种语言翻译服务共计100余件,效果较好。[①] 为推进数字化改革全面贯通、集成突破、集中展示,2022年4月28日,浙江省高级人民法院下发《关于确定"浙江全域数字法院"改革2022年重点任务与试点单位的通知》,确定2022年第一批"育苗造林"项目清单,由金华市中级人民法院作为"线上委托翻译"试点法院。

为此,金华市中级人民法院于2022年5月20日印发《服务保障高质量发展竞争力提升现代化先行共同富裕示范推进金华"全域数字法院"改革实施方案》,确定由金华市中级人民法院民三庭牵头完成"线上委托翻译"项目,对外贯通推广线上委托翻译应用。该应用于2022年12月13日在浦江县"浙政钉"上线,并于2023年6月13日在金华市"浙政钉"上线运行,已初显成效。

(六)"无感监测"评价体系和应用建设

自2019年起,浙江省参考世界银行DB营商环境评价体系,由浙江省发展和改革委员会牵头,在全省范围内对各地、市(县)开展营商环境评价,目的是以评促改,助推更多有效的改革举措,增强市场主体的获得感,其中与司法工作相关的两项评估指标为"解决商业纠纷"与"办理破产"。2020年,浙江省创新启动营商环境测评"无感监测"工作,通过自动抓取监测靶点数据信息,实现从线下抽样调查变为在线全量监测、从事后人工评价变为实时系统分析、从事后内部反馈变为实时公开反馈。"无感监测"体系明显提高了评价的精准性、时效性和科学性,浙江法院同步开展司法数据对接、营商环境靶点数据监测、法治化营商环境数据分析相关应用的建设工作。2022年年底,世界银行发布B-Ready营商环境指标体系,浙江法院第一时间开展"解决商业纠纷"指标对标分析,推动迭代出台浙江省"无感监测"S3体系。2024年3月,世界银行官网刊发浙江省政府服务数字化的改革经验,其中介绍了包括"无感监测"在内的多个数字化应用,将浙江经验作为中国优化营商环境的典型案例,向全球经济体推广。

---

① 数据来源于浙江法院一体化办案办公平台。

"无感监测"S3体系中的"解决商业纠纷"指标项下设置"解决商业纠纷的时间""实际执结率""程序比""诉前化解率"等四个二级指标。其中,解决商业纠纷的时间为浙江省全量商事纠纷案件平均审理时间和平均执行时间加总得出;实际执结率为浙江省全量买卖合同有财产可供执行案件在法定期限内的实际执行结案比例;程序比为浙江省全量买卖合同纠纷一审、二审、再审审查、再审、执行等收案总数除以一审收案数;诉前化解率为浙江解纷码调解成功案件数占浙江解纷码调解案件总数的比例。

自"无感监测"S3体系正式推出以来,浙江法院"解决商业纠纷"指标整体趋优。浙江省各级法院以"无感监测"体系为重要抓手,以评促改,以评促优,主要采取强化审限管理、强化长期未结案清理工作、强化案件质量管控、强化类案治理等手段,持续提升商事主体司法获得感。

第四节 法护知产机制

一、"法护知产"在线协同保护应用

(一)"法护知产"在线协同保护的背景与内涵

长期以来,我国采用知识产权双轨制保护模式,人民法院和行政机关各自承担司法和行政保护职能。其中,司法保护发挥主导作用,具有终局性、稳定性、全面性的特点;行政保护则在主动性、高效性上更具优势。然而,各部门之间存在信息壁垒、保护机制衔接不畅等原因导致保护力量分散、保护标准不一。与此同时,权利人在知识产权维权中也长期面临举证难、周期长、赔偿低、成本高、重复侵权频发等堵点难点,这也是人民群众创业创新中的急难愁盼问题,亟须法院与行政机关优化协作配合机制,加强协同保护力度,共同推动构建知识产权保护"严、大、快、同"工作格局。为此,浙江省高级人民法院指导湖州市中级人民法院开发"法护知产"在线协同保护应用(图 6.4.1),并联合浙江省市场监督管理局在全省实现贯通,促进法院与外部行政机关在知识产权保护职能上的协作融合。

第六章 数字司法协同治理机制的构建

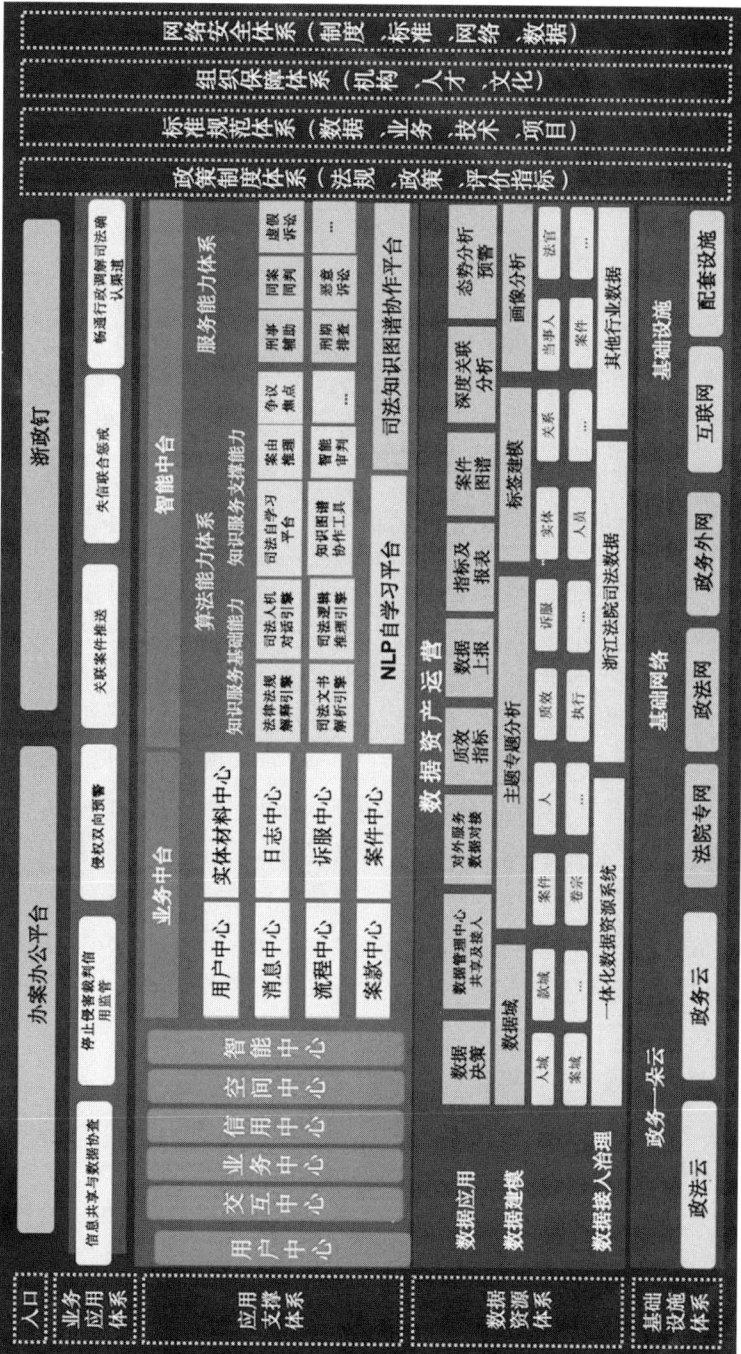

图6.4.1 "法护知产"在线协同保护应用架构图

"法护知产"在线协同保护应用依托浙江法院一体化办案办公平台建成"1+2+6"体系,"1"即一个驾驶舱,运用数字化手段对知识产权案件的各类要素数据进行实时汇聚、整合、统计,形成可视化、多维度的展示台,实现统计分析智能化。"2"即面向法院、行政机关工作人员的两个端口。法官端内嵌于法院内网的办案办公平台,法院工作人员通过该端口发起各类协作请求、选择协作单位及联络员、上传协作函件及其他协作必要信息,同时可通过应用进行催办提醒、查询统计。协作机构端口内嵌于"浙政钉"工作台,行政机关工作人员可通过该端口接收法院协作事项、反馈结果等。法官端与协作机构端可实现信息的内外网交互。"6"即"信息共享与数据协查""停止侵害裁判信用监管""侵权双向预警""关联案件推送""失信联合惩戒""畅通行政调解司法确认渠道"等六大应用场景。

(二)六大应用场景

1. 信息共享与数据协查

"法护知产"在线协同保护应用打通司法执法信息共享通道,法官在案件审理过程中可在线向协作单位发起协查请求,调取涉案企业主体、年报等行政信息,准确查明生产、销售侵权产品的数量、价格及获利事实,破解权利人举证难、维权慢、赔偿少等难题,缩短案件审理时间,提升权利人维权质效。人民法院共享信息包括但不限于:知识产权类案件诉前调解情况,案件审理、执行进度及结果,审判执行指标情况。市场监督管理部门共享信息包括企业登记信息(企业基本信息、企业变更或备案信息、企业注销信息)等,并根据法院函件,提供企业登记档案、案件公示信息(当事人信息)、当事人年报信息、知识产权行政执法相关笔录和文书及其他证据材料,以及列入经营异常名录信息等数据。

2. 停止侵害裁判信用监管

"法护知产"在线协同保护应用创新人民法院生效裁判(判决书/调解书)停止侵害判项执行模式,人民法院将进入强制执行程序(未执结)的被执行人和具有持续侵权、重复侵权可能的企业侵权人名单推送给市场监督管理部门;市场监督管理部门将上述信息纳入企业信用风险模型,根据信用风险分类结果,在"双随机、一公开"抽查中开展差异化监管,发现异常的,依法协同处理,共同遏制知识产权持续侵权、重复侵权现象(图

6.4.2)。如在"景德镇"地理标志证明商标案中,为对侵权主体是否停止销售侵权产品进行后续跟踪,法院通过"法护知产"在线协同保护应用发起"常态监管",向市场监督管理部门推送裁判文书及协助监督函。市场监督管理部门在执法检查中发现被告仍在销售侵权产品,最终对其予以罚款并没收、销毁侵权产品,杜绝重复侵权可能。

3. 侵权双向预警

"法护知产"在线协同保护应用探索知识产权司法、执法大数据的智能分析和深度应用,针对知识产权批量侵权诉讼或潜在纠纷发布侵权双向预警,根据侵权预警信息提前介入,摸排可能存在商业化维权的潜在诉讼风险,适时组织协调化解,提升知识产权纠纷治理效能。

4. 关联案件推送

针对实践中知识产权司法裁判尺度、行政执法标准不统一的问题,"法护知产"在线协同保护应用可以根据工作需要关联获取同一权利人或侵权人的行政处罚决定书、调查笔录或裁判文书、类案裁判文书等案件相关资料,为法官、执法人员办案提供裁判规则和案例参考,便于厘清法律适用分歧,明确把握裁判尺度、执法标准,完善统一法律法规适用,防止个案办理失衡,为统一知识产权保护标准提供信息保障。

5. 失信联合惩戒

浙江省高级人民法院与浙江省市场监督管理局健全失信联合惩戒机制,进一步运用数字化手段畅通联合惩戒衔接渠道,由人民法院向市场监督管理部门发送将相关责任主体列入严重违法失信名单的建议,市场监督管理部门审核确认后将侵权主体纳入严重违法失信名单,并通报各协作单位,各协作单位根据自身权限和职能范围,将侵权主体纳入本单位失信名单,在优惠政策、招投标等方面对其进行限制。失信主体表现良好且未再次侵权的,可申请将其移出失信名单,推动完善知识产权信用体系建设。

6. 畅通行政调解司法确认渠道

"法护知产"在线协同保护应用整合纠纷解决资源,对接浙江解纷码、共享法庭、浙江知识产权在线等平台,合理配置行政调解力量,对调解成功、赔偿金额较大又未能当场履行的案件,引导双方在线办理行政调解司法确认,并在线反馈司法确认结果,确保行政调解协议具有强制执行力,避免因协议履行再次引发纠纷进入诉讼程序,助力矛盾纠纷多元化解。

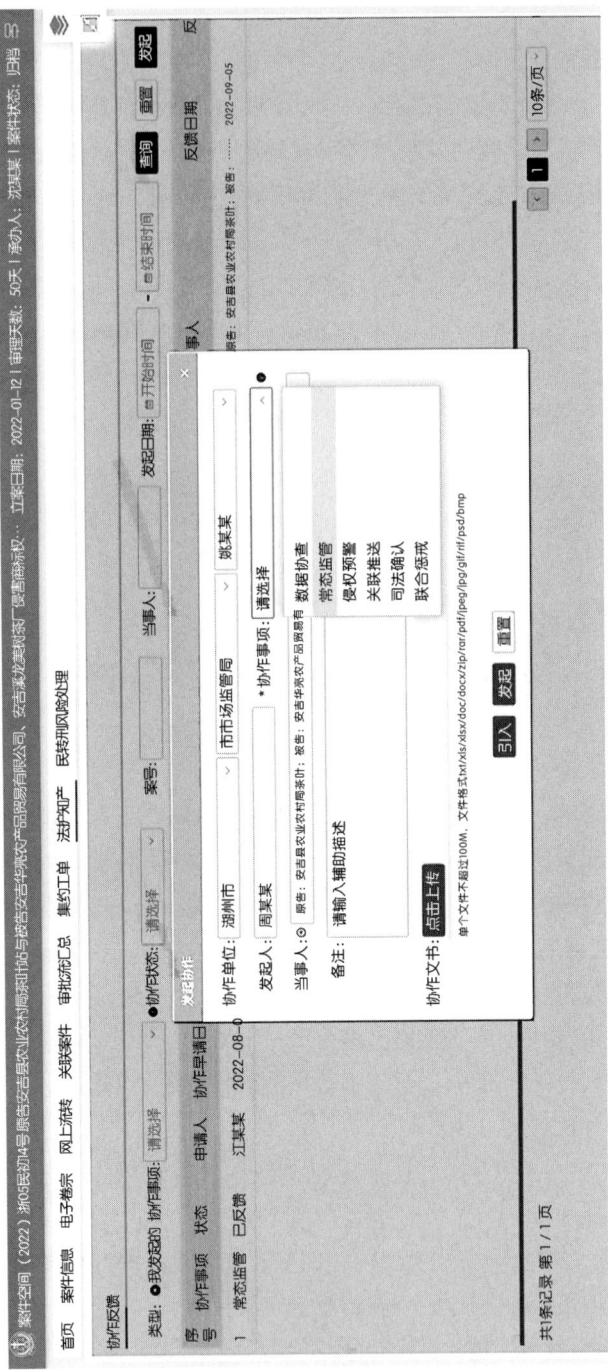

图6.4.2 停止侵害裁判信用监管页面

(三)应用效果

"法护知产"在线协同保护应用上线以来,共发起各类协作9766次。其中,数据协查6328次,占协作总数的64.8%。协作流程平均用时从原来的5天缩短至0.5个工作日,协作效率持续提高,保护效能日益凸显,审判质效全面优化。2024年,在知识产权总案量增长的情况下,浙江法院新收批量维权案件同比下降57%,协同保护成效明显。

二、"版权AI智审"应用

(一)"版权AI智审"应用的背景与内涵

在知识产权诉讼中存在大量图片著作权侵权纠纷案件,法官在审理时往往遇到争议图片无法海量比对、无法有效认定创新、裁判说理烦琐难懂等问题。[1] 为解决上述难题,浙江省绍兴市柯桥区人民法院在浙江省高级人民法院指导下研发"版权AI智审"应用。该应用是全国首个司法领域的图案类查重比对应用,其借助"以图搜图"技术和海量数据底池,实现"图片查重""创新参考""侵权比对"三大功能,协助解决知识产权审判实践中图案原创情况难查、创新程度难定、事实认定难断的难题。

"版权AI智审"应用查重模块调用的数据主要包含两方面:一是本地数据底池,包含浙江省版权局作品数据13万张及本地精品花型数据25万张,共计38万张;二是"版权AI智审"应用与阿里巴巴知识产权原创保护中心合作,接通该中心逾8亿张的数据底池,进一步拓宽查重范围。

(二)"版权AI智审"应用的三大功能

第一,"图片查重"功能。"图片查重"(图6.4.3)指的是申请人上传待查重作品后,"版权AI智审"应用实时接收图案溯源申请,自动按照搜索结果的相似度以及网站(URL)的最后修改时间(Last-Modified)对溯源结

---

[1] 参见《版权保护升级 数字正义可期:浙江首个版权AI智审系统亮相绍兴柯桥法院》,载《人民法院报》2021年4月26日,第4版。

果进行展示及排列,并提取关键节点信息生成溯源报告,反馈给申请人,便于查明争议图案来源。"图片查重"结果分为"有效查重"和"未查出在先使用"两种情况。"有效查重"指的是查出在目标节点之前,互联网上或版权局数据库中已经有公开发表或者被版权登记的相同或高度相似的作品存在,反之则反馈为"未查出在先使用"。如在潘某某诉义乌市某公司侵害作品发行权纠纷案①中,原告潘某某主张被告义乌市某公司所售产品上的图案侵害其"比卡熊"作品著作权,并提供了作品登记证书,以及2021年3月其与经销商的微信聊天截图作为作品公开发表的依据,诉请被告停止侵权并赔偿损失。办案法官通过"版权AI智审"应用查明,与涉案作品高度近似的图案早已于2017年6月21日在"istock"网站上公开发表。审理法院认为,潘某某的主张与查明的事实不符,其主张权利的作品不具有独创性,遂驳回其诉讼请求。同时法院对潘某某的其他两起调解案件进行审查,亦发现相似情况,遂要求其返还调解款项,并对其虚假陈述行为作出罚款5000元的处罚。

第二,"创新参考"功能。"创新参考"的作用在于判断作品原创度和创新性。该功能针对"未查出在先使用"的图片,此时"版权AI智审"应用将向申请人提供10张最相似的图片,便于申请人对作品的创新程度进行参考。

第三,"侵权比对"功能。"侵权比对"是对两张图片进行比对打分。"版权AI智审"应用开发了四个比对算法模型,在进行侵权比对时,算法将对四个模型的分值进行综合评价。目前,评价结果主要体现为三个分值段,两张相同图案的反馈分值是1分;如果两张图案是关联图案,即两张图案的其中一张可能是通过裁剪、拉升、改色或基于同一场景的不同角度拍摄而得的,比对功能的反馈分值在0.8分以上;如果两张图案的结构、元素、线条等均无关联,分值在0.5分以下。同时该应用可局部比对,最终生成相似性分析报告,为判断作品相似性提供较为统一的客观标准,通过数字化手段实现数字正义。

---

① 参见浙江省义乌市人民法院(2023)浙0782民初6598号民事判决书。

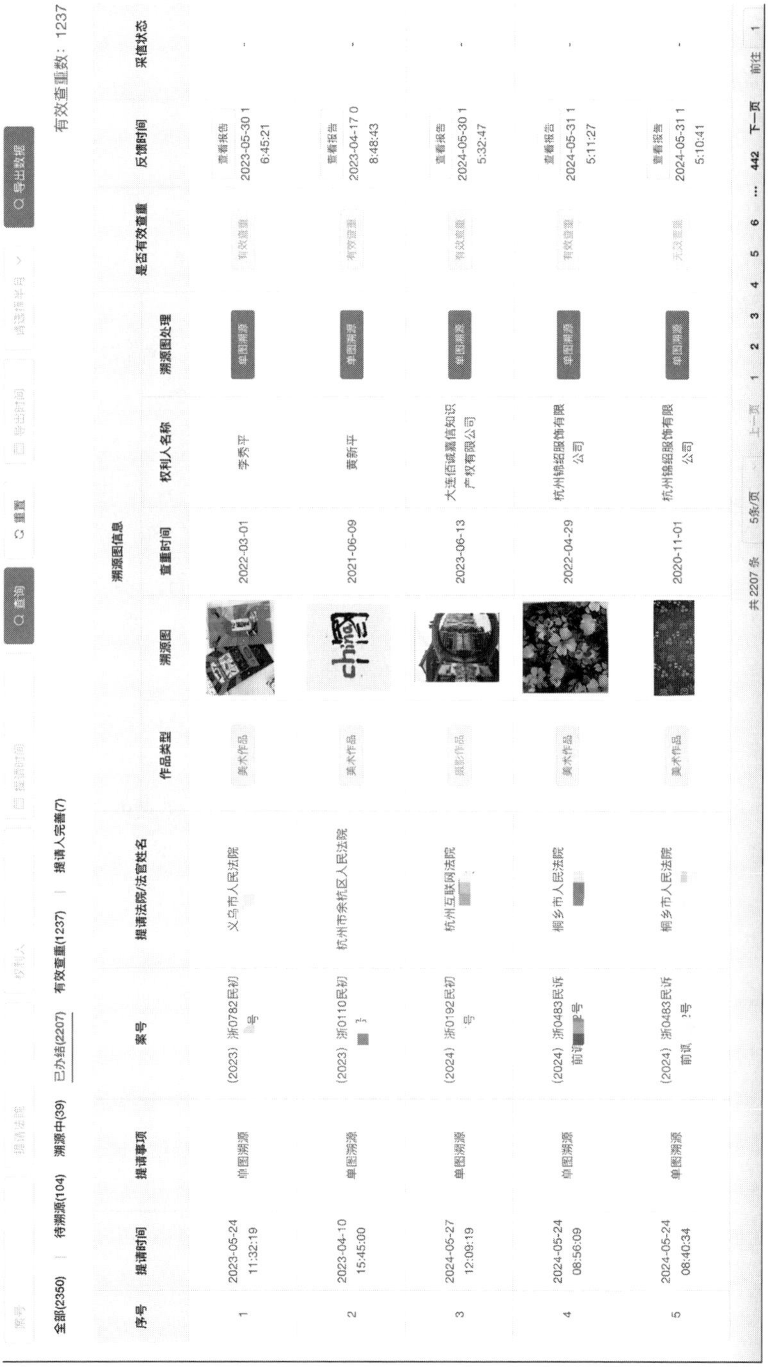
查询
重置
导出数据
全部(2350)
待溯源(104)
溯源中(39)
已办结(2207)
有效查重(1237)
提请人完善(7)
有效查重数：1237
序号
提请时间
提请事项
案号
提请法院/法官姓名
溯源图信息
作品类型
溯源图
查重时间
权利人名称
溯源图处理
是否有效查重
反馈时间
采信状态
1
2023-05-24 11:32:19
单图溯源
（2023）浙0782民初
号
义乌市人民法院
美术作品
2022-03-01
李秀平
单图溯源
查看报告
2023-05-30 16:45:21
2
2023-04-10 15:45:00
单图溯源
（2023）浙0110民初
杭州市余杭区人民法院
美术作品
2021-06-09
黄新平
单图溯源
查看报告
2023-04-17 08:48:43
3
2024-05-27 12:09:19
单图溯源
（2024）浙0192民初
号
杭州互联网法院
摄影作品
2023-06-13
大连佰诚嘉信知识产权有限公司
单图溯源
查看报告
2024-05-30 15:32:47
4
2024-05-24 08:56:09
单图溯源
（2024）浙0483民诉前调
号
桐乡市人民法院
美术作品
2022-04-29
杭州锦韶服饰有限公司
单图溯源
查看报告
2024-05-31 15:11:27
5
2024-05-24 08:40:34
单图溯源
（2024）浙0483民诉前调
号
桐乡市人民法院
美术作品
2020-11-01
杭州锦韶服饰有限公司
单图溯源
查看报告
2024-05-31 15:10:41
共2207条
5条/页
上一页
1 2 3 4 5 6 … 442
下一页
前往
1

图6.4.3　图片查重界面

(三)"版权 AI 智审"应用的三条使用申请通道

该应用对应不同用户主体及使用场景,开发三条申请通道,分别是浙法通道、司法行政协同通道、市场通道。

一是浙法通道(图 6.4.4),面向浙江省内法院系统,内嵌于浙江法院一体化办案办公平台,可在办理知识产权案件时调用,法官提交申请后,7 个工作日左右即可收到溯源、比对报告,报告增添"一键入卷"功能,方便法官导入办公系统并开示报告。

二是司法行政协同通道(图 6.4.5、图 6.4.6),面向浙江省行政机关和省外司法、行政机关,扫描申请二维码即可提交,主要服务于省外有知识产权审判需求的法院和省内、省外有知识产权执法权和登记权的部门。2024 年 4 月,最高人民法院民三庭发布《关于开展"版权 AI 智审"应用试点的通知》,在上海市、江苏省、浙江省、安徽省、山东省、广东省六省级行政区法院开展试点应用工作,同时湖北省、贵州省、海南省等省级行政区的部分法院也在知识产权审判中使用"版权 AI 智审"应用。截至 2025 年 3 月底,该应用已为 145 家浙江省外单位提供服务。

三是市场通道(图 6.4.7),面向市场经营户,在"版权 AI 智审"小程序中提供"查、比、争、看"四项服务,可快速查明作品权属,一键上传比对申请,并提醒查重结果,让人民群众在充分享受数字化改革带来的便利的同时,通过现场查清权属就地化解矛盾。截至 2025 年 3 月底,"版权 AI 智审"小程序已累计为 1.15 万名用户提供服务。

(四)"版权 AI 智审"的应用效果

"版权 AI 智审"应用融司法审判思维与数字技术于一体,通过对图案的结构、元素、色彩等方面进行深度解析,并通过对上千张图片的"跑图测验",结合历年图案类知识产权纠纷案件判决,不断对 AI 算法进行校准,使计算机语言不断向人脑的逻辑判断靠拢。该应用填补了图案查重、比对缺乏司法技术的空白。目前,该应用从图案入库查重的信息化项目,跃变为线上实时搜索、自创比对打分模型的技术化项目,并逐步成为司法、行政办案的前置程序,实现流程再造。

第六章 数字司法协同治理机制的构建

图6.4.4 浙江法院一体化办案办公平台中的"版权AI智审"应用

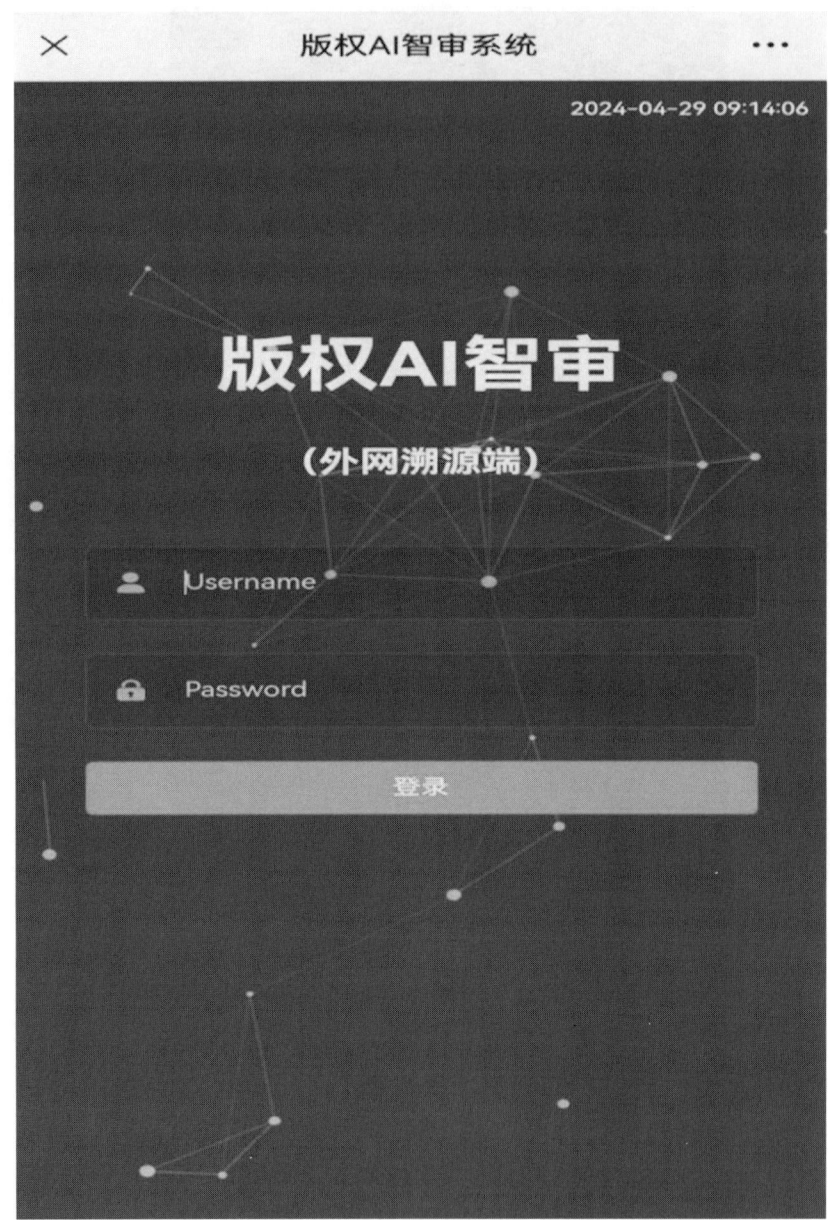

图 6.4.5 "版权 AI 智审"应用二维码协查通道首页

图 6.4.6 "版权 AI 智审"应用二维码协查通道单图溯源申请页面

数字司法的中国模式

图 6.4.7 "版权 AI 智审"小程序首页

截至 2025 年 3 月底,"版权 AI 智审"应用共受理外网溯源查重案件 10365 件,已反馈查重结果报告 10331 件,查出在先使用 6683 件,占已反馈查重结果报告的 64.69%(图 6.4.8),即有六成以上的反馈查重结果报告显示存在与查重图案相同或近似的在先图案,有力打击了虚假诉讼和权利滥用行为。上述受理案件中,包含外省案件 4623 件,已反馈查重结果报告 4609 件,查出在先使用 3276 件。

第六章 数字司法协同治理机制的构建

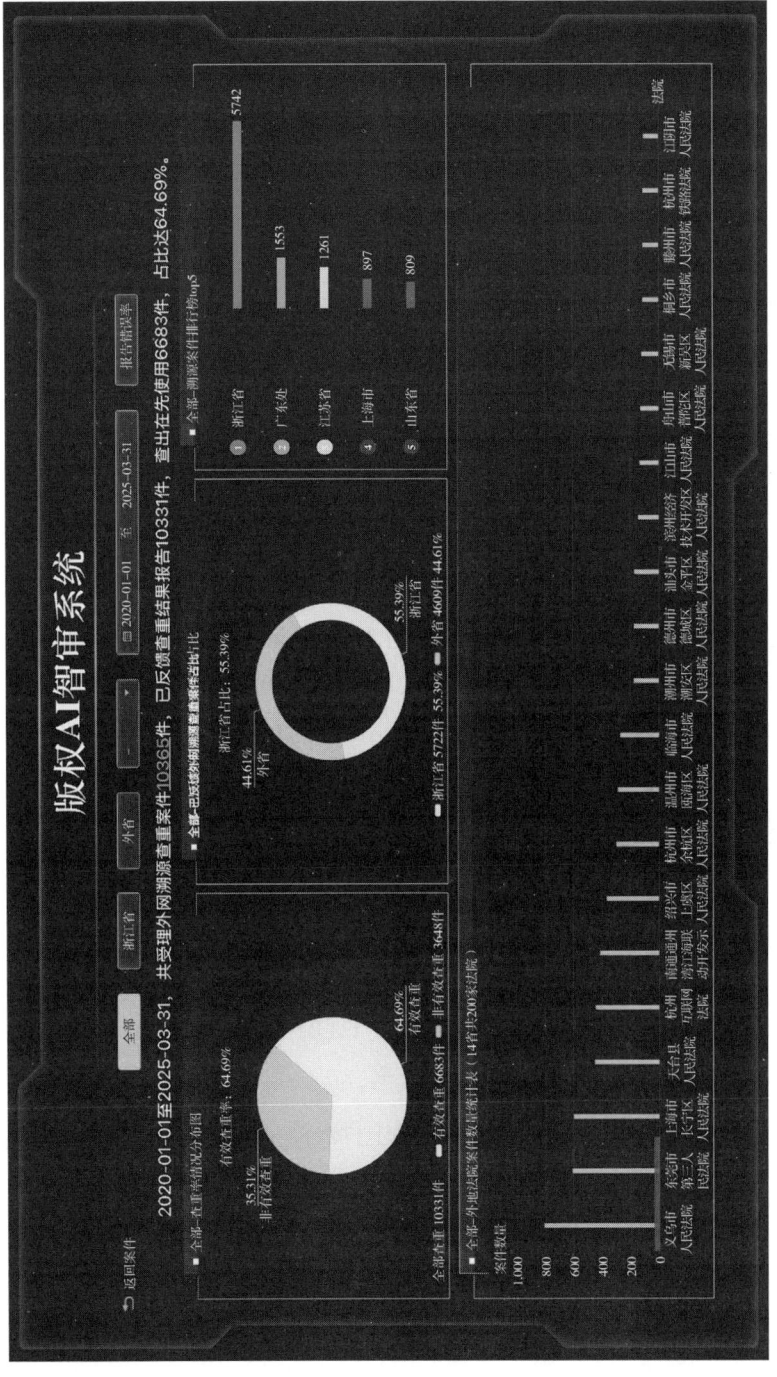

图6.4.8 "版权AI智审"应用驾驶舱后台统计数据

三、ZHI 系统

网络著作权纠纷案件具有数量大、同质化、维权商业化等显著特征,为破解权利人维权"举证难、周期长、成本高、赔偿低"的难题,广州互联网法院上线了 ZHI 系统。ZHI 系统整合政府相关职能部门、协会、第三方版权保护平台资源,联合破解确权、维权难题,构建一体化的网络著作权保护解决方案。该系统将法官审判经验、法律法规梳理固化为机器可识别的知识图谱,用机器模拟法官的审判思维,实现智能校验、智能比对、智能裁判,将法官从数量庞大的简单案件中解放出来,精研复杂案件,进而补齐完善知识图谱,实现"经验—图谱—经验"的循环精进,打造"人机共生"的新型协同审判模式,其基本特点涵盖以下三方面。

(一)"知识图谱+人工智能"

ZHI 系统以广州互联网法院受理的 4 万余件网络著作权纠纷案件为研究样本,由一线法官团队归纳形成包含 1500 多个要素的"著作权审判要素知识图谱",构建交互式审理模式所需的智能审判内核。[①] 该系统通过引入文字、图像、视频智能比对技术,实现对简单侵权行为的自动判断及侵权程度的自动计算,以直观分值的形式,辅助法官查明侵权事实。

(二)对接"网通法链"智慧信用生态系统

ZHI 系统接入各方确权、维权、存证平台,实现链上确权、链上存证,以区块链底层技术为基础,实现多链聚合,降低权利人的举证难度。权利人在作品创作完成伊始即可进行著作权权属链上存证,并通过系统实现 24 小时云端存证取证,搭好交互式审理模式便捷举证质证的架构。

(三)一键智能生成要素式裁判文书

ZHI 系统以司法大数据为支撑,基于自然语言处理技术,通过对法官已作出的判决文书的学习,在知识图谱的驱动下,生成个性化的裁判文书。该系统配套繁简分流逻辑,对小额诉讼程序案件自动匹配要素式裁

[①] 参见张春和、陈斯杰、李婷:《网络著作权纠纷交互式审理的构建与适用——以广州互联网法院 ZHI 系统实践为对象》,载《中国应用法学》2021 年第 3 期。

判文书,裁判文书的智能生成完整度可达95%,保障了交互式审理模式下案件的快速审结。

四、e版权诉源共治体系

北京互联网法院集中审理的涉网著作权案件中,图片类案件占比超过一半,且批量案件特点显著:一是图片维权商业运营加剧。诉讼主体高度集中,类型化、批量化特点突出,诉讼牟利明显。二是图片使用人版权意识欠缺。31%的使用人直接通过搜索引擎获得相关图片,没有意识到未经许可使用他人图片构成侵权,导致诉讼多发。三是图片市场所发挥的作用有限。版权来源不清晰、授权不规范,商业维权导致"司法定价"代替正常的市场行为,加剧案件增长态势。这些特点反映出图片版权市场亟须治理。北京互联网法院坚持问题导向,以著作权案件为切入点,促进"e版权"多元化纠纷解决机制建设,服务北京数字经济创新发展。

(一)主动融入社会矛盾纠纷预防化解机制

一是积极融入首都社会治理大格局。北京互联网法院将北京全市版权纠纷成诉案件增量下降作为矛盾纠纷源头治理方向,为市域矛盾源头预防化解贡献司法力量,对接北京市委有关部门,围绕图片纠纷等类型案件中"拉管辖"、诉讼牟利等涉诉突出问题,召开20余次研讨会、闭门会,深入30余家互联网头部公司和10余家版权监管机构、行业协会进行调研及问需问策,对1000余件版权判决案件进行实证分析,形成1.6万字版权纠纷调研报告,积极报送意见建议,主动向北京市委宣传部汇报专项工作,提出治理思路,争取党委支持。

二是找准服务首都数字经济切入点。北京互联网法院对标北京市委相关文件,将数字版权领域批量纠纷化解作为服务首都数字经济高质量发展的切入点,出台《北京互联网法院关于推动"五子"联动服务保障首都高质量发展的意见》30条举措,制定《北京互联网法院关于服务保障北京国际科技创新中心高质量建设的举措》10项措施,优化科创企业发展的法治环境,推进涉科创企业纠纷多元化解,充分运用区块链等数字技术,完善与专业调解组织、相关政府部门的诉调对接,积极探索在线解纷新模式,为科创企业提供高效、便捷的解纷途径。

(二) 依托府院联动,建立首个版权领域"行政—司法"协同机制

一是加强版权领域联动共享。北京互联网法院拓展天平链应用场景,与北京市版权局签订战略合作协议,通过对接北京市版权局可信版权链,即可跨链获取上链数字登记证书。权利人到北京版权保护中心进行版权登记取得版权登记证书后,版权登记证书对应的数字登记证书数据即同步存入可信版权链,通过北京互联网法院天平链与可信版权链的联通对接,当事人通过北京互联网法院电子诉讼平台进行要素式立案时,输入登记证书编号等信息,可立即获取上链数字登记证书进行核验(图6.4.9),并可跨链调取北京版权保护中心存档的图片版权登记材料,大大降低权利人举证难度。

北京互联网法院天平链与北京市版权局可信版权链双链对接机制,进一步加强图片权属、授权的审查。北京互联网法院出台类案审理问答,形成版权司法审查的确权规则,实现司法认定标准与行政版权登记监管标准"双标统一"。案件审理过程中,法院可依职权调取北京版权保护中心存档的涉案图片版权登记材料,包括原图、权利归属说明、权利保证书、作品说明书、作品登记申请表等,并进行区块链跨链验证,实质化提升庭审质效。

二是建立常态化联席会议机制。北京互联网法院建立专报报送专班,及时报送收案数量及变化、高频诉讼当事人情况以及诉讼数据分析等信息,加强重点监管,规范图片市场版权保护运营秩序;定期召开工作例会,约谈重点企业 10 余家,促成长期"积怨"的多家互联网头部企业"破冰",在京企业诉讼需求明显下降。2022 年,诉讼量排在前 10 名的互联网企业案件总数同比下降 61.6%,在京平台企业互诉案件降幅达 68.2%。

三是联合北京市版权局发布倡议。倡导建设集约化线上图片作品交易平台,覆盖版权作品全类型和版权确权、授权、用权和维权全过程,推动构建图片行业良好版权生态。

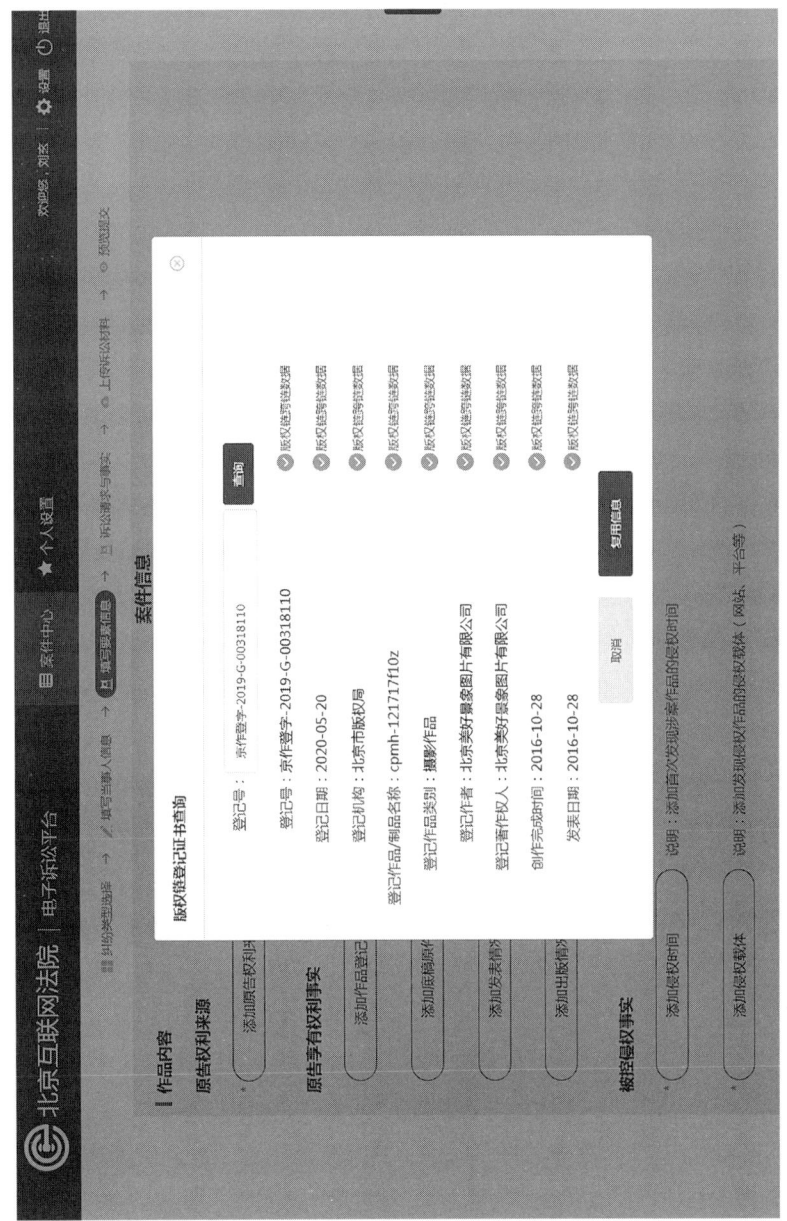

图6.4.9 北京互联网法院电子诉讼平台版权链登记证书查询界面

四是探索跨域协同治理新模式。北京互联网法院探索京津冀、京沪涉网著作权跨域协同治理机制,与天津市滨海新区人民法院、河北省容城县人民法院、上海市浦东新区人民法院达成合作协议,通过制度共建、治理协同、便民利民、多元化解等合作,促进矛盾纠纷源头治理。

(三)强化司法引领,引导图片市场规范有序发展

一是明确裁判导向,遏制商业化维权。针对图片版权案件中权利状态不清晰问题,北京互联网法院进一步加强对图片权属、授权的审查,防止非权利人"浑水摸鱼",杜绝非法获利;加大损害赔偿的梯度化和差异化,让司法定价与图片市场价值更相适应,遏制图片版权纠纷商业化维权增长趋势;引导部分当事人根据梯度化、差异化判决结果,主动达成调解意向。

二是依托示范诉讼批量化解纠纷。北京互联网法院坚持从"事后化解"向"源头预防"延伸,从"个案办理"向"类案治理"扩展,建立数字版权规则库,引导16家企业和个人通过选取同质化典型案件先行审理、先行裁判,从典型案件突破,用示范裁判确定规则、指导调解,实现"审理一案,治理一片"的最佳效果。仅2021年,小额诉讼试点团队以示范性小额判决推动2000余起案件达成和解。

(四)统筹诉非衔接,实现线下组织架构与线上解纷路径衔接配套、系统集成

一是一体推动在线调解。北京互联网法院联合北京市版权局共同搭建全国首个版权非诉调解平台——北京版权调解云平台,聚合9家行业调解组织、84名调解专家入驻,实现全流程在线非诉调解,形成市域范围版权非诉调解统一平台。2022年北京全年引导高频涉诉企业通过该平台调解案件10264件,同比增加154%,调解成功率24.6%。

二是联动融合解纷力量。将北京版权调解云平台附载到北京互联网法院电子诉讼平台上,建立"e版权"诉非"云联"机制:"诉非"代表解决纠纷的方式,"诉"代表诉讼,"非"代表非诉讼;"云联"也就是以各自平台对接为基础,进行线上的互联互通、深度联动,通过"云"打通诉讼与非诉讼,形成合力,共同致力于版权纠纷化解(图6.4.10)。

第六章　数字司法协同治理机制的构建

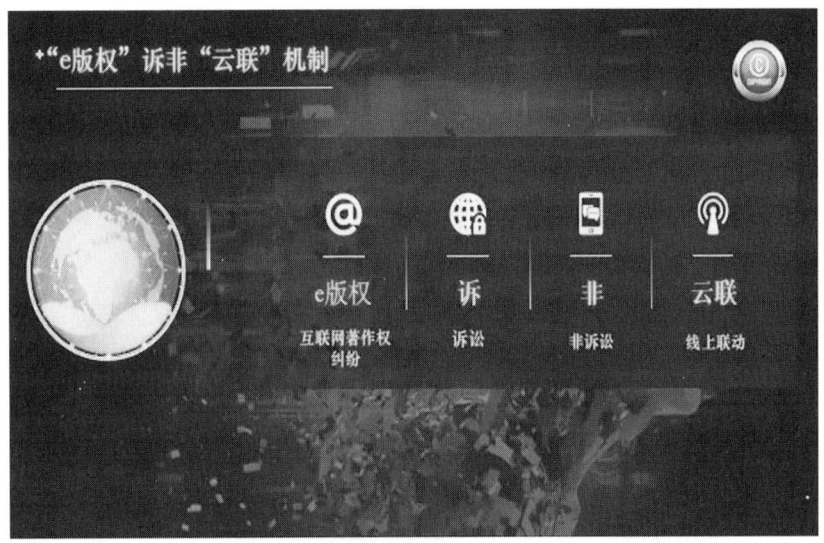

图 6.4.10　"e 版权"诉非"云联"机制

当事人在北京互联网法院电子诉讼平台可一键进入在线非诉调解平台(图 6.4.11)接受专业组织的"云端"调解;非诉调解成功案件可优先进行司法确认;非诉调解平台设立法院"云工作站",法官及时在线提供专业指导。

北京互联网法院用信息化手段搭建"云调 E+"非诉平台。29 家特邀调解组织以"开店"形式统一入驻,为当事人提供"一站式"全流程在线调解服务。如此前已成功化解的一批图片版权纠纷,涉及 15 名摄影师、6 万余张图片,准备起诉案件高达 4060 件,利用"云调 E+"非诉平台,最终促成双方达成一揽子和解协议。

三是延伸诉讼服务触角。在央视网、小米网、腾讯、新浪等 12 家互联网平台开通诉讼服务工作小站,进一步"移植"非诉调解、典型案例、示范庭审等线上功能,让法律服务更加个性化、有精度。北京互联网法院开展普法直播和涉知识产权案件审理情况新闻通报会并发布白皮书,向社会通报典型案件,以司法裁判回应实践疑难问题。

数字司法的中国模式

图6.4.11 北京互联网法院非诉调解平台界面

第五节 政法跨部门办案机制

一、政法跨部门办案机制的内涵

随着政法机关信息化建设的扎实推进,人工智能、5G 网络、大数据、区块链等技术与人民法院、人民检察院、公安机关业务深度融合,以智慧法院、智慧警务、智慧检务为目标的执法司法业务系统正在加速构建。但由于执法司法业务系统通常部署在专属网络,甚至是保密网络,各业务系统仍是一座座"数据孤岛",无法实现互联互通。政法跨部门办案机制打通孤立的各执法司法系统,通过跨系统集成各政法机关的司法大数据资源,实现不同政法机关之间的信息共享和协作,促进人民法院、人民检察院、公安机关分工负责、互相配合、互相制约。

二、政法跨部门办案机制的核心内容

(一)电子卷宗

电子卷宗提高了数据存储、检索、交互的效率,让刑事案件线上流转、证据的机器识别成为可能。政法跨部门办案机制对电子卷宗的制作和流转提出了更高的要求。一是统一电子卷宗生成标准。为了保障电子卷宗质量和方便卷宗流转,需要从技术和业务两方面统一制定侦查、起诉、审判、执行电子卷宗生成标准,包括立卷规范、纸质卷宗的扫描标准、页码编制规范等。二是制定电子卷宗认证规则。为确保电子卷宗在跨部门流转过程中不被篡改、窃取,跨部门流转时应当运用电子签名捺印、数字水印、PKI 等数字化认证技术对电子卷宗进行校验。三是制定电子卷宗的使用和管理规范。由于刑事诉讼有案卷移送、阅卷、提审、出庭等办案场景,为了保障电子卷宗的安全性和保护个人隐私,还需要制定相应的使用管理规范。

(二)政法跨部门协同

政法跨部门协同是政法跨部门办案的主要载体,包括标准化的信息

交换协同、标准化的业务协同规范、多跨协同业务场景以及跨部门的互联网信息共享协议等内容。通过建立标准化的信息交换协同,各政法机关可以在协同过程中无缝共享电子卷宗、文书、证据材料和数据,提高政法机关之间的协同效率。① 标准化的业务协同规范是根据法律规定和刑事办案规范流程制定的线上协同规则,是刑事诉讼程序从线下搬到线上的流程再造规则。通过多跨协同业务场景,可以实现数据录入、文件导入、协同发起、文件和数据接收、数据回填等,从而实现线上业务闭环。通过跨部门的互联网信息共享协议,多个政法机关可以在保障数据安全的前提下,共享关键司法信息。②

(三)远程办案和在线法庭

远程办案和在线法庭是通过利用远程提讯系统、视频会议和其他远程沟通技术,实现人民法院、人民检察院、公安机关与看守所、诉讼参与人联系,让诉讼参与人无须亲临法庭就可以参加庭审,办案人员无须前往实地就可以询问、讯问诉讼参与人。这种方式极大提升了司法程序的可达性和便捷性,也一定程度上提高了诉讼的效率,为办案人员面对居住偏远地区的人员、行动不便的当事人,提供了一种便捷的办案、庭审方式。③ 同时,远程办案和在线法庭通常涉及数字笔录的生成。数字笔录是人民法院、人民检察院、公安机关在刑事诉讼过程中,运用相关信息系统和电子签名捺印系统制作的电子法律文书。数字笔录由于其数字化本质,相比传统纸质笔录更适合快速、自动化处理。各政法机关运用要素提取等技术,可以从中筛选出关键信息,从而快速有效地展开证据审查。同时,数字笔录应用的电子签名捺印技术,应当通过安全认证等方式确保安全和规范,确保在技术上不可复制、不可篡改。

(四)人工智能辅助刑事案件办案

人工智能主要是借助大数据、"互联网+"、人工智能等现代科学技术,对所收集的已决案件及法律法规等数据进行整理、分析,从而管理、控

---

① 参见王税:《刑事诉讼中的数字化革新》,载《法治日报》2024年1月24日,第11版。
② 参见王税:《刑事诉讼中的数字化革新》,载《法治日报》2024年1月24日,第11版。
③ 参见王税:《刑事诉讼中的数字化革新》,载《法治日报》2024年1月24日,第11版。

制和运用司法过程与结果,辅助司法审判工作更加公正高效。[①] 首先,人工智能有助于促进"类案类判"。人工智能可基于海量已决案件的裁判依据作出整理归纳,建立类案裁判的标准和信息库,为审判人员提供类案检索、类案推送、案件比对等功能,全面呈现类似案件的事实认定、裁判过程,以便审判人员进行参考。[②] 其次,人工智能有助于规范证据的收集、审查、认定。在刑事诉讼中,人工智能可以通过制定统一适用的证据标准指引,对证据进行校验、把关、提示、监督,确保侦查、审查起诉的案件事实证据经得起法律检验。最后,人工智能有助于缓解"人案矛盾"。人工智能的数据化、流程化可以助力法院向刑事诉讼全程服务的功能转型,对大量案件进行识别分流,在立案阶段自主识别简易案件,在审判阶段可以借助图文识别、自然语言理解等技术智能辅助阅卷,可以借助实体关系分析、司法要素自动提取等技术辅助案件事实的认定,可以借助大数据分析技术结合量刑规范化知识图谱,智能辅助量刑,可以借助深度学习和自然语言处理等技术对部分简单案件实现智能生成裁判文书。

三、政法跨部门办案机制的司法实践

从 2017 年上海研发 206 系统开始,全国各地都对政法跨部门办案机制展开了探索。2018 年 9 月,贵州上线运行"政法机关跨部门大数据办案平台"。2020 年 6 月,浙江"政法一体化办案系统"在浙江全域推广应用。此后,福建省、江西省、黑龙江省、湖南省、宁夏回族自治区、广州市、深圳市等多地均建设了政法跨部门办案平台。在这些司法实践中,上海 206 系统、贵州"政法机关跨部门大数据办案平台",以及浙江"政法一体化办案系统"分别代表了政法跨部门办案机制的不同类型和不同发展模式。下文主要对这三个实践案例进行阐述。

[①] 参见自正法、袁紫藤:《合理利用人工智能 助推司法审判更加公正高效》,载《人民法院报》2023 年 7 月 22 日,第 2 版。
[②] 参见自正法、袁紫藤:《合理利用人工智能 助推司法审判更加公正高效》,载《人民法院报》2023 年 7 月 22 日,第 2 版。

(一) 上海 206 系统

1. 建设模式

206 系统全称为上海刑事案件智能辅助办案系统,主要由上海刑事案件大数据资源库、上海刑事案件智能辅助办案应用软件、上海刑事案件智能辅助办案系统网络平台三部分组成。① 其中,上海刑事案件大数据资源库由证据标准库、电子卷宗库、案例库、裁判文书库、法律法规司法解释库、办案业务文件库等子库组成,为办案提供信息资源支撑和保障。② 上海刑事案件智能辅助办案应用软件是运用图文识别、自然语言理解、智能语音识别、司法实体识别、实体关系分析、司法要素自动提取等人工智能技术,通过制定统一适用的证据标准指引、证据规则指引,依托互联网、大数据、云计算等技术,为办案人员收集固定证据提供指引,并对证据进行校验、把关、提示、监督,确保侦查、审查起诉的案件事实证据经得起法律检验,确保刑事办案过程全程可视、全程留痕、全程监督,减少司法任意性,防范冤假错案的发生。③ 上海刑事案件智能辅助办案系统网络平台通过组建上海市政法专网,联通上海公检法司机关网络,在全流程数据实时交换的基础上为公检法司办案人员提供各项功能应用,与公检法司机关的办案业务系统融为一体(图 6.5.1)。④

206 系统采用"一中心、四平台"的统一网络运行机制。"一中心"就是数据管理中心,"四平台"是 206 系统部署在公检法司机关的业务网络平台,平台间通过数据管理中心交换数据,实现刑事办案信息在侦查、审查起诉、审判、刑罚执行等全流程一网运行、信息共享,打破了政法各部门"信息壁垒",真正实现了公检法司办理刑事案件互联互通、数据共享、一网运行(图 6.5.2)。

基于该运行机制,刑事诉讼电子卷宗得以在政法机关之间进行线上移送。2022 年上海三级法院新收案件全部实现单轨制归档(单轨制即仅有电子卷宗没有纸质卷宗流转),危险驾驶罪案件电子卷宗在公检法司之间实现单轨制流转(图 6.5.3)。

---

① 参见姜伟主编:《法律人工智能导论》,北京大学出版社 2023 年版,第 204—205 页。
② 参见李林、田禾主编:《中国法院信息化发展报告 No.2(2018)》,社会科学文献出版社 2018 年版,第 192 页。
③ 参见姜伟主编:《法律人工智能导论》,北京大学出版社 2023 年版,第 204—205 页。
④ 参见姜伟主编:《法律人工智能导论》,北京大学出版社 2023 年版,第 204—205 页。

第六章 数字司法协同治理机制的构建

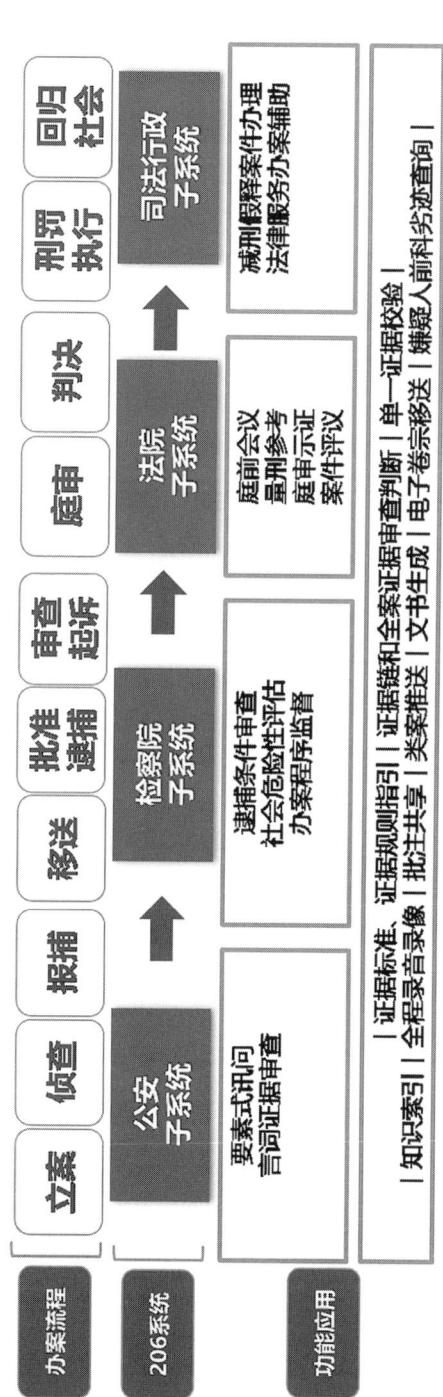

图6.5.1 206系统刑事案件办理流程图

数字司法的中国模式

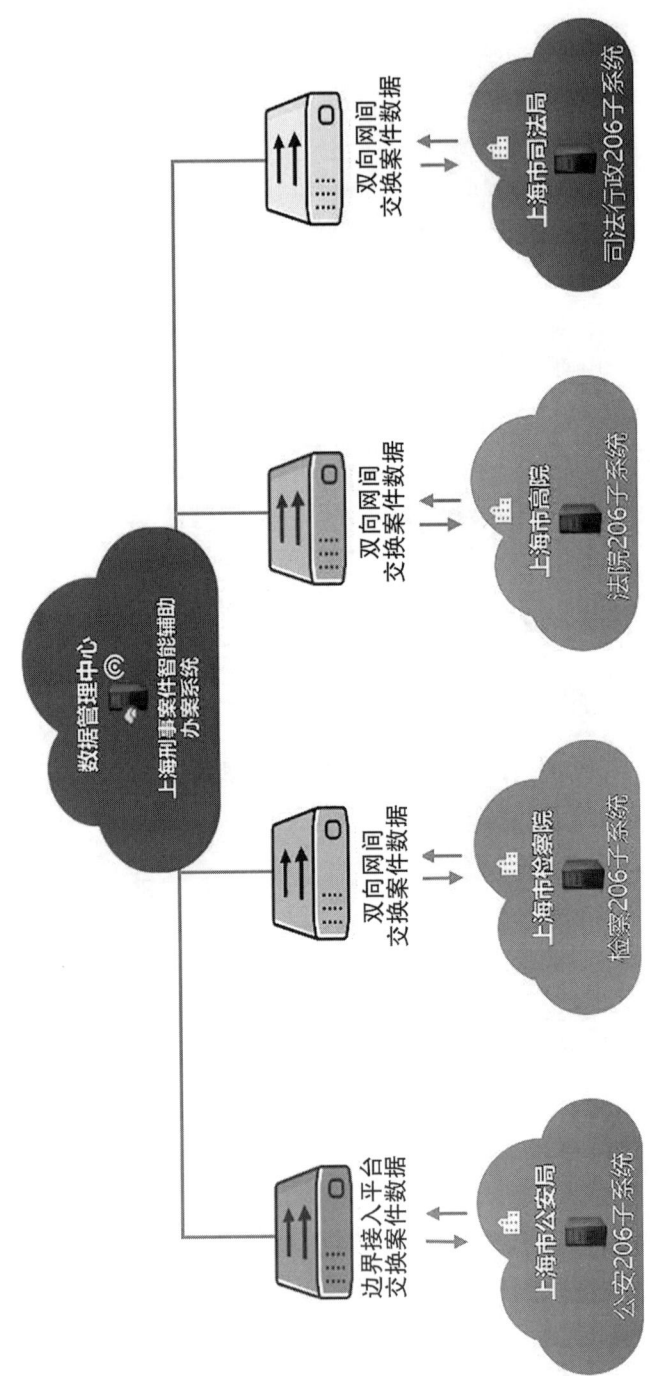

图6.5.2 206系统"一中心、四平台"统一网络运行机制示意图

第六章 数字司法协同治理机制的构建

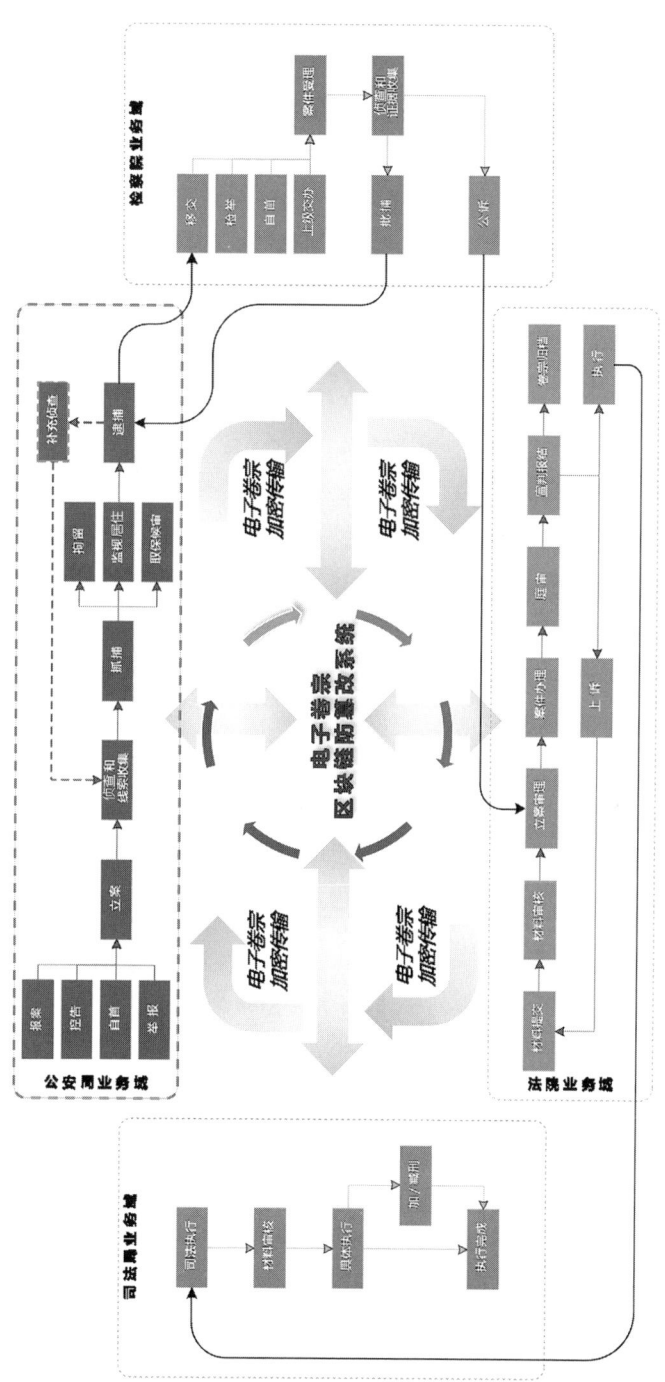

图6.5.3 206系统电子卷宗单轨制流转示意图

刑事案件要实现一网运行,公检法案卷格式必须统一规范。上海市206工程联席会议办公室统筹上海市高级人民法院、上海市检察院、上海市公安局、上海市司法局,研究制定了《上海刑事案件智能辅助办案系统电子卷宗"单套制"规定(试行)》(沪高法〔2019〕154号),由四家单位正式会签实施。该规定首先在上海市黄浦区、嘉定区开展实施试点,为全市推广积累经验。试点的重点工作包括:一是强化电子卷宗质量管控机制。电子卷宗质量和流转效率是推进"单套制"试点的基础。为重点解决应用中遇到的电子卷宗命名规范、电子卷宗完整度、电子卷宗重复性等方面的问题,206系统已完成电子卷宗统一入口建设,增加关键证据校验环节、定期抽查等方式,持续提升电子卷宗质量,较好地解决卷宗重复、缺失等问题。二是完善"单套制"子系统的功能。根据一线办案人员提出的需求,研发团队持续完成案件流转消息提醒、音视频随案流转、关键证据缺失校验、协同收案信息置顶/不收案等系统功能的研发改进,提升系统的全面性、实用性、易操作性。

目前上海政法系统正在重点推进政法跨部门数据汇集共享机制建设,畅通司法数据的跨部门流转,加快推动政法业务协同云平台建设;加大试点力度和覆盖面,扩大试点应用范围。

2. 应用功能

206系统设计有26项主功能、102项子功能,包括电子卷宗移送、要素式讯问指引、智能辅助庭审、辅助庭前会议与案件评议、法律文书自动生成、类案推送、量刑参考等功能。其核心功能是证据标准、证据规则指引功能,证据校验、审查功能,智能辅助审讯功能及智能辅助庭审功能,这也是206系统主要应用创新。具体如下:

一是证据标准、证据规则指引功能,为收集、固定证据提供标准化、数据化指引。证据标准、证据规则指引功能是206系统的核心功能之一,系206系统特创。证据是诉讼的灵魂。从一定意义上讲,206系统就是围绕"证据"这个灵魂来开发的。为什么这样说?造成冤假错案的原因尽管是多方面的,但其中一个重要的原因就是这些案件的事实证据不够确实、充分,几乎无一例外。我国《刑法》确定的罪名有483种,但具体到每一起案件定罪需要哪些证据,一直都缺乏具体的规范细则,"看不见、摸不着、难

第六章 数字司法协同治理机制的构建

操作"。一起刑事案件从立案侦查到最后审判,由于侦查人员、检察官、法官对证据的认识不同,收集、认定证据存在主观差异,特别是有的证据在侦查之初应收集而未收集,有可能永远灭失无法补正。为解决这一难题,206系统研发团队集中公检法刑事业务专家和科技人员进行攻坚,根据我国《刑法》《刑事诉讼法》的规定、原则、要求,制定出刑事案件证据标准、证据规则指引(已完成102个常涉罪名案件的证据标准指引,设置校验点20135项,覆盖98%以上的案件面),并嵌入206系统中,为办案人员收集、固定证据提供"看得见、摸得着、可操作"的统一适用的标准化、数据化办案指引。这就倒逼办案人员一接手案件,就按照法律规定的证据标准和证据规则收集、固定证据,从源头上减少办案的任意性,解决了公检法三机关办理案件过程中存在的证据标准适用不统一、收集证据不规范等问题。证据标准、规则指引功能是集上海公检法刑事专业人员智慧创造的核心功能之一,不仅是刑事诉讼制度改革的重大成果、重大贡献,而且丰富了刑事诉讼、刑事证据理论和体系。

二是证据校验、审查功能,有效防范冤假错案。确保审查起诉的案件证据确实、充分,经得起法律检验,是有效防范冤假错案的关键。206系统研发团队运用人工智能技术,创新研发出证据校验、审查功能。证据校验、审查功能覆盖刑事案件办理全流程,可以从立案侦查、审查起诉至审判结束,对办案流程的每一个环节输入系统中的证据材料适时进行校验、把关、监督,对证据材料存在的瑕疵和证据链存在的问题及时进行提示,由办案人员决定是否补正或者作出说明。整个刑事诉讼活动全程可视、全程可控、全程留痕、全程监督,克服了办案人员个人判断的差异性、局限性、主观性,提高了证据审查判断的科学性、精准性、全面性,防止了"起点错、跟着错、错到底"的问题产生。该功能是206系统核心功能之一,对有效防范冤假错案发挥了关键性作用,是世界首创。

三是智能辅助审讯功能,破解虚假口供难题。以程序正义实现实体正义,保证讯问笔录的真实可靠,才能破解虚假口供这一世界性难题。讯问是侦查活动的重要环节,讯问笔录(口供)是指犯罪嫌疑人供述和辩解的书面记录,是犯罪嫌疑人供述和辩解的法定证据种类之一,具有亲历性、直接性等特点,是收集及审查其他证据、维护犯罪嫌疑人辩护权以及定罪量刑的重要依据。《刑事诉讼法》第55条规定,"对一切案件的判处都要重证据,重调查研究,不轻信口供。只有被告人供述,没有其他证据的,不能认定被告人有罪和处以刑罚;没有被告人供述,证据确实、充分的,可以认定被告人有罪和处以刑罚"。世界各国刑事法律均对讯问笔录(口供)作出规定。但在司法实践中,办案人员对口供的依赖性依然很大,甚至将其视为侦查犯罪和发现证据证明犯罪嫌疑人有罪的最有效证据之一。这一现象揭示了一个共同风险:过度依赖口供可能导致灾难性的司法不公(诱供、引供、刑讯逼供的风险)。对办案人员的讯问进行怎样的规制,才能在根除刑讯、强迫和虚假口供的同时,给予办案人员充分的余地调查犯罪,这一难题一直困扰着每一个国家的刑事司法制度。[①] 206系统研发团队运用人工智能技术,根据法律法规的要求,创新研发出智能辅助审讯功能。该功能的应用,规范了办案人员讯问行为,倒逼办案人员按照法律规定、法定程序进行讯问,保证讯问笔录的真实性、准确性、完整性、合法性,有效防止(杜绝)虚假口供问题的发生,以程序公正实现了实体公正,破解了虚假口供这一世界性难题(上海公安机关已将该功能应用覆盖全部办案单位)。

四是智能辅助庭审功能,让正义以看得见的方式实现。为了保证庭审在查明事实、认定证据、保护诉权、公正裁判中的决定性作用,206系统研发团队根据法律规定和庭审规则,运用人工智能技术研发智能辅助庭审功能。智能辅助庭审功能按照证据裁判的要求,从梳理证据、校验证据、展示证据、审查证据四个方面突出庭审重点,使庭审实质化落地,保障人民群众的知情权、参与权、表达权、监督权,让正义以看得见的方式实现。

五是多项功能集成应用,最大限度发挥智能辅助作用。206系统的26项主功能、102项子功能(不断升级扩展)覆盖了从立案侦查、审查起诉、庭审到刑罚执行的刑事案件办理全流程。206系统多项功能集成应用,节约了司法资源、成本,提高了办案质量和效率,成为办案人员离不开的智能助手。

---

① 参见柏恩敬、刘超、高原编译:《追问警察讯问方法——比较法的视角》,法律出版社2018年版,第2—3页。

3. 实践成效

一是规范办案流程,有效防止司法任意性。206系统的全面应用,较好地体现了"分工负责、互相配合、互相制约"的刑事诉讼原则,有效防止司法任意性,促进司法责任制的落实,使以审判为中心的诉讼制度改革落地见效。206系统在整个刑事诉讼流程中设置了一些重点功能进行流程规范,促进司法责任制落在实处,也降低了办案人员的执业风险。例如,对于法官来说,言词证据审查判断往往是一个难点,因而206系统专门设置了针对言词证据的鉴真功能,即凡是言词证据都要求进行全程录音录像,通过对录音录像内容的及时调阅、比对,实现对言词证据真实性的准确把握。

二是规范证据收集、固定的流程,确保证据真实、可靠、合法。公安机关、人民检察院、人民法院都有不同的办案职能,如何在公检法这样一个办案流程中规范地展开证据收集、固定、保存与审查? 206系统研发团队深入剖析公检法各环节办案特性,构建起一套精密化、智能化的证据管理解决方案,以四大核心功能为抓手,全面提升证据质量与司法效能:①证据收集指引功能,推动证据收集精准化。即从三个角度或层面,以清单列举的方式为公安人员收集证据提供指引。具体说,首先是证据的分层指引,层层审查证据链条事实;其次是分类指引,不同类型案件的繁简程度不同,简单案件可能只需要几个关键性证据即可定案,复杂案件则需要一系列证据才能建立完整证据链,因而要分类指引,使各类案件有针对性地收集证据;最后是分段指引,由于起诉、逮捕都有不同的证明标准,所以需要进行分段指引。②单一证据合法合规性校验功能,推动证据校验精细化。即对于公安人员收集的每一个证据,都及时进行证据"三性"的校验。为此,206系统研发团队整理了法律规定的和各地司法实践总结的具体证据收集、固定、保存、运用等规范。例如,故意杀人罪有数百条证据规则,涉及一千多个校验点。在具体办案实践中,每一个法官、检察官对这一千多个证据判断点都进行审查是不太可能的,但是利用人工智能技术,可以实现快速检索和比对。所以206系统研发团队通过设置证据规则,较好地解决了证据的真实性、合法性、关联性的审查难题。③证据链条完整性判断功能,推动证据判断系统化。经过对司法实践经验进行规范和总结,证据链条完整性的判断可以从两个方面展开。其一,审查每一个案件事实能否达到印证的程度。其二,审查事实与事实之间是否具有逻辑关联性。如果案件事实之间既有具体证据印证,又有相互间的逻辑关联性,这样构建起来的证据链条就是相对完整的证据链条。④犯罪嫌疑人、被告人多次言词供述的审查判断功能,有效预防冤假错案。犯罪嫌疑人、被告人对犯罪事实最为清楚,其有强烈的摆脱犯罪责任、逃避法律制裁的欲望。因而需要全部罗列犯罪嫌疑人、被告人的供述,排查有无矛盾性。如果排查发现没有合理怀疑的话,根据经验可判断构建的证据链条是完整的,从而可以最大限度上减少冤错案件的发生。

三是系统拓展延伸,强化跨部门协作。206系统重点攻关网上换押、涉案财物共管、远程提审、远程开庭等跨部门办案功能及配套规则。目前上海政法系统正在探索将法律适用统一机制与系统功能研发相互融合,强化司法专业指导,进一步优化政法跨部门办案机制。

截至2022年,上海206系统完成102个常涉罪名证据标准指引制定,在上海实现71个常涉罪名证据标准指引全覆盖,累计录入证据材料6236万余页,提供证据指引54万余次,提示证据瑕疵5.5万余个,提供知识索引9208次。通过206系统,公安机关累计移送逮捕案件9090件,移送审查起诉案件24631件;检察院受理逮捕案件3996件,受理公诉案件9631件;法院受理案件4129件,审结案件3506件。此外,206系统还在广东、吉林、云南、山西、安徽、河南、海南、青海、新疆等多个省级行政区落地应用。

(二)贵州"政法机关跨部门大数据办案平台"

1. 建设模式

贵州"政法机关跨部门大数据办案平台"(以下简称"贵州办案平台")是由贵州省委政法委牵头,与公安机关、检察院、法院、司法厅、监狱管理局协同,运用信息化手段将跨部门业务整合建设的办案平台。① 相较于上海206系统,其建设模式具有以下三个主要特点:

一是搭建了"松耦合"系统架构。贵州办案平台不改变政法机关各部门业务系统,通过搭建稳定可靠的星形网络架构、统一数据交换标准和交

---

① 参见陈甦、田禾主编:《中国法院信息化发展报告No.5(2021)》,社会科学文献出版社2021年版,第311—312页。

换方式实现政法部门业务协同和数据交换。① 省级平台部署在省委政法委,各政法机关部署前置交换服务器。这种系统架构的灵活性体现在,需要进行数据交互时,政法机关业务系统根据统一数据交换标准生成规范的数据包,通过省级平台进行传输交换,其他时候,公检法司之间的业务系统存在明确的边界,从而保障相应的数据安全。

二是制定统一的业务标准和业务流程。基于贵州办案平台的"松耦合"系统架构,贵州省委政法委牵头统一制定了《跨部门大数据办案平台数据交换技术规范》,对政法机关协同业务数据的代码标准、消息交换标准、数据交换标准进行了规范。② 通过贵州办案平台,能够实现公安、检察院、法院、监狱、司法局、看守所等各政法机关的多项协同业务网上办理。该平台已经实现包括提请逮捕、移送审查起诉、一审公诉、二审上诉、二审抗诉、电子换押、减刑假释、涉案财物管理、社区矫正入矫、罪犯交付执行等20多项协同业务流程。③

三是嵌入数字化证据标准模型。在各政法机关联合制定的相关办案证据指引规则的框架内,运用大数据技术,针对证据分析采取"审判实践归纳+大数据分析印证"的模式,将证据指引转化为数学模型,并将其嵌入办案系统中。

2. 应用功能

贵州办案平台的定位规划参考了上海206系统,都侧重于实现智能化辅助办案,但是贵州办案平台也从应用实践需要出发,在拓展刑事诉讼协同业务的基础上,着眼功能层面作了一些差异化的设计。

一是实现单轨制电子换押。除逮捕、移送审查起诉、提起公诉等刑事诉讼"主干"流程之外,贵州办案平台将政法机关的线上协同拓宽到电子换押、刑罚执行等领域。其中,电子换押是运用平台数据交互功能,实现

---

① 参见陈甦、田禾主编:《中国法院信息化发展报告 No.5(2021)》,社会科学文献出版社2021年版,第314页。
② 参见陈甦、田禾主编:《中国法院信息化发展报告 No.5(2021)》,社会科学文献出版社2021年版,第314—315页。
③ 参见陈甦、田禾主编:《中国法院信息化发展报告 No.5(2021)》,社会科学文献出版社2021年版,第315页。

换押证网上流转、换押数据可回溯可查询的小型协同功能，原理非常简单，但能解决线下纸质换押存在的换押不及时、程序过于烦琐、通知不及时甚至超期羁押等实践问题。

单轨制电子换押，即一、二审刑事案件换押全面实行网上单轨制办理。除特殊情况外，一律不再使用纸质换押。据统计，2022年至2024年上半年，贵州省换押工作通过贵州办案平台开展电子换押23.6万人，收送案件41.2万件。贵州省委政法委的一份评估数据显示，仅电子换押每年就可为贵州省节约办案成本2000万元以上。①

二是完善刑事案件智能辅助功能。贵州办案平台上线运行之后，贵州省委政法委及各政法机关进一步完成了刑事案件智能辅助办案系统与跨部门大数据办案平台的深度融合，从源头强化了证据智能审核校验，统一了政法机关电子卷宗交换规范，涵盖了电子卷宗生成、智能辅助阅卷、单一证据校验、证据链审查、逮捕条件审查、文书生成、社会危险性评估等功能。② 特别是电子卷宗生成和智能辅助阅卷功能，人民法院通过卷宗随案同步生成系统接收人民检察院和公安机关卷宗后，系统自动进行归目、编码、识别立案回填。在阅卷环节，通过OCR识别后，相应的卷宗证据可以与办案系统中的法律法规库进行匹配，将所需法律法规推送给法官。③

三是实现案件办理质量监督功能。即以证据标准指引为基础，建立三维数据相互制约的比对模型，自动对公安机关、人民检察院、人民法院已办结案件的节点过程数据、XML数据和卷宗目录标识等信息进行交叉性比对，建立多路径、多维度的智能分析模型，辅以人工干预综合研判刑事案件办理质量，最终得出合格案件、瑕疵案件和执法司法错误案件的审核结论，针对执法司法错误案件，触发人工干预、核查和预警，从而实现用数据计算办案的质量、用数据和规则规范"罪刑法定"，为公检法司各部门

---

① 参见《【筑梦数智化·共绘新场景】数字升级：让办案质量高起来》，载微信公众号"爽爽贵阳 品质白云"2024年12月9日。

② 参见刘瑜：《赋能：科技+政法，更好促进社会公平正义》，载《民主与法制》2023年第44期。

③ 参见李豫贵、李丹、杨茜：《科技在审判与执行工作中的效用——以贵州跨部门大数据办案平台为视角》，载《贵州警官职业学院学报》2019年第31期。

提供多维数据服务,以期发现冤假错案的线索。

3. 应用成效

贵州省委政法委提供的数据显示,2020年全省换押工作通过平台实现单轨制运行的仅有29.29%,2021年换押工作通过平台实现单轨制运行比例达到了91.53%,2022年达到94.65%。2023年,贵州法院办理的一审公诉案件通过平台流转占比达99.44%,电子换押受理率99.27%,电子交付执行应用率98.24%。[①]

(三)浙江"政法一体化办案系统"

1. 建设模式

浙江政法一体化办案体系采用的是较为灵活的"1+N"建设模式。"1"就是一个高扩展性的中心平台,也就是"政法一体化办案系统",其本身不替代各政法机关现有的执法办案信息系统,也不嵌入各系统,而是在各系统之间扮演"通道"和"集成"的双重角色。"通道"是指作为数据枢纽,"政法一体化办案系统"以统一的协同流程、数据标准和接口规范,解决跨部门办案数据交换问题。"集成"是指所有通过"政法一体化办案系统"交换的数据都将被留存,该系统相当于各政法机关各阶段办案信息的数据仓库。"N"就是依托"政法一体化办案系统"拓展建设的衍生应用。与上海、贵州不同的是,浙江没有把刑事智能辅助办案功能直接嵌入跨部门办案平台,而是把相关的应用场景嵌入各政法机关的业务系统。例如,证据智能审查功能分散在公安机关的"阅卷精灵"应用、检察机关的智能阅卷辅助应用、审判机关的"凤凰智审"系统中,但是这些应用必须遵循政法机关共同制定的《常见刑事案件证据标准和规则指引》。同时,"N"意味着衍生应用并不局限于智能辅助,政法机关都可以深度应用司法大数据,根据法律规定和司法实践需要开发多样化、多维度的数字化应用场景,一地创新可以全省共享,从而构建更为丰富多样的应用生态。

2. 应用特点

政法一体化办案体系"1+N"的建设模式,决定了其分层设计的基础

[①] 参见《2024·智慧法院篇 | 创新经验之"基于全流程网上办案办公的数字法院建设路径探索——以贵州法院实践为样本"》,载微信公众号"政法智能化建设技术装备及成果展"2024年12月12日。

架构:一是数据层,所有的平台系统都建构在"政法云"上,所有数据都在云上传输;二是协同层,"政法一体化办案系统"位于协同层,所有的具体协同业务在协同层流转;三是感知层,由各政法机关执法办案信息系统采集工作信息,也就是说,各政法机关的办案人员都是在自己的执法办案信息系统上"无感"操作协同业务;四是应用层,"政法一体化办案系统"为各政法机关智能辅助办案应用提供数据服务。因此,其相较于上海206系统、贵州办案平台有五个鲜明的特色:

一是云网融合一体化。建设浙江省"政法一朵云",与"政务云"物理隔离,通过网闸、光闸等设备进行数据交换。在"政法云"设立共享区,政法单位通过各自专网接入,协同政法各单位共建"政法一张网",实现业务协同、数据交换,目前"政法云"底层服务器规模超3000台,支撑政法系统应用700余个,筑牢跨部门大数据办案基础底座。

二是业务协同一体化。"政法一体化办案系统"通过政法网横跨六个网系,对接联通12套办案业务系统。接入政法委、公安、检察院、法院、司法、监狱、戒毒、海关、纪委、监委十大办案单位,共875家。该系统覆盖刑事、民事、行刑衔接三大类协同业务,共七十类办案流程,包含539个节点,实现刑事案件逮捕、起诉、审判、执行等十八大类351个业务全面协同,并将监察委员会查办的职务犯罪案件、海警案件纳入业务协同范围,覆盖全案件类型、全诉讼流程、全办案单位。

三是全域全案单轨办理。持续推广单轨制协同办案模式,实现除涉密案件、可能判处死刑案件、涉众型案件外全域全案单轨办理,即只移送电子卷宗不移送纸质卷宗,从源头解决电子卷宗和纸质卷宗双轨运行产生的重复劳动、效力认定等突出问题。持续推进单轨制笔录数字化工作,在浙江全省审判机关、检察机关、公安机关及看守所均标准化配备远程视频提讯系统、同步录音录像系统、电子签名捺印板和远程打印机,统一功能参数和接口规范,保障数字讯问笔录随案生成。通过单轨制办案,讯问笔录制作最快5分钟,送达时效由原来的3~10天缩短至6个小时以内,浙江省平均起诉时长下降近20%。持续推进证据源头数字化,打通多警种系统,实现现场勘验、电子数据勘验笔录、资金查控结果、当事人身份证明等证据数字化。贯通发改、自然资源、监狱管理等部门系统,实现价格认定、不动产查询、罪犯释放证明调取等网上办理,实现电子文书材料直接进入办案系统作为证据使用。此外,还通过云计算、云存储技术搭建大容量音视频平台,实现音视频证据和讯问同步录音录像云上存储,其下载密钥随卷流转,办案人员均可根据需要实时下载,充分解决音视频证据随案移送影响移送效率的难题。

四是充分保障辩护权。其一,全面应用法律援助协同。浙江"政法一体化办案系统"率先实现了法律援助协同,支持线上发送法律援助通知书和回函,实现100%线上单轨制协同,最快1天之内完成法律援助指派工作,援助律师信息和法官信息实时回传,法官和援助律师可以第一时间联系沟通。其二,完善律师阅卷通道。人民法院和人民检察院各自开发了律师阅卷通道,律师只要经过身份验证登录浙江法院网和"浙检"App,就可以一键查找案件并申请阅卷。法官、检察官审批后,律师即可在线阅览或下载电子卷宗。同时,对于下载的电子卷宗,会运用数字水印技术确保电子卷宗的安全性。

五是拓展应用创新突破。灵活运用"1+N"建设模式,聚焦协同治理中的难点问题,根据实践需求拓展应用场景,持续推出管用好用的创新应用场景。当前,依托"政法一体化办案系统"建设的拓展应用主要分为四类:①能力组件。为保证刑事诉讼程序线上正常运行的配套应用有智能组卷应用、远程提讯庭审系统、大容量音视频系统等。②智能辅助应用。主要是充分运用图文识别、要素提取等人工智能技术,辅助执法司法办案的应用,实现大数据赋能执法办案,如"减刑假释全域数智协同综合应用2.0"①、"认罪认罚规范化智审"②等应用。③延伸应用。即通过建设

---

① 减刑假释全域数智协同综合应用是聚焦减刑假释的前、中、后端,全流程打造针对罪犯信息的智慧管理、减刑假释智能评价的数字化应用,在推动减刑假释数据衔接贯通、促进法官办案模式迭代升级等方面发挥了积极作用。

② "认罪认罚规范化智审"应用以"专家经验+模型算法+数据分析"为路径,构建"案情智能分析、量刑智能测算、偏离智能预警、文书精准生成"四大功能,从而提升认罪认罚案件办理规范化、智能化水平。截至2025年4月,一期盗窃罪以及二期扩充的14个常见案由均已上线全国法院"一张网"办案办公平台,实现了80%以上的认罪认罚案件覆盖率。自应用上线运行以来,已辅助办理盗窃、非法吸收公众存款、集资诈骗、交通肇事、故意伤害等案件共9893件,智能生成裁判文书共2777份,法检两家对于量刑建议的认同率提高到99%;裁判文书生成用时缩短4倍以上;平均审理天数压缩至应用上线以前的87%。

场景应用的方式深化执法司法信息共享工作,锚定重点领域攻坚突破。例如为破除与刑事诉讼密切相关的涉案财物管理处置、虚假诉讼规范治理、刑罚执行监督、非羁押人员监管等制约公正执法司法的顽瘴痼疾,浙江省公安厅、浙江省人民检察院、浙江省高级人民法院依托"政法一体化办案系统"衍生开发了"刑事涉案财物管理处置综合应用"①、"虚假诉讼协同智治"、"判实未执监督应用"②、"非羁码"③等综合应用。④数字监管应用。主要是基于司法大数据汇聚案件信息,搭建态势分析、问题预警及线索处置等监督模块,有效推进新时代执法权力运行机制和监督管理机制改革,如检察大数据法律监督应用。

3. 应用成效

2020年6月浙江省推广应用以来,浙江各政法机关通过"政法一体化办案系统",年均办理刑事案件10万件,从侦查到审判全程单轨制协同办案率稳定在96%以上,电子卷宗源头数字化率提升至70%,换押、审判反馈、交付执行、入矫执行等协同率均达到99%以上,法律援助、减刑假释协同率达100%,实现了单轨制线上协同办案的常态化。

---

① 刑事涉案财物管理处置综合应用,具有以下功能:一是刑事涉案财物协同功能,实现刑事诉讼涉案财物集中式保管、换押式移交、全流程监管、在线化处置。试点应用以来,公检法网上移送涉案财物协同率达95%以上。截至2025年4月,浙江省共有在库涉案财物信息35万余项(每项涉案财物信息中有多件涉案财物)。二是涉案财物处置集成功能,建立涉案财物管理处置相关标准,有效联通公检法、财政、管理中心以及鉴定、估价、拍卖等部门机构系统,拓展涉案财物处置途径,制定刑事涉案财物全量物品清单,优化估价、拍卖变卖等处置环节路径,推进涉案财物管理处置情况的诉讼全流程监管,形成涉案财物监管驾驶舱,促进处置价值最大化。试点应用以来,浙江省已对700万余件涉案财物完成全周期监管,发现问题2万余个,整改率达93%。处置平均用时从150天缩短至30天。

② 判实未执监督应用系基于共享的司法大数据,智能监测被告人脱逃风险、刑事案件"判而未执、应收未收、应矫未矫"风险的智能化应用。

③ "非羁码"即刑事诉讼非羁押人员数字监控系统,是为破解取保候审、监视居住等非羁押性强制措施"执行难""监管难"等现实困境,依托杭州"城市大脑",通过在取保候审、监视居住的犯罪嫌疑人手机上安装"非羁码"App,由犯罪嫌疑人随身携带,运用大数据、云计算、区块链等科技,实现对其全方位、全时段、无死角的监管的智能化应用。

第六节　协同执行机制

"执行难"是一个长期困扰中国司法实践的难题,主要存在查人找物难、财产变现难、排除非法干扰难、清理历史欠账难等问题。[①] 一般情况下,人民法院与协助执行单位的协同程度越高,越有助于案件执行,执行效果越好。近年来,在全国层面,最高人民法院通过数字化系统,在执行财产查控、失信联合惩戒、司法网拍等方面高效协同,提高了执行效率;在省级层面,各地法院不同程度地推进法院与协助执行部门之间技术、数据、业务的线上融合,切实解决"执行难"问题。

一、财产查控机制

最高人民法院于2014年12月正式完成网络执行查控系统的构建,与中国人民银行、公安部、交通运输部、农业部、国家工商行政管理总局、中国银行业监督管理委员会、中国保险监督管理委员会、腾讯、支付宝、京东等部门单位完成网络执行查控对接,实现了对被执行人在全国范围内的银行存款(包括网络银行)、车辆、船舶、证券、身份证件、组织机构代码/统一社会信用代码、工商登记、人民币结算账户和银行卡消费记录等信息的查询和部分控制[②],形成全国范围的"总对总"网络执行查控系统。

各地方法院先后建立覆盖辖区范围的网络执行查控系统,成为最高人民法院查控机制的有效补充。各地法院建立的"点对点"网络执行查控系统,对银行存款、车辆、不动产、股权、工商登记、户籍、公积金、民政、社保等财产信息进行协同查控,并逐渐拓展查控范围,如浙江法院

[①] 参见周强:《最高人民法院关于人民法院解决"执行难"工作情况的报告》,载最高人民法院官网,https://www.court.gov.cn/zixun/xiangqing/124841.html,访问日期:2025年5月26日。

[②] 参见王小梅:《法院执行信息化建设的成效、问题与展望——以人民法院"基本解决执行难"为背景》,载《中国应用法学》2018年第1期。

的不动产查控系统。浙江省高级人民法院与浙江省自然资源厅联合印发《关于协同推进网络查控司法协作和司法处置不动产登记"一件事"改革的实施意见》,建立司法协助不动产登记省级共享协作机制,实现浙江全省不动产登记信息查询、查(解)封登记、协助登记"无纸化"。浙江省各级法院因执行案件需要向各级自然资源主管部门进行不动产查询、查(解)封登记、协助登记等事项的,均通过浙江法院一体化办案办公平台上报浙江省高级人民法院,由浙江省高级人民法院通过省政务服务平台实时向浙江省自然资源厅发送。浙江省自然资源厅通过不动产登记业务平台自动核对匹配后,分发给相应的市县自然资源主管部门,各级自然资源主管部门收到省级业务平台推送的数据和文书后,按照人民法院的要求办理协作业务,并将相关材料和文书在规定时间内上报浙江省自然资源厅,浙江省自然资源厅即时通过省政务服务平台发送给浙江省高级人民法院。浙江省高级人民法院收到浙江省自然资源厅发送的文书材料后,实时通过浙江法院一体化办案办公平台自动匹配核对后,分发给相应的人民法院。

又如 2023 年青岛市中级人民法院与青岛市行政审批服务局、青岛市市场监督管理局进行协作,签署《关于建立信息共享机制推进网络查控协作便利化的意见》,利用区块链技术,建立"股权网络查控"系统,嵌入山东法院"点对点"网络执行查控系统之中,实现了青岛注册登记的有限责任公司股权、有限合伙企业份额以及青岛蓝海股权交易中心的股份有限公司股份,从查询、冻结到过户的"一站式"网上办理。2024 年青岛市中级人民法院又与青岛市公安局交警支队共建"全市一个停车场共享查询系统",系统直接对接交警部门数据,可查询司法查控车辆半年内的停车轨迹,以及实时关联全市 2924 个停车场 72 万余个停车泊位信息,查控车辆进入停车场后,系统将通过手机短信反馈给办案法官,以便及时采取查控措施。

二、失信联合惩戒机制

2016 年 1 月,国家发展和改革委员会、最高人民法院牵头,中国人民银行、中央组织部、中央宣传部、中央机构编制委员会办公室、中央精神文明建设指导委员会办公室、最高人民检察院等44家单位联合签署了《关于对失信被执行人实施联合惩戒的合作备忘录》。该备忘录确定联合惩戒对象为最高人民法院公布的失信被执行人(包括自然人和单位),具体实施方式为:国家发展和改革委员会基于全国信用信息共享平台建立失信行为联合惩戒系统,最高人民法院通过该系统向签署备忘录的其他部门和单位提供失信被执行人信息并按照有关规定更新动态,其他部门和单位从失信行为联合惩戒系统获取失信被执行人信息,执行或协助执行备忘录规定的惩戒措施并按季度将执行情况通过该系统反馈给最高人民法院、国家发展和改革委员会。以对失信被执行人进行限制高消费为例,最高人民法院每日通过数据推送的方式,将全国法院纳入限制消费名单的失信被执行人的相关信息共享至中国铁路总公司、中国民用航空局的相关信息系统,再由上述信息系统推送至相关购票网点,以达到限制高消费的目的。

该备忘录共提出55项惩戒措施,分为八大类:第一类是失信被执行人设立金融类机构的限制措施,如设立证券公司、基金管理公司、期货公司审批等;第二类是失信被执行人从事民商事行为的限制措施,如限制发行债券、收购上市公司等;第三类是失信被执行人行业准入的限制措施,例如限制招录(聘)其为公务员或事业单位工作人员、限制私募投资基金管理人登记、限制参加政府采购活动等;第四类是失信被执行人担任重要职务的限制措施,例如限制担任金融机构和生产经营企业的董事、监事、高级管理人员等;第五类是失信被执行人享受优惠政策或荣誉的限制措施,如限制评选文明单位、道德模范;第六类是失信被执行人高消费及其他消费行为的限制措施,例如限制乘坐飞机、列车软卧、高铁,限制子女就读高收费私立学校等;第七类是对失信被执行人限制出境,追究拒不执行判决、裁定罪措施;第八类是协助查询和公示失信被执行人信息的措施,如将失信被执行人信息通过"信用中国"网站、企业信用信息公示系统向社会公布。

除最高人民法院建立的失信联合惩戒机制外,各省级行政区对此也有实践探索,如浙江省高级人民法院推出"信用+协同执行"应用场景。浙江法院一体化办案办公平台对接"信用浙江"和浙江省数据局公共信息平台,以"信用管理"为核心,以统一社会信用代码和身份证号码等为标识,通过"关键信用节点"带动"全面信用管理",打造跨系统、跨职能、多部门的"信用+协同执行"应用场景,实现涉执信用工作整体智治,进一步全面落实信用"531X"工程①建设等部署要求,让被执行人"一处失信、处处受限"。在实施过程中,地方法院可联合政府 26 个职能部门参加联合精准惩戒,涵盖限制失信被执行人地方性表彰奖励、政府支持或补贴、融资授信、特定身份限制等八类 23 项经济社会活动内容,并将惩戒对象拓展至失信主体及其负责人、法定代表人、实际控制人和影响债务履行的直接责任人员等。对于守信主体,政府相关部门在审批审核、贷款融资、资金扶持、评先评优等方面,实施联合激励性措施;对于纳入失信被执行人名单的主体,依法采取惩戒性措施。如对食品药品、生态环境、工程质量、安全生产、养老托幼、城市运行安全、税(费)缴纳等重点领域实施严格监管,对拒不履行法院判决、裁定的,依法在一定期限内实施市场和行业禁入措施。

三、司法网拍机制

在法院执行案件查到的财产中,有大量的财产需通过评估、拍卖等方式变现,传统拍卖方式成本高、成交率低、溢价率低,还存在容易滋生围标串标、暗箱操作、权力寻租等现象的弊端。针对实践中存在的问题,浙江省高级人民法院从 2012 年开始推行通过淘宝网进行网络拍卖,得到各地的积极响应。在总结各地实践的基础上,《最高人民法院关于人民法院网络司法拍卖若干问题的规定》出台,从 2017 年起,在全国法院推行网络司法拍卖。网络司法拍卖更为便捷,24 小时在线,社会公众可以随时关注和参加,大到房地产、飞机,小到茶叶罐、日常用品,都能在网上拍卖。

---

① "531X"工程即聚焦企业、自然人、社会组织、事业单位和政府机构五类主体,建立健全公共信用指标体系、信用综合监管责任体系、公共信用评价及信用联合奖惩体系三大体系,建设浙江省一体化公共信用信息平台,深化信用体系在若干重点领域的创新应用。

四、其他执行协同机制

(一)浙江法院协同执行机制

1. 三级联动协助执行机制

浙江法院的"线上执源治理在线应用+线下三级联动"机制是一项解决"执行难"的社会综合治理机制。该模式推动县级部门、乡镇街道、村居三级联动,形成"县委领导、政法委协调、法院主办、部门协同、镇村全面参与"的执行格局,通过三级联动协助执行机制,基层党委、政府及群众自治组织在协助执行过程中发挥重要作用。该模式主要由两个要素构成:一是线上协同平台。浙江省高级人民法院联合省内各地政府开发"执源治理"应用,与法院办案办公平台对接,案件当事人、审判承办人、调解人员、执行人员及债务人所在地乡镇、村社工作人员可以根据法院的赋权,在相应的权限内查看案件相关信息。二是联合执行队伍。组建由法院执行人员、党政干部、村社干部、网格员等参与的联合执行团队,建立村社协助查人找物、送达等工作机制。通过"执源治理"应用收到执行法官发出的协查请求后,村社干部、网格员等于5个工作日内填写好反馈表反馈给执行法官,并就义务人信用状况、履行能力、履行方案提出意见与建议。

2. 执行程序中的法税协同

执行程序中,在处置被执行人财产和分配执行案款的过程中,人民法院常常需处理被执行人应缴纳的税费问题。浙江省高级人民法院与国家税务总局浙江省税务局(以下简称"浙江省税务局")于2020年7月联合印发《关于深化民事执行与税费征缴协作的纪要》,加强部门联动,深化民事执行与税费征缴协作,提高民事执行司法处置效率。

根据该纪要,浙江省高级人民法院与浙江省税务局改造各自业务流程系统,建立网络协作机制。通过各自业务流程系统开展数据的省级集中交换和实时自动接收、分发,实现浙江省各级法院和各级税务机关(不含宁波,下同)之间相关数据、法律文书、函件快速高效的无纸化双向交换。该协作机制的范围包括不动产定向询价协作、被执行人不动产处置产生的税费查询与征缴协作、被执行人历史欠缴税费申请与受偿协作、职业放贷人税费征缴协作、税费扣划协作、协助调查企业经营和纳税状况及协助停止办理企业出口退税等。

因执行案件需要,浙江省各级法院向本省各级税务机关发起协助执行业务,或者向税务机关反馈执行结果信息的,通过法院办案办公平台上报浙江省高级人民法院。浙江省高级人民法院实时通过浙江省数据局数据交换平台传递给浙江省税务局。浙江省税务局收到浙江省高级人民法院所传递的文书材料后,实时通过税收管理系统自动核对匹配,分发给相应的主管税务机关。

因税费征缴需要,浙江省各级税务机关向本省各级法院申请协助,或者应人民法院要求反馈税费信息的,通过税收管理系统上报浙江省税务局。浙江省税务局实时通过浙江省数据局数据交换平台传递给浙江省高级人民法院,浙江省高级人民法院收到浙江省税务局传递的文书材料后,实时通过法院办案办公平台自动核对匹配,分发给相应的人民法院。

(二)"法治·渝诉快执"数字化应用

"法治·渝诉快执"是重庆市高级人民法院为贯彻《中共中央关于全面推进依法治国若干重大问题的决定》有关"切实解决执行难"的决策部署,按照数字重庆建设整体架构"1361"谋划建设的数字化应用,作为数字法治应用系统的重大项目于 2023 年 8 月纳入数字重庆建设重大应用"一本账"管理。

数字重庆建设的整体架构是"1361"。其中,第一个"1"是建立一体化智能化公共数据平台;"3"是搭建三级数字化城市运行和治理中心;"6"是部署"数字党建、数字政务、数字经济、数字社会、数字文化、数字法治"六大应用系统;第二个"1"是构建基层智治体系。六大应用系统聚焦梳理业务事项,编制应用重大需求、多跨场景、重大改革"三张清单",以"一件事"思维谋划一批应用场景。该架构致力于全面深化改革与数字建设深度融合,抓实政策设计、案例示范、业务培训、进展点评、问题协调、亮点打造,推动"一本账"内的 80 多个重大应用逐项上线运行,通过运用数字化技术、数字化思维和数字化认知,把数字化、一体化、现代化贯穿到党的领导和政治、经济、文化、社会、生态文明建设的全过程、各方面,以跨层级、跨地域、跨系统、跨部门、跨业务的高效协同为突破,以数字赋能为手段,以数据流整合决策流、执行流、业务流,推动各领域工作体系重构、业务流程再造、体制机制重塑,从整体上推动经济社会发展质量变革、效率变革、动力变革,推进治理体系和治理能力现代化。具体而言,"法治·渝诉快执"具有以下四项核心功能。

1. 数字赋能,实现案件"两端办理"

依托"法治·渝诉快执"数字化应用,执行相关业务可以通过"渝快办"和办案端两端办理,实现数据自动认证。当事人可通过"渝快办"申请网上立案、网上缴费、在线提交材料以及与法官交流,并接收电子送达的诉讼文书,查询、查证案件流程节点信息。执行办案人员可通过办案端对被执行人进行信息查证,办理涉执财产集约网络查控、网络定向询价、司法救助资金审批发放、司法建议流转等业务,实现移动办案。基于一体化智能化公共数据平台,当事人身份信息、其他公权力部门的信息数据均由"法治·渝诉快执"数字化应用自动认证、获取、回填,无须另行申请调取,减轻当事人、办案人员负担。

2. 业务流程重塑,大幅压缩同类业务事项

重庆市高级人民法院针对既有办案模式下10个一级业务、76个二级业务进行全面梳理,集成再造流程,在"法治·渝诉快执"数字化应用中规划"执行案件协同办理""执行府院联动""执行公开服务"三项核心业务,并分设9个一级业务场景,拆解成24项具体业务事项,有效缩减重复事项、集成同类业务。

3. 贯通N个部门,构建执行联动"一张网"

重庆市高级人民法院全面梳理执行协同事项,对接其他主要协同执行单位或部门,将"法治·渝诉快执"数字化应用接入一体化智能化公共数据平台,实现法院与重庆市公安局、重庆市人力资源和社会保障局、重庆市市场监督管理局、重庆市住房公积金管理中心、重庆市规划自然资源局、国家税务总局重庆市税务局等业务协同部门的实时数据共享,建立不动产、车辆、公积金、个人养老金和银行、保单现金价值等协助业务事项远

程办理机制。

4. 全面执行公开,执行权力在阳光下运行

重庆市高级人民法院将当事人的知情权、参与权、监督权融入执行全流程,案件信息全公开、执行日志全留痕,让执行工作全面接受社会公众监督。"法治·渝诉快执"数字化应用将"执行公开"作为一件事场景,社会公众可实时查询执行案件信息、失信被执行人信息、网络司法拍卖信息等;案件当事人可实时查看执行案件信息、流程节点信息、财产信息和文书信息,在线与承办人沟通、提交线索材料。重庆市高级人民法院在全国法院中首次开发在线"预约法官"功能,解决执行法官外出多而导致的联系困难问题。

第七节 司法建议机制

一、司法建议机制的内涵

司法建议是人民法院针对审判执行工作中具体案件反映出的政府部门、社会组织、企事业单位等在制度建设、职能发挥、工作运行等方面存在的问题,或者针对类型案件审判中梳理出的特定区域、特定行业、特定组织等隐含的普遍性、苗头性、倾向性问题,从司法的视角提出的改进和完善建议。被建议单位收到司法建议后,认为问题确实存在、举措切实可行的,应采取系列措施加以采纳、落实,并将相关情况反馈至人民法院,从而将司法建议落到实处,制度运行形成闭环。司法建议是我国人民司法的一个特色制度和优良传统。

司法建议"一件事"应用是浙江省高级人民法院指导兰溪市人民法院开发的推进司法建议全流程在线的应用系统。司法建议机制是依托该应用构建的法院与人大、党委法治建设部门、各行政机关多跨协同机制,通过浙江法院一体化办案办公平台和"浙政钉",打通部门间数据壁垒,实现司法建议制发、反馈、落实、监督全流程智能化(图6.7.1)。

第六章 数字司法协同治理机制的构建

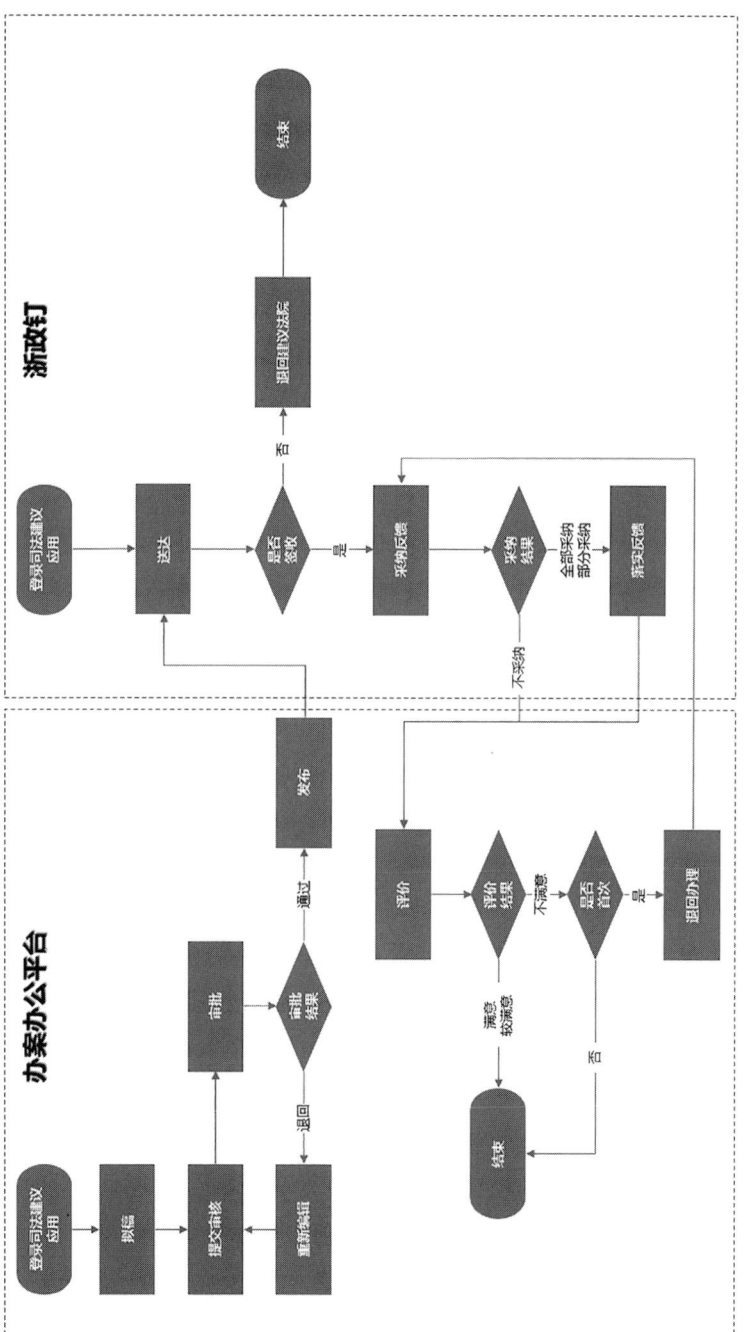

图6.7.1 司法建议制发流程图

二、司法建议"一件事"应用的功能

(一)动态显示司法建议工作总体情况

司法建议"一件事"应用在驾驶舱动态展示浙江全省法院司法建议内容、数量、类型、来源、领域、层级等信息,实现"一屏看全省、一网管全程"。例如可直观显示省、市、基层三个范围的签收率、采纳率、整改率等不同指标数据,对近1个月未发送司法建议的法院进行滞后预警。该应用实时展示司法建议总数,在分类上可按照司法建议的种类分为综合治理类、个案、类案、审判白皮书四类,也可按照建议对象、建议来源、建议内容、建议领域和建议层级分别显示不同维度司法建议的制发情况。

(二)全流程在线

司法建议"一件事"应用设置司法建议文书线上拟稿、审定、签发、送达、反馈等全流程节点(图6.7.2),内嵌十余类常用司法建议文书模板,链接相关案例、法律法规和优秀司法建议等数据库,实现案件信息自动填写、建议撰写智能辅助。拟稿完成后进入稿件审批流程,审批人可对待审批的司法建议进行修改、审批,拟稿人可实时查看稿件的审批状态。该应用实现内、外网数据实时互通,审批结束后,司法建议可一键发送至被建议单位,被建议单位通过"浙政钉"可选择"签收/不签收";若不签收,相应司法建议退回发送单位。签收后,被建议单位应在一定时间内进行建议采纳及落实情况的反馈,采纳结果有三种:全部采纳、部分采纳和不采纳。选择全部采纳或部分采纳,落实结果有全部落实、部分落实、无法落实和稍后落实四种;选择不采纳则无须选择落实结果,直接反馈至建议单位。此外,为应对特殊情况,该应用支持手动录入已制发的司法建议。

(三)双向评价功能

浙江法院根据司法建议的反馈内容、整改措施等对被建议单位采纳、落实情况进行综合评价,作为优秀司法建议的重要评价依据;被建议单位也可以在线对法院发送的司法建议质量进行反向评价,促使建议质量进

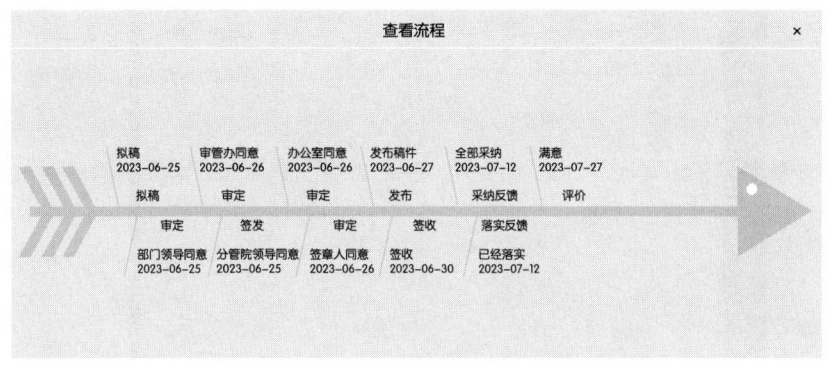

图 6.7.2　司法建议"一件事"应用查看流程界面

一步提升,形成双方良性互动,既管制发也管效果,既重数量更重质量。

(四)统计分析功能

为实现司法建议全面可查可溯、线上管理,司法建议"一件事"应用打造司法建议库,在库中可展示浙江全省所有司法建议数据,并可查看具体建议的标题和正文内容等详情。同时,该应用可从建议类型、建议来源、建议对象、建议领域、建议层级、建议内容等6个维度进行数据统计,并展示具体数据(图6.7.3),在搜索条件处选择相应地区和法院选项,即可查询浙江全省或部分地区的法院数据。

(五)在线监督和跟踪督办功能

为确保建议内容落地落实,法院与人大、党委法治建设部门等有关监督单位对接,完善司法建议的在线监督和跟踪督办机制。法院向相关部门发送司法建议时,司法建议"一件事"应用自动抄送人大、党委法治建设部门,同步展示各个办理节点、内容,人大、党委法治建设部门可在线监督,形成司法建议全流程可视化监督。对于超期未办理的司法建议,由人大、党委法治建设部门等发起督办,司法建议进入督办后,监督单位可实时查看办理进程,推动监督单位实时督办司法建议落实情况。

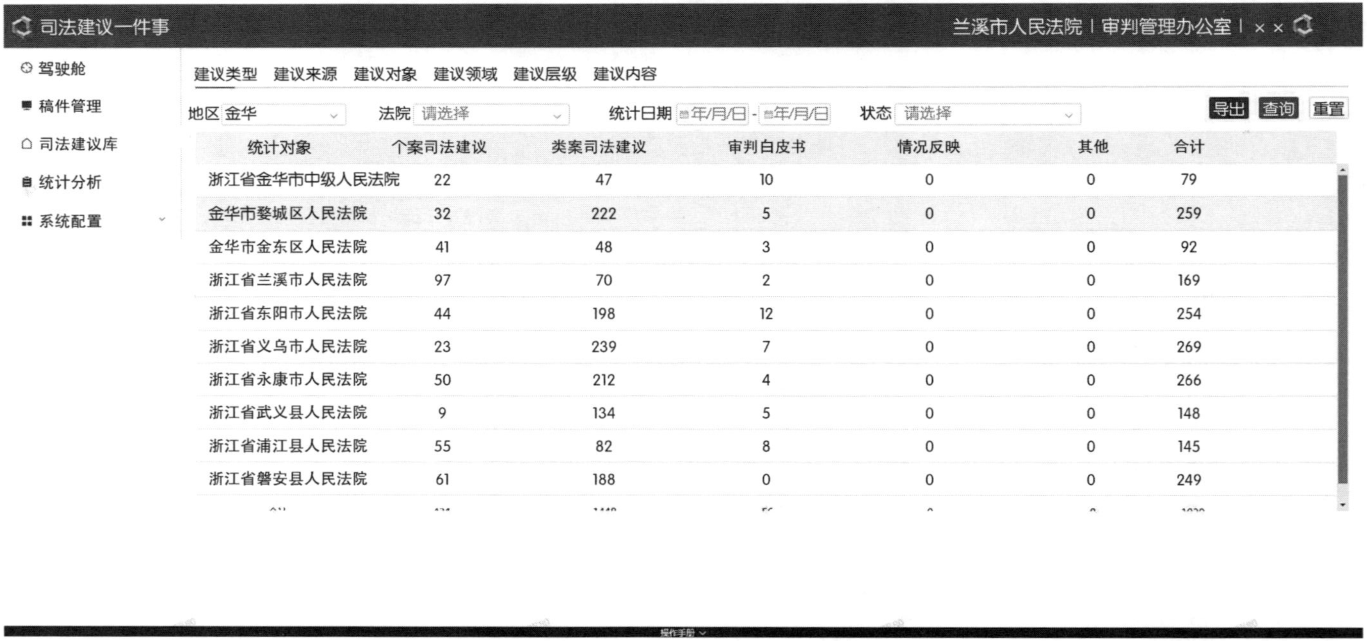
司法建议一件事
兰溪市人民法院 | 审判管理办公室 |
驾驶舱
稿件管理
司法建议库
统计分析
系统配置
建议类型
建议来源
建议对象
建议领域
建议层级
建议内容
地区 金华
法院 请选择
统计日期 年/月/日 - 年/月/日
状态 请选择
导出
查询
重置
统计对象 个案司法建议 类案司法建议 审判白皮书 情况反映 其他 合计
浙江省金华市中级人民法院 22 47 10 0 0 79
金华市婺城区人民法院 32 222 5 0 0 259
金华市金东区人民法院 41 48 3 0 0 92
浙江省兰溪市人民法院 97 70 2 0 0 169
浙江省东阳市人民法院 44 198 12 0 0 254
浙江省义乌市人民法院 23 239 7 0 0 269
浙江省永康市人民法院 50 212 4 0 0 266
浙江省武义县人民法院 9 134 5 0 0 148
浙江省浦江县人民法院 55 82 8 0 0 145
浙江省磐安县人民法院 61 188 0 0 0 249

图6.7.3　司法建议“一件事”应用统计分析界面

三、司法建议机制的成效

（一）制发效率提升

司法建议平均制发时间由 7 天缩短至 1 天，送达时间由平均 2 天缩短至以分钟计，被建议单位 24 小时内签收率达到 70% 以上，最快以 7 个工作日办结司法建议。

（二）治理效果良好

司法建议"一件事"应用于 2023 年 10 月在浙江省进行推广，截至 2024 年 12 月，浙江省通过该应用发送司法建议书 1668 件，反馈率、采纳率分别为 93.23%、93.05%，党政机关反馈率近 100%，推进社会治理共建共治共享。例如，浙江省兰溪市人民法院针对纺织企业法律意识薄弱、案件多发、败诉率高，影响行业转型和健康发展的情况，建议主管部门和纺织行业协会统筹协调，加强企业管理指导。此后该市同类案件发生率同比下降约 24%。

（三）实现系统预警

浙江法院运用司法大数据，深入研判社会治理的深层次、系统性问题，围绕共同富裕示范区建设、平安建设、法治政府建设等九大领域监测预警体系，2024 年生成"数助决策"报告 400 余份。例如，浙江省金华市中级人民法院针对老百姓反映强烈的新能源汽车充电桩"建不建""怎么建""管不管""谁来管"等问题，向金华市发改、规划等九部门发送司法建议，推动相关部门共同解决老旧小区充电基础设施建设问题，防范纠纷风险。

第七章

数字司法建设的未来展望

第七章 数字司法建设的未来展望

未来数字法院以线上线下深度融合、内网外网共享协同、有线无线互联互通为基本要求,将更加注重系统集成与数字赋能,更加注重流程再造与制度重塑,更加注重全面数字化与高度智能化,运用"技术+制度"为实现更高水平的公平正义注入新效能。① 在此过程中,应防止出现两个极端:一是"算法黑箱"和"算法霸权",因为算法并非一种客观存在,而是隐含价值偏好甚至是偏见的一种决策;二是判决的单一化和司法的机械化,以致造成"单向度的人"和"单向度的社会"。②

第一节 人工智能与数字司法的融合趋势

一、生成式人工智能在司法领域的贯通

随着人工智能的司法应用越来越普遍、深入,生成式人工智能所具有的高度灵活性及强大的创新能力展现了其嵌入纠纷解决场景的天然优势。2023年,最高人民法院信息中心建立人工智能引擎平台、大模型通用能力,以及法律法规查询、公文生成及纠错、笔录精简等大模型具体应用场景。③ 未来,生成式人工智能有望在司法领域实现贯通应用。

(一)诉前提供争议解决方案

在诉前阶段,生成式人工智能的深度应用能够推进诉讼服务方式的革新,为公众提供实时、有效的诉讼咨询意见。目前,通过将生成式人工智能嵌入法院官网、微信公众号、12368诉讼服务热线④或诉讼服务中心,生成式人工智能能够在公众提问时有效回答公众的具体疑问,对可能

---

① 参见李占国:《"全域数字法院"的构建与实现》,载《中外法学》2022年第1期。
② 参见李占国:《互联网司法的概念、特征及发展前瞻》,载《法律适用》2021年第3期。
③ 参见《中国社会科学院法学研究所发布2024年〈法治蓝皮书·中国法院信息化发展报告〉》,载中国法院网,https://www.chinacourt.org/article/detail/2024/05/id/7942963.shtml,访问日期:2025年5月26日。
④ 参见刘澍:《LLM型生成式人工智能在智慧法院应用的现实落地和未来探索》,载《新兴权利》集刊2023年第2卷。

产生的诉讼进行评估并提出解决建议。例如,上海二中院将生成式人工智能应用至诉讼服务中心的智能交互法律服务站,通过"人机对话"为当事人提供个性化服务及解决方案,大幅提升服务质效。① 未来,生成式人工智能搭载语言翻译模块能够满足多语种交流需求,搭载语音输入模块能够满足输入文字有困难的使用者的需求,为文盲、阅读障碍患者等群体提供便捷法律服务②,使其真正"接近正义"。

(二)诉中推进司法流程

在诉讼阶段,生成式人工智能可应用于多种司法场景。首先,立案窗口可以运用生成式人工智能为当事人提供服务,协助当事人生成立案所需材料,以便当事人立案。对于法院而言,将生成式人工智能应用于立案阶段即通过向生成式人工智能模型投喂历史立案数据,对生成式人工智能模型进行训练,以提高立案的准确性,实现立案的高效性。生成式人工智能模型通过深度学习案由、起诉书中的事实、所需证据材料等数据,将当事人在法院立案时的表述转化为指示,自动生成立案相关要素,帮助立案庭法官更快、更好理解案情,实现快速立案、分案。同时,利用生成式人工智能筛选适合调解的案件进行先行调解,有助于减轻当事人的诉讼负担。其次,生成式人工智能能够促使当事人在诉讼中更好地表达自身观点,并为法官提供智能助手服务。生成式人工智能通过推进证据的可视化优化当事人表述的准确性。证据可视化是指为了使诉讼参与主体更加直观地了解案情或证据材料,通过视频、图像、模型等方式将材料立体呈现在法庭之上。③ 出庭示证可视化系统的运用可以重现案件争议事实,便于当事人举证,提高庭审中控辩双方对抗的实质化程度,同时助力法官在庭审中认定证据,查明事实。④ 生成式人工智能以生成文本、生成图形、生

---

① 参见《AI助手,懂得法官需求》,载法治网,http://www.legaldaily.com.cn/judicial/content/2024-05/28/content_9002442.html,访问日期:2025年5月26日。
② 参见张西恒:《生成式人工智能对在线异步审理困境的疏解及限度》,载《上海法学研究》2022年第2期。
③ 参见张西恒:《生成式人工智能对在线异步审理困境的疏解及限度》,载《上海法学研究》2022年第2期。
④ 参见张鹏、张璇:《北京一中院首用"出庭示证可视化系统"审案》,载中国法院网,https://www.chinacourt.org/article/detail/2018/03/id/3222539.shtml,访问日期:2025年5月26日。

成音视频、生成模型等方式优化证据的展示。①

二、符号主义与联结主义法律人工智能的结合

人工智能的发展形成了两条进路——符号主义与联结主义。两条进路在司法领域的法律人工智能中均有一定程度的适用,但这两条进路均存在弊端。未来,法律人工智能的发展可能是符号主义与联结主义的结合。

(一)符号主义与联结主义结合的必要性

法律人工智能的发展很大程度上受制于人工智能产业的整体发展。基于人工智能的发展,法律人工智能同样呈现出符号主义与联结主义两条进路,形成了基于规则的推理模型和基于数据的推理模型两种范式。目前法律人工智能的发展瓶颈源于符号主义与联结主义进路各自存在的缺陷。

符号主义主张思维的基本单元是符号,将认知描述为符号运算,主要依赖逻辑规则进行知识表示和分析推理。② 符号主义的思想来源于图灵,意在从功能的角度理解智能,用"符号"表示现实世界,用逻辑推理演示大脑的思考与认知以实现智能。③ 符号主义的优势在于通过专家的逻辑建模和规则制定,人工智能的推理过程可解释。但由于知识获取的困难,符号主义进路无法在实践中习得隐性知识,对于知识,无法自动获取、自动更新,符号主义进路的弊端逐渐显现。④

不同于符号主义从功能角度出发,让机器模拟人类心智表现,联结主义从生物结构出发,让机器模拟人脑构造,从而获得智能。然而,联结主义同样存在弊端。因此,目前符号主义进路与联结主义进路下的法律人

---

① 参见郑曦:《生成式人工智能在司法中的运用:前景、风险与规制》,载《中国应用法学》2023年第4期。
② 参见王沛然:《从控制走向训导:通用人工智能的"直觉"与治理路径》,载《东方法学》2023年第6期。
③ 参见周志明:《智慧的疆界:从图灵机到人工智能》,机械工业出版社2018年版,第67页。
④ 参见魏斌:《符号主义与联结主义人工智能的融合路径分析》,载《自然辩证法研究》2022年第2期。

工智能均存在发展瓶颈，无法在司法领域深度应用。

符号主义与联结主义人工智能从不同的侧面模拟人类心智（或大脑），具有各自的片面性，单靠其中一种范式无法实现真正的智能。为了发展安全、可信的人工智能，需要将符号主义与联结主义范式结合发展。符号主义与联结主义的结合是优势互补的体现，符号主义进路可以避免联结主义进路下解释性弱等问题，而联结主义进路可以解决符号主义进路下知识获取等难题。符号主义与联结主义的结合逐渐成为人工智能发展的共识。

(二)法律人工智能的发展方向

法律人工智能的发展融合符号主义进路和联结主义进路，将各种推理方式相结合也是法律场景下智能系统实现真正智能的必经之路。在具体融合方式上，可考虑将逻辑推理与神经网络相融合。以大数据分析的符号化为例，融合路径表现为将表示因果关系等符号化要素嵌入法律文本大数据分析中，使法律大数据分析的输入和输出呈现因果逻辑特征，提升分析的可解释性。① 但即便如此，法律人工智能在价值判断、情理法融合等方面仍存在局限，未来法律人工智能的发展应在人机协同的基础上不断完善。

三、加强全球人工智能治理的国际合作

全球人工智能治理处于起步阶段，存在诸多不足之处。目前全球人工智能治理呈现碎片化，政府间合作具有地域特征或大国竞争导向②，发展中国家力量相对分散，缺乏整体性与协同性。全球人工智能治理的标准也缺乏共识③，各国都处于积极探索人工智能治理的阶段，体现了不同的治理理念和治理方向。未来各国在参与全球人工智能治理中应当加强国际合作，划定合作领域，明确底线共识，实现人工智能发展应用的价值共享与风险共担。特别是针对人工智能在司法领域的应用，各国应当加强认识，在法律人工智能的发展中平衡创新与风险，把握好公正与效率的

---

① 参见魏斌：《论新一代法律智能系统的融合性道路》，载《法学论坛》2023年第3期。
② 参见张欣、宋雨鑫：《全球人工智能治理的格局、特征与趋势洞察》，载《数字法治》2024年第1期。
③ 参见贾开、俞晗之、薛澜：《人工智能全球治理新阶段的特征、赤字与改革方向》，载《国际论坛》2024年第3期。

关系,坚持以人为本、智能向善,推动数字正义不断前行。

第二节 技术嵌入司法权力的边界

在数字法院建设的过程中,技术逐渐发展为一种主导制度变革的力量。① 技术与司法权力的融合,在信息控制、权力共建以及人机分工三个关键领域尤为明显。

一、司法裁判信息的准入与流出控制机制

(一) 司法裁判信息的准入机制

司法裁判主要依赖的案件信息和为司法裁判决策提供支持的"类案"信息,均应遵循"信息准入"原则。②

1. 信息质量与准入标准

在司法裁判中,并非所有信息都需要或应该被使用,司法机关必须在信息的海量可得性和裁判的质量控制之间找到平衡。"信息准入"原则意味着只有那些对案件有实质意义的信息才应被允许进入裁判过程。数字司法的无边界性提供了全天候、无障碍的司法产品③,但也必须强调信息的节制与控制,以防止司法程序无法实施、审理过程与期限失控,保证司法程序正常运行。④ 技术手段使得司法机关获得信息的时点超越了正当程序规定,因此,必须严格执行信息准入制度以保护司法正当程序。⑤

---

① 参见张凌寒:《智慧司法中技术依赖的隐忧及应对》,载《法制与社会发展》2022年第4期。
② 参见张凌寒:《智慧司法中技术依赖的隐忧及应对》,载《法制与社会发展》2022年第4期。
③ 参见李占国:《互联网司法的概念、特征及发展前瞻》,载《法律适用》2021年第3期。
④ 参见张凌寒:《智慧司法中技术依赖的隐忧及应对》,载《法制与社会发展》2022年第4期。
⑤ 参见张凌寒:《智慧司法中技术依赖的隐忧及应对》,载《法制与社会发展》2022年第4期。

2. 类案检索与信息控制

法官的裁判需要基于专业知识和经验,"类案检索""类案推送"等技术应用可以为法官提供参考,减少裁量差异,促进裁判标准统一。① 在法院裁判中使用类案信息,不应仅仅追求数量上的增加,而应注重信息的相关性和适用性。第一,仅拥有大量的类案信息并不一定能提供有效的决策支持,重要的是确保这些类案信息有意义,并且与正在审理的案件相关。第二,类案信息的管理需要平衡,既要有足够的案例供法官参考,又不能过多以致影响法官检索和引用的效率。第三,在管理类案信息时,应有明确标准来评估案例的相关性,包括案件的时间、类型和地域等因素。② 例如,比较不同级别法院的类案时,需要明确哪些案例更具参考价值。第四,类案检索不应成为强制性标准,因为这可能会增加法官的工作负担,并导致司法裁判的机械化。③

(二)司法裁判信息的流出机制

司法裁判信息公开变得更加普遍,但这需要在尊重司法规律和保护个人隐私的前提下进行。

1. 司法裁判信息公开的原则与限制

司法裁判信息公开原则在于尊重司法规律与法庭尊严,其主要价值

---

① 参见郑智航:《智能司法信任机制的法律构建》,载《现代法学》2023年第6期。

② 例如,类案检索的支持系统应进一步将类案标签精细化,按照案由、地域、级别等进一步细分,并明确更新时间与频次。参见张凌寒:《智慧司法中技术依赖的隐忧及应对》,载《法制与社会发展》2022年第4期。

③ 类案检索应该是一个辅助工具,帮助法官作出更公正、更一致的决策,而不是取代法官的判断。在司法实践中,存在法官过分依赖相似案例、相似观点或相似裁判结论的"智能推送",从而减轻工作量、提高效率的情形。有的法院规定,在内部监督流程中,法官在作出与智能推送结论不尽一致的裁判时,必须阐明理由。虽然这种做法可以最大限度地发挥智能推送的参考作用,但也难免影响法官独立裁判的积极性,从而在实质上否定审判独立原则。按照审判独立的要求,法官对于人工智能预告筛选的类案信息仍然应当享有独立的判断权,而这一点在很多地方法院的实践中都有强调。北京市高级人民法院的"睿法官"系统、江苏省高级人民法院的"同案不同判预警平台"、重庆市高级人民法院的"类案智能专审平台"、贵州省高级人民法院的司法大数据管理平台等智能辅助办案系统不同程度地发挥了影响法官裁判的功能,但这并不是要替代法官的决策或直接进行案件裁判,而是以其预测和分析的技术能力发挥监督裁判过程、纠正结果错误的功效。参见蒋惠岭:《论传统司法规律在数字时代的发展》,载《现代法学》2023年第5期。

在于避免暗箱操作与司法腐败,因此应基于不同案件的公开目的符合比例地设置公开尺度,避免过度曝光与过度公开。司法裁判信息公开包括控制信息流出的范围,确保公开的信息不会影响法官的独立判断或导致不必要的舆论干扰①,以及境外大数据分析带来的数据安全问题。②

2. 司法伦理与当事人权益保护

司法裁判信息公开的底线是尊重司法伦理与保护当事人权益。在司法裁判信息公开的过程中,如何确保当事人的隐私和敏感信息不被披露、当事人身份不被识别是一个复杂的工程。③ 例如,裁判文书或案例公开后,其中的个人信息成为合法公开的个人信息,而作为个人信息权益主体的当事人很难控制他人对这些公开的个人信息的处理活动。即便个人可以通过明确拒绝的方式,要求处理者不得处理已经合法公开的裁判文书中的个人信息,但这往往在已经产生了不利影响之后,此时的拒绝为时过晚,当事人事后拒绝的救济效果相对有限。为此,应当设置合理有效的程序处理当事人提出的不得公开个人信息的异议和请求,加强对上网裁判文书和案例库中合法公开的个人信息处理活动的监管。④

二、技术权力与司法权力共建的谨慎应对

在数字法院建设过程中,技术公司在司法决策过程中扮演越来越重要的角色。"技术标准"与"法律标准"相互较力是一种长期存在的现象,可能挑战传统的权力专属原则,导致司法权力的部分外溢⑤、审判独立的实质内涵受到减损甚至落空⑥,影响审判的独立性和法官的主观能动

---

① 参见张凌寒:《智慧司法中技术依赖的隐忧及应对》,载《法制与社会发展》2022年第4期。
② 参见吴宏耀:《司法裁判文书公开及其限度》,载《人民法治》2022年第9期。
③ 参见张凌寒:《智慧司法中技术依赖的隐忧及应对》,载《法制与社会发展》2022年第4期。
④ 参见程啸:《裁判文书与案例公开应注重个人信息保护》,载《人民法院报》2023年12月31日,第2版;张新宝、魏艳伟:《司法信息公开的隐私权和个人信息保护研究》,载《比较法研究》2022年第2期。
⑤ 参见张凌寒:《智慧司法中技术依赖的隐忧及应对》,载《法制与社会发展》2022年第4期。
⑥ 参见蒋惠岭:《论传统司法规律在数字时代的发展》,载《现代法学》2023年第5期。

性。技术权力与司法权力的关系需要重新界定,以确保技术的应用不会侵蚀审判的独立性和公正性。

(一)增强司法系统的技术掌控能力

在智能系统研发过程中,司法机关提供司法数据仅能把握数据输入环节,即智能系统生成"原料"部分,对算法设计这一"加工"环节无力把控,中间环节参与度缺失会导致司法机关对输出环节缺乏影响力。① 尽管人工智能产品在设计过程中会宣称已经把法律标准融入其中并吸纳法律专家参与设计,但融入程度实际上也是由技术逻辑和技术标准确定的。② 人工智能算法可能会出现系统性偏差,例如在数据库系统的建设过程中,类案检索系统的参数设置可能不合理,数字司法将面临算法黑箱决策带来的各类问题。③

为避免对技术公司的过度依赖,司法机关需要强化自身的技术能力,厘清私营公司与司法机关之间的边界,确保在与技术资本合作时保持独立性和主导性。这包括限制将数字法院建设完全外包给技术公司,确保司法人员在核心决策中有实质性参与,把技术标准作为事实认定的客观标准,把法律标准作为法官作出司法裁判的基本依据④;同时对技术系统的运行进行监督和保持敏感度,避免数字司法系统建设被算法绑架或被技术公司控制。⑤

(二)构建技术标准体系与采购程序

数字司法系统缺乏统一的技术标准和有效的监督机制可能导致司法决策的质量无法保证,进而影响司法公信力和公正性。为此,需要建立技术标准体系和详细的采购程序,以控制技术系统的质量和应用,防止技术系统减损司法机构的自由裁量权和合理裁判能力。

---

① 参见卞建林:《人工智能审判的责任解构与制度应对》,载《法治社会》2023 年第 5 期。
② 参见蒋惠岭:《论传统司法规律在数字时代的发展》,载《现代法学》2023 年第 5 期。
③ 参见郑曦:《生成式人工智能在司法中的运用:前景、风险与规制》,载《中国应用法学》2023 年第 4 期;丁晓东:《人机交互决策下的智慧司法》,载《法律科学(西北政法大学学报)》2023 年第 4 期。
④ 参见蒋惠岭:《论传统司法规律在数字时代的发展》,载《现代法学》2023 年第 5 期。
⑤ 参见张凌寒:《智慧司法中技术依赖的隐忧及应对》,载《法制与社会发展》2022 年第4期。

(三) 明晰数字司法的责任链条

将数字司法系统的研发者、设计者、维护者纳入司法问责体系,防止技术成为推卸责任的借口。这一问责形式并非要求技术公司直接承担司法问责的后果,因为当前司法追责程序缺乏将非司法审判人员纳入程序的依据。此处问责形式旨在通过研发者责任、设计伦理等将开发数字司法系统的非司法审判人员共同纳入司法责任的治理框架中。①

第一,在目前所处的弱人工智能时代,应明确人工智能裁判责任体系中的责任主体问题。在使用人工智能办案系统辅助司法裁判出现审判错误或瑕疵而进行归责的情况下,应坚持司法工作者优位承担责任,并适用自然人法官过错推定原则。②

第二,如未来步入强人工智能时代,可探索扩充审判责任内涵,确立机器责任概念,在自然人法官、智能系统和技术人员之间进行责任分配,将机器责任作为自然人法官的必要免责事由。如因机器算法不合理、提供的信息存在错误导致案件审理错误,是否免责可分为以下两种情形:一是审判者对智能系统提供的信息尽到谨慎审查的义务,受制于当时科技水平和知识领域差异,即便在算法专家辅助下,法官也难以发现并查证错误,此种情况下为完全的机器责任,法官得以免责。二是审判者凭一般认知即可识别机器信息存在错误或偏差,但未尽一般审查义务,仍依照机

---

① 参见张凌寒:《智慧司法中技术依赖的隐忧及应对》,载《法制与社会发展》2022 年第 4 期。

② 如此设置原因有二:一是在目前所处的弱人工智能裁判阶段,人工智能办案系统依然属于司法辅助工具,尚未达到独立决策的程度,即便在算法研发中存在技术外包等问题,法官依然是个案裁判者。办案过程中虽然使用人工智能办案系统,但最终裁决权在法官手中,技术不能分摊法官的司法责任。同样,对自然人法官适用过错推定原则也是出于其主导裁判的考量,避免审判人员将造成审判错误或瑕疵的责任推卸给人工智能,督促审判人员在使用人工智能办案系统时充分履行注意义务。二是司法责任不同于产品侵权责任,其广泛性、公共利益性更明确。数据服务商、科技公司、程序工程师等技术主体在参与人工智能办案系统开发运营过程中提供技术支持,即便以技术支持形式输出了价值判断,技术主体所进行的价值判断也不是个案裁判中的判断,其应对技术服务及衍生的直接结果负责,而非司法结果的天然守护者,故未将技术主体作为优位担责主体。参见卞建林:《人工智能审判的责任解构与制度应对》,载《法治社会》2023 年第 5 期;郑曦:《生成式人工智能在司法中的运用:前景、风险与规制》,载《中国应用法学》2023 年第 4 期;康天军:《智慧司法中的法官责任》,载《人民法院报》2024 年 1 月 10 日,第 2 版。

器信息作出裁判,属于法官重大过失,不能以机器责任作为免责事由。①

三、数字法院中人类与机器算法合理分工

(一)避免技术支持滑向技术依赖的外部制度构建

人类司法者具有与法律共同体和社会共同体的深度交流优势,并且常常具备人工智能所不具备的各类"隐性知识"和"实践理性"。② 相比之下,基于人工智能的算法裁判虽然在信息收集的全面性、有效性、统一性等方面具有优势,但常常难以有效地将法律职业共同体的价值判断及时融入系统中。此外,人工智能在把握社会共同价值观方面也并不擅长,很难将社会共同体的价值观融入司法审判中,并通过司法判决对社会民意作出理性引导。③ 因此,数字法院建设的技术系统需注重信息收集的多样化,避免信息减损影响决策质量。技术系统应重视人文主义的设计理念,确立和贯彻以人为本的数字法治原则,充分发挥人的主体性作用。④

(二)数字司法技术系统的架构设计与更新

在工业时代,法院面临法官个体知识向群体知识传递和代际传承的挑战。数字司法的出现使得法官不仅能够积累个人经验,还能通过裁判规则的梳理为共同体的知识库贡献智慧。随着更多法官的参与,共同体的知识图谱将变得更加全面和精细,为后续辅助裁判提供更大的参考价值。法官的办案活动和法院的其他业务活动,如审判委员会和专业法官会议,过去只能产生纸质记录,而现在可以转化为算法语言,直接嵌入办案系统。这种转化使得法官和算法工程师共同构建了打通线上与线下的桥梁,专业团队致力于维护法院的知识图谱。法官成为数字共同体建设

---

① 参见卞建林:《人工智能审判的责任解构与制度应对》,载《法治社会》2023年第5期;康天军:《智慧司法中的法官责任》,载《人民法院报》2024年1月10日,第2版。
② 参见丁晓东:《人机交互决策下的智慧司法》,载《法律科学(西北政法大学学报)》2023年第4期。
③ 参见丁晓东:《人机交互决策下的智慧司法》,载《法律科学(西北政法大学学报)》2023年第4期。
④ 参见张凌寒:《智慧司法中技术依赖的隐忧及应对》,载《法制与社会发展》2022年第4期。

的重要参与者和直接受益者,他们的贡献不再仅取决于办案数量、办案速度,而是取决于对裁判规则的贡献及其应用频率。①

(三)人类与算法在司法决策中的内部合理分工

在数字法院建设过程中,人类与算法在司法决策中的分工体现了法官决策权的逐步让渡。② 合理的人机混合决策标准应严格划分算法决策、人类决策,以及人机混合决策中人类决策所占的比例。通过设置鼓励人类实质性参与的司法责任追究制度,在技术上确保全过程留痕,能够在一定程度上减少无从追责的情况。例如,在技术系统中始终保留新型案由的决策通道,保留通过个案发现合法权利、创新规范、推动制度进化的动态机制。③ 具体而言,可探索基于实验性与合意性的人机交互权重设计。

第一,人机交互决策可通过地方或不同司法机关进行试点,由不同司法机关自行决定人机交互中的各自权重。如此设置的原因在于,当下人工智能技术仍不成熟但飞速发展,此时若贸然对人工智能决策赋予过大的权重,人工智能辅助审判的效果可能非常有限;相反,如果对人工智能决策赋予过小的权重,而人工智能辅助审判又具有良好的效果,则司法人工智能就没有充分发挥其应有的作用。

第二,法院应尊重当事人对于人工智能辅助审判使用的合意选择,但在具体权重上应当自行设置。在配备了人工智能办案系统的司法机关,如果当事人合意选择或拒绝人工智能辅助审判,司法机关应当整体上采纳当事人的意见。但即使当事人合意选择完全采用人工智能的审判结果,或者要求司法机关对不符合人工智能建议的裁判进行集体复核,司法机关也应当有权否定当事人的建议。

第三,对于各类人工智能算法决策体系,应确保人工智能办案系统从

---

① 参见陈罗兰:《论法院数字共同体的构建:以人工智能辅助司法为视角》,载《法学》2024年第1期。
② 参见丁晓东:《人机交互决策下的智慧司法》,载《法律科学(西北政法大学学报)》2023年第4期。
③ 参见张凌寒:《智慧司法中技术依赖的隐忧及应对》,载《法制与社会发展》2022年第4期。

设计到运行的所有阶段都有法律专家的参与。在审判过程中运用人工智能办案系统,应当首先向当事人解释该系统的整体运作机制,确保当事人的知情权与选择权。一旦双方当事人选择人工智能办案系统,此时司法机关仅应当承担对人工智能办案系统进行说明的义务,而非对人工智能算法决策及其结果的说明义务。①

第三节　数字法院的模式展望

未来的数字法院可能呈现四方面具体样态:全生命周期的司法平台、全时空在线的司法服务、全流域智能的司法模式、全方位变革的司法制度。

一、全生命周期的司法平台

在平台化建设的基础上,数字法院以"案件全生命周期"为核心,注重各个业务流程、各方诉讼主体之间的耦合性和协同性,打破传统各个业务系统的"信息孤岛"与"数据烟囱",从立案到结案的整个周期中的所有环节,包括但不限于立案、证据交换、调解、庭审、判决、执行等,实现从多业务系统到全生命周期司法平台的转变。

第一,数字法院将建立一体化司法事务平台,即对外提供统一的在线诉讼服务通道,对内建成一体化办案办公平台,两者互联互通、高效协同。第二,数字法院将以数据连接为驱动,推进协同一体化突破,纵向上覆盖不同审级法院,横向上实现刑事案件与公安机关、检察机关、司法行政机关的在线协同,实现行政案件与行政执法机关、行政复议机关的在线协同。② 第三,数字法院建设将在司法领域引入"生态思维",构建起"大平

---

① 参见张凌寒:《智慧司法中技术依赖的隐忧及应对》,载《法制与社会发展》2022年第4期。
② 有学者认为,虽然存在数据孤岛、数据壁垒问题,存在如何通过人工处理将纷繁复杂的信息转化为机器能够识别的语料问题,以及如何让机器准确读取、抓取有用信息等技术问题,但这些问题依靠技术进步可以在一定程度上得以缓解。参见李训虎:《刑事司法人工智能的包容性规制》,载《中国社会科学》2021年第2期。

台、小前端、富生态"的数字法院体系。通过中台构建,数字法院将提供一个类似于"操作系统"的底层平台,拥有丰富可用的组件工具和标准通用的能力接口,从而为各类精细化场景开发相关应用系统、业务流程提供强有力支撑,使得法院信息化从传统单向的司法服务输出转向提供基础数字平台、完备数据服务,使党政机关、科研院所、数据企业成为协作创新和数据治理的推动者。

二、全时空在线的司法服务

"更广大的民众其实不大关心专业化还是非专业化的纠纷解决,他们关心的是纠纷怎样才能够顺利、公平、有效和便利地被解决。"① 数字法院立足于在线诉讼不受时空约束的特质,实现案件跨地域、跨国界、跨时间的司法服务。② 当事人可以在线提交材料、申请阅卷、举证质证、参与庭审,避免"时间差""异地难"带来的诉讼不便③,也可以采取一方线上、一方线下,部分线上、部分线下,同步审理、异步审理相结合的方式使得"数字—物理"空间无缝衔接。

未来,数字法院的运行还可能打破法院是一个固定组织、有形机构的传统认识,以跨域司法协作方式为当事人提供服务。假设某省数字法院的建设以资质要求而非场所、机构编制为前提,通过省人大常委会赋予数字法官资格,当事人起诉无须考虑管辖连接点,经系统分案交由相关法官审理。④ 数字法院的这种模式可以充分便利当事人,一定程度上也能平衡各地差异,缓解部分法院的人案矛盾。⑤

---

① 苏力:《法律与文学——以中国传统戏剧为材料》,生活·读书·新知三联书店2006年版,第201页。
② "以信息化为核心的时代里,人与人之间的山川阻隔被彻底消除,整个世界成了平的。"〔美〕托马斯·弗里德曼:《世界是平的》,何帆、肖莹莹、郝正非译,湖南科学技术出版社2006年版,第42页。
③ 参见刘峥、邓宇:《全球视野下中国互联网法院改革的启示与展望》,载《人民法院报》2020年4月10日,第5版。
④ 参见何帆:《数字司法的时代之问与未来发展》,载《数字法治》2023年第1期。
⑤ 参见何帆:《数字司法的时代之问与未来发展》,载《数字法治》2023年第1期。

三、全流域智能的司法模式

未来数字法院的运行将紧跟人工智能的发展,实现全流域智能。一是基于效率的节点智能化。利用机器的"听""说""读""写"能力,即通过智能化建模和算法"理解"语义、图片、视频等外界输入的内容和逻辑关系,进行学习和推理,在无人工干预的情况下自主完成司法辅助性事务,并通过反馈不断优化行为。二是基于公正的裁判智能化。随着大数据、人工智能的广泛应用,通过建模和算法来提升司法决策的客观性、效率性、可靠性[①],已成为必然的趋势。三是基于监督的管理智能化。数字法院的"平台+智能"建设,形成"法院—平台—法官"的互动架构,使得借助数据分析强化在线监管、法官自身管理以及平台本身治理成为未来监管模式的主要方向。

四、全方位变革的司法制度

现有司法制度无不建构在"物理空间"与"自然人理性"两个基本前提之上,随着网络空间与物理空间的交融、人工智能在社会生活中的广泛应用,这些传统的工业时代的业务流程、组织架构都在发生变化,以往的司法制度在面对与处理新型社会关系时已经暴露出越来越多的不适应与不匹配。

(一)司法基础范式的转型

数字法院彻底颠覆了建构在物理空间与自然人理性基础上的法律秩序,因此需要提出一个全新的"框架"来重构价值体系与理论模型。一是主体上从"自然人法官"向"AI+法官"过渡。以"算法+数据"为基础的人工智能将与法官等自然人主体共同完成部分甚至全部的裁判过程,因此基础理论体系中的主体必须考虑相应的切换,从法官的裁量权到算法的可解释性,从司法权力运行监督制约到算法公开、个人数据赋权、反算法

---

① 参见马长山:《智慧治理时代的社会组织制度创新》,载《学习与探索》2019年第8期。

歧视等①,通过场景化规制来实现"负责任的智能裁判"这一目标。二是结构上从"法律—行为"到"法律—代码"切换。通过法律确定规则来评判具体的行为,这种传统的司法范式将逐渐演变为法律通过算法固定为可以执行的代码,运行代码来辅助确定案件事实、法律适用。在未来,法律甚至可能作为代码被嵌入人工智能系统并直接指引其运行,例如随着自动驾驶的普及,将禁止闯红灯、超速的规则写入车辆自动驾驶程序,从源头上杜绝交通违法。

(二)传统诉讼制度的再造

现代的诉讼制度也是建构在"物理空间"与"自然人理性"两个基本概念之上的纠纷解决规则,如诉讼制度中的地域管辖、回避、证据等更多的是基于物理空间而设计的,级别管辖、审级制度等则是基于理性人假设而建构的,但这两个基础目前正受到前所未有的挑战。

1. 物理空间的消融

传统司法制度中的地域管辖、回避制度、证据制度、送达制度等一系列基础性规则都建构在物理空间的概念之上,例如"地域管辖"中合同纠纷的管辖分别有被告住所地、合同履行地等连接点,主要设计初衷是方便法院查明被告财产、强制被告履行、调查履行情况、确定违约事实等,但在以平台经济为代表的互联网世界,各类平台的住所地(注册地)往往没有实质性意义,而合同履行通常又是全程或部分在线上完成,如何确定履行地成为一个模糊不定的伪命题。

2. 自然人理性的动摇

人类社会从农耕时代迈入工业时代,机器与技术极大地解放了人类的生产力、拓宽了人类生存与发展的空间,但技术始终只是辅助人类的工具。人工智能目前主要停留在辅助法官裁判阶段,但从"人工智能"替代法官或书记员"1%"的工作开始,人类司法就注定进入了一个全新的时代,开始致力于用与人的自然智力相匹敌的"他者"即智能体来替代人的

---

① 参见丁晓东:《论算法的法律规制》,载《中国社会科学》2020年第12期。

"身体自然"①,这已是一个质的变化。这样的进程开启之后,除显而易见的司法效率的提高外,最值得思考的问题是基于"自然人理性"的各类诉讼制度的存在价值,例如"审级制度"。无论大陆法系或英美法系无不将二审、三审终审作为保证司法公正的最后一道防线,其正当性与合理性建立在一个假设之上:上一级法官拥有更渊博的法律知识、更专业的业务能力与更丰富的审判经验。但如果一个纠纷解决中的部分甚至大部分工作是由"人工智能"来辅助或替代完成的,而一、二审法院使用的又是同一套"智能系统"、同一套"算法模型",上下审级法院表现出越来越明显的"同质化",那么二审法院对一审法院的监督、纠错意义必将随着"人工智能"在司法中应用的深入而不断弱化。②

随着区块链对纠纷解决方式的颠覆、人工智能与大数据对社会治理的重塑,未来法院是否可能完全泛化为一项前置性、嵌入式的算法服务,司法的重心是否可能从个案的裁判转移至对规则与算法的规制,法官的角色与软件工程师是否会逐渐混同,这些略显遥远的想象完全可能随着技术的加速迭代而提前到来。虽然技术与应用、理想与现实、理论与实践还有相当的距离,但只有真正站在后天设计明天,才能指导今天。在全球真正实现数字化的那一天,中国数字法院建设的探索必将成为镌刻在世界法治文明史上的一个重要篇章。

---

① 参见李河:《从"代理"到"替代"的技术与正在"过时"的人类?》,载《中国社会科学》2020 年第 10 期。

② 算法从三个方面挑战了法律的基本原则:一是算法黑箱可能挑战人类决策的知情权与自主决策,二是算法可能威胁个体的隐私与自由,三是算法可能导致歧视与偏见。参见丁晓东:《论算法的法律规制》,载《中国社会科学》2020 年第 12 期。